청동기시대의 고고학 3
취락

지은이(집필순)

김권구	계명대학교
이수홍	울산문화재연구원
공민규	한국고고환경연구소
허의행	한국고고환경연구소
송만영	숭실대학교
박영구	강릉원주대학교 박물관
김권중	중부고고학연구소
현대환	한국고고환경연구소
이종철	전북대학교 박물관
하진호	영남문화재연구원
배덕환	동아세아문화재연구원
이형원	한신대학교 박물관

한국고고환경연구소 학술총서 12

청동기시대의 고고학 3 : 취락

초판인쇄일	2014년 11월 5일
초판발행일	2014년 11월 10일
편 저 자	김권구, 공민규
발 행 인	김선경
책 임 편 집	김소라
발 행 처	**서경문화사**
	주소 : 서울시 종로구 이화장길 70-14(동숭동) 204호
	전화 : 743-8203, 8205 / 팩스 : 743-8210
	메일 : sk8203@chol.com
등 록 번 호	제300-1994-41호
ISBN	978-89-6062-125-1 94900(세트)
	978-89-6062-128-2 94900

© 한국고고환경연구소, 2014
※ 파본은 본사나 구입처에서 교환하여 드립니다.

정가 20,000원

청동기시대의 고고학 3
취 락

김권구 · 공민규 편

서경문화사

서 문

대한민국의 고고학은 해방 이후 1946년에 경주의 호우총을 처음 발굴하면서 비로소 탄생기를 맞이하게 되었다. 그 뒤 한국고고학 전문 서적으로 국가 주도의 『한국사론』이 1983년 국사편찬위원회에서 출판되었지만, 시대 구분이 가능할 정도의 단순한 편년만을 갖추고 있어 한국고고학은 소아기를 벗어나지 못하고 있었다. 아직 발굴을 통한 고고자료가 많이 부족한 상태였고, 발굴기법이나 유물에 대한 기록도 미숙하였으며, 연구 인력도 대학과 국립박물관에 한정된 상태였다.

한국고고학이 질풍노도와 같은 사춘기를 겪기 시작한 것은 1994년 발굴조사연구기관이 설립된 이후이다. 1995년에는 전해보다 40%를 초과하는 발굴조사가 진행되었고, 이때부터 발굴조사는 급격히 상승하여 2001년에는 469건의 유적이 조사되었다. 이는 거의 하루에 1건 이상의 유적이 발굴되었음을 의미하는 것이다. 그리고 취업의 문이 넓어진 탓에 젊은 연구자가 양산되었다. 특히 산더미처럼 쌓이는 고고자료는 과거처럼 소수 연구자에 의한 연구의 주도를 불가능하게 하였고, 각 지역마다 별도의 성과를 도출할 수밖에 없었다. 따라서 다수의 연구자에 의한 다양성의 시기였으며 또한 혼란의 시기이기도 했다. 그 중에서도 청동기시대에 대한 유적 조사가 압도적이었고, 이에 상응하여 청동기시대를 연구하는 분위기도 고조되었다.

2007년 비로소 한국청동기학회가 창립되면서 청동기시대 모든 연구자가 특유의 인화력을 중심으로 정보의 공유, 발굴현장의 공개, 연구토론 등을 펼쳐나가게 되었다. 그 결과로서 각 지역의 대표적인 회원들이 그들의 연구력을 집약하여 출판하게 된 것이 본 『청동기시대의 고고학』 전 5권이다. 1권은 『인간과 환경』, 2권은 『편년』, 3권은 『취락』, 4권은 『분묘와 의례』, 5권은 『도구론』으로 구성되었는데, 약 50명의 연구자가 참가하여 다양한 주제를 치밀하게 다루고 있다.

본서의 내용은 각 연구자마다 다른 주장처럼 보이겠지만, 언젠가 각자의 논리들은 하나의 학설로

융합하여 다양한 색채로서 역사적 진실의 공간을 채울 것이라 확신한다. 따라서 본서는 현재 우리들의 자화상이고, 또 미래를 향한 또 다른 사색의 출발점이기도 하다. 이 점을 본서의 출판이 가지는 가장 큰 가치라 보고 싶다. 이 출판을 통하여 한국 국가 발생의 맹아적 성격을 가진 청동기시대 연구가 한국고고학을 청년기로 이끌어 나갈 수 있을 것이라 믿어 의심치 않는다.

끝으로 바쁘신 중에도 원고의 집필을 수락하여 옥고를 제출해 주신 50여 명의 집필진과 특히 2인 1조로 각 권의 책임편집을 맡아주신 10명의 편집자 분들, 그리고 책의 출판을 허락해 주신 서경문화사 관계자 여러분들께 감사의 말씀을 올린다.

2014년 11월

제3대 한국청동기학회장 안재호
한국고고환경연구소장 이홍종

목 차

총 설

김권구 계명대학교

1. 취락고고학이란?

취락은 어느 관점에서 바라 볼 것인가에 따라 개념정의가 달라질 수 있다. 취락의 개념에는 주거지, 광장, 폐기장 등 생활과 관련된 공간만을 지칭하는 좁은 의미의 취락개념이 있고 앞에서 언급한 생활영역뿐만 아니라 경작유구 등의 생산영역도 포함하는 개념이 있다. 그리고 더 나아가 생활영역과 생산영역뿐만 아니라 무덤영역과 의례영역까지도 포함하는 넓은 의미의 취락개념이 있다. 실제 무덤영역과 의례영역 등도 생활영역과 서로 연계되어 있다는 점에서 넓은 의미의 취락개념으로 청동기시대 취락의 개념을 정의할 필요가 있다. 취락의 범위도 실제 청동기시대 사람들의 취락경계의 유지와 관리방식에 따라 지속적으로 변화되었을 것이고 당시 사람들의 세계관에 따른 상징조작과 의미부여방식에 따라 동태적으로 변화되었을 것이다. 그러나 논의의 편의상 고고학적으로 확인이 가능한 유구의 분포양상을 중심으로 여기에서는 취락을 좁은 의미의 취락, 중간적 의미의 취락, 넓은 의미의 취락으로 개념정의된 것이다.

취락고고학은 생활유구를 중심으로 한 사회와 문화의 복원과 이해라는 입장에서의 연구라는 점에서 무덤을 중심으로 한 과거사회의 복원과 이해라는 입장에서의 연구와 구분되며 서로 보완적 관계를 갖게 된다. 취락고고학은 개별주거지의 특성연구, 개별주거지의 기능, 취락의 규모와 입지 그리고 취락내의 공간구성내용과 기능의 연구, 중심취락과 하위취락과 같은 취락과 취락과의 관계연구와 같은 분석대상의 수준이 다를 수 있다. 그러나 이러한 취락의 특성은 서로 연관되어 있으며 사회최소구성단위부터 취락의 위계까지 과거사회의 구조복원에 모두 중요한 요소라고 할 수 있다.

2. 취락고고학 연구주제와 가능성

취락고고학은 다양한 각도에서 연구될 수 있다. 생산과 소비의 단위로서 또는 사회최소구성단위로서 청동기시대에 적용될 수 있는 가구고고학, 주거지상면의 토양분석을 통하여 석재가루나 식물규소체의 밀집양상 등을 찾아내어 주거지내의 공간사용방식을 추적하는 활동영역분석, 취락의 입지와 주변토양의 분석을 통한 생업유형을 연구하는 유적자원영역활용분석, 주거지의 형태와 규모 그리고 노지의 수를 토대로 거주형태와 가족구성 그리고 거주인구를 추정하는 연구, 주거지의 형태와 규모 등의 시기별 변천양상과 지역별 변천양상을 추적하는 취락의 시대상과 지역상연구, 중심취락의 기능과 출현양상연구와 중심취락과 하위취락의 관계연구, 취락을 중심으로 한 생산과 소비양상, 주거지의 폐기양상, 일정시점에서의 취락규모, 취락의 정주성과 계절성, 취락의 정주와 이주전략, 취락의 정주기간과 연속성정도, 취락의 화재양상을 통한 사회갈등양상분석, 저장시설의 위치와 규모의 변동양상분석을 통한 사회분화의 연구, 지리적 특성 속에서 중심취락이 특정한 분포양상을 나타내게 된 원인을 분석하는 중심지이론, 인류학자료 또는 민족지자료를 활용한 취락 분석, 주거지와 취락 속에서의 공간사용방식과 상징의미의 부여방식에 대한 분석 등이 그 대표적인 사례이다.

또 취락은 취락내부의 특성을 중심으로 연구하는 취락내부(on-site)관점과 취락외부의 환경적 특성과 취락외부와의 관계를 중심으로 연구하는 취락외부(off-site)관점에 의해 연구될 수도 있다. 따라서 분석대상유물도 취락내부 출토유물과 취락외부출토유물로 나뉜다. 일반적인 주거지 출토 토기와 석기 등이 전자라면 취락 밖의 호수 등에서 채취된 화분자료 등의 환경 관련 자료나 주변석재산지 등에서 채취한 자료는 후자에 속한다.

이론적 연구시각에서 볼 때에는 주거지의 평면형태, 노의 유형과 위치 등을 토대로 특정유형주거지의 분포지역과 출현시기를 분석하여 주민의 이주 또는 문화의 전파를 논의하는 전파론적 시각이나 이주론적 시각이 있고, 주거지와 취락의 기능과 관계망을 밝히면서 지역별·시기별 변천과정과 변화원인을 설명하려고 하는 과정주의적 시각이 있다. 그리고 그러한 기능적 시각이나 과정주의적 시각의 문제점을 극복하고자 주거지나 취락의 체계 속에서 활동하던 개인들의 의미해석능력을 강조하며 지역적으로 특수한 문화적 규칙을 찾으면서 주거지의 상징적 공간구성과 취락의 상징적 구성과 배치의 관점에서 취락고고학을 접근하려는 탈과정고고학적 시각이 있다. 모든 시각이 서로 배타적이라고 할 수 없고 취락의 서로 다른 차원의 특성과 관계성에 초점을 맞추어 바라보려는 상호보완적 관계의 이론적 연구시각이라고 할 수 있다.

3. 한국 청동기시대 취락고고학의 현황과 문제점 그리고 연구방향

청동기시대 취락고고학의 현황과 문제점 그리고 연구방향을 살펴보면 다음과 같다.

1) 한국 청동기시대 취락고고학의 현황

1980년대까지 우리나라 고고학은 주로 무덤 중심의 연구를 하였고 그에 비하여 상대적으로 취락고고학의 연구는 미흡했다고 할 수 있다. 왜냐하면 발굴이 유구 중심의 점(点) 발굴에 치중할 수밖에 없었음으로 유적을 전면적으로 발굴하는 면(面) 발굴이 이루어지기 전까지는 취락고고학에 대한 연구가 제대로 이루어지기 힘든 여건이었다. 1980년 이전의 취락의 발굴로서는 강릉 포남리유적, 여주 흔암리유적, 부여 송국리유적, 서울 가락동유적과 역삼동유적이 대표적이었다. 따라서 1980년대까지는 주거지의 형태, 노지의 특성, 출토유물 등 취락 내 주거지의 개별적 특성을 중심으로 한 형식 분류와 편년에 매여 있었고 1인당 필요한 주거지내 면적을 3m² 또는 5m² 등으로 보고 인구추정을 하거나 일부 주거지의 모습을 복원하려는 시도 정도가 있었다.

그러나 1980년대 후반 들어 면(面) 발굴이 이루어지면서 부여 송국리 취락유적과 울산 검단리 환호유적을 비롯한 취락유적이 지속적으로 다수 발굴되어 자료가 쌓여감으로써 취락고고학이 점차 중요 연구 분야로 주목받기 시작했는데 1994년 마을고고학을 주제로 한 한국고고학회 전국대회는 크게 보아 취락고고학의 중요성을 인식하는 계기가 되었다. 이후 천안 백석동 취락유적, 보령 관창리 취락유적, 부여 송국리 취락유적, 진주 대평리 옥방유적, 대구 동천동 취락유적, 화천 용암리 취락유적 등 다양한 청동기시대 유적의 지속적 발굴은 취락고고학의 고고학연구에서의 비중을 더 크게 하였다. 이에 따라 환호취락, 중심취락 등 취락의 특성과 위계 등의 상호관계에 관한 관심이 커지게 되었다.

1990년대 중반이후 지금까지 비교적 전체의 취락양상을 보여주는 발굴자료의 증대를 토대로 주거지의 형식과 시기별 변천, 최소사회구성단위로서의 가구, 일정시점의 취락의 규모, 주거지내부의 공간사용방식, 주거지의 입지유형과 생업의 유형, 취락의 기능과 위계 그리고 사회복원, 중심취락과 하위취락의 출현과 전개, 환호취락의 등장과 전개, 시기별·지역별 특성, 전문적 기능의 취락 등장, 주거지의 복원 등 다양한 연구가 시도되었다. 이제 어느 정도 청동기시대 조기, 전기, 중기, 후기의 지역별 사회구조를 전체적으로 그려볼 수 있게 되었다.

그리고 2000년대 들어와서는 인구추정연구에 있어서도 1970~80년대의 주거지별 인구추정의 단계에서 벗어나 청동기시대 영남지역의 경우 대체적으로 조기에서 중기에서는 시간흐름에 따라 전반적으로 인구가 증대되었다는 견해가 나온 바 있고 2014년에는 금강유역의 경우 청동기시대 전기에서 중기로 가면서 인구가 감소하는 양상도 확인되어 청동기시대 인구양상이 시기별·지역별로 일률적이지 않고 다양했을 가능성을 암시하는 견해도 나왔다. 단순한 주거지별 인구추정에서 취락의 일정시점 인구규모와 시기별·지역별 인구추이도 연구하는 등 취락과 인구의 규모에 대한 연구가 좀 더 깊이 있게 진행되었다. 또 한일취락의 공동연구도 활발하게 진행되었다. 단순히 청동기시대만을 다룬 것은 아닐지라도 청동기시대 취락의 특성과 구조 그리고 지역상에 대한 논의도 담은 취락자료집성과 취락연구집 등이 다수 나와 한반도의 시각만이 아닌 동아시아적 시각에서의 청동기시대 취락 비교연구도 시도된 바 있다.

청동기시대 조기 취락은 주로 하천가의 충적대지에 입지하며 10동 이내의 방형 또는 장방형의 대형주거지로 구성되는 경향을 보인다. 확대가족의 공동생활이 주류를 이루는 양상이며 취락 사이의 위계는 아직 발견되지 않는다. 취락의 분포도 소규모 분산적 분포양상이라고 할 수 있다. 생업은 수렵, 어로, 밭농사 등을 취락의 주변 환경별로 서로 다른 비중 속에 결합하는 양상으로 보인다. 청동기시대 전기 취락은 충적대지 또는 구릉에 위치하는 경우가 다수이며 대체로 일정시점에 10동 이내의 소규모 취락이 다수를 이루지만 청동기시대 전기후반부터 20동 내외의 대규모 취락도 등장하는 것으로 보인다. 마을의 확산과 중심취락의 등장이 청동기시대 전기 말에 시작되는 경향이 있다. 또 청원 대율리의 경우에서 보이듯이 환호 취락도 청동기시대 전기에 등장한다. 청동기시대 중기(송국리단계, 검단리단계)에는 일정시점에 적어도 30동 내외 많은 경우 100여기 내외의 대규모 취락이 지역별로 다수 등장하며 취락의 입지도 강가 충적대지, 구릉, 개활지 등 다양한 곳에 입지하며 취락 사이의 위계도 확연하게 나타나 중심취락과 하위취락의 다양한 양상도 연구되었다. 또 석기나 옥기 등을 생산하는 취락, 저장중심의 취락, 의례 중심의 취락, 저장·의례 등 다양한 기능을 하는 취락과 같이 취락의 기능과 위계에 대한 연구도 함께 진행되었다. 고령 의봉산과 같은 혼펠스석재채취장, 청동기시대 후기 대구 동천동 유적을 대구분지의 석기제작중심취락으로 보려는 견해 등 취락의 기능에 대한 연구가 진행되고 있다. 청동기시대 후기의 취락은 보성 교성리취락 등과 같이 고지성취락이 다수 확인되고 있으며 청동기시대 중기의 취락과는 공간이 중복되지 않는 경향이 있다. 그리고 청동기시대 전기나 중기 취락에 비하여 상대적으로 발굴조사를 통하여 덜 확인되는 경향이 있다. 청동기시대 후기 취락의 전체적인 양상은 청동기시대 전기나 후기의 취락양상에 비교할 때 상대적으로 덜 밝혀졌다고 할 수 있다.

2) 한국청동기시대 취락고고학의 문제점과 미래과제

위와 같은 연구 성과에도 불구하고 앞으로 극복되어야 할 청동기시대 취락고고학의 문제점과 미래과제에 대해 살펴보면 다음과 같다.

첫째, 정주취락의 개념과 판단기준에 대한 논의가 필요하다.

둘째, 정주전략과 한시적 취락 그리고 정주취락 등에 대한 지역별·시대별 연구가 필요하다. 특히 청동기시대의 취락의 경우 이에 대한 검토가 필요하다.

셋째, 취락의 자원영역활용분석이 이루어질 수 있도록 지질학이나 토양학 등 자연과학분야의 연구 성과와 기법을 적극적으로 활용하는 것이 필요하다.

넷째, 개별 주거지내에서의 공간사용방식에 대한 연구가 가능할 수 있도록 주거지 바닥면에 대한 토양분석이 필요하며 이를 통해 식물규소체 등을 확인하여 개별 주거지 내에서의 활동내용을 밝혀 주거지의 기능도 검토해 볼 수 있어야 한다. 토양분석이 주거지의 발굴에 보다 적극적으로 적용될 필요가 있다.

다섯째, 가구와 가구군의 성격과 시기별·지역별 변화양상을 밝히도록 노력할 필요가 있다.

여섯째, 마을의 구성과 변천 등 마을 내 특성의 고고학적 연구가 더 요구된다.

일곱째, 마을의 기능분화에 대한 시기별·지역별 심층연구와 마을과 마을 사이의 관계에 대한 시기별·지역별 양상의 심층연구가 필요하다.

여덟째, 마을의 생업양상에 대한 다양한 시각에서의 연구가 요구된다.

아홉째, 실험고고학과 민족지고고학의 연구 성과를 보다 적극적으로 활용하여 취락고고학을 연구할 필요가 있다.

열째, 가구, 세대, 중심취락 또는 거점취락 등 취락과 관련하여 사용되는 용어를 통일하는 문제가 있다.

열 한번 째, 청동기시대 조기(돌대문토기단계)와 청동기시대 후기(원형점토대토기단계-괴정동 단계)

의 취락양상은 청동기시대 전기와 후기의 취락양상에 비하여 덜 밝혀진 상태여서 앞으로 연구과제라고 할 수 있다.

4. 이 책의 주요내용과 일러두기

이 책에서는 취락의 입지, 주거지의 형식과 변천, 취락의 구조와 변천, 생산과 저장, 남한지역의 지역별 취락의 지역상, 중심취락과 주변취락, 취락과 사회구조 등의 청동기시대 주거와 취락의 특성과 시기별 변천양상을 다루는 논문들이 실려 있다. 청동기시대 주거와 취락의 전반적인 흐름과 지역별양상을 이해하는데 도움이 될 것으로 보인다. 특히 이 책은 2014년도까지 발굴된 많은 취락관련 발굴자료를 토대로 정리된 논문들이어서 그 학사적 의미도 크다 하겠다.

이 책은 다음과 같은 편집기준을 가지고 만들어졌을 밝힌다.

첫째, 이 책에 실린 각각의 글은 전체적으로 한국청동기학회의 기준편년안에 따라 청동기시대 조기, 전기, 중기, 후기로 나누어 기술되었으나 그러한 기준편년안 속에서도 집필자마다 자신만의 편년관이 있어서 집필자마다의 편년관을 존중하기로 하였다. 예를 들어 김천 송죽리유적의 돌대문토기단계를 발굴자는 청동기시대 조기 후반으로 편년하고 있으나 이 책의 논문집필자 중의 한 사람은 청동기시대 전기전반으로 편년하는 것과 같은 미세한 차이가 존재하여 그러한 집필자의 편년관을 각각 수용하여 이 책이 편집되었음을 미리 밝힌다.

둘째, 이 책에 실린 논문 속의 도면도 편의상 출처를 생략하기로 하였음을 밝힌다.

셋째, 행정구역명칭은 발굴보고서 제목에 기재된 행정구역명칭을 사용하였다. 발굴보고서 발간후 행정구역이 개편되었다 하더라도 발굴보고서 발간당시의 유적명칭을 사용하고 있음을 밝힌다.

넷째, 인용문헌의 경우 논문과 서적은 개별논문 속에 명시하였지만 빌굴보고서는 지면관계로 생략하였다. 독자 여러분의 양해를 구한다.

청동기시대 취락에 대한 이 책이 앞으로의 한국고고학계의 청동기시대 취락연구가 더 심도 있고 활성화되는데 디딤돌이 되기를 희망한다.

참고문헌

공민규, 2013, 『청동기시대 전기 금강유역 취락연구』, 숭실대학교 대학원 박사학위논문.

김권구, 2005, 『청동기시대 영남지역의 농경사회』, 학연문화사.

김범철, 2014, 「'주거지'에서 '거주자'로 -한국 선사시대 가구고고학을 위한 제언」 『한국고고학보』 제90집, 164~193쪽.

김재호, 2005, 『보령 관창리 주거유적 연구』, 동아대학교 대학원 문학박사학위논문.

송만영, 2013, 『중부지방 취락고고학연구』, 서경문화사.

쇼다 신야, 2009, 『청동기시대의 생산활동과 사회』, 학연문화사.

안재호, 2006, 『청동기시대 취락연구』, 부산대학교 대학원 문학박사학위논문.

유지환, 2010, 『대구 진천천 일대 청동기시대 취락연구』, 경북대학교 대학원 문학석사학위논문.

이강승, 2014, 「청동기시대 금강유역의 인구산출에 대한 연구」 『선사와 고대』 40호, 43~68쪽.

이수홍, 2014, 「청동기시대 주거생활 변화와 지역성의 사회적 의미 -영남지역의 자료를 중심으로」 『한국고고학보』 제90집, 4~35쪽.

이형원, 2009, 『청동기시대 취락구조와 사회조직』, 서경문화사.

이홍종, 1996, 『청동기사회의 토기와 주거』, 서경문화사.

추연식, 1994, 「취락고고학의 세계적 연구경향 -한국 취락고고학연구의 전망에 대신하여-」 『마을의 고고학』(제18회 한국고고학전국대회 발표요지), 45~62쪽.

하진호, 2008, 『대구지역 청동기시대 취락연구』, 경북대학교 대학원 문학석사학위논문.

한일취락연구회, 2013, 『한일취락연구』, 서경문화사.

허의행, 2013, 『호서지역 청동기시대 전기 취락연구』, 고려대학교 대학원 박사학위논문.

제1부
취락의 입지와 구성

제1장
취락의 입지

이수홍 울산문화재연구원

I. 연구사

우리가 일반적으로 알고 있는 선사시대 취락(유적)의 입지는 경사지(구릉)와 평지(충적지)로 대별된다. 지형학에서 보다 세분되게 구분한다는 것은 모두 인식하고 있지만 경사지와 평지는 현상적으로 청동기시대 모든 유적의 입지에 해당되기 때문에 두 가지로 구분하는 것이 틀렸다고는 할 수 없겠다.

청동기시대인들이 취락을 구성할 당시(유적의 형성)가 아닌 현재 유적을 조사하는 입장에서 구릉과 평지의 가장 큰 차이는 전자가 침식이 주로 되는 곳이고 후자는 퇴적이 주로 되는 곳이라는 점이다. 전자는 현재 임야, 구릉사면의 밭으로 이용되는 곳이 많으며 후자는 논이나 평지의 밭으로 경작되거나 혹은 이미 도시화가 진행된 지역이 많다. 전자는 여러 시대의 유구(또는 청동기시대 내에서도 시간 폭이 있는 유구들)가 동일한 층에서 조사되기 때문에 중복이 아니면 유구의 현상만으로는 선후관계를 알 수 없고 후자는 누세대적으로 퇴적되기 때문에 상하중복되어 동시대에서도 선후관계의 파악이 가능하다. 물론 후자의 경우에도 경지정리 등으로 상부가 삭평되어 동일한 층에서 유구가 확인되는 경우가 더 많은 것이 현실이고 그렇다면 역시 유구간 중복되지 않는 한 선후관계를 층위적으로 밝힐 수는 없다.

청동기시대 입지에 관심을 가지게 된 계기는 여러 가지가 있겠지만 1990년대 이후 댐 건설과 관련하여 수몰지구의 발굴조사 자료가 증가한 것이 큰 원인이라고 할 수 있다. 이로써 입지를 분류하고 분석하여 입지와 생계경제와의 관계로까지 연구의 결과가 넓어 졌다.

하지만 입지에 대한 연구가 주거지나 토기 등의 연구에 비해 그다지 많은 편이 아니다. 지형학과 관련되는 부분이 많으며 취락 전체가 조사되는 대규모 발굴조사가 시작된 지 아직 20년이 안 되는 조사상황도 이유가 될 것이다. 입지에 대한 선행연구의 공통점은 대부분 생업과 연관시키고 있다는 점이다. 선사시대인들이 자기의 생활터전을 마련하고 가옥을 축조하는 위치를 결정하는데 생업은 불가분의 관계일 것이다. 현재까지의 연구성과를 살펴보겠다.

선사시대 입지에 대해서는 정징원의 연구(1991)가 선구적이었다. 그는 입지를 저지성유형, 구릉성유형, 고지성유형으로 구분하였다. 자료가 축적되지 않았을 시점이기 때문에 현재의 관점과는 차이가 있다. 청동기시대 전기에는 구릉성유형만 확인되고 중기에 저지성유형이 나타난다고 하였다. 중기는 수도경작에 필요한 가경지의 획득, 수리시설의 확보를 둘러싼 긴장이 높은 시기로 방어시설인 환호가 등장한다고 하였다. 하천 충적지에 취락이 입지하는 저지성유형의 출현을 무문토기사회의 대변혁이라고 하였다. 후기에는 고지성유형이 등장하는데 방어를 목적으로 출현하였다고 한다.

김현준(2006)은 청동기시대 취락의 입지를 구릉성유형, 저지성유형, 고지성유형, 해안성유형으로 분류하고 유형에 따른 생업의 특징을 연구하였다. 하천변의 저지성유형은 자연적 재해가 많으나 편리한 환경조건이며 농경, 어로, 수렵 활동이 골고루 행해졌고 비교적 어로활동이 활발했다고 하였다. 구릉성유형은 자연적인 재해는 적고 농경이 주된 생업수단이라고 하였다. 고지성유형은 보령 교성리유적의 사례를 참조하여 석촉의 출토량이 많아 방어적인 측면이거나 임시거주처로서의 성격으로 추정하였다. 해안성유형은 해안의 소평야의 구릉과 섬으로 패총과 주거유적으로 분류하였다. 해안유형중 구릉에 위치하는 경우는 농경, 어로, 수렵을 병행하였고 섬에 위치하는 경우는 어로의 비중이 크며 외래문화요소로 보이는 유물이 출토되어 해양을 통한 교류를 추정하였다.

안재호(2000)는 유적에서 출토된 석부의 출토량을 근거로 유적의 입지는 농경의 형태와 관련된다고 하였다. 유적의 입지를 평지형, 산지형, 구릉형으로 분류하였다. 진주 대평리유적의 사례를 근거로 평지형취락에서는 산지나 습지에서는 불리한 타제석부가 많이 출토되었는데 이 타제석부를 굴지구로 판단하였다. 즉 타제석부는 강안의 퇴적층을 경작하는데 용이하기 때문에 평지형취락은 전작이 중심이 되었다고 한다. 천안 백석동유적의 사례를 근거로 산지형취락에서는 벌목용 합인석부가 많이 출토되었기 때문에 화전경작이 중심이 되었다고 한다. 부여 송국리유적의 사례를 근거로 구릉형취락에서는 편인석부가 많이 출토되었는데 이 편인석부의 용도는 목제 농구를 제작하기 위한 것으로 판단하였다. 따라서 평지에 연한 구릉형취락에서는 평지의 수전경작이 중심이 되었다고 한다.

최헌섭(1998)은 한반도 중·남부 지역 선사취락의 입지를 검토하였는데 입지유형을 하천형과 구릉형, 해안형으로 3대별하였다. 하천형은 자연제방, 하안단구, 선상지로 세분하였는데 자연제방은 물의 확보에 유리하고 어로와 포획을 통한 경제적 배경과 방수문제가 입지인자로 고려되었다고 한다. 하안단구는 홍수에 대한 안전성과 타지역과의 교통에 유리한 점이 입지인자로 고려되었으며 선상지는 용수의 확보가 중요한 입지인자로 고려되었다고 한다. 구릉형은 정상부와 능선과 사면으로 세분하였는데 구릉에서 가장 중요한 입지인자는 물의 확보와 충적지와의 관계라고 한다. 해안형은 사주, 연안도서, 해안구릉으로 세분하였는데 해안입지유형에서 가장 중요한 인자는 바다와의 관계이다. 해안 사구는 하천변의 자연제방 입지유형과 유사하다고 한다. 그는 세분된 입지유형별로 입지선정에 고려된 입지인자에 대해 설명하고 각 입지의 장단점을 분석하였다. 또 신석기시대부터 청동기시대까지 시기별로 입지유형의 변화에 대해서 설명하였다.

김도헌·이재희(2004)는 울산지역의 청동기시대 취락의 입지를 분석하여 입지유형에 따른 생업형태를 파악하였다. 울산지역은 평지에서 확인된 유적의 숫자가 적고 대부분 구릉에 유적이 입지하기 때문에 미지형에 따라 구릉능선형과 구릉사면형으로 분류하였다. 구릉능선형은 전작이 중심이었고 구릉사면형은 수도작과 전작이 결합된 형태의 농경이 이루어졌다고 하였다. 또 수렵과 채집, 어로 등의 생업활동은 자주 이동할 필요가 있으며 교통이 편리한 곳이 유리한데 구릉 능선형이 구릉사면형에 비해 채집, 어로, 수렵 활동에 유리하다고 하였다. 울산을 비롯한 동남해안지역이 다른 영남지역에 비해 취락의 존속기간이 짧았는데 그것은 가경지가 좁은 동남해안지역의 지형적 특징이 원인이라고 하였다.

이홍종·손준호(2012)는 항공사진을 이용하여 고지형을 분석하는 새로운 방법을 제시하였다. 그런 방법을 통해 한반도 남부지역의 충적지유적을 지역별로 구분해 지형과 시기를 정리한 후 충적지의 환경변화와 취락의 집중시기에 대한 상관성을 검토하였다. 충적지 취락의 점유양상이 기후변동과 연동하는 것을 밝혀 환경변화가 토지이용에 가장 큰 영향을 미쳤다고 하였다. 즉 온난기는 해수면 상승이 영향을 주어 하천을 범람시키는데 반해 한냉기에는 범람에서 벗어나 선상지와 단구, 자연제방의 이용이 극대화되어 농경지로 적극 활용되었다는 것이다.

Ⅱ. 유적의 입지 구분

선행연구에서는 입지를 구릉형, 평지형, 해안형으로 분류하는 것이 일반적인 것을 알 수 있다. 구릉형은 구릉형과 산지형으로 세분되기도 한다. 하지만 구릉형과 산지형의 구분이 명확하지 않은 경우가 많다. 평지형은 자연제방이나 범람원, 배후습지로 분류된다. 선상지는 구릉형이라는 견해도 있으며 평지형이라는 견해도 있다. 해안형은 적어도 청동기시대에는 구릉형과 동일하다. 신석기시대와 같이 해안사구형이나 도서연안형의 사례가 적기 때문에 실제 청동기시대에 해안형으로 분류된 예는 그 유적이 입지하는 지점의 양상이라기 보다는 해안까지의 거리가 반영되었던 것이다. 즉 구릉에 입지하는 경우에도 해안에 가까우면 해안형으로 분류되었기 때문에 구릉형과 구분이 모호한

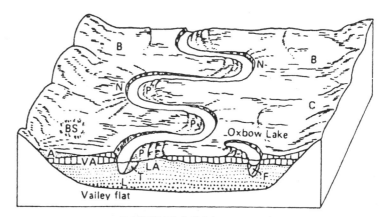

谷底堆積地形의 構成(Vanoni 1971)

A : 沖積扇狀地	C : colluvium	LA : 측면 성장	P : 포인트 바
B : 背後地	BS : 後背저습지	N : 자연 제방	VA : 수직 성장
F : 막힌 河床	L : 沖積層	T : 流轉州	

그림 1 _ 하천지형 모식도(최헌섭 1998에서 재인용)

경우가 많다.

청동기시대인들이 취락의 위치를 선정할 때 그 지형이 형성된 성인을 고려하지 않았다면 평지와 경사지로 구분하는 것이 가장 단순한 첫 번째 분류방법이라고 할 수 있다. 물론 선상지나 해안단구와 같이 평지인지 경사지인지 모호한 경우도 많다. 필자는 청동기시대 당시의 문화층 그 면이 잔존한다면 '평지', 자연적인 원인으로 침식되어 삭평되었다면 경사지로 분류하는 것도 하나의 방법이라고 생각한다. 물론 후대의 경작, 도시개발과 같은 인위적인 요인에 의한 삭평은 당연히 제외해야 한다.

선사시대인들의 입지선정에는 여러 요소가 반영되었겠지만 본 절에서는 입지를 평지과 경사지로 2대별하고 그 분류에 따라 입지와 관련된 지리학용어를 정리해 보겠다. 평지와 경사지는 퇴적지형과 침식지형이라는 큰 차이가 있다. 평지는 강변의 충적지가 대표적이다. 평지에는 자연제방, 범람원, 배후습지와 하안단구가 포함된다. 경사지는 구릉, 산지가 대부분일 것이다.

1. 평지[1]

평지라고 하면 제일 먼저 떠오르는 것이 평야일 것이다. 평야란 기복이 작고 평탄하며 고도가 비교적 낮은 지형으로 지표면 경사는 5도 이하인 곳을 말한다. 산지가 많은 우리나라는 넓은 평야가 드물며 대부분 대하천의 하류에 발달되었다. 청동기시대 유적이 밀집하는 강변의 충적지는 충적평야를 말하여 그 중에서도 하곡평야라고 할 수 있다.

신석기시대와 같이 해안사구에 유적이 입지하는 예가 없기 때문에 평지라면 강변의 충적지가 대표적이다. 우리나라의 큰 하천은 두만강을 제외하고 모두 서해와 황해로 흘러 들어간다. 특히 남부지방의 경우 동쪽은 태백산맥이 동해안을 따라 남북으로 뻗어 있어 충적지가 발달하지 못하였다. 우리나라의 하천은 대부분 하구까지 구릉지가 하천 양안에 인접해 있다.

범람원은 하천의 하류 지역에서 하천의 범람으로 운반 물질이 하천 양안에 퇴적되어 형성된 평탄 지형을 말한다. 우리나라의 대하천 하류에 발달한 대부분의 범람원은 후빙기 해수면 상승과 관련하여 하천의 퇴적 작용이 활발히 진행되는 과정에서 생겨난 것들이다. 범람원은 크게 자연 제방과 배후 습지로 구성된다.

자연제방은 하천 상류로부터 운반되는 토사가 홍수 때 범람으로 인하여 하천 양안을 따라 퇴적된 지형을 말한다. 좁고 길게 형성된 자연제방 뒤에는 상대적으로 고도가 낮은 배후습지가 나타난다. 河道에 가까운 자연제방은 물이 넘칠 때의

사진 1 _ 하안단구 (권동희 2012)

유속이 비교적 빠르므로 모래 같은 조립물질이 퇴적되며 하도에서 떨어진 배후습지는 유속의 감소로 실트나 점토 같은 세립물질이 퇴적되고 또 그 양도 적어진다. 이러한 퇴적작용이 반복되면 자연제방은 배후습지보다 상대적으로 고도가 높은 지형으로 발달된다.

배후습지는 범람원 지역에서 자연제방의 배후에 나타나는 저습지를 말한다. 배후습지의 퇴적물은 자연제방이나 사구의 물질보다 세립물질로서 점토가 대부분이다. 이것은 범람원의 경우 하천 범람 시 유속이 빠른 자연제방 근처에서는 모래 등과 같은 조립물질이 퇴적되지만 하도에서 멀어질수록 유속이 늦어지기 때문이다. 평지가 적은 우리나라의 경우 배후습지대는 오래전부터 경지나 주거지로 개발되었기 때문에 자연상태의 범람원은 거의 존재하지 않는다고 한다.

하안단구는 과거의 하천 하상이 현재의 하상보다 높은 곳에 위치하는 지형을 말한다. 하천변을 따라 비교적 평탄한 면이 연속되는 곳은 대부분 단구면에 해당되는데 중하류지역에서는 범람원과 구별이 잘 되지 않는 경우가 많다.

2. 경사지

한반도는 70%가 산지 지형이지만 대체로 저산성산지이다. 북동부지역이 높고 험준하며 남서부지역은 구릉성 산지가 발달하였다.

산지는 산맥이 모여 구성되어 기복이 크고 경사가 가파른 사면을 가진 곳이다. 해발 몇 m 이상은 산지라고 한다라는 일정한 기준은 없으나 대체로 수백미터 이상은 산지라고 부른다. 구릉은 산지가 풍화와 침식을 받으면서 평원화되는 과정에 나타나는 지형으로 한국에서는 16km 거리 내의 地方起伏이 100~600m의 지역을 말한다. 즉 산지가 平原化되어 가는 과정에 나타나는 漸移的인 성격을 지닌 것이다. 또 상대적으로 평지보다 높고 산지보다 낮은 지형이라는 견해도 있다.

위의 견해대로라면 우리나라 청동기시대 취락의 입지는 대부분 구릉에 해당된다. 특히 평지에서의 비고를 중심으로 한다면 충적지 유적을 제외하면 모두 구릉에 입지한다고 할 수 있다.

또한 구릉지 중 완만한 경사면을 가진 곳을 완경사지형이라고 한다. 완경사지형이란 말그대로 산록에 발달한 완경사의 지형면을 지칭하며 산록완사면과 선상지가 포함된다. 산록완사면과 선상지의 구분은 모호하다. 출화층이 삭박된 면은 산록완사면이고 배후산지의 풍화물질이 하천에 의해 운반된 퇴적층이면 선상지라는 견해도 있으나 오히려 이러한 구분이 무의미하다는 주장도 있다. 산록완사면은 물리적 풍화가 우세한 고산악지의 산록에서 볼 수 있는 완경사 준평탄지를 말하며 토심은 깊지 않다고 한다. 말그대로 완경사의 사면을 뜻한다. 선상

사진 2 _ 산록완사면 (권동희 2012)

사진 3 _ 해안단구 - 포항 삼정리유적

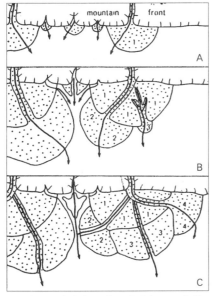

그림 2 _ 선상지 모식도(최헌섭 1998에서)

지는 산지와 평지 사이의 경사 급변점에서 유속의 감소로 인하여 모래와 자갈 등의 토사가 쌓여 형성된 부채꼴 모양의 퇴적 지형을 말한다. 선상지는 크게 곡구 인근 지역의 선정, 중앙 지역의 선앙, 말단 지역의 선단으로 나뉘는데 선단지역에 물이 스며나오는 곳을 따라 취락이 형성되는 경우가 많다.

많은 연구자들이 유적의 입지를 분류하는데 들어가는 유형 중 하나가 해안형이다. 청동기시대의 해안형은 바다와 관련된 생활 패턴을 보여주는 것이 아니라 단지 해안과 가까운 거리에 해당되는 입지유형이라고 해도 과언이 아니다. 해안과 거리가 가까운 곳에 위치하는 유적에서 어로와 같은 바다생활과 관련된 유물의 출토량이 급격히 많지 않기 때문이다. 따라서 현재 해안형으로 분류된 입지유형이 실제로는 구릉형과 큰 차이가 없다. 그동안 바다쪽으로 뻗어 내린 구릉의 능선과 사면에 입지하는 유적이 해안형으로 분류되었기 때문이다.

해안지형은 사빈(모래해안), 해안사구, 해안단구 등이 있지만 사빈이나 해안사구는 선사시대 취락이 입지하기 어려운 지형이다. 따라서 청동기시대에 해안과 가까운 곳에 위치하는 취락은 대부분 해안단구에 입지하는 경우가 많다. 해안단구는 침식이 되었던, 퇴적이 되었던 과거 해면과 관련하여 형성된 해안의 편평한 땅을 말한다. 오랜 세월에 걸쳐 파랑에 의하여 침식되어 형성된 넓은 파식대가 지반의 융기나 해수면 하강으로 인하여 육지화된 계단상의 평탄 지형으로 나타난다. 넓은 단구면은 농경지와 교통로로 이용되어 선사시대부터 인간이 거주하기에 유리한 지형이다. 우리나라의 경우 동해안쪽에 해안단구가 발달되었다.

Ⅲ. 시기별 입지의 변화

　신석기시대에는 해안가나 강가에 유적이 입지하고 청동기시대에는 사람들의 활동영역이 넓어져 신석기시대에 비해 보다 내륙으로 들어가 강가뿐만 아니라 구릉에도 유적이 입지한다. 최근 신석기시대의 유적 조사 사례가 증가하면서 과거에 비해 유적의 분포 범위가 넓어 졌지만 해안가와 강변이 주된 입지라는 것은 아직 변함이 없는 것 같다.

　청동기시대가 되면 유적의 분포가 전국 방방곡곡으로 넓어진다. 특히 조사가 많이 이루어진 한반도 남부지역의 경우 지역을 막론하고 낮은 구릉에는 대부분 유적이 분포할 정도이다. 단순히 인구가 증가하였다는 데서 이유를 찾을 수도 있겠지만 그만큼 생업활동의 범위가 넓어졌다고 할 수 있다.

　단 신석기시대의 주요 유적 입지라고 할 수 있는 섬이나 해안가의 패총은 확연히 줄어든다. 특히 청동기시대에 패총이 거의 확인되지 않는 점은 의문이다. 현재까지 청동기시대의 패총은 충청남도 안면도 고남리패총이 유일하다. 패총이 당시의 쓰레기장이었다면 해안가 곳곳에 분포하는 것이 자연스럽고 또 패총유적 자체가 삼국시대에도 형성되기 때문에 신석기시대 이후 사라지는 유구가 아니다. 청동기시대에만 패총이라는 유구가 공백이라는 것은 그동안 학계에서 풀지 못한 미스테리라고 할 수 있다. 고남리패총의 존재를 통해서 볼 때에도 청동기시대에 패총이라는 것을 완전히 인식하지 못했던 것도 아닐 것이다. 청동기시대의 패총이 조사된 사례가 적은 이유는 역시 기후변동과 관련될 것이다. 청동기시대는 현재보다 한랭한 시기여서 해안선이 현재보다 낮은 해퇴기라고 한다. 따라서 현재의 바다속에 패총이 분포할 가능성도 있다고 할 수 있다. 하지만 해안가의 패총유적이 즐비한 신석기시대에는 청동기시대에 비해 더 한랭기여서 해안선이 더 낮았을 것이다. 선사 고대의 해안선의 높이에 대해서는 지리학자들 사이에서도 다양한 견해가 있다. 동해안의 해안선에 대한 연구에 의하면 청동기시대는 현재보다 기온이 높아 해수면이 더 높았다는 견해도 있다. 기후변동과 함께 패총유적 자체의 기능상실과 관련해서도 검토가 필요할 것이다.

　그동안 시기별 입지의 차이를 검토한 연구성과가 발표되었지만 사실 현재와 같이 자료가 많지 않을 때였다. 1990년대 중반 이후 발굴자료가 급증하면서 청동기시대 전 기간에 위에서 선학들이 분류한 모든 입지에 유적이 분포한다는 것을 알게 되었다. 입지에 따라 시기별, 지역별로 점유비율에서 차이가 있는 것이다. 단순히 대분류로서 구릉형(산지형 포함), 평지형, 해안형 등으로 분류한다면 시기별 차이가 크지 않겠지만 미지형적으로 또 점유비율로는 시간의 흐름에 따라 차이가 보일 것이다. 본 절에서는 시기별로 취락의 입지가 어떻게 변화하는가에 대해서 살펴보겠다.

1. 조기

　조기의 설정 여부 혹은 조기의 범위에 대해 연구자마다 이견이 있지만 본 절에서는 돌대문토기와 이중구연토기를 조기의 지표로 한정하여 이 두 토기가 출토되는 유적의 입지를 살펴보겠다.

　조기의 주거지 중 돌대문토기가 출토되는 주거지는 대부분 하천변의 충적지에서 조사되었다. 경주지

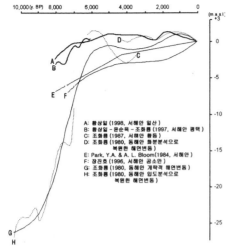

그림 3 _ 한반도 홀로세 해면변동의 제견해
(황상일 2006에서 재인용)

사진 4 _ 진주 대평리유적 조기 주거지

역에서 돌대문토기가 출토된 충효동유적은 충적지가 아니고 선상지라고 하지만 평지라는 점에서는 충적지와 동일하다고 할 수 있다. 역시 충적지에서의 밭농사가 주된 생업이었을 것이다. 조기의 밭농사의 증거로서 진주 대평리유적에서 조사된 밭이 근거가 되기도 한다. 하지만 대평리유적의 경우 대규모의 밭이 조사되었지만 실제 대부분의 밭은 송국리단계인 중기의 밭이다. 대평리유적에서 청동기시대의 밭이 층위별로 2개층이 조사된 곳이 있다. 옥방 9지구에서 조사된 청동기시대 밭 2개층 중 하층 밭은 조기에 속할 가능성도 있다. 충적지 내에서의 유구별 입지는 중기와 큰 차이가 없다. 주거지는 자연제방에 주로 입지하고 그 사면에 밭이 조성되었을 것이다.

이중구연토기가 출토되는 조기의 주거지는 사례가 많지 않아 입지를 정형화 하기는 어렵지만 돌대문토기가 출토되는 유적과는 차이가 있다. 울산 구영리 Ⅴ지구 28호 주거지는 구릉의 사면에 입지한다. 일반적인 동남해안지역의 전~중기 취락과 입지에서 차이가 없다. 단 울산지역에서 구릉에 입지하는 주거지는 대부분 벽을 따라 구가 설치되어 배수 혹은 배습의 기능을 하였다고 하는데 구영리 Ⅴ지구 28호 주거지에는 벽구가 설치되지 않았다.

조기의 주거지는 몇 동이 하나의 취락을 이룬다. 돌대문토기가 출토되는 조기의 유적에서 주거지가 10여 동씩 조사되고 있는데 범람이 반복되는 지형적인 특징을 감안한다면 동시기에 그렇게 많은 주거지가 분포 하였다기 보다는 소수의 몇 동이 하나의 취락을 이루었다고 할 수 있겠다.

2. 전기

전기가 되면 조기에 비해 주거의 수도 증가하며 입지의 범위도 넓어진다. 유적의 숫자가 중기에 비해 적을 뿐 한반도 전역에 유적이 분포한다고 할 수 있다. 하천변의 충적지와 구릉에 모두 유적이 입지한다.

하지만 아직까지 소수의 주거가 하나의 마을을 이룬다. 충적지에 유적이 분포하더라도 단지 충적지가 가진 입지의 유리함이 크게 작용하였을 뿐이고 넓은 충적지에 큰 마을을 이루기 위한 의도는 아닐 것이다. 진주 대평리유적이나 춘천 용암리유적 등 강변의 충적지에 수백동의 주거지가 조사된 유적에서도 전기의 주거지가 차지하는 비율은 그다지 높지 않다. 또한 퇴적과 범람이 반복되는 입지적 특징을 고려한다면 동시기에 존재한 주거의 숫자는 더 줄어들 것

사진 5 _ 청원 대율리 환호취락

이다. 구릉에 위치하는 전기의 취락은 적은 수의 주거가 능선에 입지하는 경우가 많다. 능선은 주거축조의 용이함, 주거에서의 배수의 용이함 이외에 조망권과 일조권의 확보에 유리하고 능선을 통한 이동에 유리하다고 한다. 따라서 소수의 주거지가 취락을 이룰 때 구릉의 능선을 입지 장소로 선택하는 것은 자연스러운 현상이라고 할 수 있다.

구릉의 정상부에 유적이 입지하는 경우도 있다. 청원 대율리유적은 구릉 정상부에 위치하는 환호취락이다. 현재까지 조사된 환호유적이 대부분 중기 이후에 속하는 것으로 볼 때 전기의 환호유적은 이질적이리고 할 수 있다.[2] 토기의 문양 등으로 볼 때 중국동북지역에서 직접 이주한 이주민집단이라는 견해가 있다.

하지만 점차 전기후반으로 갈수록 하나의 취락을 이루는 주거의 수가 증가하다가 전기 말이 되면 천안 백석동유적과 같이 대규모 취락이 등장한다. 전기말이 되면 취락을 이루는 주거의 숫자가 급증하는데 주거의 수가 늘어난다는 것은 그만큼 구릉에서 주거가 점유하는 공간의 범위가 늘어난다는 것을 의미한다. 따라서 전기말이 되면 구릉의 사면에도 주거가 입지할 수밖에 없다.

3. 중기

청동기시대 중기의 특징은 여러 가지가 있지만 주거와 취락으로 한정한다면 개별 주거의 면적 축소, 대규모 취락의 확산(취락 면적의 확대)이라고 할 수 있다. 청동기시대 중기의 취락유적은 어떤 시기보다 많이 조사되었다. 전국 방방곡곡이 청동기시대 인들의 생활무대로 이용되었던 것이다. 조기나 전기에 비해 분포 범위가 넓어졌다는 것이 가장 큰 특징이다.

조기나 전기에도 강변의 충적지에 취락을 이루었지만 중기가 되면 본격적으로 충적지에 대단위 취락이 조성된다. 충적지는 용수의 공급이 유리하고 토지가 비옥하며 하천을 통한 교통로의 확보에 유리하다. 일반적으로 충적지라고 하지만 자연제방, 배후습지, 범람원 등으로 나눌 수 있는데 자연제방에 주거가 밀집한다. 충적지는 육안으로 볼 때 편평해 보여도 실제는 하천에서 하천의 반대방향으로 가면서 고-저-

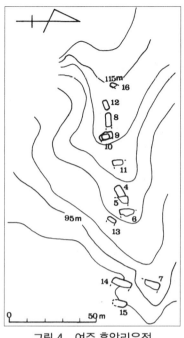

그림 4 _ 여주 흔암리유적

고-저의 상대비고가 반복되는데 높은 곳이 자연제방이며 이곳에 주거가 밀집한다. 현재의 발굴조사 때에는 당시 청동기시대의 생활면이 편평하다고 인식할 수 있지만 실제로는 요철이 다양한 것을 알 수 있다. 대평리 옥방 1지구 3호 주거지 인근에서 소규모의 밭이 검출되어 텃밭으로 발표되기도 하였으나 추가조사에서 당시의 생활면이 요철이 있었으며 서쪽에서부터 계속 이어진 밭의 일부분임을 확인하였다. 충적지 조사에서는 층위에 대한 세심한 주의가 필요하다. 자연제방과 배후습지가 연속되는 상황에서 가장 넓은 평탄면에 환호가 축조되고 내외부에 주거가 밀집 분포한다. 대평리유적에서 수전이 확인되지 않았지만 진주 평거동유적의 사례를 참조한다면 대평리유적에도 조사가 이루어지지 않은 배후습지에 수전이 분포할 가능성이 있다.

구릉에도 전기와 마찬가지로 계속해서 취락이 형성된다. 하지만 전기와는 약간의 차이가 있다. 충적지가 발달하지 않는 지역에서는 구릉에도 대규모 취락이 형성된다. 주거의 수가 증가하면서 구릉의 사면에도 주거가 배치된다. 뿐만 아니라 구릉의 능선을 공지로 비워두는 경우도 있다. 구릉능선형과 구릉사면형의 차이가 생업형태의 차이라는 연구도 있지만 필자는 시기차로 판단하고 싶다. 즉 전기에는 능선형, 중기부터는 사면형이 확대된다고 할 수 있다. 사면형은 능선형에 비해 주거축조가 용이하지 않고 조망권이나 일조권의 확보에도 불리하다. 그럼에도 불구하고 중기에 주거가 사면에 축조되는 것은 주거의 수가 증가하였기 때문에 능선에 모든 주거가 입지할 수 없는 것이 가장 큰 원인일 것이다. 하지만 이러한 이유 외에 의도적으로 능선을 비워두기도 한다. 능선의 평탄한 면이 마을의 광장으로 이용되었을 것이다. 이곳에서는 의례행위나 공공집회가 이루어졌으며 무덤이 배치되어 공공의례의 장소로 활용되기도 하였을 것이다. 울산을 비롯한 동남해안지역의 경우 구릉 능선에 주구묘가 배치되기도 한다.

구릉이나 능선을 막론하고 중기의 마을은 전기에 비해 취락을 이루는 주거의 숫자가 증가하는 반면 주거의 규모는 축소되며 규격화된다. 주거 축조에 강제성이 작용하는 것을 의미한다. 전기에서 중기로의 이러한 변화는 환호취락의 확산, 군집묘의 확산, 대형굴립주건물의 등장 등 다양한 고고학적인 변화를 수반하는데 무엇보다도 수도작의 확산이 가장 큰 원인이라고 할 수 있다. 전기에 비해 공동노동을 수행해야 하는 경우가 많아 졌을 것이며 자연스럽게 취락에서 유력개인이 등장하는 사회적 분위기가 조성되었을 것이다. 이 유력개인은 취락 중앙의 광장에서 의례를 주관하였을 것이다. 필자는 주거가 배치되지 않는 능선 중앙부의 의미가 극대화한 것이 구릉에 축조된 환호라고 생각한다.

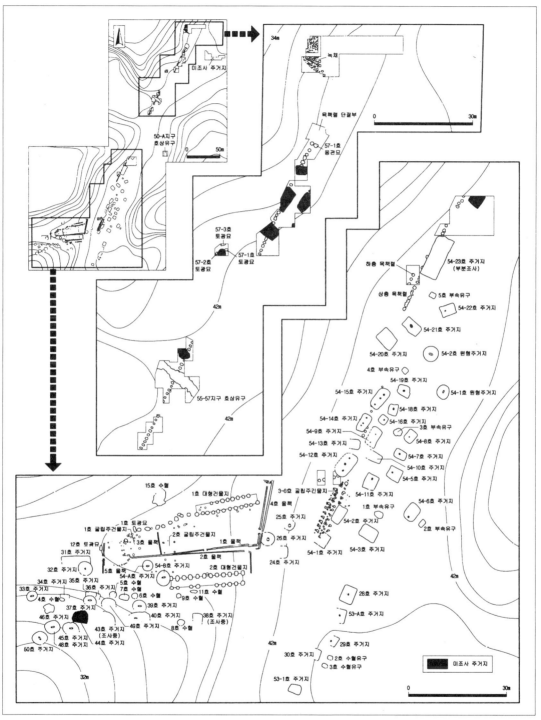

그림 5 _ 부여 송국리유적 배치도

4. 후기

후기가 되면 청동기시대 사회는 일변한다. 선사시대 중국동북지역 주민들의 한반도 남부지역으로의 남하는 지속적으로 계속되었지만 청동기시대 후기에는 보다 직접적인 이주가 이루어졌다. 전국시대 중국 동북지역의 정세불안으로 인해 압박을 받은 고조선주민이 직접 한반도 남부지역으로 이주하였다는 역사적 기록이 있을 정도이다.

청동기시대 후기 개별주거의 특징이 앞 시기와 단절된 형태, 주거의 부정형

사진 6 _ 보령 교성리유적

화라고 한다면 입지의 특징은 고지성취락의 등장이라고 할 수 있다. 충적지에 입지하는 유적의 수는 급격히 줄어들고 대부분 구릉에 입지한다. 대부분의 유적이 중기와 마찬가지로 완만한 구릉에 입지하는데 특이하게 산의 정상부에 입지하는 경우도 있다. 산 정상부의 고지성취락 이외에도 일반적으로 사람이 편하게 거주할 수 있다고 생각되지 않는 험지에 유적이 입지하는 경우도 있다. 일찍이 고지성취락이라고 하여 조망권의 확보 등 방어의 유리함이 강조되어 방어성취락으로 인식되었다. 그러한 인식에는 중국동북지방의 정세변화가 바탕이 되었으며 일본의 고지성취락에 대한 연구성과도 반영되었다고 할 수 있다. 또한 기존의 청동기시대 중기인들과 융합하지 못한 원형점토대토기인들과의 갈등이 원인이라는 견해도 있다. 최근에는 이러한 고소, 험지에 취락이 입지하는 배경에 방어적, 군사적 성격 즉 사회적인 긴장관계가 원인이라기보다는 교통의 편리함, 맹수로부터의 신변 보호, 지질, 광상파악의 편리함 등이 중요한 원인이라는 견해도 있다.

후기의 주거는 전형적인 중기의 주거와는 일변한 양상인데 가장 큰 특징은 주거의 부정형화라고 할 수 있다. 수혈인지 주거인지 구분이 모호한 경우도 있으며 수혈의 깊이가 얕고 구릉에 입지하기 때문에 정연하게 완형으로 조사되는 경우도 드물다. 장기간의 체류를 염두에 두었다기 보다는 임시가옥의 성격이 더 강하다고 할 수 있다. 그렇다면 위에서 언급하였듯이 이동을 염두에 둔 주거이며 그에 따라 장기적인 체류가 목적이 아니기 때문에 입지선정에 있어서도 고소나 험지가 선택되었을 것이다.

Ⅳ. 거점취락의 입지 특징

거점취락의 정의에 대해서는 여러 견해가 있겠지만 청동기시대 중기에 등장한다는 점에서는 큰 이견

이 없는 듯하다. 거점취락이 갖추어야 할 조건에 대해 안재호는(2006) 대규모취락, 장기존속취락, 주거 외에도 다양한 유구의 존재, 다종다량의 유물 출토, 묘지나 세사유구의 존재, 구심적 취락구조, 대형굴 립주건물의 존재, 물류의 중심지로써 생산지가 아닌 수요지로서 각종의 식물·동물유존체 출토 등의 조 건을 갖추어야 한다고 하였다. 안재호는 환호의 경우 대부분 단기간에 한시적으로만 사용되었기 때문에 거점취락의 요소에 포함시키지 않았지만 필자는 환호유적도 중요한 거점취락의 지표가 될 수 있다고 생 각한다. 이 외에도 비파형동검과 같은 희소성이 있는 위세품이 출토되는 것도 거점취락의 지표가 될 수 있다.

위의 거점취락의 여러 조건 중 모든 요소를 다 갖춘 취락은 실제 거의 없다고 할 수 있다. 본절에서는 유구나 유물을 바탕으로 입지를 통해 거점취락에 대해 접근해 보고자 한다. 현재까지 한반도 남부지방의 중기는 '송국리문화의 등장과 확산'이 지표가 되었다고 할 수 있다. 하지만 2000년대 이후 자료가 증가하 면서 송국리문화는 한반도 전역에 분포하지 않고 경기 남부와 동남해안지역을 호상으로 잇는 선의 남서 쪽에만 분포하는 것으로 밝혀졌다. 송국리문화의 등장과 확산의 배경에는 수도작의 확산이 경제적배경이 되었다고 한다. 송국리문화분포권이 한반도의 서남부에 분포하는 것으로 볼 때 지역적 범위와도 부합한 다고 할 수 있다. 따라서 송국리문화분포권은 토지가 비옥한 강변의 충적지가 중요한 생활무대가 되었을 것이고 실제 강변 충적지에서 대규모 취락이 조사되고 있다.

하지만 송국리문화가 분포하지 지역 중 지형적인 특징으로 충적지가 발달하지 못한 곳에서도 사회적 인 변화에 연동하여 거점취락이 등장하였을 것이다. 청동기시대 중기가 되면 한반도 남부지방 전역에서 주거의 규모가 축소되고 규격화되는데 이것은 핵가족화를 반영하며 주거축조에 강제성이 작용하는 것을 의미한다. 이러한 사회변화는 대규모 무덤군의 등장, 대규모 취락의 등장, 수도작의 확산과 함께 유력개 인의 등장을 암시하는 것이다. 이러한 변화는 남부지방 전역에서 나타나는 양상이다. 송국리문화비분포 권 그 중에서도 큰 하천이 없고 유속이 빨라 충적지가 발달하지 않는 동남해안지역은 위에서 든 거점취 락의 요소 중 많은 부분이 확인되지 않는 상황이지만 거점취락이 존재하지 않았다고 할 수는 없을 것이 다. 필자는 이곳의 거점취락의 지표를 환호유적에서 찾고 있다.

구릉지에 취락이 입지하는 동남해안지역에서는 환호 역시 十능에 축조된다. 환호의 성격을 이해하기 위해서는 환호가 축조된 입지를 분석할 필요가 있다. 필자는 환호유적의 입지특징에 대해 ① 평 면적, 단면적으로 돌출된 구릉에 입지하는 점(주 변을 조망하기 좋은 곳보다는 오히려 주변의 취 락에서 잘 보이는 곳이라는 의미가 강함). ② 교 통의 요지에 위치하며 앞에는 하천이 흐르고 넓 은 평지와 맞닿아 있는 곳. ③ 환호로 둘러싸인 내부공간의 가장 높은 곳은 환호면보다 해발고 도가 높다는 점(관념적 의미). ④ 내부에 주거가 없거나 그 수가 매우 적다는 점을 이유로 제 시하였다. 이러한 근거로 환호유적과 환호유적

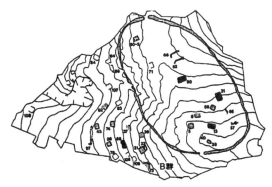

그림 6 _ 울산 검단리유적 환호시기 배치도

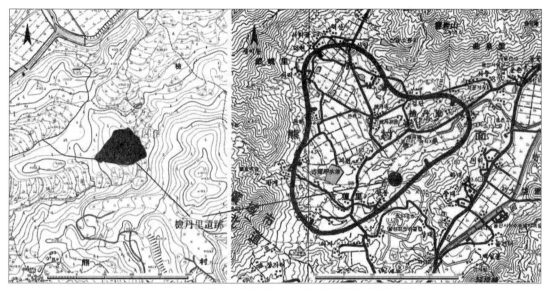

그림 7 _ 검단리유적 지형도와 검단리 거점취락의 추정 범위

이 가시권에 들어오는 취락의 집합체를 거점취락으로 파악하였다. 이러한 관점에서 본다면 울산지역에서 현재까지 조사된 거점취락은 8개소이며 거점취락간 거리는 약 6~10km, 거점취락의 공간적 범위는 약 3km로 파악하였다.

　　동남해안지역이 아니더라도 환호는 거점취락의 지표가 될 수 있다. 환호유적이 가장 많이 조사된 남강과 그 지류인 경호강 유역의 진주권은 일정한 간격으로 충적지에 대규모 취락이 입지하고 그 중에서는 환호가 설치된 유적이 많다. 진주권에서 환호가 설치된 유적 중 사월리유적을 제외하면 모두 강변의 충적지에 입지한다. 하천을 이용한 교통의 요충지에 해당되며 이러한 교통로를 통해 각지의 산물이 거점취락에서 유통되었을 것이다. 남강유역에서 환호가 축조된 유적은 거점취락의 전제 조건 중 대규모 취락, 장기존속, 다양한 유구의 존재, 다종다량의 유물 출토, 묘지나 제사유구의 존재 등을 충족시킨다. 정밀한 분석이 이루어지지 않았지만 구심적 취락구조일 가능성이 높다. 쇼다 신야(庄田愼矢 2009)는 대평리유적의 옥생산과 분배를 분석하여 농한기에 수공업생산이 활발해지고 생산된 수공업품은 하천을 통해 외부의 공동체로 공급되기도 하였다고 한다. 대평유적에서 생산과 분배, 다른 지역으로의 공급과 같은 경제활동이 활발하게 이루어진 것은 무엇보다도 입지가 가장 크게 작용하였다고 할 수 있다. 경호강과 경호강의 본류인 남강은 사행상으로 곡류하면서 낙동강으로 흘러가는데 환호유적이 확인된 지역은 그 중에서도 충적지의 면적이 상대적으로 넓은 곳이며 당연히 대단위 취락이 입지하기에 유리한 지형이다. 충적지의 면적이 넓으면 비옥한 농경지를 확보하기 용이하였을 것이고 농경지에서 수확되는 잉여생산물은 중심지로 성장하는 동력이 되었을 것이다. 현재까지의 조사 성과를 통해서 볼 때 남강유역에서 거점취락은 약 10km 마다 존재했었다고 할 수 있다.

　　청동기시대 후기가 되면 거점취락이라고 할 수 있는 대규모 취락이 조사되지 않고 있다. 중기의 거점

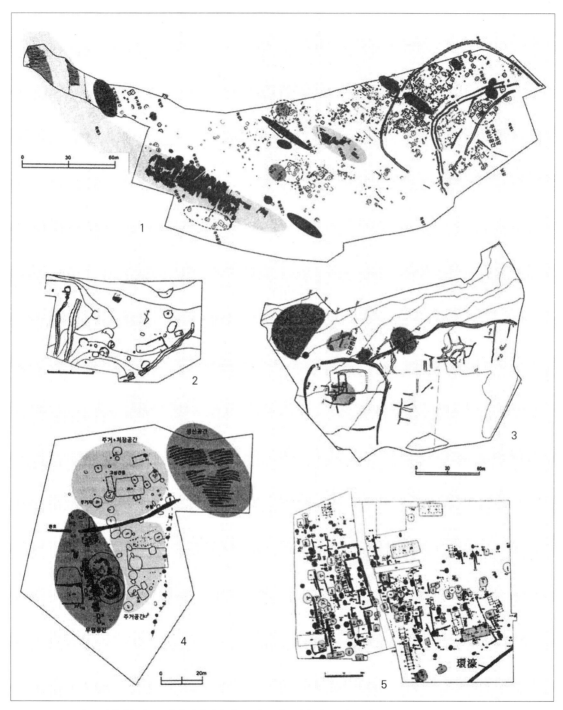

1. 진주 대평리유적, 2. 산청 사월리유적, 3. 진주 이곡리유적, 4. 진주 가호동유적, 5. 진주 초전동유적

그림 8 _ 진주권의 환호유적(고민정 2010에서 편집)

사진 7 _ 합천 영창리유적

취락이 일시에 해체되지는 않았을 것이다. 청동기시대의 발전 과정을 감안한다면 후기에도 거점취락이 존재하였을 것이다. 거점취락 뿐만 아니라 주거지 자체의 숫자가 급감한다. 주거의 수혈이 얕거나 지상화하였을 가능성이 있다. 청동기시대 후기의 대표적인 위신재라고 할 수 있는 세형동검은 대부분 무덤에서 출토되는데 합천 영창리유적에서는 수혈에서 2점이 출토되었다. 영창리유적은 세형동검의 출토, 환호의 존재와 함께 하천변의 독립된 구릉이라는 탁월한 입지조건 등을 근거로 '소도'라는 견해가 있다. 입지나 조사된 유구 등을 통해서 볼 때 안성 반제리유적, 부천 고강동유적, 강릉 방동리유적, 울산 교동리 192-37유적, 부산 온천동유적, 수원 율전동유적 등이 비슷한 성격이라고 생각된다. 여기서 언급한 유적이 대규모 취락지라는 것은 아니다. 주변 취락을 아우르는 공동의례의 장소일 것이다. 취락의 입지에 대해서는 사례가 적지만 구릉의 정상부에서 의례행위가 있었던 것을 추측할 수 있다.

---

1) Ⅱ장의 지형에 대한 설명은 아래의 책을 참조하였음을 밝혀 둔다.
    권동의, 2006,『한국의 지형』, 도서출판 한울.
2) 화성 쌍송리유적의 환호는 전기로 보고되었으나 필자는 환호의 평면형태, AMS측정결과 등을 고려한다면 중기로 보는 것이 타당하다고 생각한다.

참고문헌

권동희, 2006, 『한국의 지형』, 도서출판 한울.

金度憲·李在熙, 2004, 「蔚山地域 靑銅器時代 聚落의 立地에 대한 檢討 -生業과 關聯하여-」『嶺南考古學』 35, 嶺南考古學會.

金賢峻, 1996, 「靑銅器時代 聚落의 立地條件을 통해서 본 生業 硏究 -出土遺物을 中心으로」, 漢陽大學校大學院 碩士學位論文.

安在晧, 2000, 「韓國 農耕社會의 成立」『韓國考古學報』 43, 韓國考古學會.

安在晧, 2006, 「靑銅器時代 聚落硏究」, 釜山大學校大學院 博士學位論文.

李秀鴻, 2012, 「靑銅器時代 檢丹里類型의 考古學的 硏究」, 釜山大學校大學院 博士學位論文.

李在賢, 2002, 「Ⅳ. 考察」『金海 大淸遺蹟』, 釜山大學校博物館.

이홍종·손준호, 2012, 「충적지 취락의 지형환경」『嶺南考古學』 63, 嶺南考古學會.

鄭澄元, 1991, 「初期農耕遺蹟の立地環境」『日韓交涉の考古學 -弥生時代篇』, 大興出版社.

崔憲燮, 1998, 『韓半島 中·南部 地域 先史聚落의 立地類型』, 慶南大學校大學院 碩士學位論文.

소다 신야, 2009, 『청동기시대의 생산활동과 사회』, 학연문화사.

제2장
주거지의 형식과 변천

공민규 한국고고환경연구소

I. 머리말

주거는 취락을 구성하는 기초단위로서 고고학 조사과정에서 비교적 다수 확인되는 유구이다. 한국 청동기시대 연구에서 주거지는 대표적인 고고학 자료이며, 1960년대 이래 한국고고학의 발전을 견인하는 큰 역할을 유지하고 있다.

한반도에서 청동기시대 주거지가 조사된 것은 1950년대 후반 이후로서 북한의 회령 오동유적을 필두로 범의구석(호곡), 공귀리, 세죽리, 신흥동유적 등에서 청동기시대에 해당되는 주거지가 확인되어 한반도에서 본격적인 청동기시대 주거문화를 확인하는 계기가 되었다. 이후 대동강유역 일원을 중심으로 남경 · 금탄리 · 석탄리유적 등 대규모의 취락유적이 조사되었으며, 각 유적에서 확인된 주거지에 대한 종합적인 검토와 연구가 이루어졌다(김용남 · 김용간 · 황기덕 1975).

남한에서는 1960년대 초반부터 광주 가락리유적을 비롯하여 파주 교하리 · 옥석리유적에서 청동기시대의 주거지가 조사된 것이 그 시초를 이룬다. 이후 댐 수몰지구 등 국토개발의 여파에 의한 구제발굴조사의 결과물로서 간헐적인 청동기시대 주거지의 조사예가 학계에 발표되었다. 또한 청동기시대의 대표적인 주거형인 송국리식주거지의 모태가 되는 부여 송국리유적은 최근까지 연차 학술조사가 계속되고 있으며 한국 청동기시대의 대표적 취락유적으로 볼 수 있을 것이다.

그리고 1990년대에 들어서 고고학 조사방법의 변화로 인해 본격적 의미의 청동기시대 취락단위 유적이 조사되기 시작하였는데 하남 미사리유적과 보령 관창리유적, 울산 검단리유적, 천안 백석동유적이 대표적이다. 21세기에 접어들면서 한반도 중부 이남의 각지에서는 청동기시대 전시기에 걸쳐 여러 형식의 주거지들로 구성된 취락의 조사가 급증하고 있으며, 관련된 연구도 지속적으로 증가하는 추세이다.

한국 청동기시대 주거지에 대한 연구는 1974년 발표된 한편의 논문에서 출발한다(金正基 1974). 이 고전적인 연구는 현재 학계의 이해와는 다소 차이가 있으나 당시까지 조사된 청동기시대 주거지에 대한 종합적인 접근이 이루어진 것으로서 의미가 있다. 이후 1980년대에 주거의 지역성과 구조적 측면을 중심으로 한 연구(윤기준 1985), 수혈주거의 특징과 구조에 관한 연구(金正基 1996) 등이 학계에 제시되었다. 2000년대 이후에는 청동기시대 주거 전반에 대하여 접근한 김승옥의 연구가 대표적으로서 주거지에 대한 종합적인 분석을 토대로 형식분류와 편년을 실시하고 이를 통해 사회조직의 변화를 상정하고 있다(김승옥 2006). 그러나 최근에는 통시적이고 광역적인 연구보다는 지역단위에서 시기적으로 세분하여 접근하는 연구가 일반화되고 있다.

Ⅱ. 주거지의 형식과 변천

1. 한반도 북부지역

1) 압록강~청천강유역

압록강~청천강유역은 한반도의 서북지역으로서 요녕지역에서 한반도로 문물이 유입되는 관문에 해

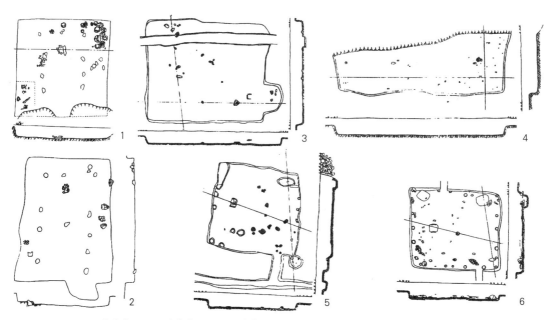

1. 심귀리 1호, 2. 심귀리 2호, 3. 공귀리 2호, 4. 공귀리 1호, 5. 공귀리 4호, 6. 공귀리 5호

그림 1 _ 압록강 중상류의 주거지

당되는 지역이다. 이 지역은 유적의 분포상에 따라 압록강 하류, 압록강 중상류, 청천강유역으로 나누어 살펴볼 수 있다. 압록강 하류지역은 용천군 신암리 모래산유적에서 5기의 주거지가 조사되었다. 주거지의 평면형태는 소형의 장방형이며, 내부에는 평지식노가 설치되어 있는 것으로 보고되었다. 압록강 중상류지역에서는 공귀리·심귀리·도성리·로남리유적에서 청동기시대의 주거지가 조사되었다. 주거지의 평면형태는 대부분 장방형이며, 규모는 장축의 길이가 6~8m 내외로 비교적 소형에 해당된다. 주거지의 내부시설로는 심귀리 1·2호 주거지에서 2열 초석의 설치가 나타나고 공귀리 2호 주거지에서도 초석이 확인된다. 노지는 위석식노(심귀리 1·2호, 공귀리 2호)와 석상위석식노(공귀리 4·5호)가 중심을 이루는 것으로 판단되나 공귀리 3호 주거지와 같이 평지식노를 설치한 주거지도 일부 확인된다.

청천강유역에서는 중하류의 세죽리·구룡강유적과 상류의 대평리유적이 대표적이다. 세죽리유적의 청동기시대 주거지는 총 22기가 조사되었으나 이 중 고조선시기의 집자리를 별도로 분리하여 7기의 주거지가 조사된 것으로 이해하기도 한다(김용남·김용간·황기덕 1975). 주거지는 출토유물을 기준으로 2유형으로 구분되는데 공귀리식토기가 출토되는 1유형과 미송리식토기가 출토되는 2유형이 그것이다. 주

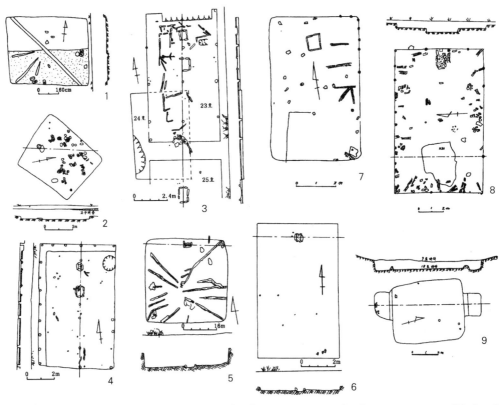

1. 신암리 모래산 3호   2. 신암리 모래산 4호   3. 세죽리 23-25호   4. 세죽리 20호   5. 세죽리 27호
6. 세죽리 11호   7. 구룡강 5호   8. 구룡강 6호   9. 구룡강 15호

그림 2 _ 압록강~청천강유역 주거지

거지의 평면형태는 1유형의 주거지는 장축과 단축이 약 3~4m로서 소형의 방형, 2유형은 장축 6~7m의 장방형이다. 내부시설로는 양유형을 막론하고 1~2개의 위석식노가 주거지 중앙에서 한쪽으로 치우쳐 설치되어 있으며 벽면을 따라 소형의 주혈이 확인되는 예도 있다. 구룡강유적의 청동기시대 취락은 19기의 주거지와 1기의 수혈유구가 조사되었으며, 층위와 출토토기를 통해 3유형으로 구분된다. 구룡강유적 1유형의 주거지는 길이 5m 이내의 소형 방형주거지가 중심을 이루며, 내부에서 뚜렷한 노가 확인되지 않는다. 2유형의 주거지는 총 7기로 길이 5~11m의 장방형 평면형태를 나타내며, 내부에는 대부분 위석식노가 설치되어 있다. 3유형은 8기의 주거지가 해당되며 길이가 7m 내외로서 장방형의 평면형을 나타낸다. 내부시설로는 앞의 1·2유형과 같이 위석식노가 설치된 것이 있으며, 3·4호와 같이 평지식노가 설치된 주거지도 확인된다. 압록강~청천강유역의 청동기시대 주거지는 소형의 방형 또는 장방형주거지가 비교적 이른 시기에 확인되고 이후 주거지의 규모가 커지는 양상이 나타난다. 주거지의 내부시설 중 爐는 위석식노지가 중심을 이루고 있으나 공귀리 4·5호에서는 석상위석식노, 신암리와 공귀리 3호 주거지의 예와 같이 평지식노가 설치된 양상도 확인된다. 그 외에 공귀리 2호와 구룡강 15호 주거지 등에서 벽면에 소위 '벽장움'이라는 돌출부가 형성된 것을 확인할 수 있는데 저장시설로 추정된다.

2) 대동강유역

대동강유역은 일반적으로 팽이형토기문화의 중심지로 이해할 수 있으며, 남경·표대·남양리유적 등 대규모 취락유적이 조사되었다. 대동강유역의 청동기시대 주거지는 지역에 따라 상류·중류·하류지역으로 나누어 살펴볼 수 있다.

대동강의 상류 지역에 위치하는 대평리유적과 남양리유적은 토기상에서 평양일원의 문화상과 유사하지만 주거문화의 요소는 청천강유역과 닮아 있다. 대평리유적의 주거지는 총 15기가 조사되었는데 이 중 5기는 주거지의 바닥면과 노만 잔존한 것이다. 주거지는 내부의 노 개수에 의해 2유형으로 구분되며, 1유형은 길이 8~9m의 장방형이고 내부에 1개의 위석식노가 설치되어 있다. 2유형의 주거지도 기본적으로 장방형의 평면형태를 나타내며, 2개의 위석식노가 설치되어 있고 2호와 8호 주거지에서는 3열의 초석이 확인된다.

남양리유적은 총 31기의 주거지가 확인되었는데 동유적의 보고문에 의하면 층서관계와 노의 개수, 주혈의 위치, 초석의 유무 등에 따라 다음의 〈표 1〉과 같이 4기로 구분하고 있다.

표 1 _ 남양리유적 주거지의 분기별 특징

분기 \ 구분	평면형태	노	주혈	주거지
제1기	장방형	위석식 1	벽면	2 · 6 · 10 · 15 · 19 · 23 · 24 · 27 · 29 · 31
제2기	장방형	위석식 1	중심축+벽면	1 · 5 · 14 · 30
제3기	장방형	위석식 2	중심축+벽면	8 · 13 · 16 · 18 · 20 · 21 · 26 · 28
제4기	장방형	위석식 2	초석	3 · 4 · 9 · 11 · 22 · 25 · 32

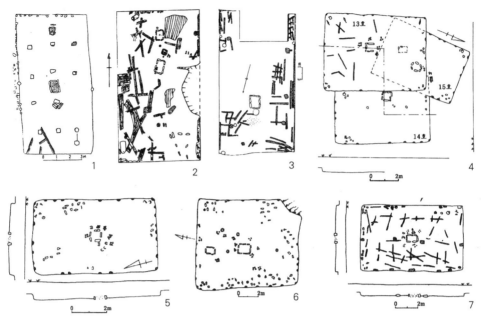

1. 대평리 2호, 2. 대평리 103호, 3. 대평리 105호, 4. 남양리 13~15호, 5. 남양리 10호, 6. 남양리 16호, 7. 남양리 11호

그림 3 _ 대평리 · 남양리유적 주거지

　남양리유적 주거지의 평면형태는 기본적으로 장방형이 중심을 이루고 있으나 3 · 29호 등 방형에 가까운 것도 일부 확인된다. 분기별 주거지의 규모는 큰 차이가 나타나지 않으며 대체적으로 장축 5~9m, 단축 3~5m 내외이다. 노는 냇돌을 이용하여 시설한 위석식노가 중심을 이루는데 30 · 31호 주거지와 같이 평지식노가 설치된 예도 일부 나타난다.

　대동강의 중류지역에는 남경 · 표대 · 금탄리유적이 대표적으로 강변의 충적지에 주거지가 집중적으로 조성되어 있다. 이 중 비교적 보고문(김용간 · 석광준 1984)이 충실하고 다수(22기)의 주거지가 확인된 남경유적을 살펴보기로 한다. 남경유적의 청동기시대 주거지 역시 층서관계와 장축방향, 출토토기의 특징에 의거하여 3기로 구분된다. 1기는 6 · 7 · 9 · 30 · 33 · 34 · 36의 주거지가 해당되는데 주거지의 평면형태는 장방형이며, 규모는 장축 5~9m, 단축 3~5m 내외이다. 주거지의 내부에는 1~2개의 평지식노가 설치되는데 상류의 대평리 · 남양리유적의 주거지에서 위석식노가 중심을 이루는 것과 차이가 있다. 남경유적 2기의 주거지는 3 · 4 · 5 · 10 · 11 · 16 · 18 · 19 · 35호가 해당되며 역시 장방형의 평면형태를 나타내고 있다. 주거지의 규모는 장축 7~9m, 단축 4~5m로서 1기에 비해 약간 확대되는 모습이며 평지식노가 설치되어 있다. 3기는 1 · 2 · 8 · 13 · 14 · 15호가 해당되며 장축이 10m를 상회하는 주거지가 다수 확인되고 있어 확실히 전단계에 비해 주거지의 규모가 확대됨을 알 수 있다. 즉, 남경유적의 주거지는 이른 시기에 비교적 소형의 주거지가 축조되고 늦은 시기로 내려오면서 대형화되는 경향이 뚜렷한 편이다.

　대동강의 하류지역은 황해남북도 일원이 해당되며 석탄리 · 고연리 · 소정리 · 마산리유적 등이 대표적인 청동기시대 취락유적이다. 석탄리유적에서는 30기 이상의 주거지가 확인되었는데 주거지 床面의 형태에 따라 2유형으로 구분하고 있다. 즉, 바닥면이 편평한 것(1유형)과 바닥면이 단을 이루는 것(2유형)으로 나누는데 각각 17기와 14기의 주거지가 해당된다. 석탄리유적 1유형의 주거지는 전부 화재에 의해 폐기된 것으로 조사되었으며 2유형은 3기를 제외하고는 화재의 흔적이 확인되지 않는 차이가 나타난다. 주거지의 평면형태는 전반적으로 장방형을 나타내는데 1유형에 비해 2유형이 세장화의 경향이며, 규모는 1유형의 경우 장축 4~9.5m, 단축 2.8~5.8m이고 2유형은 장축 4.4~9.8m, 단축 3.2~5.1m로 별다른 차이점이 확인되지 않는다. 그리고 면적의 분포상을 볼 때 전반적으로 양유형 모두 면적 20~30m² 내외의 주거지를 중심으로 50m² 이상의 주거지 1~2기와 20m² 이하 주거지 3기로 구성되는 공통점이 나타난다. 주거지의 내부에는 대부분 1개의 수혈식노가 설치되며, 주혈은 내부의 벽면을 따라 설치되거나 중심주+벽주의 형태가 일부 나타나지만 전반적으로 주혈이 확인되지 않는 주거지가 다수를 차지하고 있다.

고연리유적은 3개의 지점에서 총 14기의 주거지가 확인되었다. 주거지는 층서관계와 주거지의 구조, 출토유물을 통해 3기로 구분되며, 특히 층서를 이루는 주거지는 주로 1·2지구에서 조사되었다. 고연리유적 주거지의 평면형태는 타원형인 11호를 제외하

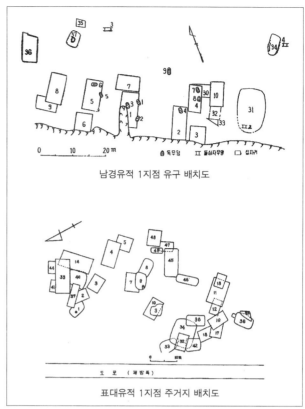

남경유적 1지점 유구 배치도

표대유적 1지점 주거지 배치도

그림 4 _ 남경과 표대 취락유적의 주거지 배치

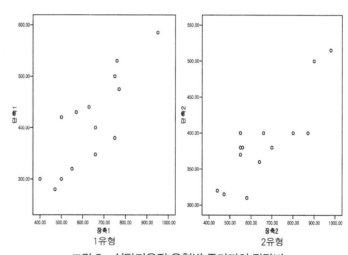

1유형

2유형

그림 5 _ 석탄리유적 유형별 주거지의 장단비

면 전반적으로 장방형을 나타내며, 규모는 장축 3~11m, 단축 2.7~5.4m 내외이다. 주거지의 내부에는 대부분 1~2개의 평지식노가 설치되어 있으며, 중심주+벽주(9호), 3열구조(1호, 12호), 벽주(7호, 10호) 등

의 기둥 배치가 확인된다.

　대동강유역의 청동기시대 주거지는 팽이형토기문화가 중심을 이루는 가운데 미송리식토기(조롱박형단지)문화가 일부 유입되는 양상으로 볼 수 있다. 주거지는 상류의 대평리와 남양리유적에서 초석과 위석식노의 결합이 확인되는데, 청천강유역 또는 압록상 중상류지역으로부터의 영향으로 판단할 수 있다. 그런데 이와 같은 초석+위석식노가 확인되는 주거지는 대동강 중류의 표대유적을 제외하면 동유역에서 거의 나타나지 않으며 남경유적으로부터 대동강 하류까지의 제유적에서는 대부분 평지식노가 설치되는 특징이다. 따라서 북부지역으로부터 파급된 요소가 상류지역에는 일부 채용되지만 중하류 대부분의 지역에서는 평지식노를 중심으로하는 주거구조가 확립된 것으로 볼 수 있다. 주거지의 규모는 남경유적에서 시간의 흐름과 연동하는 변화의 경향이 나타나지만 그 외의 유적

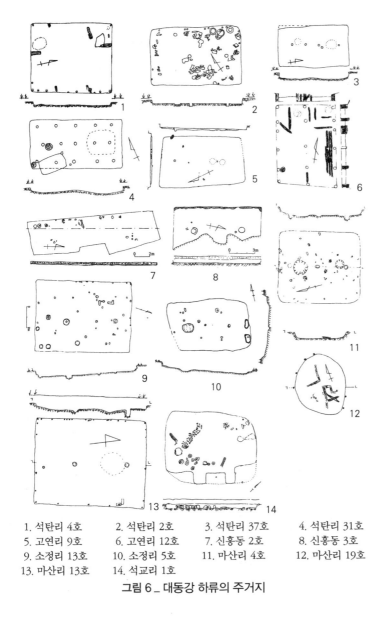

1. 석탄리 4호　　2. 석탄리 2호　　3. 석탄리 37호　　4. 석탄리 31호
5. 고연리 9호　　6. 고연리 12호　　7. 신흥동 2호　　8. 신흥동 3호
9. 소정리 13호　　10. 소정리 5호　　11. 마산리 4호　　12. 마산리 19호
13. 마산리 13호　　14. 석교리 1호

그림 6 _ 대동강 하류의 주거지

에서는 20~30m² 내외의 주거지가 집중적으로 조성되고, 취락내 상위계층이 거주하는 주거지로 볼 수 있는 대형주거 1~2기와 20m² 이하의 수 기 등이 결합되어 한 단위의 취락 정형을 이루는 것으로 파악된다.

3) 두만강~동해안지역

　한반도의 동북지방에 해당되는 두만강~동해안지역은 비교적 일찍부터 청동기시대의 주거지가 조사

된 지역이다. 즉, 서포항·오동·호곡유적의 조사가 1950~60년대 이후 시작되어 한반도 주거지고고학의 효시를 이루는 지역으로 볼 수 있는 것이다.

서포항유적은 7개의 문화층이 확인되는데, 1~5층은 신석기시대, 6·7층이 청동기시대에 해당된다. 청동기시대 주거지는 6기층에서 5기, 7기층에서 4기로 총 9기가 확인되었다. 이러한 주거지간 층서관계와 출토유물상에 근거하여 상·하의 2문화층으로 구분하고 있다. 서포항유적의 주거지는 우선 중복된 하층의 5·6호 주거지를 통해 살펴볼 수 있는데 장방형의 평면형태를 나타내며 1개의 원형 부석식노가 상면에 설치되어 있다. 이러한 부석식노는 동문화층의 25호에서도 확인되며 상층의 주거지 4기 역시 모두 부석식노가 설치되어 있다. 그러나 하층의 2·14호 주거지는 수혈식노가 설치되어 차이를 보인다. 상층의 주거지 역시 장방형의 평면형을 나타내고 있으나 4호와 24호의 경우에는 장단비 1 : 1.1 이하로서 방형에 가까운 것으로 볼 수 있다. 주혈의 배치는 하층 주거지의 경우 부정형을 이루며 상층에는 장축방향을 따라 4열의 배치(1·10·24호)가 확인된다. 주거지의 규모는 대부분 잔존상태가 불량한 관계로 자세히 알 수 없으나 상·하층의 차이는 크지 않다.

오동유적은 6기의 주거지가 조사되었으며, 주거지의 구조와 유물상에 따라 3기로 구분된다. 1기(1·2호)의 주거지 중 2호의 경우 장방형의 평면형태를 나타내고 주혈은 장축방향을 따라 4열이 확인된다. 주거지의 상면에는 남쪽으로 치우쳐 1기의 위석식노가 설치되어 있다. 2기(4·8호)의 주거지는 각각 8.4× 6.5m, 5.8×3.2m의 규모로 장방형이며, 1기의 주거지와 같이 장축방향을 따라 4열의 주혈이 확인된다. 주거지의 내부설로는 상면의 중앙을 중심으로 양단벽쪽에 치우쳐 한쪽은 위석식노, 다른 한쪽은 점토띠를 두른 노가 각 1개씩 설치되어 있다. 또한 주거지의 북동장벽에는 '벽장움'으로 칭하는 2개의 돌출부가 나타나는데 저장 또는 수납공간으로 추정할 수 있다. 3기는 5호 주거지가 해당되며 평면형태는 방형에 가

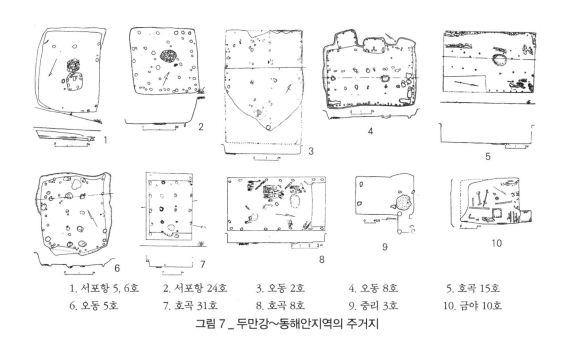

1. 서포항 5, 6호   2. 서포항 24호   3. 오동 2호   4. 오동 8호   5. 호곡 15호
6. 오동 5호   7. 호곡 31호   8. 호곡 8호   9. 중리 3호   10. 금야 10호

그림 7 _ 두만강~동해안지역의 주거지

까운 편이다. 주거지 내부시설 중 주혈은 1·2기와 같이 4열이 확인되는데 중앙의 2열은 초석으로 이루어진 구조이며, 평지식노 1기가 설치되어 있다.

호곡유적은 2~4기층이 청동기시대에 해당되며 총 16기의 주거지가 조사되었다. 우선 호곡 2기에 해당되는 주거지는 15·20·35·40호의 4기로서 기본적으로 장방형의 평면형을 나타내고 있으며 주거지의 규모는 소형인 20호를 제외하면 면적 40m² 이상이다. 주거지의 내부시설 중 주혈은 소형인 4호는 2개가 확인되는데 비해 나머지는 장축방향을 따라 4열의 배치상이 확인되며 일부 주거지에서는 주혈과 초석이 같이 사용되고 있다. 또한 4기 모두 주거지의 중앙에서 한쪽으로 치우쳐 수혈식노가 설치되는 공통점이 나타난다. 호곡 3기의 주거지 역시 4기로서 초석의 유무에 따라 2유형으로 구분된다. 초석이 사용되지 않는 3-1유형의 주거지(4·19호)는 평면 장방형을 나타내며, 평지식노가 한쪽에 치우쳐 설치된다. 주혈은 19호의 경우 장축방향을 따라 4열의 배치를 이루고 4호는 부정형이다. 3-2유형의 주거지(30·31호) 역시 평면 장방형을 이루고 있는데 3-1유형과는 다르게 수혈식노가 설치되어 있다. 초석은 4열이 확인되는데 31호의 경우 초석과 주혈이 같이 사용되었다. 호곡 4기의 주거지는 8기가 해당되며 이 중 10·11호, 13·14호, 33·34호 주거지는 서로 중복되어 있다. 주거지의 평면형태는 8기 모두 장방형을 나타내며, 주거지의 규모는 장축의 길이가 10m 이상인 것이 4기이며 그 외에도 8~9m로서 호곡 2·3기에 비해 뚜렷하게 커지는 양상이다. 주거지의 내부시설 중 주혈은 장축을 따라 4열로 배치된 것(10·11·16호)과 3열 배치(33·34호) 그리고 부정형으로 나눠지며, 초석이 사용된 것(8·10·13·33·34)과 초석+주혈(11호), 주혈만 확인된 것(14·16호) 등으로 구분할 수 있다. 또한 주거지 상면의 중앙에서 한쪽으로 치우쳐 수혈식노가 설치(8·10·11·13·16호)되어 있다.

다음으로 동해안지역에서는 중리와 금야유적에서 청동기시대 주거지가 조사되었다. 중리유적에서는 3기의 주거지가 확인되는데 1·2호는 일부만 잔존한 것이며 3호 주거지의 경우 3.5×2.2m의 소형 장방형으로서 벽면 안쪽을 따라 초석이 확인되고 평지식노가 설치되어 있다. 금야유적에서는 10기의 주거지가 확인되는데 전반적인 평면형태는 장방형을 나타내고 있다. 주거지의 규모는 대체적으로 장축 3~11m, 단축 2~7m 내외이며 수혈식노가 2·10호 주거지에서 확인된다.

두만강~동해안지역의 청동기시대 주거지는 다층위유적인 서포항·오동·호곡유적을 통해 전반적인 구조와 시간에 따른 변화상을 파악할 수 있다. 동지역 주거지의 평면형태는 일반적으로 장방형을 기본으로하여 일부 방형주거지가 확인되고 있다. 주거지의 규모는 호곡 2~4기의 양상으로 볼 때 늦은 시기로 내려오면서 대형화되는 경향을 살필 수 있으나 서포항과 오동유적에서는 뚜렷하지 않다. 주혈은 장축방향을 따라 4열의 배치가 주로 확인되고 있어 두만강유역의 지역적 특징으로 판단되며, 초석의 사용예도 다수 나타난다. 노의 경우 서포항의 경우 부석식노의 사용이 특징이며, 오동유적은 위석식과 점토띠식노의 혼용, 호곡유적은 수혈식노가 중심으로 세유적의 차이가 확인되고 있다.

2. 한반도 남부지역

한반도 남부지역에서 확인된 청동기시대 주거지는 1980년대 이전까지는 북부지역에 비해 수적으로 열세였고 관련 연구성과도 미진한 편이었다. 그러나 1990년대 이후 각지에서 다양한 조사가 이루어지고 그것을 토대로 폭넓은 연구가 이루어지고 있다. 여기에서는 한반도 남부의 각지에서 조사된 주거자료에 대해 북부지역과 같이 지역적으로 구분하고, 주거지의 연대는 조·전·중·후기의 4단계 편년을 바탕으로 검토할 것이다.

일반적으로 한반도 남부지역의 조기에 해당되는 주거지는 각목돌대문토기가 출토되는 미사리유형의 주거지(미사리식주거지)가 대표적이다. 동형식의 주거지는 한반도 북부지역으로부터 계보를 구할 수 있으며 정방형의 평면형태, (석상)위석식노의 설치가 기본적인 특징이지만 최근 보고된 일련의 자료에서는 장방형의 평면형도 다수 확인되며, (토광)위석식노와 함께 초석의 설치예도 확인된다. 한반도 남부에서 지역적인 분포는 영동과 제주지역을 제외한 전국적인 분포상을 나타낸다.

다음으로 전기의 주거지는 역삼동유형의 주거지(역삼동식주거지)와 가락동유형의 주거지(둔산식주거지)가 대표적이다. 주거지의 구조는 세장방형과 장방형의 평면형태를 이루고 내부에 평지식 또는 수혈식노가 설치된다. 주혈은 주거지의 장축방향을 따라 설치되는데 2열구조가 일부에서 확인되지만 전반적으로는 정형성이 떨어진다. 역삼동식주거지는 분포지역에 따라 여러 세부형식이 설정되는데 기본적인 주거구조는 동일한 것으로 판단된다. 주거지의 상대연대는 주로 전기에 해당되지만 일부 연구에 따르면 중기까지 이어지는 것으로 이해하기도 한다. 둔산식주거지는 가락동유형의 표지를 이루는 것으로서 장방형과 세장방형의 평면형태와 함께 내부에 1~4개의 위석식노가 편재되어 확인되며 간헐적으로 위석식노+평지

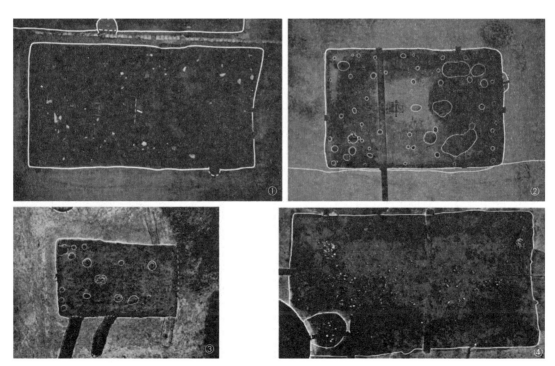

① 정선 아우라지 1호, ② 세종 대평리 D-3호, ③ 전주 동산동 39호, ④ 진주 평거동 3-1-4호
사진 1 _ 미사리식주거지

식(수혈식)노가 혼재되어 설치된 주거지도 있다. 주거지의 기둥은 초석이 사용된 것과 주혈을 이용한 것으로 구분되는데 2열구조와 1열구조가 주로 확인된다. 둔산식주거지에 대한 연구에 따르면 장방형→세장방형, 2열초석(주혈)구조→1열초석(주혈)구조로의 시간성을 살필 수 있다. 둔산식주거지의 연대는 일부 조기까지 소급가능한 자료가 확인되고 있으나 대체적으로는 전기를 중심으로 볼 수 있다.

한반도 남부지역의 중기 주거지는 송국리식주거지를 중심으로 살필 수 있다. 송국리식주거지는 원형의 평면형태를 기본으로 주거지 내부 중앙부에 타원형의 수혈이 설치되는 구조를 특징으로 한다. 이와 같은 형식의 주거지는 한반도 남부의 호서와 영·호남, 제주지역에서 집중적으로 확인되지만, 최근 경기 남부지역과 영동지역에서도 유사한 형식의 주거지 보고예가 증가하고 있다. 송국리식주거지는 그 선행형식으로 휴암리식주거지와 반송리식주거지, 지역형식으로 동천동식·대평리식주거지 등이 설정되기도 한다. 송국리식주거지 이외의 중기 주거로는 천전리식주거지, 울산식주거지 등의 지방형식 주거지를 들 수 있다. 주거지의 연대 중 울산식주거지·휴암리식주거지 등은 전기의 말엽까지 소급될 가능성도 배제할 수 없다.

끝으로 후기의 주거지는 원형점토대토기가 출토되는 수석리식주거지가 대표적이다. 동형식의 주거지는 비교적 소형으로 (말각)방형 또는 장방형의 평면형태를 중심으로 수혈식노가 설치되는 특징이다. 또한 수석리·교성리유적 등을 볼 때 주거의 입지가 타형식의 주거지와 다르게 산상의 고지가 채택되는 경우도 확인되며 영서지역의 경우 충적지에서도 동형식의 주거지가 조사되고 있다.

1) 중부지역

중부지역 조기의 미사리식주거지는 하남 미사리·가평 연하리·대성리·화성 정문리유적 등의 경기지역과 춘천 현암리·홍천 외삼포리·철정리Ⅱ·하화계리·정선 아우라지·평창 천동리·종부리·화천 거례리·원천리유적 등 강원 영서지역에서 확인된다. 주거지의 입지는 구릉에서 조사된 화성 정문리를 제외하면 대부분 한강수계의 충적지에서 확인되고 있다. 주거지의 평면형태는 경기지역의 하남 미사리 서울대 A1호와 고려대 011·015·018호, 화성 정문리 1호 주거지, 영서지역의 홍천 외삼포리 5호, 평창 종부리 Ⅱ-2호 주거지 등은 정방형의 평면형태를 나타내며, 그 외에 철정리Ⅱ C-1·5호, 거례리(강원고고문화연구원) 41호 주거지 등도 정방형에 가까운 편이다. 위 주거지 이외에 가평 연하리·대성리, 정선 아우라지, 홍천 철정리Ⅱ유적 등에서 조사된 대부분의 주거지는 장방형의 평면형태를 나타내며, 거례리(예맥문화재연구원) 20호 주거지와 같이 세장방형도 일부 보이고 있다. 주거지의 내부에는 석상위석식노, 위석식노 등이 편재되어 설치되는데 위석식노의 설치가 비교적 다수를 이루며 일부 주거지에서는 수혈식노의 설치도 확인되고 있다. 주거지의 기둥은 주혈과 2열의 초석 등을 이용한 것이 주를 이루고 있으나 한편으로는 부정형도 다수 나타나고 미사리 A1호와 같이 주혈이 없는 주거지도 간헐적으로 확인된다.

다음으로 전기의 주거지는 일반적으로 역삼동식주거지가 표지를 이루는 것으로 이해되며 지역적으로 조금씩 변형되거나 외래요소가 가미된 형식의 주거지가 다양하게 나타나고 있다. 우선 경기지역은 여주 흔암리·하남 미사리·평택 현화리·토진리·소사동·화성 천천리·쌍송리·오산 내삼미동·수원 율전동·파주 교하리·옥석리·당하리·연천 삼거리유적 등에서 전기의 주거지가 다수 조사되었다. 영서지역에서는 춘천 우두동 · 신매리 · 현암리 · 천전리 · 거두리 · 중도 · 화천 용암리 · 원주 가현동 · 태장동 · 동화리 · 영월 주천리유적 등이 있다. 주거의 입지는 경기지역의 경우 미사리유적 등을 제외하면 대부분 구릉의 정상 또는 사면을 중심으로 주거지가 조성되고 영서지역은 북한강과 남한강의 충적지를 중심으로 입지한다. 주거지의 평면형태는 기본적으로 방형 · 장방형 · 세장방형이 모두 나타나고 있으나 주로 중대형의 장방형 또는 세장방형이 중심을 이루며 지역적인 차이점도 확인된다. 경기 서부지역의 경우, 김포 운양동 · 군포 부곡동 · 인천 동양동유적에서 확인되는 전기의 주거지는 비교적 단벽의 폭이 넓은 장방형의 주거지가 중심을 이루고 있으며 세장방형의 주거지 확인예는 소수이다. 그러나 위 지역을 제외한 경기지역에서는 미사리 · 토진리 · 소사동 · 내삼미동 · 율전동 · 계수동유적 등에서 장방형의 주거지도 다수 확인되지만 극단적인 세장방형 평면의 주거지도 조사되었다. 영서지역의 전기 주거지 역시 여러 평면형이 모두 나타나고 있는데 대형의 세장방형(용암리 77 · 93 · 11호, 천전리 59호, 외삼포리 4호 등), 중 · 대형의 장방형(철정리Ⅱ A22 · 23호, 달전리 33호 등), 중형의 장방형(용암리 71호, 주천리 6 · 7호, 아우라지 7호, 태장동 2호 등)에 이르는 다양한 주거형이 확인된다.

주거지의 노 시설은 수혈식노와 평지식노가 주로 설치되는 가운데 위석식노가 일부 나타나며 위석식과 수혈식이 혼재된 경우도 있다. 주거지 내부에서 노의 설치는 1~2기가 편재되는 경우와 주거지 장축방향을 따라 4개 이상이 고르게 분포하는 경우 등을 살필 수 있는데 전자는 주로 단벽의 폭이 넓은 장방형의 주거지와 중형급의 주거지에서 확인되고 후자는 세장방형의 주거지에 집중되는 경향이다. 주혈은 주거지의 장축을 따라 설치되는 것이 일반적으로서 2열구조의 주혈이 확인되고, 원주 동화리유적 등의 예와 같이 초석이 사용된 예도 있으나 부정형 또는 주혈이 확인되지 않는 예도 다수를 이룬다.

중부지역의 중기 주거지는 전기 역삼동식주거지의 전통이 계승되는 영서의 천전리식주거지와 송국리식주거지의 기원 또는 확산의 결과물로 인식되는 경기 서남부의 반송리식주거지가 있다. 또한 중부 이남의 호서 · 호남 · 영남지역에서 주로 조사되었던 원형의 송국리식주거지도 최근 조사사례가 증가하고 있는 추세이다. 천전리식주거지는 주거지 내부의 작업공간에 작업공과 이색점토구역이 설치된 주거지로 화천 용암리 · 거례리 · 춘천 천전리 · 우두동 · 홍천 철정리Ⅱ 유적 등에서 조사되었다. 주거지의 구조는 중 · 소형의 방형 또는 장방형의 평면형태를 나타내며 내부에는 수혈식노가 편재되어 설치되고 기둥은 1~2개의 중심주혈과 2열×3행 또는 2열×4행의 주

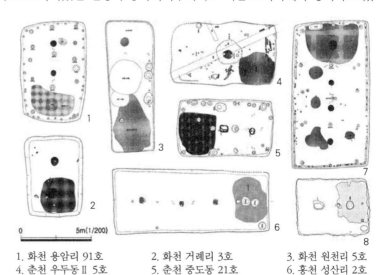

0   5m(1/200)

1. 화천 용암리 91호　　　2. 화천 거례리 3호　　　3. 화천 원천리 5호
4. 춘천 우두동Ⅱ 5호　　　5. 춘천 중도동 21호　　　6. 홍천 성산리 2호
7. 춘천 천전리 18호　　　8. 가평 달전리 15호

그림 8 _ 천전리식주거지

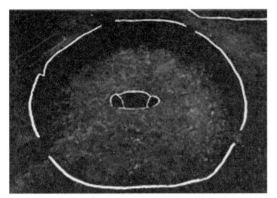

사진 2 _ 인천 구월동유적 송국리식주거지

혈이 확인된다. 반송리식주거지는 중소형의 (장)방형 또는 말각방형·원형의 평면형태를 나타내며 주거지 내부에는 수혈식노가 설치되고 송국리식주거지의 구조와 유사한 중앙 2주혈이 있거나 타원형구덩이 등이 확인되는 특징이 있다. 화성 천천리·평택 토진리·칠괴동·소사동유적 등에서 조사되었다. 송국리식주거지는 인천 구월동·평택 칠괴동·소사동·토진리유적 등에서 전형적인 중앙 타원형수혈과 2주혈이 결합된 형태가 확인된다. 한편 도서지역인 영종도의 인천 중산동유적에서는 소형의 방형계주거지가 다수 조사되었는데 내부에 수혈식노 1개가 편재되어 설치되고 주혈은 부정형인 특징이 있다. 이와 같은 구조의 주거지는 서울·경기지역 일원과 영서지역의 여러 취락유적에서도 확인되고 있는데 위에서 제시한 천전리식 또는 반송리식주거지의 범주에 포함될 수도 있으나 별개의 계통일 가능성도 배제할 수 없다.

중부지역의 청동기시대 후기 주거지는 원형점토대토기의 출토를 특징으로 하는 수석리식주거지가 대표적이다. 그러나 72기의 주거지가 조사된 안성 반제리유적을 제외하면 1~3기 내외의 주거지로 구성된 소규모 유적이 대부분이다. 주거지의 평면형태는 장방형·방형·말각방형·타원형 등을 이루며 반제리 13호 주거지와 같이 세장방형도 확인된다. 주거지 내부에는 주로 평지식노가 설치되고 주혈은 정연성이 떨어지는 양상이다. 중부지역의 후기 주거지는 양주 수석리·수원 장안리·안성 반제리·원주 법천리·춘천 거두2지구유적 등에서 조사되었다. 그 외에 서울·경기·영서의 여러 청동기시대 유적에서 확인되는 소형의 방형주거지 중 일부가 후기에 해당될 것으로 판단되나 형식과 구조의 측면에서 중기 주거지와의 구분이 어려운 관계로 시기의 판정은 유보적이다.

2) 영동지역

영동지역에서 조기까지 소급될 수 있는 주거지 자료는 뚜렷하지 않은 편이다. 그것은 한반도 남부지역의 청동기시대 조기를 대표하는 미사리식주거지가 확인되지 않는 것이 주된 이유일 것이다. 현재까지 동 지역에서 가장 이른 단계에 해당되는 주거지는 강릉 교동유적에서 조사된 것으로서 장방형의 평면형태에 위석식노가 설치되었다. 그런데 주거지의 절대연대 측정결과 1호(3,390±60B.P), 2호(3,100±50B.P), 3호(3,230±50B.P)로서 타지역 미사리식주거지의 절대연대와 어느 정도 병행을 이루는 것으로 나타난다. 따라서 교동유적의 주거지는 영동지역에서 조기의 시점까지 상향될 가능성이 있을 것으로 판단할 수 있다.

영동지역에서 본격적인 전기는 고성 사천리·대대리·속초 조양동·강릉 교동·방내리(1·2호)·입암동유적이 해당된다. 주거지의 전반적인 평면형태는 장방형이 중심이며 규모도 중대형이 다수를 차지한다. 주거지 내부에는 둔산식주거지의 표지인 위석식노가 설치된 것이 교동 1호, 입암동 1·2호, 대대리 6·8호, 방내리 7·11호 주거지 등에서 확인되는데 영서지역의 많은 주거자료에서 위석식노의 존재가 확

사진 3 _ 강릉 교동유적 1 · 2호 주거지

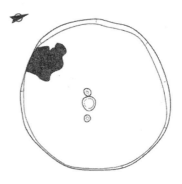

그림 9 _ 지흥동 1호 주거지

인되고 동해안의 북부지역인 오동 1기의 1 · 2호 주거지에서도 역시 위석식노가 설치되므로 가락동유형의 둔산식주거지보다는 인접한 지역과의 연관성이 높을 것으로 판단된다. 그 외의 주거지에는 일반적으로 평지식노와 수혈식노가 설치되며 대부분의 주거지에서 주혈이 존재하나 정연성은 떨어진다.

다음으로 영동지역 중기의 주거지는 전기의 주거지와 비교할 때 평면형태 · 규모 등에서 별다른 차이점이 확인되지 않는다. 단지 주거지 내부시설 중 위석식노의 설치가 중단되고 평지식 또는 수혈식노가 중심을 이루는 차이가 있을 뿐이다. 동 단계에 해당되는 주거지는 양양 포월리 · 강릉 방내리(5 · 6 · 8 · 12호) · 방동리A지구 유적 등에서 확인되고 있다.

영동지역의 후기는 재지의 전통이 지속되는 것으로 이해하는 경향도 있으나 일반적으로 외래계인 점토대토기문화의 유입, 그리고 송국리식주거지의 일부 요소가 수용된 주거지가 중심을 이루는 것으로 볼 수 있다. 주거지의 평면형태는 말각(장)방형이 중심을 이루고 있으며, 동해 지흥동 1호 주거지는 동지역에서 유일하게 원형의 평면형태가 나타난다. 주거지의 내부에는 수혈식노 또는 평지식노가 1개 설치되며, 주혈은 송국리식주거지의 중앙2주혈구조가 채용된 것이 송현리 B-10호 · C-10 · 11 · 21 · 24호 · D-10호 · 지흥동 1호 주거지에서 확인된다. 그 외에 비교적 대형인 송현리 D-7호 주거지에서 2열×5행의 주혈구조가 나타나는 것을 제외하면 대부분 부정형으로 확인된다.

3) 호서지역

호서지역의 청동기시대 주거지는 차령산맥을 중심으로 동 · 서지역이 차이를 나타내는 조~전기와 송국리식주거지가 중심을 이루는 중기, 간헐적인 분포상을 나타내는 수석리식주거지의 후기로 나눌 수 있다.

조기의 주거지는 최근의 자료를 통해 볼 때 금강 중류의 충적지에 입지하는 미사리식주거지가 중심이다. 그러나 호서 내륙의 각지에 분포하는 둔산식주거지의 절대연대값 일부를 살펴볼 때 그 상한연대가

사진 4 _ 연기 대평리유적 A지점 6호 주거지

3,000B.P를 상회하고 있어 조기로 소급될 수 있으며, 호서 서부의 천안 운전리 A-2호와 예산 신가리 1지점 2호 주거지의 절대연대값도 3,000B.P 이상으로서 조기의 후반까지 상향될 가능성이 있다.

호서지역의 미사리식주거지는 연기 대평리·청원 궁평리·증평 송산리·대전 원신흥동(진입도로부지)유적에서 조사되었다. 주거지의 평면형태는 정방형에서 세장방형까지 다양하게 나타나는데 정방형주거지는 50m² 이하의 중소형이 주를 이루고 방형과 장방형주거지는 50~70m² 내외의 중대형주거지가 비교적 많은 편이다. 세장방형의 주거지는 대평리 A-6호와 원신흥동 2호 주거지 등에서 제한적으로 확인되는데 특히 대평리 A-6호의 경우 현존길이 31.12m 이상, 너비 10m의 초대형주거지로서 한반도에서 조사된 청동기시대 주거지 중 최대규모를 이룬다. 주거지 내부에는 석상위석식노, 위석식노, 평지식노 등이 각각 설치되며, 두 형식이 혼재되어 설치되는 경우도 일부 나타난다. 대평리유적의 주거지에서 확인되는 석상위석식노는 대부분 수 매의 할석 또는 천석으로 노의 바닥을 구성하고 있다. 노의 설치는 정방형과 방형은 주거지 중앙, 장방형 등은 편재되는 것이 일반적이다. 주거지 내부의 기둥은 주혈과 초석을 이용하여 세우며, 주혈이 없거나 부정형을 이루는 것도 다수 조사되었다. 그런데 후자의 주거지가 주로 소형의 방형과 정방형주거지를 중심으로 나타나는데 비해 장방형주거지에서는 대평리 C-4·19호·원신흥동 2호 주거지와 같이 2열의 초석(주혈)구조가 일부 확인된다. 한편 세장방형의 원신흥동 2호 주거지는 이례적으로 중앙 1열의 초석구조가 확인되는데 둔산식주거지의 늦은 단계와 연관성을 살필 수 있다.

호서지역 전기 단계의 주거지는 내륙의 금강 중상류역에 분포하는 둔산식주거지와 서북부와 서남부에 주로 분포하는 역삼동식주거지 또는 관산리식주거지가 중심을 이루고 있다.

둔산식주거지는 대전 둔산·용산동·노은동·청주 내곡동·용암·강서동·청원 학소리·황탄리·보은 상장리·세종 송원리·송담리·장재리유적 등이 대표적으로 방형·장방형·세장방형의 평면형태를 기본으로 주거지 내부에 위석식노와 초석의 설치가 표지적 특징이다. 주거지의 평면형태는 시간의 흐름에 따라 방형에서 세장방형으로 변화되며, 마지막 단계에는 소형의 장방형이 출현하는 것으로 이해된다. 주거지 내부에는 1~4개의 위석식노가 설치되는데 노의 수가 증가하는 것도 일부 시간성이 반영되는 것으로 볼 수 있다. 노의 형식은 위석식노가 중심을 이루고 있으며 위석식노와 평지식·수혈식노가 혼재된 것도 일부 보이고, 늦은 단계에는 위석식노의 전통이 소멸되고 수혈식노가 중심을 이룬다. 주거지의 기둥은 2열과 1열의 초석구조가 특징으로서 방형과 장방형의 주거지에서는 2열초석구조가 일반적이며, 세장방형주거지는 1열초석 또는 주혈구조가 중심을 이룬다.

역삼동식주거지는 호서 서부 지역을 중심으로 광범위하게 분포하는데, 천안 백석동·신방동·용곡동·운전리·아산 명암리·장재리·용곡동·서산 갈산리·기지리·홍성 남장리·봉신리·보령 관산리·주교리유적 등이 대표적이다. 주거지는 장방형과 세장방형의 평면형태를 기본으로 하는데 이와 같은 평면형태의 주거지는 비교적 이른 단계에는 대형 규모의 장방형과 극단적인 세장방형주거지가 중심을 이루다가 전기의 늦은 단계에 소형화된 장방형주거지로 변화된다. 주거지의 내부에는 평지식·수혈식노가 설치되는데 장방형주거지에서는 1~3개가 편재되어 나타나는 것이 일반적이며 세장방형주거지에서는 장축의 중심선을 따라 3개 이상의 노가 열상으로 배치된다. 한편 천안 불당동·운

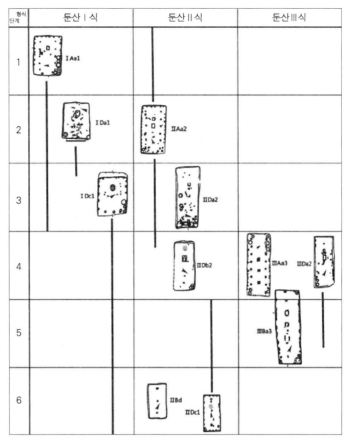

형식 단계	둔산 I 식	둔산 II 식	둔산 III 식
1	I Aa1		
2	I Da1	IIAa2	
3	I Dc1	IIDa2	
4		IIDb2	IIIAa3　IIIDa2
5			IIIBa3
6		IIBd　IIDc1	

그림 10 _ 둔산식주거지 형식변천(공민규 2013)

전리유적의 주거지에서는 위석식노가 설치된 주거지도 확인되는데 둔산식주거지의 요소가 파급된 것으로 판단할 수 있다. 주혈은 대부분의 주거지에서 확인되고 있으나 정형을 이루지 못하는데 일부 장방형주거지에서 2열의 구조가 나타나는 예도 있다.

호서지역의 청동기시대 중기는 송국리식주거지가 표지이며, 이것은 호남과 영남지역도 동일한 양상이다. 호서지역의 송국리식주거지는 과거 부여 송국리·보령 관창리유적 등 주로 서남부지역에 집중되는 경향이었으나 최근에는 당진 자개리유적 등의 호서 서북부지역과 청주 봉명동·청원 장대리유적 등 금강 중상류역에서도 조사예가 증가하는 추세이다. 송국리식주거지는 주거지 내부 중앙에 타원형의 수혈을 갖춘 원형·방형·말각방형의 주거지로서 노의 부재가 특징이며, 타원형수혈의 내외에 주혈이 설치되거나 아예 없는 경우도 있다. 한편 방형의 평면형태에 타원형수혈이 설치된 주거지를 휴암리식주거지로 분류하고 송국리식 원형주거지에 선행하는 것으로 이해하기도 하며 형식을 세분하여 대평리식·동천동식·오곡리식 등의 지방형식을 설정하는 경우도 있다.

송국리식주거지 이외에 호서지역의 중기 주거지로는 중·소형의 방형계 주거지가 있다. 이러한 형식의 주거지는 전기 말엽에 초현하여 중기~후기 단계까지 이어지며 방형·말각방형 등의 평면형태에 수혈

식·평지식노가 설치되어 있다.

호서지역에서 후기의 수석리식주거지는 중기의 방형계 주거지와 형태적으로 구분이 어렵다. 주로 소형의 규모에 장방형·방형·말각방형의 평면형태를 나타내며, 내부에는 평지식노가 편재되어 설치되고, 주혈은 불규칙적으로 확인된다. 주요 유적으로는 보령 교성리·아산 대추리유적이 있으며 그 외에 서천 추동리·대전 용산탑립동유적 등에서 관련 유물이 출토된 주거지가 조사되었다.

4) 호남지역

호남지역의 청동기시대 주거지는 중기의 송국리식주거지가 많은 분포권을 형성하며 조·전기와 후기의 주거지는 타지역에 비해 조사빈도가 낮은 편이다. 조기의 주거지는 (말각)정방형의 평면에 석상위석식노를 갖춘 순창 원촌유적의 조사를 필두로 확인되기 시작하였으며 담양 태목리유적·전주 동산동유적에서도 장방형의 미사리식주거지가 조사되었다. 이외에도 출토유물의 편년상 익산 영등동 I-17호 주거지 등도 조기까지 소급될 가능성이 있다.

호남지역의 전기 주거지는 타지역과 같이 방형·장방형·세장방형의 평면형을 기본으로 한다. 우선 전기의 주거지 중 둔산식주거지는 익산 영등동 II-7호 주거지가 대표적으로서 장방형의 평명형태를 나타내며 내부에 위석식노 2개가 편재되어 설치되고 2열×9행의 주혈이 배치된 것이다. 영등동유적 이외의 둔산식주거지는 함평 신흥동 5호 주거지가 있으며, 평지식노에 장방형과 세장방형의 평면형태, 그리고 2열×5행의 주혈배치가 나타나는 김제 제상리 A-1호 주거지도 둔산식주거지의 범주에 포함시킬 수 있다. 한편 완주 구암리유적에서는 환호와 함께 10기 내외의 주거지가 조사되었는데 출토유물상으로는 가락동유형으로 판단되나 주거지의 구조는 상이한데, 청원 대율리유적의 자료와 유사한 점이 있다.

둔산식주거지 이외의 전기 주거지는 호서지역의 각지에서 확인되는데 방형~세장방형의 평면형태와 함께 주로 수혈식노가 설치되며, 주혈은 정연성이 떨어지는 편이다. 이와 같은 주거지는 역삼동식주거지 계통이 대부분으로 볼 수 있으나 일부 자료는 둔산식주거지의 영향도 확인할 수 있다. 방형의 주거지는 김제 부거리 I-5호·전주 성곡 2호·광주 수문 28호·함평 신흥동 3·8호·구례 봉북리·여수 상촌 II-4·5호 주거지 등이 해당된다. 장방형주거지는 익산 영등동 I-3호·전주 장동 I-36·영광 군동·광주 산정동·용두동 21호·나주 매성리·남원 고죽동 2호·보성 옥평리유적 등에서 조사되었다. 세장방형주거지는 조사예가 많지 않은데 남원 고죽동 1호·여수 상촌 II-2호 주거지 등이 있다. 전반적으로 호남지역의 전기 주거지는 전엽에 중대형의 장방형주거지가 중심을 이루며 후엽의 단계로 갈수록 방형의 주거지로 변화되는 등 소형화·규격화가 이루어지는 것으로 볼 수 있다.

호남지역의 중기 단계 주거지는 송국리식주거지가 중심이며 전기 후엽 이래의 방형계 주거지 조사는 미진한 편이다. 주거지의 형식은 방형의 평면에 타원형수혈이 설치된 휴암리식과 원형의 평면에 타원형수혈이 설치된 송국리식으로 구분되며 타원형수혈 내외부의 주혈 위치에 따라 몇 개의 형식으로 세분되기도 한다.

일반적으로 영광 마전 5·6호 주거지와 고창 상안리 6·7호 주거지의 중복관계에서 볼 수 있듯이 방형계인 휴암리식주거지가 선행형식으로 이해되고 있으나 전남지역의 일부 유적에서는 방형주거지가 원

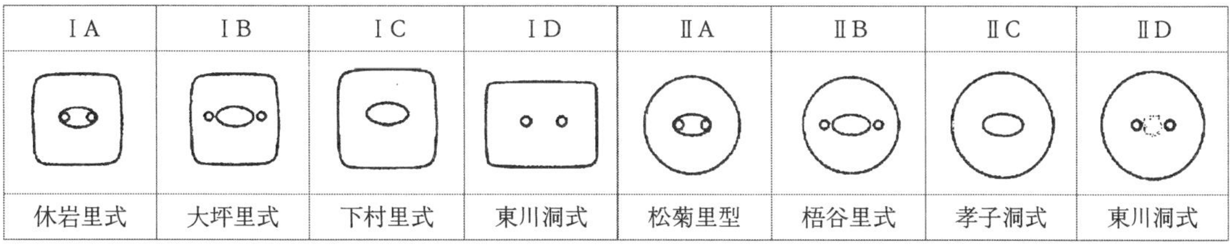

Ⅰ A	Ⅰ B	Ⅰ C	Ⅰ D	Ⅱ A	Ⅱ B	Ⅱ C	Ⅱ D
休岩里式	大坪里式	下村里式	東川洞式	松菊里型	梧谷里式	孝子洞式	東川洞式

그림 11 _ 송국리식주거지 형식분류안(김규정 2013)

형에 후행하는 양상도 보이고 있어 일률적으로 판단하기에는 무리가 따른다. 호남지역의 각지에서 송국리식주거지는 약 140여 개의 유적에서 800기 이상의 주거지가 조사되었는데 호서지역과 함께 한반도 남부지역에서 집중적 양상을 보이고 있다.

호남지역에서 후기 단계의 주거지는 조사예가 많지 않다. 대표적으로 완주 상운리유적의 1~4호 주거지 있는데 소형의 방형주거지로서 내부에는 수혈식노 1개가 설치된 구조이다. 그 외에 수석리식주거지 단계의 표지유물인 원형점토대토기가 출토되는 송국리식주거지가 일부 확인되는데 장흥 갈두유적 4·7·9호 주거지와 고창 율계리 5호·군산 도암리유적 등이다. 이와 같이 송국리식주거지내에서 원형점토대토기가 출토되는 예는 호서의 금강 중하류에서도 확인되고 있어 동일한 양상으로 판단할 수 있다. 그러나 원형점토대토기가 출토되는 송국리식주거지가 후기의 단계까지 지속되는지의 여부는 불분명하다.

5) 영남지역

영남지역의 청동기시대 주거지는 하천의 수계망 등 지리적 분포권에 따라 남강 유역, 낙동강유역, 동남해안지역으로 나눠서 살펴볼 수 있다.

동남해안지역에서 조기의 미사리식주거지는 경주 충효동 2·23호 주거지와 울산 구영리 Ⅴ-28호 주거지가 대표적이다. 이러한 주거지는 중대형의 규모로 정방형의 평면형태이며 내부에 석상위석식노 1개가 편재되어 설치된다. 한편 경주 충효동 3호 주거지는 소형 장방형이며 석상위석식노가 설치된 미사리식주거지로 볼 수 있으나 출토유물상을 볼 때 조기까지 소급되기는 어려우며 경주 금장리 8호 역시 미사리식주거지 단계의 표지유물인 돌대문토기가 출토되고 있으나 그 시기는 전기에 해당될 것으로 판단된다.

낙동강유역의 미사리식주거지는 대구 시지동 Ⅱ-1·2호 주거지와 청도 신당리 12·27호 주거지로서, 전자는 정방형과 석상위석식노의 조합이며 후자는 장방형과 석상위석식노의 결합으로 차이가 있다. 그리고 주거지 출토유물에 있어 시지동유적의 주거지에서는 이중구연토기, 신당리유적의 주거지에서는 절상돌대문토기가 출토되고 있어 조기 후반 또는 전기 전엽에 해당되는 것으로 볼 여지가 있다. 그 외에 미사리식주거지 단계의 표지인 돌대문토기가 출토되는 주거지로는 상류의 김천 송죽리 4~6호, 장방형의 평면에 수혈식노를 갖춘 대구 봉무동 1호 주거지 등이 있으나 조기 단계로의 편입은 불분명하다.

표 2 _ 남강유역 조·전기 주거지의 편년 비교(정지선 2012)

	천선행(2005)		고민정(2009)		정지선(2010)		C14연대
조기		옥방5지구 D-2호 어은1지구 118호	전반	옥방5지구 D-2호 어은1지구 94·107호 어은1지구 69·85호 옥방5지구 D-9호	전반	상촌리(동)시굴 어은1지구 95호 어은1지구 94호 옥방5지구 D-2호 어은1지구 107호 상촌리D지구 B-2호	옥방5지구 D-2호 3230±30, 3180±60 상촌리D지구 B-2호 3030±50 상촌리D지구 B-10호 3010±50 평거3지구 I구역11호 3010±25
			후반	옥방5지구 D-1호 상촌리D지구 B-2호 상촌리D지구 B-10호 어은1지구 118호 평거3-I구역 12호 평거3-II구역 2호	후반	평거3-I구역 12호 옥방5지구 D-9호 어은1지구 110호 어은1지구 104호 옥방5지구 C-3호 평거3-II구역 마2호 평거3-I구역 4호 어은1지구 77호 평거3-I구역 11호 어은1지구 92호 평거4-II구역 9호 어은1지구 118호 상촌리D지구 B-10호	
전기	I	상촌리D지구 B-2·10호 옥방5지구 D-9호 어은1지구 92·95·104·110호	전반	평거3지구 I구역 2·4·11호 옥방5지구 C-3호 어은1지구 77·95호	전반	본촌나3호 옥방5지구 D-1호 평거3-I구역 2호 평거3-I구역 3호 평거3-I구역 5호 평거3-II구역 마4호 가호6호 초전동II지구 42호 가호15호 평거4-I구역 3호 평거3-II구역 마1호 평거4-I구역 5호	평거3지구 I구역4호 2950±25 평거3지구 I구역5호 2945±25 어은1지구 2850±60
	II	옥방5지구 D-1호 옥방5지구 C-3호		평거3-I구역 3·5호 평거3-I구역 II1호 본촌리나-3호 무촌리 1호 평거3-II구역 1호			
	III	본촌나3호					

    남강유역은 조기 단계의 주거지가 타지역에 비해 다수 조사되었는데 대표적인 미사리식주거지로는 진주 대평리 옥방 5지구 D2·9호·어은 1지구 85·94·107·118호·평거 3-1지구 12호·상촌리 D지구 B2·10호 주거지 등이다. 주거지의 평면형태는 방형과 장방형이 나타나며 내부에 석상위석식노 1·2개가 설치되고 2열의 초석열이 설치되는 것도 확인된다. 이와 같은 주거지에 대하여 여러 연구자들 사이에 다양한 시각의 차이가 있으나 전반적으로 볼 때 비교적 이른 시기에는 소형규모의 장방형주거지에 석상위석식노 1개가 설치되고 늦은 시기에는 중형 이상의 규모에 초석열과 복수의 노가 설치되는 것으로 볼 수 있다.

    영남지역 전기의 주거지는 조기의 요소가 지속되는 가운데 전기의 둔산식주거지의 일부 요소와 역삼동식주거지가 출현하는 등 복합적인 양상이 나타난다.

    동남해안지역의 전기 주거지는 장방형과 세장방형의 평면형태와 함께 복수의 수혈식노가 주거지의 중심축상에 설치된다. 그러나 울산 외광리 24호·망양리 Ⅱ-1호 주거지 등에서는 (세)장방형의 평면에 위석식노가 설치된 주거지가 확인되기도 한다. 주혈은 포항 원동 2지구 Ⅱ-6호 주거지와 같이 2열의 구조도 일부 확인되나 대부분 정연성이 떨어지는 편이다. 대표적으로 경주 덕천리 11·20·25호·월산리 A6·7호·포항 원동 2지구 Ⅲ-7호Ⅲ·대련리 3호·월포리 D4·6호·울산 천곡동 나-1·3호·가재골 Ⅰ-1·16·29호·교동리 192-37번지 9호·달천 5호 주거지가 있다.

낙동강유역의 전기 주거지는 방형~세장방형의 평면형태가 다양하게 나타나며, 노의 형식은 수혈식과 위석식노가 중심이고 양자가 복합된 경우도 있다. 전엽에는 주로 중형급의 방형과 장방형주거지에 1개의 수혈식노가 설치되고 후엽에 갈수록 역삼동식주거지로서 세장방형의 평면형태와 함께 복수의 노가 설치되며, 주거지의 소형화 경향도 살필 수 있다. 주혈은 대구 매천동 6호의 중앙 1열구조가 확인되거나 대봉동 17호와 같이 벽주식이 나타나는 경우도 있으나 대부분 정연성은 확인되지 않는다.

남강유역의 전기 주거지는 조기 이래의 전통이 지속되어 진주 평거 3-1지구 4호·평거 4-1지구 2·3호 주거지와 같이 미사리식주거지의 특징인 석상위석식노가 확인되고, 2열의 초석 또는 주혈이 배치도 나타난다. 주거지의 평면형태는 장방형이 중심을 이루며 규모는 대부분 중형급 이상이다.

영남지역의 중기 주거지는 북부지역과 동남해안지역을 제외한 대부분의 지역에서 송국리식주거지가 중심을 이루고 있다.

동남해안지역의 중기 주거지는 울산식주거지를 대표로 하며 송국리식주거지는 울산 검단리 27호·교동리(192-37번지) 15호 주거지의 2기가 확인될 뿐이다. 울산식주거지는 세장방형인 경주 월산리 B3호 주거지 이외에는 대부분 방형과 장방형의 평면형태를 기본으로 하여 내부에 수혈식노 1개가 편재되어 설치되고 주혈은 주거지의 규모에 대응하여 4주식·6주식·8주식이 나타난다. 그 외에 주거지의 한쪽 모서리에서 외부로 돌출된 배수구가 설치되거나 내부에 벽주와 결합된 벽구시설이 확인되기도 한다. 한편 울산 연암동유적에서는 울산식주거지의 외부에 타원형의 구가 돌아가는 이례적인 양상이 조사되었는데 별도로 '연암동식주거지'라고 명명되기도 한다. 울산식주거지의 출현은 전기 후엽까지 소급될 수 있으나 중심연대는 중기에 집중된다.

낙동강유역과 남강유역의 중기 주거지는 송국리식주거지를 대표로 한다. 낙동강유역의 송국리식주거지는 원형계(원형·타원형)와 방형계

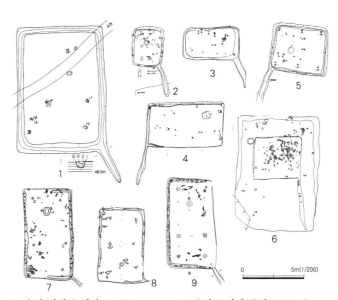

1. 울산 신청동 냉천 Ⅰ-4호
2. 울산 구영리(중앙) Ⅱ-13호
3. 울산 구영리(경남대) 12호
4. 울산 방기리 2호
5. 울산 신화리 E-7호
6. 포항 초곡리 2호
7. 울산 연암동 1호
8. 경주 문산리 Ⅱ가-4호
9. 울산 천상리 1호
그림 12 _ 울산식주거지

(방형 · 말각방형)의 평면형태로 나눠볼 수 있는데 원형계 주거지의 비율이 다수이다. 또한 대구 월성동 1300유적의 원형계 주거지로만 구성된 취락이 확인되기도 하고 반대로 경산 옥곡동유적과 같이 (말각)방형계 주거지 중심의 취락도 있다. 주거지의 내부 중앙에 설치된 타원형수혈과 중심주혈의 양상을 살펴보면 타원형수혈 내부 양단에 중심주혈이 설치된 송국리식 · 휴암리식은 확인되지 않고 타원형수혈 외부의 양쪽에 주혈이 있거나(대평리식 · 오곡리식) 타원형수혈은 설치되지 않고 2주혈 등이 확인되는 동천동식주거지가 중심을 이루고 있다.

남강유역의 송국리식주거지는 말각방형 등의 주거지로만 구성된 진주 대평리 어은 2지구와 옥방 2 · 5 · 8 · 9지구의 조사 사례에서 볼 수 있듯이 낙동강유역에 비해 방형계 주거지의 빈도가 높은 편이다. 그러나 김해 · 마산 · 밀양 등 동쪽지역으로 갈수록 원형계 주거지의 점유율이 높아진다. 주거지 내부의 타원형수혈 등을 살펴보면 낙동강유역과 같이 타원형수혈 외부 양쪽에 2주혈이 설치된 대평리식주거지가 압도적이다.

한반도 남부지역에서 확인되는 일반적인 수석리식주거지는 대부분 소형의 규모, 방형의 평면형태, 수혈식노의 설치 등이 특징이지만 영남지역에서 수석리식주거구조의 특징을 살필 수 있는 양호한 자료는 충분하지 않다. 영남지역 후기 단계의 대표적인 주거지는 김해 대청유적과 합천 영창리유적에서 확인할 수 있다. 김해 대청유적 3 · 17호 주거지는 표지유물인 원형점토대토기와 두형토기 등이 출토되고 있으나 주거지의 평면형은 원형으로 추정되어 송국리식주거지에서 유사한 토기가 출토되는 호서 · 호남지역의 양상으로 볼 수 있다. 합천 영창리유적에서는 비교적 많은 주거지(8 · 9 · 17 · 20 · 24 ~26 · 34 · 38 · 42호)에서 원형점토대토기 등이 출토되고 있으나 방형계로 볼 수 있는 8 · 9호를 제외하면 주거지의 평면형태 등 구조를 파악할 수 있는 자료는 거의 없는 편이다. 그 외에 사천 방지리 · 김해 흥동 · 대구 칠곡3택지유적 1~3호 · 상주 병성동 B1호 주거지 등이 후기 단계의 주거지로 판단되나 주거구조는 불분명하다.

Ⅲ. 맺음말

한국 청동기시대의 주거는 기본적으로 수혈을 파서 축조한 것으로서 지하식 또는 반지하식에 해당된다. 주거의 평면형태는 초기에는 장방형을 기본으로 하여 방형과 세장방형이 보편적으로 확인된다. 이것은 이전 시기와 확연한 차이를 갖는 것으로서 원형 · 방형 · 장방형으로 구성되는 신석기시대 주거의 평면형태와는 분명 다른 점이 있다. 주거의 규모 역시 대형에서 소형으로 축소되는 경향이 나타나는데 가족제의 변화와 연동시켜 이해하는 것이 일반적인 학계의 시각이다.

한반도 중부 이남지역 청동기시대 조기~전기의 주거는 역삼동식주거지와 둔산식주거지로 대표되며 양 주거형식의 변화와 발전상을 통해 주거문화의 일단에 접근할 수 있다. 역삼동식주거지는 장방형에서 세장방형, 대형에서 중소형으로 변화되며 분포권에 따라 일부 상이한 양상이 나타나기도 한다. 둔산식주거지는 방형에서 장방형, 그리고 세장방형으로 평면형태가 변화하며, 주거의 규모는 역삼동식주거지와 같이 대형에서 중소형화되는 경향이 확인된다. 한편 미사리식주거지는 특정 노의 형식을 제외하면 둔산식주거지와 여러면에서 유사한 모습으로 크게 볼 때 둔산식주거지의 한 갈래로 판단할 수 있다.

전기 이후 소형화된 주거는 한반도 중부 이남의 각지에서 출현하는데 대표적으로 원형의 평면형태를 갖는 송국리식주거지와 방형의 평면형태인 휴암리식주거지를 들 수 있으며 양자는 모두 주거지 내부 중앙에 타원형의 수혈이 설치된다. 특히 방형계의 주거지와는 다르게 새로운 공간을 구축하는 원형의 주거지는 관념이나 주거 축조 기술체계의 변화를 나타내는 것으로 볼 수 있다. 현재 송국리식주거지를 포함한 동 문화의 기원·계통을 추적함에 있어 외래기원설과 재지발전설이 병존하고 있다. 한편 청동기시대 전기 이래 지속되어온 장방형 또는 방형계주거지 역시 중기에 들어서며 소형화되어 나타나고 있다.

청동기시대 후기의 주거는 조기~중기와 비교할 때 존재감이 뚜렷하지 않으며 조사된 주거지의 수도 많지 않다. 따라서 후기의 주거문화상은 제한적으로 접근할 수 밖에 없으며, 대부분 소형화된 방형계의 주거로 이루어져 있다.

이상으로 한반도 각지에서 조사된 청동기시대 주거에 대해 조·전·중·후기의 시간성을 적용하여 큰 틀에서 개략적으로 살펴보았다. 지금까지의 청동기시대 주거지 연구는 형식분류와 편년을 중심으로 지역성, 기원, 구조의 복원 등에 대해 주로 접근하였으며, 많은 연구의 진전이 이루어졌다. 따라서 앞으로는 주거의 기능적 또는 사회적 측면에서 연구의 진전이 이루어지길 기대한다.

※ 이 글에서 사용된 사진과 도면자료의 일부는 김규정(전북문화재연구원), 김권중(중부고고학연구소), 박영구(강릉원주대학교박물관), 윤호필(경남발전연구원), 현대환·박상윤(이상 한국고고환경연구소) 선생님 등이 제공하여 게재할 수 있었다. 지면을 빌어 감사의 인사를 드린다.

참고문헌

김용남 · 김용간 · 황기덕, 1975, 『우리 나라 원시집자리에 관한 연구』, 사회과학출판사.

孔敏奎, 2013, 『靑銅器時代 前期 錦江流域 聚落 硏究』, 숭실대학교 박사학위논문.

金奎正, 2013, 『湖南地域 靑銅器時代 聚落 硏究』, 경상대학교 박사학위논문.

김승옥, 2006, 「청동기시대 주거지의 편년과 사회변천」 『韓國考古學報』 第60輯, 韓國考古學會.

金正基, 1974, 「韓國竪穴住居址考(二)」 『考古學』 第3輯, 韓國考古學會.

金正基, 1996, 「靑銅器 및 初期鐵器時代의 竪穴住居」 『韓國考古學報』 34輯, 韓國考古學會.

윤기준, 1985, 「우리나라 청동기시대 집터에 관한 연구 -지역적 특정과 그 구조를 중심으로-」 『백산학보』 제32호, 백산학회.

이홍종, 1996, 『청동기사회의 토기와 주거』, 서경문화사.

정지선, 2012, 「영남지역 무문토기 성립기의 양상」 『남한지역 초기 무문토기의 지역양상』, 한국청동기학회 2012년 토기분과 워크샵, 한국청동기학회.

제3장
생산과 저장

허의행 한국고고환경연구소

I. 머리말

취락은 협의의 의미로서 한 유적을 점거하는 과정에 인간이 세운 건조물이며, 인류 공동생활의 단위인 가옥의 모임을 총칭한다(洪慶姬 1985). 고고학에서는 주로 주거지를 의미한다(추연식 1997). 하지만 취락은 광의의 의미로 가옥뿐만 아니라 이에 수반하는 토지, 수로, 공지, 기타 거주에 수반하는 제요소를 포함해야 한다(洪慶姬 1985). 따라서 고고학에서도 주거지뿐 아니라 이와 수반하는 모든 유구를 같이 살펴(추연식 1997), 취락 전반의 모습에 대한 접근을 해야 한다. 그러나 지금까지 청동기시대 취락 연구는 주거의 형태 분류와 이를 바탕으로 한 배치의 모습만으로 취락 구조 형태를 파악해 온 경향이 강하다. 현재는 주거 외 분묘나 수전, 우물 등 다종·다양한 유형의 건조물 및 유구 등이 조사되고, 마을 내 광장이라는 무형의 유구 등이 확인되면서 취락의 구성 요소는 더욱 증가하였고 이들 간의 결합과 조합을 통한 취락 구조화의 모습 또한 복잡해졌다.

본 장에서는 이처럼 다양해진 취락 구성요소의 개별 중 주거를 제외한 시설물로서 물품을 생산하는 유구와 생산한 물품의 보관과 관리를 담당하는 저장유구의 취락 구성요소로서의 모습을 살펴보고자 한다. 단, 청동기시대 조기와 후기에는 생산과 저장유구의 존재가 전무하여 취락 구조화의 형태를 살피는데 한계가 있다. 따라서 여기서는 전기와 중기에 한정하여 상기한 두 취락 구성요소를 살필 수밖에 없다.

일단, 취락 구성요소로서 생산과 저장유구는 기능과 형태에 대한 논의가 그렇게 많지 않으므로 자세한 분석은 생략할 것이며, 이들의 취락 내 구성요소로서 편입 과정과 배치의 모습을 살펴 구조화의 형태를 언급하고자 한다.

Ⅱ. 생산

청동기시대 생산은 크게 생계를 위한 식량(농작물)의 생산과 각종 도구류의 생산으로 구분할 수 있다(손준호 2010, 38쪽). 자칫 청동기시대 생산과 관련한 취락구성 요소는 전자의 식량생산 관련 유구에 집중해 살펴볼 소지가 많다. 하지만 생활용 도구 등의 수공업품의 생산시설도 취락 내에서 확인되므로 구성요소의 하나로 같이 검토해야 한다. 더불어 물과 육류 등의 생산 · 저장 담당 유구(우물과 함정 등) 등도 청동기시대 들어 본격 등장하여 취락에 편입되므로 이 또한 같이 언급해야 할 것이다.

1. 식량 작물의 생산

기존에는 생산 관련 취락 구성요소의 유구는 쌀과 잡곡 등의 유적 내 출토를 통해 그 가능성만을 언급해 왔다. 하지만 진주 대평리유적에서 밭을, 울산 옥현유적과 논산 마전리유적 등지에서 논의 존재를 확인하면서, 생산유구의 취락 내 구성요소로 편입을 인정하기 시작하였다. 더구나 대규모 취락 발굴과 함께 농경 생산 유구의 증가는 이와 관련한 연구를 본격 진행하는 계기를 마련하였다(곽종철 1995, 1996, 1997; 이홍종 1995, 1999, 2000). 무엇보다도 이들의 존재를 통해 주거와 무덤만으로 구성된 취락, 또는 주거와 무덤이 조합하여 구성된 취락만 존재하였다는 기존의 인식을 바꾸게 하였다. 물론, 이들에 대한 연구는 여전히 구조와 형태, 입지 등에 대한 검토 위주여서 아직 취락 구성요소로서 연구적 위치는 미약한 편이다.

1) 田作址(밭)(그림 1-1~3)

생산유구 중 경작지에 대한 조사와 연구는 전작지(밭)를 대상으로 먼저 진행하였다. 이때의 연구는 주로 형태 분류에 대한 논의 위주였으며(李相吉 2000; 송영진 2001; 곽종철 2001; 金炳燮 2003; 윤호필 · 고민정 2006), 이후 농경기술과 작법 등의 다양한 연구 주제로 확대되어 갔다(李相吉 2000; 곽종철 2001; 金炳燮 2003 · 2009; 崔德卿 2002; 李賢惠 2002; 大庭重信 2009; 金度憲 2006; 윤호필 2009). 그러나 밭에서 재배한 농작물의 종류, 작물의 소비와 유통, 분배 문제에 대한 논의는 여전히 부족한 편이다. 또한 구릉지와 충적평야 내 입지한 밭의 기능적 차이, 논에서 전환한 밭의 구조적 · 기능적 검토, 재배 작물별 작부 방식의 차이에 대한 언급 등도 아직은 미진하다. 물론 취락 구성요소와 구조화의 관점에서 밭이 차지하는 성격의 접근도 구체적으로 언급되지 않고 있다.

단지 밭의 취락 내 입지와 배치를 통해 구성요소로서 편입과정과 사회적 의미에 대한 접근은 가능하다. 충적지에 자리한 밭은 주거와 일정 거리를 두고 입지하며(그림 1-2), 구릉지에 자리한 밭은 주거와 같은 입지를 공유하는데(그림 1-6), 이는 입지여건에 따라 전작지의 조성(배치)에 영향을 미치고, 취락 내 배치 장소를 결정하는 것으로 파악할 수 있다. 더불어 주거지와 인접하여 조성한 밭은 개별이, 주거군에서 벗어난 지역에 따로 조성한 밭은 공동이 재배 및 관리하는 사회 · 경제적 의미의 해석도 실시할 수 있다.

2) 水田址(논)(그림 1-4~7)

마찬가지로 수전지(논)에 대한 논의도 전작지(밭)와 유사하게 진행해 왔다. 물론 논에 대한 연구는 청동기시대 사회 · 문화 전반을 바꾼 중요한 취락 구성요소로 인식하였기 때문에 등장의 문제에 집중한바

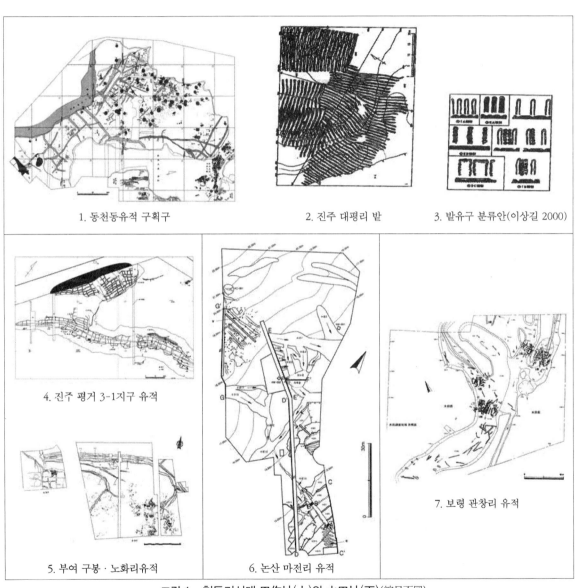

1. 동천동유적 구획구 2. 진주 대평리 밭 3. 밭유구 분류안(이상길 2000)

4. 진주 평거 3-1지구 유적 5. 부여 구봉 · 노화리유적 6. 논산 마전리 유적 7. 보령 관창리 유적

그림 1 _ 청동기시대 田作址(上)와 水田址(下)(縮尺不同)

많다. 곧 논의 등장은 청동기시대 전기에서 중기로 시대를 변화시킨 중요한 원인으로 파악한 것이다. 이는 기존의 단순한 밭 재배 방식을 탈피하여 더 복잡한 여러 지식과 경험, 기술적 요인을 구비해야 하는 여러 이유를 근거로 하고 있다[1](이홍종 2000, 2쪽).

이러한 인식 아래서 논은 시간차를 두고 점차 발전하여 완비되었다기보다는 모든 것을 갖춘 상태에서 등장한 것으로 이해한다. 하지만 울산 야음동이나 부여 구봉·노화리유적의 예처럼 전기 늦은 시기에 등장하고 이들이 변화·발전하는 것으로 이해하며(李相吉 2002, 60~61쪽; 趙現鐘 2000, 20~22쪽; 안재호 2010), 물 관리를 위한 수리관개시설 또한 기술의 발전에 따라 점차 완성된 형태로 변하는 것으로 파악하는 등(허의행 2012), 논의 등장 시기는 점차 앞당겨지고 점진적 기술의 진전에 따른 변화 또한 인정해 가고 있다. 물론 이러한 논의는 여전히 부족하여 수전의 본격 등장과 관리, 생산성 향상의 시기는 아직까지 청동기시대 중기부터로 인정하고 있다(安在皓 2006, 173쪽; 이홍종 2000).

상기 논의 외에는 논에 대한 연구도 밭과 마찬가지로 입지, 구조, 형태에 대한 접근에 집중할 뿐이며, 농작물 재배나 소비, 유통, 분배에 대한 연구와 사회체계의 의미(金範哲 2005)에 대한 논의는 여전히 부족하다.

그렇다면 논이 취락의 구성요소로 편입되어 구조화의 모습을 보이는 시점은 언제인가. 여전히 논의 등장 시기에 관한 논의가 진행 중이지만, 현재 발굴조사를 통해 확인되는 청동기시대 전기 논(水田)의 존재가 입증된다면,[2] 취락 구성요소의 편입 시기는 전기로 볼 가능성은 충분하다. 그렇다 하더라도 취락 구조의 모습에서 일정한 위치를 차지한 시기는 여전히 청동기시대 중기라 할 수 있다.

기존 전기의 취락들은 구릉에 한정하여 입지하면서 주거 위주의 구성요소를 갖추다가 점차 수혈유구나 분묘 등을 추가해 가지만(李亨源 2009, 109~115쪽; 許義行 2013, 133~199쪽), 중기에 들어서면 취락은 저습한 지역까지 점유와 이용을 활발하게 진행해가며, 그에 맞추어 수변유구 및 수전과 관련한 유구 등의 다양한 취락 구성요소를 편입해 간다.

3) 동물 등의 식료 생산

대체로 생산유구로서 취락 구성요소의 접근은 농작물 생산과 관련한 유구에 집중해 왔다. 그러나 인위의 순화과정을 거친 농작물 뿐 아니라 각종 동물 및 어패류 등을 사육하여 식료를 만들어 온 시설물 또한 생산유구의 관점에서 살펴야 한다.

물론, 동물 및 어패류 등의 식료를 생산하던 장소(유구)의 존재와 시기의 언급은 아직 자료가 부족하여 어려운 편이다. 다만, 식료저장의 한 수단으로 가축 사육화가 신석기시대 중기 이후부터 나타나며(이준정 2009, 259쪽), 인근 중국에서는 개와 돼지 등의 동물 사육이 일찍이 진행된 점을 참고하면, 한반도 청동기시대 육류의 생산과 소비의 가능성을 배제할 수 없다. 그러나 청동기시대 가축 사육화에 대해서는 여전히 신중해야 하고[3](이준정 2009, 263쪽), 설혹 가축 사육과 생산이 진행되었다 해도 관련 시설물의 존재는 여전히 파악하기 어렵다. 만일 유구로서 가축 사육장을 살핀다면 주거지 내·외부의 특정지점에 말목만으로 간단하게 시설한 유구나, 주거군의 외곽에 단순 구조로 구축한 굴립주건물(고상건물) 등을 생각할 수 있다.

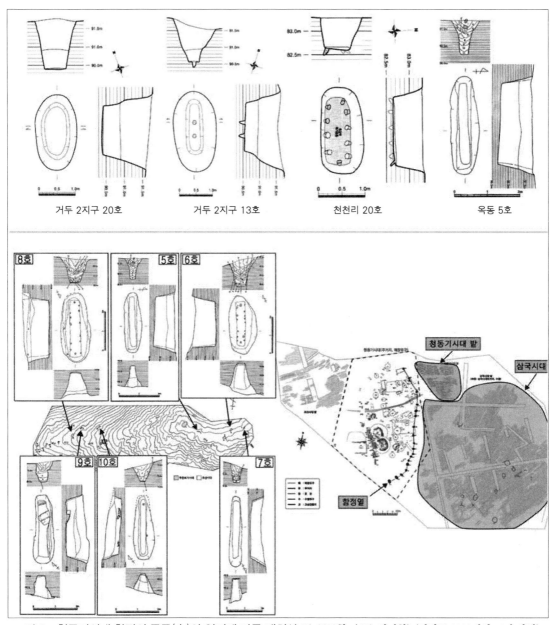

그림 2 _ 청동기시대 함정의 종류(上)와 입지에 따른 배치(左下: 구릉형, 右下: 평지형) (김권중 2010에서 도면 발췌)

여하튼, 현재의 자료로는 가축사육 장소로서 생산유구의 취락 구성요소의 편입은 아직 시기상조이다. 단, 생산시설로서 함정유구를 육류 생산과 공급, 소비의 장소로 인정할 수 있다면 취락 구성요소의 논의는 달라진다. 함정은 수렵 시설물에 해당하지만 동물을 포획하여 육류를 만들어 내고 때로는 저장하는 기능도 가능하므로 생산 측면의 관련 유구로 인정해도 좋을 것이기 때문이다.

이러한 함정 연구는 기능, 입지, 형태, 수렵방법, 기타 조사방법론 등을 진행하며 계통과 변화의 모습을 추적하기도 한다(김도헌 2005; 김권중 2010). 함정은 크게 두 형태로 구분하는데, 평지형 함정은 취락의 내·외부에 배치하여 경작지를 보호하지만(김도헌 2005), 구릉형 함정은 이동로에 배치하면서 동물을 포획하는 목직이 강하다(김권중 2010, 11쪽). 대체적인 시기는 평지형이 빠르고 구릉형이 느린 것으로 판단하며, 기능은 방어의 목적에서 순수 수렵의 목적으로 변하는 것으로 이해한다(김권중 2010, 14쪽). 이들의 등장은 청동기시대 중기부터 본격 나타나는 것으로 보고 있어(김권중 2010, 13~14쪽), 취락 구성요소의 편입도 이 시기부터 진행되었을 것임은 분명해 보인다.

그러나 취락 구성요소로서 함정은 아직 일반 주거와 같이 공반하는 예는 드물며, 주거와 떨어져 타 지역에 입지하거나 경작지 근처에서 확인되는 특징이 있다. 아직 취락 구성요소로서, 구조화의 논의로서 공통의 요소는 아닌 것으로 파악된다.

이렇듯 상기한 식료 생산 모습은 입지상으로 보면 내륙지역의 취락 구성요소 등장과 편입으로 살필 수 있다. 그렇다면 해안지역의 생산 시설로서 취락구성 요소의 모습 또한 파악이 가능할 것이다. 어패류의 식료 생산을 위한 양식장 유구의 존재 등을 파악해 볼 수 있지만, 아직 이의 존재는 없고 설혹 존재한다 하더라도 조사를 통한 확인은 쉽지 않을 것이다. 단, 패총의 존재를 통해 어패류의 식료 획득과 생산을 위한 유구로서 기능적 가능성을 추정할 수 있을 것이다.

2. 실생활 도구류의 생산

이상, 농작물과 육류 등의 식료를 생산하기 위한 유구로 취락의 구성요소를 살펴보았다. 이외에 다양한 도구류를 생산하는 시설물들도 청동기시대부터 등장하고 발전하며 전문화한다. 그러나 도구 생산을 위한 시설물은 특정 시기와 지역에서 동시 발생하여 취락 구성요소로 편입된 것이 아니고 당시의 사회 상황과 취락별 특성에 맞추어 나타나고 있다. 여기서는 이처럼 취락 구성요소의 하나로 자리 잡아 가는 도구류 생산 관련 시설의 다양한 논의를 살펴보고자 한다.

1) 토기 생산

먼저, 취락민의 실생활에 가장 빈번하게 이용한 토기 생산 관련 시설물로서 가마 등의 소성유구를 살필 수 있다. 최근 소성유구의 발굴사례가 증가하고 토기 소성 실험 등을 통해(庄田愼矢 2007; 한국고고환경연구소 편 2005) 유구의 기능을 확인하면서, 이들을 취락 구성요소의 일면으로 바라볼 수 있게 되었다.

소성유구의 연구는 전·중기에 유구의 존재를 파악하면서 시작하였고, 여기서 출토된 토기의 소성 과정을 역추적하면서 유구의 형태를 파악하게 되었다. 전기의 소성유구는 천안 백석동유적이 유일한 예라고 판단하였으나(金賢 2002) 명암리유적에서도 이와 유사한 사례를 확인하였고(庄田愼矢 2007), 운전리유적 B지구 1호 수혈유구도 이와 유사한 기능을 파악할 수 있다[4](그림 3-2). 따라서 위 사례와 내부에서 출토된 유물 등을 통해 보면 소성유구는 청동기시대 전기 늦은 시기부터 취락 내 본격 등장하며 설치되

어 간 것으로 이해할 수 있다. 그 이전에는 소성유구의 존재가 알려지지 않아 토기 등의 물품이 외부로부
터 유입과 유통, 반입되었을 것으로 추정해 왔다. 하지만 신석기시대부터 야외노지를 통한 토기의 생산은
확인되기 때문에 청동기시대 이른 시기(조기 또는 전기의 이른시기) 취락 내부의 소성유구 존재를 전혀
부인할 수는 없다. 물론, 현재까지의 자료만으로 보면 토기 생산시설은 전기 늦은 시기부터 등장하여 취
락의 구성요소로 자리 잡아 간 것은 확실하다.

이러한 토기 생산시설은 전·중 시기별로 특징을 볼 수 있다. 전기에는 유적 내 특정 지역에 입지 및
군집하지 않고 주거 근처에서 한·두기 정도 설치된다. 일부는 주거를 폐기한 후 이를 그대로 재사용하면
서 토기를 생산하기도 한다(나건주·최하영 2006). 물론 유적 밖의 일정 지역을 선정하여 노천에서 바로
생산하였거나 일부는 수혈유구를 전용하여 사용했을 가능성도 있다(허의행 2008). 한편, 중기에는 토기
생산시설의 증가를 뚜렷이 볼 수 있다. 형태와 규모 또한 전기와는 다르게 원형의 규격화와 규모의 축소
화로 이어지며, 입지와 배치에서도 일부 특정 지역의 선정과 군집화의 모습을 볼 수 있다(그림 4).

이처럼 소성유구의 시기별 차이는 토기생산 체계의 변화와도 관련한다. 토기생산의 처음에는 한정된
단위집단에서 점차 상위의 협업체제에 의한 생산체제로 전환하였고(田崎博之 2005, 208~209쪽), 중기에

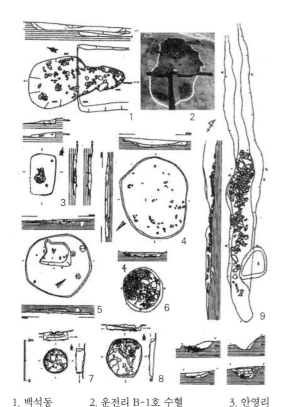

1. 백석동   2. 운전리 B-1호 수혈   3. 안영리
4·5. 관창리   6. 대평리   7·8. 원북리   9. 영창리
그림 3 _ 전기와 중기 각 유적별 토기소성유구
(庄田愼矢 2007, 195쪽 도면 수정 후 全載)

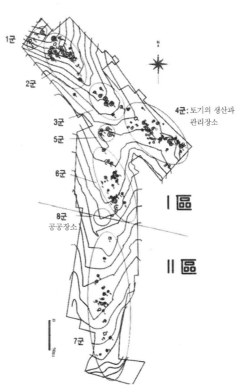

그림 4 _ 청동기시대 중기 취락 토기 생산 장소의 입지
(이홍종 2005, 130쪽 도면 수정 후 全載)

본격 들어서면서 논산 원북리, 옥남리, 옥북리 유적의 예처럼 개별에서 군집으로의 생산체계로 바꾸어 간다. 이는 중기 늦은 시기(田崎의 Ⅱ기)에 한정된 지역의 토기생산이 복수의 지역으로 확대되면서 어느 한 지역(한정된 공방구역)을 집중생산지로 선택하는 것과 연관한다(田崎博之 2005, 208~209쪽). 결국 중기 들어 토기 생산시설물의 취락 내 구성요소로서 편입은 확실하며, 배치의 특징이 뚜렷해진다는 점에서 취락 구조의 진전화를 가져오는 것으로 이해할 수 있다.

2) 기타 수공업품(석기, 옥, 청동기, 목기 등)의 생산

석기 또한 토기와 마찬가지로 실생활에서 중요한 도구에 해당하며, 당시 도구류 생산의 반 이상을 차지하므로 취락 구성요소로서 생산유구의 존재를 파악할 수 있다.

석기의 생산 문제는 실험 고고학적 결과를 바탕으로 제작 차원의 다양한 주제로 접근하고 있다(이인학 2010; 黃昌漢 2004, 2009). 하지만 석기 생산과 관련한 취락 구성요소의 일면을 살피는 데는 소홀한 면이 많았다. 물론, 석기 생산 관련 시설의 형태나 존재가 뚜렷하지 않은 점도 있는데, 토기나 기타 유물과는 달리 주거 내부나 외부 어디의 장소에서도 석재만 구비된다면 쉽게 제작이 가능하다는 이점 때문에, 굳이 전문 제작 시설물의 설치를 필요로 하지 않은 것이다.

최근 고령 대흥리유적 등지에서 석기를 생산하기 위한 유구의 존재를 확인하면서, 석기 생산 전문 유적의 존재를 파악할 수 있어(황창한 2012), 취락 구성요소의 일부로 편입이 가능해졌다. 그러나 여전히 그 사례는 적고, 일부 지역의 편중적 현상으로 이해되므로 청동기시대 全般의 양상으로 확대하기는 아직 조심스럽다. 따라서 청동기시대 석기 생산 관련 시설은 취락 내·외부의 설치는 없다고 보이며, 취락의 구성요소로서 석기생산 시설

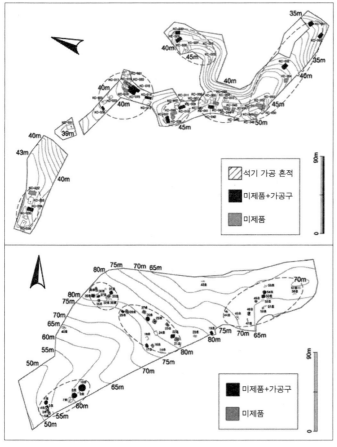

그림 5 _ 전 · 중기 석기 생산 주거지의 분포와 입지
(이인학 2010의 도면을 수정 후 전재)

은 여전히 주거지[5]로 볼 수 있다.

주거지 내 석기를 제작(생산)하는 시설물은 전기에는 화천 용암리유적 등지의 영서지역에서 확인되는 이색점토구역 내 작업공을, 중기에는 송국리식 주거지 내 타원형 토광 등을 인정할 수 있다. 물론, 이 시설물들은 시간의 흐름에 따라 점진적 변화의 과정으로 진행하는 것은 아니고 입지에 의해,[6] 또는 주거 형태별 내부 공간 활용 등의 당시 시대 상황에 따라 필요에 의해 설치 및 운영되었을 것이다.

한편, 청동기시대 전·중기 석기 양상과 조성비를 분석하여 생산과 취락 전문화의 문제를 언급하기도 한다.

전기에는 취락 내 소비를 목적으로 한 생산을 중심으로 하지만, 일부 유적은 타 취락과 교역을 위한 석기를 생산하는 것으로 본다. 중기에는 자가 소비 취락도 존재하지만 이를 넘어서 교역을 목적으로 하는 석기제작 전문취락의 등장을 파악하기도 한다(손준호 2010). 이와 유사하게 전기에는 이미 특정 석기 기종이 유적별로 중점 생산되면서 생산 전문화의 단계로 접어드는 것으로 생각하고, 중기에는 특정 취락에서 석기생산을 유적별로 분담하여 기능해 간 것으로 파악하기도 한다(趙大衍·朴書賢 2013). 견해차는 있지만, 석기 생산 양상이 청동기시대 전·중 시기에 차이가 있다는 점은 분명해 보인다. 결국 취락 내 토기생산과 마찬가지로 석기 또한 자가 생산과 이를 넘어선 생산의 모습을 통해 취락의 사회 경제적 의미를 이해하기도 한다. 하지만 취락의 구성요소로서 독립된 생산유구의 취락 내 편입 과정은 여전히 파악하기 어렵다.

다음으로 옥이나 청동기 등의 기타 수공업품의 생산시설로서 취락 구성요소의 파악이다.

玉 등의 수공업품 생산유구는 취락 내 독립되어 나타나지 않고 대체로 주거 내 제작과 생산을 언급하고 있다. 전기부터 생산이 진행된 것으로 파악하지만 아직 시설물의 존재는 없고, 중기에 들어서면서 본격 나타나는 것으로 이해하고 있다(庄田愼矢 2007, 122~123쪽). 취락 구성요소로서 언급 또한 미진하며 공동체 또는 주거 개별에서 진행된 분업의 과정에서 연구를 접근하는 수준이다.

靑銅器 또한 토기와 마찬가지로 주거 내 제작과 생산은 불가능하기 때문에 외부에 시설물을 설치해야 한다. 공방지 등의 생산시설 존재를 살펴야 하지만 아직 청동기시대에는 확인이 분명치 않다. 물론 용범 등의 제작 도구가 간혹 발견 및 확인되고 있어 유구의 존재를 생각할 수 있으나, 분명한 유구 출토품이 아니고 또한 늦은 시기 위주여서 취락 구성요소로서 생산유구의 문제를 언급하기는 어렵다. 따라서 일부 연구자는 이를 근거로 취락 내 청동기의 직접 생산에 대해 회의적인 견해를 언급하기도 한다(庄田愼矢 2007, 97쪽).

대체로 청동기 제작은 송국리문화 단계부터 시작된 것으로 이해하고 있다(庄田愼矢 2007). 처음(이른 시기)에는 아무래도 청동기물의 한반도 내 제작 및 생산의 기술적 수준은 미약했으며, 우발적인 현상으로 등장했을 가능성이 높으므로(宮里修 2010, 345~346쪽), 대다수의 청동기는 취락 외부에서 완성된 형태의 기물로 도입되어 내부에서 사용했을 것으로 추정된다.

마지막으로 수공업품으로서 목기 생산을 살필 수 있다. 최근 저습지에 대한 발굴조사가 증가하면서 목기의 출토 또한 급증하였으며, 이들을 생산하는 장소와 시설물 존재도 간혹 확인된다. 물론, 목기도 석기와 마찬가지로 주거 내 제작과 생산의 가능성은 높다. 하지만 제작 과정을 밝힐 사례가 전무하여 적극 언급하기는 어렵다. 당연히 취락 구성요소의 위치적 성격도 살피기 쉽지 않다.

목기의 제작과 생산시설로는 마전리유적의 사례로 보아 저목장 정도를 인정할 수 있다. 이러한 저목 장은 농경이 본격 등장하는 청동기시대 전기부터 확인되는데,[7] 부여 구봉·노화리유적의 청동기시대 논 층 아래에서 확인되는 환상유구의 존재는 이 시기부터 하천의 흐름을 제어하면서 저목장을 설치해 가는 것을 보여 준다. 결국 목기를 생신해 낸 시설물 또한 전기 늦은 시기부터 취락의 구성요소로 편입해 갔을 가능성이 있다. 물론 수전 농경의 확산이 광범위하게 퍼지는 중기 이후부터 목기는 다양한 형태와 생산 체계를 갖추어 갔을 것이다(김권구 2008).

3) 물의 생산

이외에 생산시설물의 하나로 우물을 언급할 수 있다. 우물은 물을 저장하는 장소이지만 식수나 경작 지에 필요한 정화된 물을 만들어 낸다는 점에서 생산시설로 볼 수 있다. 물론, 물 자체를 생산의 관점에서 인정하고 그 시설물을 취락의 구성요소로 볼 수 있는지에 대해서는 논의가 더 필요하다. 하지만 우물은

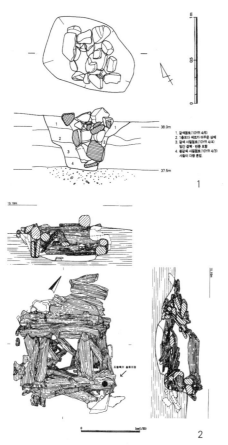

1. 대구 동천동유적, 2. 논산 마전리유적
그림 6 _ 청동기시대 우물의 형태와 종류

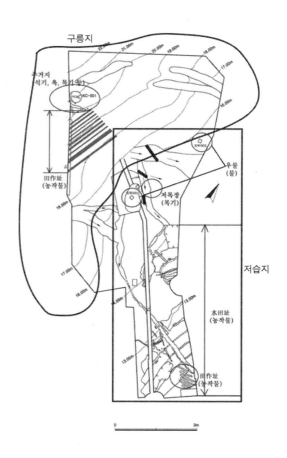

그림 7 _ 청동기시대 생산시설물의 취락 내 배치와 입지

식음수를 취득하는 장소이며, 제사를 행하기 위한 장소로 이용하였던 것은 분명하기 때문에, 자연적인 물 분출이 있다 하더라도 인위의 행위를 가미하여 깨끗한 물로 전환[8]해 재생하기 때문에 생산의 관점에서 살펴볼 수 있다.

우물이 취락의 구성 요소로 등장하던 시기는 논산 마전리 유적이나 대구 동천동 유적의 예로 보아 청동기시대 중기부터이다. 이때의 우물은 구릉상의 소곡저나 충적대지상의 저습한 지역을 주로 선호하며 입지한다. 앞서의 저목장과 유사한 입지를 공유하지만, 물이 용천하는 지점을 중심으로 한다는 점에서 입지의 선택 차이가 있다.

아직 자료가 적어 취락 구성요소로 갖는 위치를 특정하기는 어렵지만, 우물의 취락 내·외 배치를 통한 개별과 공동의 사회적 문제 등은 접근이 가능하다(許義行 2004).

Ⅲ. 저장

1. 저장시설

앞 장의 생산유구와는 달리 청동기시대 취락의 구성요소로 자주 확인되는 것이 저장유구이다. 저장유구는 신석기시대부터 나타나는데, 이때의 저장기술은 주거지 내부 저장공을 이용(토기와 함께)하거나, 외부의 얕은 수혈유구를 활용하며(金希燦 1995, 101~106쪽), 저습한 지대에 깊은 수혈을 파서 설치하는(任鶴鐘·李政根 2010) 수준으로 청동기시대 이전부터 다양한 조건과 환경에서 이루어져 왔다.

하지만 저장시설이 취락 구성요소로 편입하여 구조화의 모습을 본격 진행하기 시작한 시기는 농경이 사회 전반에 영향을 제대로 미치기 시작한 청동기시대부터이다. 이들에 대한 연구는 청동기시대 저장 모습을 전반으로 파악한 후(이창호 2004), 저장의 다양한 모습을 살펴보았고(손준호 2004; 허의행 2011), 나아가 이들의 사회·경제적 의미의 파악으로 진행되었다(김장석 2008). 따라서 현재는 청동기시대 저장 체계의 모습과 취락 구성요소로서 이들이 갖는 의미가 점차 중요해지기 시작하였다.

본 절에서는 이처럼 생산과 대비되는 저장시설의 전반의 양상을 살펴보고 취락의 구성요소로서 차지하는 모습을 언급하고자 한다.

1) 수혈유구, 저장공, 저장수혈[9]

청동기시대 전기와 중기에는 저장관련 시설이 모두 확인된다. 이들은 평면형태가 유사하지만 단면과 규모, 입지, 저장방식에서는 분명한 차이를 갖는다.

전기의 저장시설은 대체로 주거지 내 모서리 부근에 설치한 저장공과 주거지 외부에 설치한 수혈유구를 볼 수 있다. 중기의 저장시설은 주거 외부에서 독립한 형태로 깊이 굴착하여 만든 저장수혈이 있다. 또

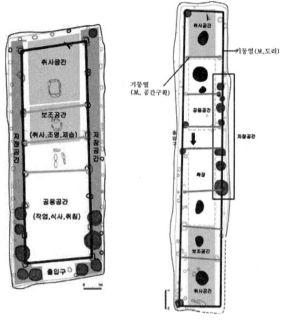

그림 8 _ 청동기시대 전기 주거지 내부 저장공과 배치양상
(좌: 가락동유형 주거지, 우: 역삼동유형 주거지;
朴性姬 2012, 50쪽에서 全載 후 수정)

한 고상창고라는 새로운 저장시설물도 존재한다. 상기한 저장시설들은 시기에 따라 취락 내 배치와 입지 그리고 형태가 변화한다.

먼저, 전기 주거지 내 저장공은 시간의 흐름에 따라 크기가 점차 작아지는데(서길덕 2012, 67쪽), 이는 저장의 기능이 강한 호형토기의 용량감소와 연관된다(박상윤 2011). 주거 내 배치를 보면 이른 시기에는 내부 모서리 근처로 3~4기를 군집해 일렬로 설치하지만, 점차 주거의 장단벽 쪽으로 이동하는 모습이다(서길덕 2012, 66쪽). 이는 시간이 흐르면서 주거지 평면형태가 변하면서 내부 저장 공간의 활용도 같이 하는 것으로 본다. 분명한 것은 주거 내 저장공은 전기 늦은 시기로 이행하면서 그 수는 감소하고, 주거지 외부로 이동하면서 수혈유구로 대체되어 가면서 그 수가 증가한다는 점이다.

다음으로 수혈유구와 저장수혈이다. 수혈

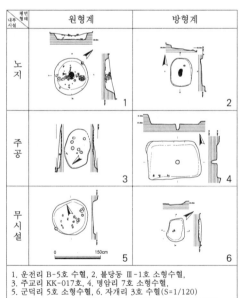

1. 운전리 B-5호 수혈, 2. 불당동 Ⅲ-1호 소형수혈,
3. 주교리 KK-017호, 4. 명암리 7호 소형수혈,
5. 군덕리 5호 소형수혈, 6. 자개리 3호 수혈(S=1/120)

그림 9 _ 청동기시대 전기 수혈유구의 제양상
(허의행 2008)

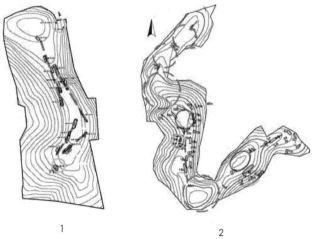

1. 이른 시기(천안 불당동유적: Sc=1/6,000)
2. 늦은 시기(아산 용화동유적: Sc=1/8,000)
그림 10 _ 수혈유구의 취락 내 배치양상

유구는 전기에 주로 확인되는 시설물이다. 다양한 기능을 가진 것으로 파악하지만 대체로 저장의 기능이 우세한 것으로 생각한다(허의행 2008). 한편 저장수혈은 중기에 주로 확인된다. 전기의 수혈유구와는 달리 단면형태 및 규모 등에서 차이가 있고, 군집하여 설치되며, 대부분 저장을 主목적으로 한다.

이러한 전기의 수혈유구와 중기의 저장수혈은 시기가 이행되면서 변화의 모습을 뚜렷이 한다. 평면형태는 방형에서 원형으로, 단면형태는 역제형과 원통형위주에서 플라스크형이나 복주머니 형태의 제형으로, 깊이는 얕은 것에서 깊은 것으로, 내부시설은 노지와 주공 등의 시설물 설치에서 무시설식 위주로 변화한다. 이는 저장 대상물과 저장 방법의 변화와 관련하는데, 전기와 중기 이른 시기에는 단기의 저장대상물 위주였다면 중기에 들어서면서부터 다양한 작물, 저장량, 기간이 상당히 증가한다. 더구나 중기 늦은 시기에는 저장수혈의 깊이가 더욱 깊어지는데 장기저장을 위한 기술의 진보가 함께 하는 것으로 이해한다(허의행 2011). 하지만 최근, 송국리유적에서 확인된 수혈이 규모가 소형이고 굴착 깊이가 깊지 않으며, 주거지 인근에 위치한 점, 내부에서 발견되는 작물의 탈각 상태가 낱알이라는 점 등을 근거로 대규모 장기 저장보다는 소비에 임박한 단계의 소규모 단기 저장기능을 수행한 것으로 이해하기도 한다(김경택 외 2012, 43~44쪽).

취락 내 입지와 분포에서도 시기별 변화의 모습이 있다. 전기의 수혈유구가 주거지 내부에서 외부로 이동하였다가 전기 늦은 시기에 이르러 주거군의 외곽지역에 군집하면서 입지고, 중기에 들어서면 이러한 군집현상이 더욱 뚜렷해지면서 주거군과 일정 거리를 두고 한 곳의 지역을 선택하여 저장수혈만을 따로 설치한다.

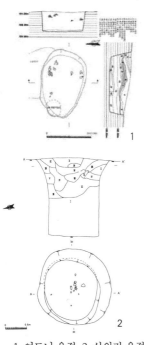

1. 여드니 유적, 2. 산의리 유적
그림 11 _ 청동기시대 중기 저장시설의 제양상

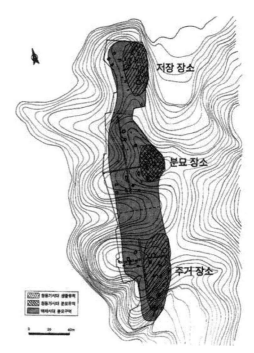

그림 12 _ 저장수혈의 취락 내 배치양상
(공주 산의리 유적)

이처럼 청동기시대 전·중기의 저장시설은 일찍이 등장하면서 취락의 구성요소로 편입되어 간다. 더 구나 전기의 늦은 시기부터는 취락 구조의 한 형태로 자리 잡아 가면서 중기에 이르면 취락 내 당연한 구성요소로 인식해 가는 것으로 여겨진다.

2) 굴립주건물(고상건물)(〈표 1〉 참조)

이처럼 청동기시대 저장시설은 수혈을 판 지하식 위주였지만, 새로운 저장시설로서 굴립주 건물이라는 地上式 고상창고도 등장한다(배덕환 2000, 2005). 물론 이들이 저장시설로 기능하였는가에 대한 검토는 더 필요하다. 저장 뿐 아니라 주거, 제의시설 등 여러 용도로 이용되었을 가능성이 있기 때문이다. 따라서 기능에 대한 추정을 위해서는 여타 유구와의 배치 관계나 입지 조건 등, 여러 요인을 같이 검토해야 한다.

부여 송국리유적에서 확인된 굴립주건물의 경우에는 특정의 공간에 배치하였다는 점에서 저장을 목적으로 한 특수 건물지로 논의하였고(鄭治泳 2009, 69~71쪽), 마찬가지로 관창리유적의 굴립주건물 또한 저장수혈과 함께 배치된 것을 근거로 저장의 기능과 함께 특수한 기능을 가진 것으로 파악하였다(李弘鍾 2005). 상기 견해를 제외하고는 인근 일본 취락의 분석자료와 민속지 자료 등을 통해, 굴립주건물은 대개 저장 창고로 기능한 것으로 인정하고 있다. 물론 유적 내 굴립주건물이 많지 않고 한 두기 정도만 설치되는 경우는 특수한 기능을 생각할 수 있다(安在晧 2009).

이러한 굴립주 건물의 등장은 청동기시대 전기 후반에 구획식 또는 계단식 논의 출현 시점과 거의 비슷하거나 조금 빠른 것으로 파악하는데, 충적지 취락에서 먼저 나타나는 것으로 생각한다(安在晧 2009, 7쪽). 유구 자체의 변화 모습도 파악하는데, 축조기술의 시간적 계기성을 인정하여 세장방형에서 장방형으로 평면형태 변화의 모습을 이해하고 있다(安在晧 2009, 17~18쪽). 이와 함께 굴립주건물을 담당하는 주체자의 등장과 변화도 인식하고 있다. 전기의 굴립주 건물은 공공의 건물 또는 공동의 고상창고를 지닌 종교적 수장의 등장과 같이 하는 것으로 파악하는 반면 중기에 나타난 굴립주 건물은 주거의 부속 건물로 이용하면서 농경을 담당한 정치·경제 수장의 등장과 같이 하는 것으로 본다. 그리고 중기의 마지막 단계에는 굴립주 건물이 점차 일반의 주거로 확대해 간 것으로 인식하고 있다(安在晧 2009, 19~26쪽).

이처럼 취락의 구성요소로서 굴립주 건물은 처음 등장 시점에는 독립한 채로

표 1 _ 청동기시대 고상건물의 양상
(安在晧 2009 〈표 1〉을 고상건물 추가 및 수정)

시기	유적	고상건물	입지
전기 후반	하남 미사리	1동	충적지
	춘천 용암리	12동	충적지
전기 후반-중기	경산 옥곡동	3동	충적지
	춘천 용암리	12동	충적지
	대구 서변동	3동	충적지
	청도 진라리	4동	충적지
	대구 동천동	19동	충적지
	경주 하서리	4-8동	구릉지
	사천 이금동	15동	완사면
중기	보령 관창리	4동 이상	구릉지
	부여 송국리	2동 이상	구릉지
	공주 신영리여드니	1동	구릉지

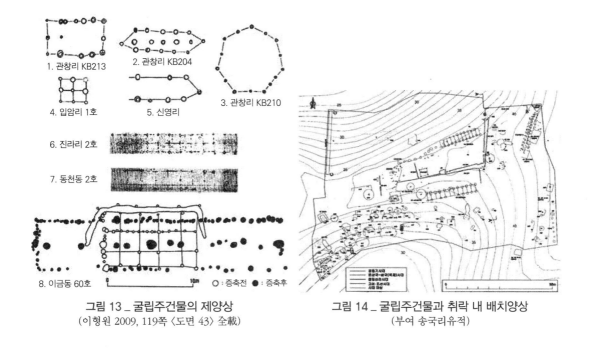

그림 13 _ 굴립주건물의 제양상	그림 14 _ 굴립주건물과 취락 내 배치양상
(이형원 2009, 119쪽 〈도면 43〉 全載)	(부여 송국리유적)

취락 내 배치되고 저장의 기능을 주로 수행하면서 때로는 특수한 성격으로 이용하다, 점차 주거의 기능으로 전환되면서 취락의 구성 요소로 편입의 과정이 다르게 진행되어 온 것으로 이해할 수 있다.

Ⅳ. 취락 구성요소의 편입과 사회적 의미

이상으로 생산과 저장관련 유구의 취락 구성요소로서 등장과 변화의 모습을 파악하였는데, 여기서는 상기 취락 구성 요소들의 편입과 구조화되는 모습의 원인을 간략히 언급하고자 한다.

1. 취락 구성요소로서 편입과 구조형태

그동안 취락 구성요소에 대한 연구를 보면 주로 주거지와 분묘 등의 관계를 통해서 접근한 사례가 많았다. 더불어 이를 바탕으로 취락을 등장과 전개, 변화의 모습 속에서 살펴본 연구가 대부분이다. 하지만 이들 외에 다양한 취락 구성요소 등이 확인되면서 취락 구조의 모습은 점점 복잡·다양해지고 있다. 더구나 석기생산전문취락(손준호 2010), 저장전문취락(김장석 2008), 주거전문취락, 수공업 생산을 전문으로 (고민정·Martin T. Bale 2006)한 취락[10] 구조의 논의는 청동기시대 생산과 저장을 포함한 구조 논의로 확대될 수 있는 자료를 제공하고 있다.

일반적으로 상기 전문화된 취락의 등장은 정도의 차이는 있지만 수도농경이 시작되는 중기 들어서면서부터 본격화한다. 더욱이 중기에 이러한 취락을 구성하는 요소들의 구비가 완성되어 가고 있다. 물론, 분묘(裵眞晟 2011; 이형원 2009), 생산(李相吉 2000; 안재호 2010), 저장(허의행 2009, 2011)의 취락 구성요소들은 전기 늦은 시기부터 발생하면서 취락 내 편입과 구조화의 진전을 이루어 간다.

이처럼 전기의 늦은 시기부터 취락 구조의 형태는 완비되어 가지만, 생산과 저장을 대상으로 하는 시설물의 결합으로 나타나는 취락 구조 형태는 전·중기에 분명한 차이를 갖고 있다. 취락의 구성요소를 전기와 중기로 구분하여 구조형태를 구분한 연구를 살펴보면, 전기에는 ① 주거 공간만으로 구성된 취락, ② 주거와 분묘공간으로 구성된 취락, ③ 구획시설로서의 환호취락, 중기에는 ① 주거 공간만으로 구성된 취락, ② 주거+저장공간으로 구성된 취락, ③ 주거+분묘공간으로 구성된 취락, ④ 주거+저장+분묘공간으로 구성된 취락, ⑤ 주거+저장+분묘+의례공간으로 구성된 취락 등으로 구분하는데(이형원 2009), 이는 구성요소의 결합이 단순에서 복합과 혼합의 양상으로 취락구조 형태의 변화를 파악하는 것이다.

상기 구분된 취락구조를 살펴보면 생산의 취락 구성요소는 전기에 잘 확인되지 않는다. 비록 1-2유적에서 이를 포함한 취락 구조 형태의 존재 가능성이 보이지만, 여전히 중기에 들어서야 생산과 저장을 포함한 구성요소의 결합으로 인한 취락 구조의 본격화를 볼 수 있다. 여기에 더해 중기의 취락 구조에서는 생산과 저장을 포함한 주거+분묘+생산+저장의 취락을 포함해야 한다. 중기를 대표하는 논산 마전리유적과 보령 관창리 유적의 취락 구조를 보면, 서로 유사한 구성요소를 포함하고 있지만, 마전리유적은 생산과 저장의 공간을 따로 배치한 반면 관창리유적은 이들을 같은 공간에 배치한 구조의 차이가 있기 때문이다. 취락 구성요소의 배치가 유적 내 지형 및 당시 상황에 맞추어 나타나는 결과로 볼 수 있다.

2. 취락 구성요소의 사회적 의미

이처럼 청동기시대 전·중기에 나타나는 생산과 저장 관련 시설의 취락 구성요소의 편입 과정의 차이는 무엇인가. 이는 당시 사회체계의 모습과 연관하여 접근하고 있다. 더구나 이들은 당시 생계경제의 모습을 복원함과 동시에 사회 조직과 계층화의 변화를 살필 수 있는 자료로 이해해 왔다.

중기의 관창리유적 분석을 통해 취락 내 주거군의 설정과 이를 바탕으로 한 사회조직의 특성을 파악하고자 하였다. 여기서 주목되는 것이 토기의 생산시설과 저장 관련 창고시설로 4군의 설정이다. 이 군은 토기 제작과 취락민 통제를 담당한 구릉 위쪽의 상위집단과 연계하고 있으며(李弘鍾 2005, 129~137쪽), 마찬가지로 전업의 토기생산 집단과 관련시키기도 한다(안재호 2004). 생산 및 저장의 구성요소들의 결합과 취락 내 배치의 과정에서 사회조직 내 일부 특정 집단과 연계될 것이라는 점을 인식하고 있다. 반면 연구 접근상의 차이는 있지만 실제 농작물 생산지와 저장유구, 유적에 대한 분석을 통해 관리와 통제의 권력자 존재 및 정치·경제 엘리트의 등장을 언급하고 나아가 사회 조직의 상층 집단의 모습을 파악하려고도 한다(윤호필 2010, 12~17쪽; 허의행 2011, 2012).

표 2 _ 청동기시대 생산 및 저장유구의 취락 내 배치와 관리주체의 변화

시기	생산시설(경작지)		생산시설(수공업품)		저장시설(저장수혈)		관리와 운영주체
	분포 양상	취락 내 위치	분포 양상	취락 내 위치	분포 양상	취락 내 위치	
조기	무	무	무	무	무	주거 내부	개별가옥
전기 이른시기 (필자의 전기 I - II 단계)	무	무	무	무	독립	주거 내·외부	개별가옥
전기 늦은시기 (필자의 전기 III - IV단계)	개별	주거 인근	개별	주거 인근	군집	주거 인근	개별가옥 (전문관리자)
중기 이른시기 (필자의 후기 I - II 단계)	개별	일정지역 (저습지 등)	개별	주거 인근	개별 및 군집	주거 인근	개별가옥, 저장 전문유적 등장
중기 늦은시기 (필자의 후기 I - II 단계)	개별	주거 외 지역	군집	주거 외 지역	타지역 군집	주거 외 지역	저장전문집단과 유력개인 (엘리트)
후기 (점토대 토기 단계)	·	·	·	·	·	·	·

이처럼 생산과 저장유구를 바탕으로 한 취락 구조 연구는 사회조직과 연관하여 살피는 경향인데 아직까지 심도 있는 논의는 부족한 실정이다. 반면에 개별 유구를 대상으로 한 당시 사회의 생산 및 저장체계의 접근 연구가 증가하고 있다.

생산 관련한 체계 연구를 보면 주로 토기와 석기에 집중하고 있다.

토기의 생산은 전기에는 자가 생산과 소비를 위한 소규모의 것으로 파악하며 중기에는 분업생산체제의 확립으로 인식한다(田崎博之 2005, 210쪽). 구체적으로는 I기에 한정된 단위집단의 토기생산-주거군 집합을 구성하는 인접 단위집단-주거군 집합보다 상위의 협업체제에 의한 생산체제로 전환하다가 II기에는 한정된 지역에서 토기생산이 복수의 지역에 나타나다가 어느 한 지역(한정된 공방구역)으로 집중생산의 체계로 변화하는 것으로 이해하였다(田崎博之 2005, 208~209쪽).

또한 석기 생산시설을 통한 체계 연구도 토기 생산 체계 연구과 접근의 방식이 유사하다. 물론 개별 생산 시설물의 자료가 적어 논의는 활발하지 않은데, 주거 내 석재의 집석 현상과 이 주거지의 취락 내 분포와 배치 양상을 통해 전문화 및 분업화한 집단의 생산체계를 설명하고 있다.

생산유구와 마찬가지로 저장유구를 통해서도 상기 사회조직 및 저장체계의 모습을 파악한다. 저장시설은 주거 내부에서 외부로 그리고 타 지역으로 저장장소를 이동하는데, 그 과정에 수혈을 군집시키면서 소량에서 대량의 저장체계로 전환해 간다. 이 체계는 결국 사회조직의 변화를 함께 반영하는 것으로 인식한다. 저장된 잉여산물을 관리하는 주체 및 관리자가 개별에서 점차 독점의 권리를 갖는 집단으로 옮겨가면서, 잉여의 전용과 저장만을 전문으로 하는 취락이 발생하고 이를 담당하는 정치·경제권을 가진 엘리트의 등장(김장석 2008)으로 이어진다는 것이다. 이처럼 저장시설 또한 생산시설과 같이 주요한 취락의 구성요소로 청동기시대부터 등장하면서 다양한 사회의 변화를 이끌어 간 것임은 분명하다.

Ⅴ. 맺음말

이싱 취락의 구성 요소 중 생산과 저장유구의 모습에 대해 살펴보았는데, 이를 정리하면서 맺음말을 대신하고자 한다.

생산과 저장유구는 취락을 구성하는 요소로 일찍부터 자리 잡아 갔다. 이들은 인간의 정착과 함께 등장하지만 본격 전개는 농경이 활발하게 진행된 청동기시대부터이다. 물론 이들의 구조와 형태는 시기마다 또는 지역에 따라 다르고 이들이 조합과 취락의 구성요소로서의 편입 또한 시·공간의 차이가 분명하다.

청동기시대 전기에는 밭 중심의 농작물 생산 위주였고, 이들의 잉여물 저장은 주거 내·외의 저장공과 수혈유구였다면, 중기에는 수전 농경의 본격 진행에 따른 새로운 농작물 생산과 이를 저장하기 위한 수혈유구와 고상건물이 나타난다. 또한 각종 수공업 생산의 전문화가 발생하고 이의 생산을 위한 시설물 설치도 증가한다.

취락의 구성요소는 전기보다 중기에 더 복잡해지고 다양해지며, 취락 구조는 더 공고해져 간다. 그 와중에 생산과 저장의 기능을 가진 취락 구성요소들은 대형의 주거지, 분묘 등과 마찬가지로 청동기시대 사회의 계층화를 보여주는 지표(배진성 2006, 91쪽)로 분명하게 자리해 간다.

마지막으로 본고에서 확인하지 못한 생산과 저장의 취락 구성요소가 있다. 청동기만을 전문으로 생산하는 유적, 소금을 생산하고 저장하는 토기와 제염유적, 토기 및 석기의 원재료를 생산해내던 채토 및 채석장 유구, 유적 등이 그러한데, 앞으로 다양한 유적과 유구에 대한 발굴을 통해 취락 구성요소의 다양함을 더 살펴야 하며, 이를 바탕으로 한 청동기시대 취락의 구조 전모를 밝혀 나가야 할 것이다.

---

1) 적합한 지형, 기후 등의 자연의 조건 외에도 농경을 영위할만한 관개시설, 논 구획, 농구의 제작 등과 같은 기술수준의 확립이라든가, 수확물의 보관을 위한 장소, 생산 활동을 위한 인력의 확보 등과 같은 총체적 여러 요인들을 의미한다.

2) 최근 아산 신휴리유적에서 청동기시대 전기의 논을 확인한 바 있다(이의지 2013).

3) 가축화의 가능성은 농경의 잉여생산물을 축적함으로써 시작하는 것으로 생각하고 있다. 곧, 잡곡류의 잉여생산으로 인한 사료 확보가 수월하기 때문이며(이준정 2009, 265쪽), 그러한 점에서 농작물 잉여생산의 확대가 활발한 청동기시대 중기에는 가축사육의 가능성이 높다.

4) 1호 수혈유구는 백석동유적 소성유구와 유사한 평면 부정형에 단면은 사벽의 형태이다. 유구의 단벽에 인접해서 많은 양의 토기편과 목탄편, 소결토, 불에 그을린 흔적을 확인할 수 있다. 맞은편 단벽 근처에는 작업대로 쓰인 것으로 추정되는 편평한 할석이 놓여 있다. 유구의 평면 형태가 비정형적이고 내부에는 토기를 굽던 흔적 등을 확인할 수 있어 소성유구로 판단할 수 있다.

5) 석기 생산 주거지 파악에 관해서는 연구자에 따라 다른 관점과 기준이 작용하지만, 주거 내부에서 출토되는 석기중 제작용 도구의 조합이 관찰되어야만 석기 생산 주거지로 판단하고 있다(이인학 2010, 26쪽).

6) 입지에 따른 석기 생산 관련 연구를 보면, 구릉지에 입지한 유적에서는 집중된 생산 제작지가 존재하지만, 충적지에 입지한 유적에서는 뚜렷한 군집 현상을 확인하지 못했다. 이는 취락의 석기 생산 양상이 입지에 따라 다르게 작용하였기 때문이다(이인학 2010, 26~37쪽).

7) 목기는 구석기시대부터 사용된 것으로 추정되며, 신석기시대에도 실물자료를 확인하였다(김권구 2008, 56쪽). 따라서 목기의 생산은 청동기시대 이전부터 진행되었음을 알 수 있지만 생산을 위한 시설물은 청동기시대에만 확인되고 있어 취락 구성요소의 일부로 편입 가능하다.

8) 그러한 행위가 가미된 모습은 우물 자체 내부에서 물의 정수를 위해 투입하는 토기와 모래 등의 정화시설의 설치로서 파악할 수 있다(許義行 2004, 108~109쪽).

9) 貯藏孔은 저장구멍으로 불리며 대체로 규모가 작은 편으로 청동기시대 전기 주거지 내부 벽면 근처에서 토기안치를 위해 설치한 구덩이를 말한다. 반면에 貯藏竪穴은 저장공과 같은 구덩이 형태이지만, 규모가 다소 크다는 점에서 차이가 있다. 청동기시대 중기에 나타나는 규모(직경과 깊이)가 큰 원형의 군집 구덩이(손준호 2004)를 말한다.

10) 적색마연토기, 마제석기, 옥제품, 청동제품 등 다양한 종류의 도구를 제작하고 위세품을 중심으로 한다.

참고문헌

고민정 · Martin T. Bale, 2006,「청동기시대 후기 수공업 생산과 사회분화」『한국청동기학보』 2, 한국청동기학회.

곽종철, 1995,「沖積地遺蹟의 土壤에 대한 관찰 · 기재 · 분석법」『古文化』 第47輯, 韓國大學博物館協會.

곽종철, 1996,「沖積地遺蹟의 지형환경 퇴적물에 대한 관찰 기재 분석법」『科技考古研究』 창간호, 아주대학교박물관.

곽종철, 1997,「沖積地遺蹟 매몰 논의 조사법 소개(上), (下)」『韓國上古史學報』 第24號, 第25號, 韓國上古史學會.

곽종철, 2001,「우리 나라의 선사~고대 논 밭 유구」『한국 농경문화의 형성』 제25회 한국고고학전국대회, 韓國考古學會.

宮里修, 2010,『한반도 청동기의 기원과 전개』, 사회평론.

김경택 · 김민구 · 류아라, 2012,「부여 송국리유적 수혈의 기능: 제14차 발굴 자료의 검토」『고문화』 79집, 한국대학박물관협회.

김권구, 2008,「한반도 청동기시대 목기에 대한 고찰 -남한지역의 목기를 중심으로-」『한국고고학보』 67, 한국고고학회.

김권중, 2010,「선사시대 함정의 사용방법과 발생 배경」『嶺南大學校 文化人類學科 40周年 紀念論叢』.

金度憲, 2005,「수렵함정과 사냥법에 대한 검토」『湖南考古學報』 22, 湖南考古學會.

金度憲, 2006,「선사 · 고대의 경작유구에 대한 검토」『石軒 鄭澄元教授 停年退任記念論叢』.

金範哲, 2005,「錦江下流域 松菊里型 聚落의 形成과 稻作集約化 -聚落體系와 土壤分析의 空間的 相關關係에 대한 GIS分析을 中心으로-」『송국리문화를 통해 본 농경사회의 문화체계』, 서경.

金炳燮, 2003,「韓國의 古代 밭 遺構에 대한 檢討」『古文化』 第62輯, 韓國大學博物館協會.

김병섭, 2009,「밭유구의 調査方法과 田作方法」『한국과 일본의 선사 · 고대 농경기술』, 경남발전연구원 역사문화센터.

김장석, 2008,「송국리단계 저장시설의 사회경제적 의미」『한국고고학보』 67, 한국고고학회.

金賢, 2002,「大坪 無文土器 窯에 대한 一檢討」『晋州 大坪 玉房 1 · 9地區 無文土器 集落』, (社)慶南考古學研究所.

金希燦, 1995,「신석기시대 식량획득과 저장성」『石溪 黃龍渾教授停年紀念論叢 亞細亞 古文化』, 學研文化社.

大庭重信, 2009,「밭농사(畠作農耕)의 調査 · 研究 -오사카 地域의 事例」『한국과 일본의 선사 · 고대 농경기술』, 경남발전연구원 역사문화센터.

박상윤, 2011,『중부지방 청동기시대 전기 호형토기 연구』, 고려대학교대학원 석사학위논문.

朴性姬, 2012,「中西部地域 青銅器時代 前期 住居의 構造 變化와 意味」『韓國青銅器學報』 11, 韓國青銅器學會.

裵德煥, 2000,「青銅器時代 掘立柱에 대한 一考察 -西部慶南 松菊里形 住居址 出土遺蹟을 中心으로-」『제1회 문화재조사연구단 학술세미나 발표요지』, 한국문화재보호재단.

배덕환, 2005,「先史 · 古代의 地上式建物」『東亞文化』 創刊號, (財)東亞文化研究院.

배진성, 2006,「무문토기사회의 위세품 부장과 계층화」『계층사회와 지배자의 출현』 한구고고학전국대회, 韓國考古學會.

裵眞晟, 2011,「墳墓 築造 社會의 開始」『한국고고학보』 80, 韓國考古學會.

서길덕, 2012,「청동기시대 저장공의 변천양상」『겨레문화연구』 창간호, 겨레문화유산연구원.

孫晙鎬, 2004,「錦江流域 松菊里文化의 群集 貯藏孔 研究」『科技考古研究』 第10號, 아주대학교박물관.

孫晙鎬, 2010,「청동기시대 석기 생산 체계에 대한 초보적 검토」『호남고고학보』36, 호남고고학회.

宋永鎭, 2001,「Ⅳ. 考察」『晉州 大坪里 玉房3地區 先史遺蹟』, 경상대학교박물관.

安在晧, 2004,「中西部地域 無文土器時代 中期聚落의 一樣相」『韓國上古史學報』43, 韓國上古史學會.

安在晧, 2006,『靑銅器時代 聚落硏究』, 釜山大學校 大學院 考古學科 博士學位論文.

安在晧, 2009,「靑銅器時代 泗川 梨琴洞聚落의 變遷」『嶺南考古學』51, 嶺南考古學會.

안재호, 2010,「각 지역의 경작유구」『한국고대의 수전농업과 수리시설』, 서경문화사.

윤호필 · 고민정, 2006,「밭유구 조사법 및 분석방법」『야외고고학』창간호, 한국문화재조사연구기관협회.

윤호필, 2009,「진주 평거동유적으로 본 선사 · 고대의 농경기술 -진주 평거3지구 유적(Ⅰ구역)을 중심으로」『한국과 일본의 선사 · 고대 농경기술』, 경남발전연구원 역사문화센터.

윤호필, 2010,「농경으로 본 청동기시대의 사회」『경남연구』제3집, 경남발전연구원 역사문화센터.

李相吉, 2000,「남강유역의 농경 -대평지역 밭을 중심으로-」『진주남강유적과 고대일본』.

李相吉, 2002,「南部地方 初期農耕의 現段階 -遺構를 中心으로-」『韓日 初期農耕 比較硏究』, 大阪市學藝員等共同硏究 韓半島綜合學術調査團.

이인학, 2010,『청동기시대 취락 내 석기 제작 양상 검토』, 고려대학교 석사학위논문.

이준정, 2009,「또 하나의 저장수단, 가축의 이용: 한반도지역 가축 이용의 역사」『선사농경 연구의 새로운 동향』, 사회평론.

李昌浩, 2004,「中西部地域 靑銅器時代 貯藏施設의 硏究」, 公州大學校大學院 碩士學位論文.

李賢惠, 2002,「한반도 청동기시대의 밭농사」『震檀學報』94, 震檀學會.

李亨源, 2009,「韓國 靑銅器時代 聚落構造와 社會組織」, 忠南大學校大學院 博士學位論文.

李弘鍾, 1996,『청동기사회의 토기와 주거』, 서경문화사.

이홍종, 2000,「우리 나라의 초기 수전농경」『한국농공학회지』제42권 제3호, 한국농공학회.

李弘鍾, 2005,「寬倉里聚落의 景觀」『송국리문화를 통해 본 농경사회의 문화체계』, 서경.

이홍종, 2013,「세종시 충적지 발굴조사의 성과와 과제」『세종시, 어제, 오늘 그리고 내일』제27회 호서고고학회 학술대회, 호서고고학회.

任鶴鐘 · 李政根, 2010,「신석기시대 도토리저장공에 대한 검토 -창녕 비봉리유적 도토리저장공을 대상으로-」『嶺南考古學』52號, 嶺南考古學會.

庄田愼矢, 2007,『南韓 靑銅器時代의 生産活動과 社會』, 忠南大學校博士學位論文.

田崎博之, 2005,「燒成失敗品을 통해 본 無文土器의 生産形態」『송국리문화를 통해 본 농경사회의 문화체계』, 서경.

鄭治泳, 2009,「송국리취락 '특수공간'의 구조와 성격 -大形 掘立柱建物을 중심으로」『韓國靑銅器學報』第4號, 韓國靑銅器學會.

趙大衍 · 朴書賢, 2013,「청동기시대 석기생산에 대한 일 고찰 -중부지역 취락 출토 자료를 중심으로-」『湖西考古學』28, 호서고고학회.

趙現鐘, 2000,「稻作農耕의 起源과 展開」『韓國古代文化의 變遷과 交涉』, 서경문화사.

崔德卿, 2002,「古代韓國의 旱田 耕作法과 農作制에 對한 一考察」『韓國上古史學報』第37號, 韓國上古史學會.

추연식, 1997,『고고학 이론과 방법론』, 학연문화사.

한국고고환경연구소 편, 2005,『土器燒成의 考古學』, 서경문화사.

洪慶姬, 1985,『村落地理學』, 法文社.

許義行, 2004, 「土器造 우물에 對한 考察 -扶餘 佳塔里 예를 중심으로-」『錦江考古』創刊號, (재)충청문화재연구원.

許義行, 2008, 「前期 靑銅器時代 竪穴遺構의 性格과 變化樣相」『韓國靑銅器學報』4, 韓國靑銅器學會.

許義行, 2011, 「호서지역 청동기시대 후기 저장수혈의 양상과 변화」『嶺南考古學』58, 嶺南考古學會.

허의행, 2012, 「湖西地域 靑銅器時代 灌漑體系와 展開樣相」『湖南考古學報』41號, 湖南考古學會.

허의행, 2013, 「호서지역 청동기시대 전기 취락 연구」, 高麗大學校 博士學位論文.

黃昌漢, 2004, 「無文土器時代 磨製石鏃의 製作方法 研究」『湖南考古學報』20, 湖南考古學會.

黃昌漢, 2009, 「靑銅器時代 石器 製作의 兩極技法 研究」『韓國上古史學報』63, 韓國上古史學會.

황창한, 2012, 「청동기시대 혼펠스제 마제석검의 산지추정」『考古廣場』9, 부산고고학연구회.

제4장
취락 구조와 변천

송만영 숭실대학교

Ⅰ. 청동기시대 취락의 기초 단위

한국고고학에서 최소 단위의 취락을 규정할 때, 소형 취락, 소촌, 단위 취락, 기초 취락, 작은 마을, 일반 부락 등의 용어를 사용한다. 비록 용어에는 차이가 있지만, 공통적으로 가장 작은 단위의 주거 군집을 의미한다. 일반적으로 10동 내외의 주거 군집을 최소 단위의 취락으로 이해하고 있지만(이희준 2000), 취락의 존재 양태는 시대에 따라, 지역에 따라, 또는 그 기능에 따라 다양하기 때문에 획일적으로 적용하기 어렵다. 청동기시대의 경우, 주거군 정도의 규모만으로 이루어진 취락은 발굴 현장에서 자주 목격된다. 또한 삼국시대 유적이지만, 아산 갈매리유적과 같이 상당히 넓은 유적

표 1 _ 취락 기초 단위와 사회 단위(송만영 2013b)

권오영 (1996)	개별 주거	주거군	소형취락(소구역)
	세대	세대복합체	세대복합체군
안재호 (1996)	주거	주거군	소취락
	핵가족체	세대공동체	
송만영 (2001)	개별 주거	주서군	소형 취락(주거복합군)
	세대	세대복합체	세대복합체군
김승옥 (2001)	주거	주거군	취락
	개별 세대	세대공동체	전체로서의 공동체
이홍종 (2005)	개별 주거지		단위주거군 1
	단위세대		단위취락
김권구 (2005)		2~3동의 주거지	작은 마을
		가구	복수의 가구
김범철 (2005)			일반 부락
	가구	가구군	개별 공동체
이형원 (2010)	주거	주거군	취락
	개별 세대	세대공동체	취락공동체

에 1기의 주거지만이 존재하는 경우도 있다. 1기의 주거만으로 이루어진 유적을 취락이라고 해도 좋을지 모르겠지만, 취락고고학적 관점에서 보면, 취락으로 분류된다. 그럼에도 불구하고 대다수의 주거 유적들은 복수의 주거군으로 결집된 단위 취락의 형태를 띠며, 규모가 큰 취락인 경우에는 복수의 소형 취락들이 결집된 형태이다. 이와 같이 여러 연구자들에 의해 정의된 기초 단위 취락은 주거-주거군-취락 등으로 위계적 구조를 가지고 있다(표 1). 그렇지만 앞에서 살펴본 바와 같이 취락의 존재 양태는 매우 다양하기 때문에 모든 취락이 반드시 동일한 위계적 구조를 갖고 있다고 할 수 없다.

위와 같이 청동기시대의 취락은 주거-주거군 등으로 분해되는 기초 단위 취락과 반대로 기초 단위 취락들이 결집된, 보다 큰 규모의 중형, 대형 취락들로 구성된다. 따라서 취락 구조를 파악하기 위해서 주거, 주거군, 단위 취락 등 세 가지 분석 수준에서 그 변화 과정을 살펴보고자 한다. 이를 위해 필자의 편년안에 대해서 잠시 언급해 둘 필요가 있는데, 조기-초기-전기-중기-후기의 5분기설로 요약된다(송만영 2013a). 필자의 편년안에서 조기, 초기는 학계의 조기를 세분한 것인데, 이는 조기 개념을 신석기시대와의 과도기로 규정한 안재호(2000)의 견해에 따라 그와 같은 성격의 유물, 유구복합체들을 조기로 인정하고 신석기시대 말기 토기가 공반되지 않은 각목돌대문토기, 이중구연토기 출토 유적군들을 초기로 편년하였다.[1] 초기부터 중기까지의 편년안은 다음 〈표 2〉와 같다.

표 2 _ 남한 청동기시대 초기~중기 편년안과 지역성(송만영 2013c)

구분		초기	전기	중기
영서 지역 남강 유역		미사리유형	조동리유형	천전리유형, 대평리+송국리유형
		돌대문토기, 이중구연토기 (석상·토광)위석식 노지	흔암리식 토기: 미사리계 이중구연토기+공렬문 토광위석식, 토광형 노지, 장방형 주거지	영서: 천전리식 주거지+공렬토기 남강: 송국리식 주거지+공렬토기
남한 서부	경기 남부 아산만	가락동유형	백석동유형	백석동유형+송국리유형
		이중구연토기 토광형노지, 장방형 주거지	흔암리식 토기: 가락동계 이중구연토기+공렬문 토광형노지, (세)장방형 주거지	(구순각목)공렬토기, 송국리식 토기 (장)방형 주거지, 송국리식 주거지
	금강 유역	가락동유형		송국리유형
		둔산식 주거지+가락동계 이중구연토기 → 용암리식 주거지		송국리식 주거지+송국리식 토기
	호남 지역	가락동유형	조동리유형	송국리유형
		이중구연토기 토광형노지, 장방형 주거지	남강 유역 흔암리식 토기의 확산 토광위석식, 토광형 노지, (세)장방형 주거지	공렬토기, 송국리식 토기 (장)방형 주거지, 송국리식 주거지
역연대		BP 3100	BP 2940~2900	BP 2700

Ⅱ. 주거 내부의 활동 영역

1. 활동 영역

주거 내부의 공간을 통해 과거 인간들의 활동을 이해하기 위해서는 인간들이 거주하고 있는 공간의 평면과 규모, 공간 분할, 시설물의 위치와 내용, 출토 유물의 성격과 위치 등이 종합적으로 검토되어야 한다.[2) 이 가운데 출입구, 저장시설, 노지 등의 시설물들은 주거 증축에 따라 공간의 재분할과 더불어 그 위치가 변화될 가능성이 높기 때문에 증축 이전과 이후의 시설물 위치를 고려하여야 한다. 또한 출토 유물의 위치도 폐기 맥락만을 반영하고 있기 때문에 실제 유물의 사용 맥락을 고려하여야 한다. 일반적으로 화재 주거지에서의 유물의 출토 위치는 사용 맥락을 가장 잘 반영하는 것으로 이해하고 있지만, 여기에도 고려하여야 할 부분이 있다. 가령 출토 유물의 위치가 사용 전, 또는 사용 후의 보관, 관리 맥락을 반영할 수 있을 가능성이 있기 때문이다(이형원 2014). 그렇지만 사용 맥락과 보관, 관리 맥락을 구분하는 연구는 아직 없다. 또한 유물의 성격도 가변적이어서 유물 기종만으로 용도를 파악하는 데에는 한계가 있다. 가령 청동기시대의 취사용기, 저장용기, 운반용기 등은 기종 분화에도 불구하고 그 용도가 반드시 고정되어 있지 않다. 따라서 취사흔, 탄화곡물의 유무, 그리고 노지, 저장구덩이와 같은 시설과의 관계 등이 종합적으로 검토되어야 한다.

활동 영역은 일반적으로 취사, 저장, 작업, 취침 공간으로 구분된다. 이 가운데 노지를 중심으로 한 취사 공간과 벽가에 마련된 저장 공간을 제외하면, 나머지 활동 영역은 가변적이기 때문에 취침 공간[3)과 작업 공간이 반드시 구분되지 않으며, 오히려 중복될 가능성이 높다. 즉 평상시에 작업 공간으로 사용되다가 일과가 끝난 저녁 시간에는 휴식과 취침 공간으로 활용될 가능성이 높다. 물론 청동기시대 모든 주거들의 작업 공간이 취침 공간과 중복되었다고 보기 어렵다. 천전리식 주거지에서는 전문적인 석기 제작을 위한 공간이 중기부터 나타나기 시작하는데, 점토다짐구역과 작업공이 결합된 형태를 보인다(홍주희 2008).

활동 영역은 이외에도 구성원의 사회적 신분과 성(Gender)을 반영하기도 한다. 가령 (세)장방형 주거에는 장축 중앙 축선을 따라 복수의 노지가 마련되어 있는데, 대체로 대가족체가 거주한 주거로 이해한다. 이러한 주거의 내부 공간은 노지를 중심으로 분할되는데, 규모가 가장 큰 공간은 대가족체의 가장이 거주한 공간으로, 그리고 나머지 공간들은 가장의 직계 내지 방계의 혼인한 가족 구성원들의 거주 공간으로 파악하고 있다(안재호 1996). 또한 사회적 성에 따라 활동에 차이가 있음을 전제하고 출토된 유물의 성격에 따라 젠더의 주거 내 활동 영역에 차이가 있다고 본 연구도 있다(박자연 2003; 김종일 2011). 이와 같이 주거 내 활동 영역은 기능과 더불어 사회적 신분과 사회적 성 등 다양한 요소들을 반영한다.

2. 활동 영역의 변화

청동기시대 조기의 주거 유형은 미사리식 주거로 그 특징은 정방형의 평면 형태에 내부에 석상위석식,

토광위석식 노지가 설치된 점이다(안재호 2000). 최근 미사리유형의 개념이 확장되어 각목돌대문토기가 출토된 장방형 주거지를 모두 미사리식 주거로 이해하고 있지만, 유물의 공반관계와 주거의 세부적인 구조에서 차이가 있다. 우선 미사리유적의 주거지에서는 무문양의 원저토기와 각목돌대문토기가 공반되거나 각목돌대문토기가 출도되어 신석기시대에서 청동기시대로의 과도기 양상을 보이고 있으며, 주거의 평면 형태는 방형만 확인된다. 또한 위석식 노지의 평면 형태는 원형에 가까우며, 중앙 축선에 위치한 경우도 있지만, 여기에서 벗어난 위치에 설치된 경우도 있다. 또한 기둥 구멍, 저장공 등이 확인되지 않는 특징이 있으며, 특히 2주식의 기둥 배치가 보이지 않은 점에서 청동기시대 초기의 미사리식 주거와는 차이가 있다. 최근 춘천 중도유적에서 조기에 해당되는 주거지 2기가 조사되었는데, 무문양의 원저토기와 각목돌대문토기가 공반되거나(20호), 각목돌대문토기가 출토된 점(124호)에서 신석기시대에서 청동기시대로의 과도기 양상을 보여준다. 또한 주거지는 평면 방형이며, 기둥 구멍과 저장공 등이 확인되지 않은 점도 미사리유적의 주거지와 유사하다. 다만 원형의 수혈식 노 시설이 설치된 점에서 차이가 있을 뿐이다. 따라서 미사리식 주거는 조기에서 초기에 걸쳐 방형에서 장방형으로 변화되고 2주식의 기둥 배치와 함께 노 시설이 장축 중앙 축선상에 배치되는 정형성을 보여주는 형태로 변화되었다고 생각된다. 조기에 해당되는 유적이 발견된 사례가 많지 않고, 유물의 출토 맥락도 분명치 않아 주거의 활동 영역을 이해하는 데

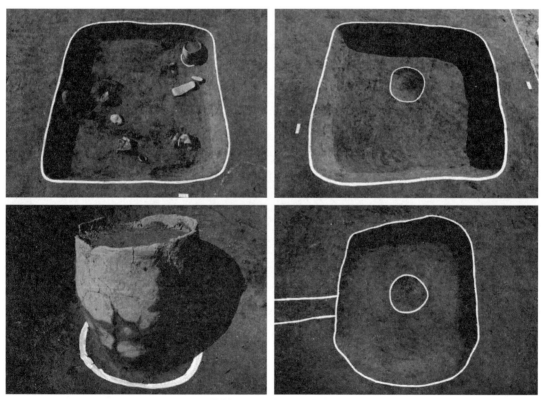

사진 1 _ 춘천 중도유적 조기 단계의 주거지

에는 한계가 많다. 다만 주거 내부에 저장공이 없는 점이 큰 특징이라고 할 수 있다.

청동기시대 초기의 주거 유형은 크게 둔산식 주거와 미사리식 주거로 구분되는데, 지역 분포에서 뚜렷하게 구분될 뿐만 아니라 입지에도 차이가 있다. 또한 출토 토기에서도 차이가 있다. 그렇지만 두 주거 유형은 주거 구조에서 유사점이 많은데, 장방형의 평면 형태, 2열의 기둥 배치, 주거의 중심축선에서 단벽에 편재된 위석식 노 시설 등에서 공통점이 많다. 주거 구조로만 본다면 둔산식 주거에는 다수의 저장공이 확인되지만, 미사리식 주거에는 저장공이 없다는 점에서 차이가 있을 뿐이다. 미사리식 주거의 활동 영역에 대한 연구가 없기 때문에 둔산식 주거의 활동 영역에 대해서 살펴보고자 한다. 둔산식 주거는 위석식 노 시설의 맞은 편 단벽 모서리에 원형의 저장공이 설치된 점이 특징이다 그리고 저장공이 위치한 단벽 중앙에는 출입구가 위치한다(이형원 2007). 따라서 단벽 출입구를 중심으로 양 모서리가 저장 공간으로 활용되었지만, 울산식 주거와 같이 벽체와 기둥 사이의 공간도 저장 공간으로 활용되었을 가능성이 높다(김현식 2006). 출토 유물에 대한 검토가 없었기 때문에 작업 공간의 위치를 파악하는 데에는 한계가 있지만, 전기 주거지의 석기 작업 공간에 대한 몇 가지 사례 검토(이형원 2014)를 참고하면 작업 공간이 특정되지 않지만, 대체로 저장 공간과 중복되지 않으면서 노 시설 부근이 활용되었을 가능성이 크다. 특히 대전 용산동 1호 주거지와 최근에 조사가 이루어진 평택 고덕지구 23지점의 2호 주거지에서는 석기류가 출입구 반대쪽 단벽에 집중된 양상을 보이기 때문에 이 부근에서 석기를 제작하거나 보관하였을 가능성이 높다.

청동기시대 전기의 주거 유형은 역삼동식 주거와 용암리식 주거와 같이 세장방형의 평면 형태가 특징이다. 용암리식 주거의 활동 영역은 주로 내부 시설을 참고하여 추정되었는데(박성희 2012), 노 시설이 위치한 안쪽 공간이 취사 공간으로, 그리고 출입구에 가까운 공간이 작업, 취사, 식사 등의 공용 활동 영역으로 추정되었다. 또한 출입구 좌우의 저장공 뿐만 아니라 내측 기둥과 장벽 사이의 양쪽 공간도 저장 공간으로 추정되었다. 역삼동식 주거는 이른 단계의 장방형에서 세장방형으로 변화하면서 출입구는 단벽에서 장벽 중앙으로 이동하고(이형원 2014) 저장공은 단벽 모서리에만 분포하던 것이 점차 단벽 모서리와 장벽에 분포하는 양상을 보여준다(서길덕 2012). 역삼동식 주거의 활동 영역은 두 가지 상반된 견해가 있다. 이형원(2014)은 세장방형 주거에서 노 시설을 개별 가족에 대응하는 것으로 인식하여 각 노 시설 주변을 개별 가족들의 취침, 작업, 식사 공간으로 이해하였으며, 노 시설이 없고 장벽에 저장공이 설치된 공간을 저장 공간으로 이해하였다. 이와는 달리 박성희(2012)는 각 노 시설이 개별 가족에 대응하기 보다는 기능 차이로 인식하여 장벽 중앙의 출입구를 중심으로 양쪽 공간을 취사 공간, 보조(취사, 조명 제습) 공간, 공용(작업, 식사, 취침) 공간 등으로 구분하였으며, 내측 기둥과 벽 사이의 모든 공간을 저장 공간으로 파악하였다.

청동기시대 중기의 주거 유형은 천전리식, 울산식, 송국리식, 역삼동식 등 다양하지만, 이 가운데 천전리식, 울산식, 송국리식 주거의 활동 영역에 대해서 살펴보고자 한다.

먼저 천전리식 주거(김권중 2005)는 주로 강원 영서 지역에서 관찰되는 청동기시대 중기의 주거 유형이다. (장)방형의 평면 형태이며, 기둥 배치는 중심 주공과 더불어 2×3주식, 2×4주식의 내측 주공이 확인된다. 또한 주거의 한쪽 단축에 작업공 또는 작업공과 점토다짐구역이 함께 발견된다. 노 시설의 수는 주거의 규모에 비례하는데, 대체로 중심 기둥의 수와 거의 동일하게 규칙적으로 배치된다. 출토 유물의 위치와 내부 시설물을 통해 크게 작업 공간과 소비·저장 공간으로 구분되는데, 소비·저장 공간에는 노

시설이 설치된 것과는 달리 작업 공간에는 노 시설이 없다. 저장 공간은 작업 공간의 맞은 편 단벽에 설치된 저장공으로 알 수 있는데, 전기 단계에 비해 점차 저장공이 감소하는 경향을 보여준다. 장축선상에 위치한 노 시설에서 주로 취사가 이루어지고, 저장 공간과 취사 공간 사이에 취침을 위한 공간을 확보하였을 것으로 추정된다.

울산식 주거는 청동기시대 중기에 해당되는 검단리유형의 특징적인 주거 형태로 기둥 구멍이 주거 바닥 모서리에 4주식으로 배치되는 기본형에서 주거 규모에 따라 장축 방향으로 6주식, 8주식으로 확장되는 점, 그리고 노지는 단축 중앙에서 장축으로 치우친 지점에 위치하고 있는 점이 특징이다(김현식 2003). 이러한 구조적 특징으로 인해 내부 공간은 크게 기둥 안쪽의 공간과 바깥쪽의 공간으로 구분되며, 안쪽 공간은 노지를 중심으로 한 공간과 나머지 공간으로 세분된다. 김현식(2006)의 연구에 따르면, 노지를 중심으로 한 공간에서 토기의 출토 빈도가 높고 지석, 연석, 대석과 같이 석기 제작과 관련된 도구들의 출토 빈도가 높아 취사와 작업 공간으로 이해하였으며, 노지가 설치되지 않은 나머지 안쪽 공간은 유물의 출토 빈도가 매우 낮기 때문에 취침을 위한 공간으로 추정하였다. 또한 바깥쪽 공간에서는 유물의 출토 빈도가 가장 높으면서 특히 공구, 수확구, 수렵구 등의 출토 빈도가 높기 때문에 도구의 수납과 사냥, 채집물의 저장 공간으로 파악하였다.

송국리식 주거는 주거 중앙에 타원형의 수혈과 기둥 구멍이 있는 것이 특징이지만, 주거의 평면 형태에 따라, 또는 중앙의 타원형 수혈과 기둥의 배치 방식에 따라 다양한 명칭이 사용된다. 타원형 수혈이 위치한 중앙부에서는 대형 지석과, 석기 제작에 활용된 석재, 미완성 석기들이 집중적으로 출토되기 때문에 작업 공간으로 인식된다. 또한 벽가에 저장공이 발견된 사례가 있어 이를 저장 공간으로, 그리고 작업 공간과 저장 공간 사이를 취침 공간으로 파악된다(김현식 2006; 이수홍 2013). 한편 송국리식 주거에서는 노지가 출토된 사례가 거의 없기 때문에 야외 취사했다는 견해가 제기되었으나, 노의 구조는 알 수 없지만, 주거 내부에 노 시설이 있었다는 견해가 우세하다. 송국리식 주거의 내부 노 시설과 관련하여 크게 두 가지 견해가 있다. 하나는 주거 바닥보다 높게 설치된 마루 평상에 노 시설이 설치되었다는 견해(이홍종 2003)와 다른 하나는 타원형 수혈 내부에 흙과 재를 채운 상태에서 취사를 하였다는 견해(우재병 2006)이다. 그렇지만 두 견해 모두 충분히 설득력을 갖고 있지 못한 실정이다. 구체적인 노의 구조는 알 수 없으나, 일부 발굴 사례로 보았을 때, 타원형 수혈이 위치한 중앙부가 취사 공간일 가능성이 높다.

앞에서 청동기시대 중기의 대표적인 주거 유형을 중심으로 주거 활동 영역에 대해서 살펴보았지만, 청동기시대 중기의 주거 활동 영역은 주거 유형에 따라 매우 다양한 양상을 보여준다. 가령 작업 공간의 위치를 비교하면, 송국리식 주거에서는 중앙에, 천전리식 주거에서는 한 쪽 단벽에, 그리고 울산식 주거에서는 한 쪽 단벽에 위치하지만, 천전리식 주거와는 달리 취사 공간과 공유하고 있다. 따라서 주거 유형의 차이는 구조를 반영할 뿐만 아니라 활동 영역의 차이도 반영한다고 할 수 있다. 또한 한편으로는 공통적인 특징도 있는데, 청동기시대 전기에 비해 주거 내부에서 석기 제작을 위한 공간이 뚜렷하게 구분된다는 점이다. 이러한 변화는 생계경제의 발달에 따라 식량 생산에 소요되는 도구의 제작 비중이 높아졌음을 의미한다.

청동기시대 후기의 주거 유형은 일괄적으로 정리하기 어렵다. 남한 각 지역에서 송국리식, 울산식, 천전리식 등 중기 주거유형에서 변화된 형태가 유지되기도 하지만, 한편으로 기본적인 구조에서 벗어난 형태들이 출현하기 때문이다(이수홍 2007). 그렇지만 이 단계의 주거는 소형의 (장)방형 또는 말각(장)방형 주거 내부에 1기의 노 시설이 설치된 형태가 일반적이며, 이외에 평면이 원형이거나 노 시설이 2기 이상 설치된 주거, 주거 규모가 80m²에 이르는 대형 주거도 있다(송만영 2011). 청동기시대 후기 주거 유형의 하나로 알려진 수석리식 주거는 노 시설이 벽에 설치된 壁附爐址가 특징인데, 그 계보는 요령 지역과 연결된다. 쇼다신야(庄田慎矢)의 연구(2013)에 따르면 안성 반제리유적에서 벽부노지가 있는 주거가 바닥에 노지가 있는 주거보다 늦은 것으로 밝혀졌다. 따라서 이 시기에 취사, 난방 시설인 노 시설의 위치가 벽가로 이동하면서 활동 영역에 변화가 있었다고 추측되지만, 이 시기 주거의 활동 영역에 대한 연구가 없어 자세한 양상은 알 수 없다.

Ⅲ. 주거군

1. 주거군

주거군은 단위 취락의 하위 단위 개념으로 일반적으로는 공간적으로 결집된 주거의 집합체를 지칭한다. 선사, 고대 사회에서 혈연적으로 가까운 집단은 일반적으로 지리적 군집의 형태를 보여주기 때문에 취락뿐만 아니라 무덤군의 결집 양상에도 혈연성이 반영된다(김승옥 2001). 따라서 주거군에 거주하고 있는 구성원들을 대체로 동일 친족집단으로 상정하는데, 그 범위와 조직 원리에 대해서는 아직 구체적인 연구가 없다.

주거군은 사회 단위로 세대복합체(권오영 1996) 또는 세대공동체(안재호 1996)로 이해한다. 다만 안재호의 세대공동체 개념은 대가족체가 핵가족체로 주거가 분화하는 과정에 있는 과도기적 성격의 가족 형태를 의미한다. 즉 특정 시점의 주거군을 지칭하는데, 그럼에도 세대공동체라는 개념을 차용하는 데다수 연구자들은 주거군의 사회 단위로 인식한다.

이러한 주거군은 공간적으로 결집될 뿐만 아니라 주거군 차원에서 이루어지는 공동의 행위를 수행한다. 가령 취사, 생산, 저장, 소비, 의례 행위 등인데, 시대에 따라 지역에 따라 또는 집단에 따라 그 양상은 다르게 나타난다. 이에 대한 선구적인 연구(권오영 1996)에서는 신석기시대 이래로 개별 가족의 자립도가 낮기 때문에 주거군 단위의 취사 형태가 청동기시대까지 지속되다가 초기철기시대 이래로 개별 가족의 자립도가 증가하면서 점차 개별적으로 취사 행위가 이루어졌다고 보고 있다. 또한 삼한 단계에는 세대복합체의 유대가 이완되었지만, 잉여생산물의 저장 행위는 여전히 세대복합체를 단위로 이루어졌다고 한다.

청동기시대 취락에서 주거의 근접성, 즉 공간적인 결집 양상만으로 주거군을 파악할 때, 대개 유구 분포도에 표시된 주거들의 군집을 주로 육안에 의해 판정하기 때문에 자의적인 판단이 개입될 가능성이 높다. 이에 대한 대안으로 원삼국시대 취락의 경우 주거지의 장축 방향을 고려한 연구도 있었지만, 대개 시간성만을 반영하는 것으로 밝혀졌다(송만영 2013b). 더욱이 청동기시대 취락에서도 주거지 장축 방향만으로 주거 간의 동시기, 즉 세대공동체의 결정이 어렵다는 견해(안재호 2001)가 있다. 또한 울타리 또는 도랑에 의해 주거군을 구획하였을 개연성도 있지만, 청동기시대의 울타리와 도랑은 대체로 주거 공간과 분묘 공간 또는 주거 공간과 의례 공간을 구획하는 기능으로 사용되었던 것으로 보인다(이상길 2000). 다만 3중의 도랑으로 구획된 청원 대율리취락의 경우에는 대다수 환호 취락으로 인식하고 있지만, 방어의 기능보다는 경계의 의미가 있고(공민규 2005), 그 경계의 목적은 위계가 다른 집단 또는 주거군을 구획하기 위한 것으로 보인다. 그렇지만, 대율리취락은 특수한 사례이고 이처럼 주거군을 울타리와 도랑으로 구분하는 청동기시대 취락은 거의 확인되지 않으며, 원삼국시대부터 보이기 시작한다(송만영 2013b). 결과적으로 청동기시대의 주거군 추출은 주거의 공간 분석을 통해서만 객관적으로 얻을 수 있다.

한편 주거군 규모와 주거군 내의 주거 배치도 시대에 따라 지역에 따라 또는 집단에 따라 다양한 양상을 보여준다. 주거군 규모의 변화는 단위 친족집단 규모의 변화를 반영한다. 또한 주거 배치는 주거군 내의 위계를 반영한다. 규모가 크고 위세품이 많은 주거는 주거군 내에 중심에 위치하거나, 전망이 좋은 자리에 입지할 가능성이 크기 때문이다. 다음 절에서는 시기 별로 주거군의 변화에 대해서 살펴보고자 한다.

2. 주거군의 변화

청동기시대 조기의 미사리식 주거로 구성된 취락은 하남 미사리유적과 춘천 중도유적이다. 미사리유적에서는 4기의 주거가 단위 취락을 이루는데, 단일 주거가 독립적인 주거군을 이루는지, 아니면 4기의 주거가 각각 주거군을 구성하는지는 분명치 않다. 다만 주거 규모가 크기 때문에 단일 주거는 독립적인 주거군으로 세대복합체 단위일 가능성이 있다. 그렇지만 중도유적의 경우 규모가 작고 2기의 주거가 100m 이상 떨어진 위치에 분포하기 때문에 개별 주거가 독립적으로 분포하여 단위 취락을 이루었던 것으로 보인다.

청동기시대 초기의 주거군은 2~3동의 주거가 결집된 것으로 알려져 있다. 주거군 내의 주거 배치는 일렬 배치, 병렬 배치, 직교 배치, 삼각 배치 등 다양하지만(이형원 2008), 구릉에 형성된 취락들은 주로 능선을 따라 주거들이 배치되기 때문에 일렬 배치가 많고, 충적지에 형성된 취락들은 병렬 배치가 많다. 각 주거의 규모 차이가 크지 않고 배치상의 우열이 뚜렷하지 않기 때문에 주거군 내에서의 위계 차이는 크지 않은 것으로 보인다. 또한 주거군 간의 간격이 넓어서 취락의 범위가 특정되지 않는다.

청동기시대 전기의 주거군은 세장방형 주거를 중심으로 몇 기의 보다 작은 주거가 결집된다. 세장방형 주거에는 주거의 중앙 장축선을 따라 다수의 노 시설이 설치되어 노 시설의 수에 상응하는 개별가족들이 거주하였다는 견해가 있었다. 이 견해에 주목한다면 주거 증축에 따른 노 시설의 변동을 감안하더라도 매우 세장한 주거들은 그 자체가 주거군일 가능성이 높다. 그렇지만 최근 세장방형 주거의 노 시설 설치 공간들을 서로 다른 기능의 공간으로 파악하는 연구(박성희 2012)도 있기 때문에 몇 동의 세장방형 주거가 단위 주거군을 구성하였을 개연성도 있다. 이 시기 주거군의 구성과 배치에 대한 대구 지역 사례 연구(하진호 2013)에 따르면, 개별 주거 2기 또는 3기가 결집되어 한 단위의 주거군을 형성하는데, 대형 주거로 결집되거나 대형과 중형 주거로 결집된 경우에는 2기이지만, 대형과 중·소형 주거로 결집된 경우에는 3

기가 주거군을 이룬다고 한다. 그리고 이러한 주거군 4~5개가 모여 단위 취락을 구성한다고 하였다. 주거군 내 주거 배치는 구릉의 경우 구릉 평탄면을 중심으로 경사면을 따라 반원상으로 배치되며, 충적지의 경우에는 병렬 배치를 이룬다. 또한 주거군 내에서 대형 주거는 구릉의 정상부에 위치하고 그 주변으로 보다 작은 규모의 주거가 배치되며, 구릉 사면에 위치한 취락에서는 조망이 좋은 상부에 대형 주거가 위치한 점에서 위계를 반영한다.

전기에서 중기로의 주거군 변화는 안재호(1996)의 선구적인 연구가 주목되는데, 관산리와 같은 전기의 세장방형 주거에서 점차로 소규모의 방형 주거로 분화되는 과정에 대가족체에서 세대공동체를 거쳐 핵가족체로의 가족제도의 변화가 반영된 것으로 보았다. 중형 또는 소형의 주거로 분화된 주거군의 규모는 역시 대구 지역 사례이긴 하지만, 중기 전반에는 6~7기, 중기 후반에는 5~6기의 주거가 결집된 형태로 보았다(하진호 2013). 김천 송죽리유적의 송국리식 주거로 구성된 주거군은 대형 주거가 포함된 주거군을 제외하면, 대부분 4~8기의 주거로 결집된다(이형원 2012). 천상리유적의 주거군은 울산식 주거 3~5기의 주거로 결집된다(하진호 · 김명희 2001). 이와 같이 취락에 따라 주거군 규모에 차이가 있는 것은 시기를 반영한 것이기 때문이다. 즉 중기 이른 단계의 주거군은 전기 대가족체의 주거군이 공간적

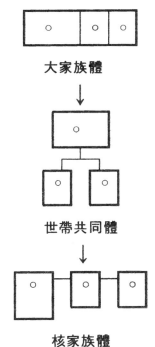

大家族體

世帶共同體

核家族體

그림 1 _ 주거의 분화 과정
(안재호 1996)

으로 분리된 것이기에 규모에 큰 변화는 없지만, 점차 주거 규모가 작아지고 주거군 내의 주거 숫자도 줄어들게 된다. 주거군 내 주거 배치는 군집화된 형태를 보이는데, 각 주거군에서 위계가 높은 주거는 광장과 인접해 있거나(하진호 · 김명희 2001), 주거군의 중심에 위치한다.

청동기시대 후기의 주거군은 대부분 소형의 주거로 구성된다. 고성 송현리유적 D지구 취락에서는 2~5기의 소형 주거로 결집된 주거군 3개가 단위 취락을 이루며, 고성 초도리유적에서는 능선을 따라 3~5기의 소형 주거로 결집된 주거군 3개가 단위 취락을 이룬다. 충적지에 입지한 취락의 경우에도 춘천 현암리, 거두리유적과 같이 2~3기의 소형 주거가 주거군을 이룬다(송만영 2011). 이와 같이 주거군의 규모가 중기에 비해 작아진 양상을 보이는데, 이는 청동기시대 중기 이래로 주거군의 축소 양상과 연장선상에 있다.

IV. 취락 내부의 행위 공간

1. 행위 공간

청동기시대 취락은 주거 이외에 다양한 유구로 구성된다. ① 식량 생산과 관련된 농경유구(논, 밭)와

함정, ② 식량의 저장과 관련된 저장 수혈, 고상 창고, ③ 수공업 생산을 위한 공방지와 토기 가마, ④ 환호와 목책과 같이 취락의 방어를 위한 시설, ⑤ 구획의 의미를 가지고 있는 구상유구, ⑥ 죽은 자를 위한 매장 유구, ⑦ 취락 전체의 의례 행위가 이루어지는 신전 등이 있다. 이러한 유구들은 집단의 특정 행위를 반영하는데, 행위 공간은 집단의 특정 행위가 이루어지는 공간을 의미한다.

　이러한 다양한 행위 공간들은 중복되거나 분리되는데, 그 양상을 파악하기 위해서는 두 가지 측면에서 기준 내지 개념 설정이 필요하다. 첫째는 무형의 공백에 대한 이해로 학계에서는 광장과 공지 등 두 가지 개념이 사용된다. 먼저 광장은 흔히 공지와 혼동되는 공간이다. 최종규(1990)의 정의에 따르면, 광장은 공동체의 이익을 위한 공용지로 공동의 노동과 생산물 분배, 의식 등이 거행되는 공간이다. 여기에서 공동체는 일본학계의 연구 사례를 참고하여 취락의 최소 단위로서의 세대공동체로 이해하고 있다. 따라서 광장으로 결집된 주거지군을 취락의 최소 단위 내지는 기본 단위로 이해한다. 이러한 측면에서 주거군을 판별하는 새로운 기준을 제시하고 있지만, 광장이 반드시 세대공동체 단위로 운영되었는지는 검토가 필요하다. 가령 울산 천상리취락의 주거 분포도를 보면, 동심원상으로 배치된 네 개의 주거군 중앙을 광장으로 보는 견해(하진호·김명희 2001)가 있기 때문이다. 즉 광장이 주거군 단위 또는 취락 단위로 운영되거나 둘 다의 광장도 단위 취락 내에 존재하였을 것이다. 이와는 달리 공지는 유구가 배치되지 않는 점에서 광장과 유사하나, 분리 또는 구획의 의미를 가지고 있는 공간이다. 주거군들 사이의 빈 공간이며, 울타리와 도랑으로 구획하지 않았지만, 공백의 공간만으로 집단 간의 정체성을 드러낸다. 천상리 취락에서 네 개의 주거군 사이에 존재하는 네 개의 빈 공간이 공지라 할 수 있다. 또한 주거 공간과 무덤 공간과 같이 서로 성격이 다른 행위 공간 사이에 일정한 공백을 두는 부분도 공지에 해당된다. 이와 같이 무형의 공간이지만, 광장은 결집을, 공지는 분리를 의미하는 서로 다른 개념의 공간이다. 이러한 측면에서 심히 우려되는 것은 최근의 발굴조사 행태이다. 시굴조사에서 유구가 확인된 부분만 조사 범위를 좁혀 발굴조사하게 되는데, 이는 결과적으로 취락을 조사한 것이 아니라 유구만을 조사한 것이기 때문이다. 공지를 확인해야만 나머지 유구들의 결집이 비로소 의미를 갖게 된다.

　둘째로 공간을 구획하는 도랑 유구의 성격에 따라 학계에서는 환호, 환구라는 용어를 사용한다. 즉 환호는 취락의 전체 또는 일부 주거 공간을 포괄하는 구획 또는 방어 개념으로, 그리고 환구는 주거 공간이 아닌 의례 공간을 포괄하는 구획의 개념으로 사용되고 있다(이형원 2012). 이외에도 '구획구'라는 용어가 사용되는데(이형원 2012), 대체로 구획 기능을 염두에 두고 붙여진 보통명사인 듯하다. 그런데 취락에서 발견되는 인위적인 도랑 유구 가운데 배수 기능을 제외한 대부분의 도랑 유구들이 구획의 의미를 가지고 있기 때문에 결과적으로 구획구는 환호와 환구를 모두 포함하는 보통명사로 사용될 가능성이 높다. 따라서 좀 더 제한된 의미로 구획구를 개념화할 필요가 있는데, 기존의 용례와 같이 취락 내 공간의 구획 또는 주거군의 구획이라는 의미로 국한하여 사용하고자 한다. 가령 부여 송국리유적 53·54지구에서 대형 지상 건물을 둘러싼 도랑과 같이 특정 공간을 둘러싸거나 주거 공간과 매장 공간 등 서로 다른 행위 공간을 구획하는 도랑을 구획구로 파악하고자 한다.

　청동기시대 취락에서 모든 행위 공간들이 모두 확인되는 것은 아니며, 취락의 위계 또는 기능과 시기에 따라 차이가 있다. 즉 상위 취락의 경우 저장 공간, 매장 공간, 수공업 생산 공간, 의례 공간이 확인되며, 중위 취락에서는 저장 공간, 대규모 매장 공간이 관찰된다. 이외에 주거 공간만 확인되거나, 여기에 덧

붙여 저장 공간, 소규모의 매장 공간이 관찰되는 취락을 일반 취락(이형원 2009) 또는 하위 취락(김권중 2009)으로 보고 있다. 또한 청동기시대 조기에는 주로 주거 공간만 확인되지만 사회 복합도가 점차 증가하면서 다양한 공간들이 취락 내에 배치된다.

취락 내의 기능을 달리하는 여러 공간들이 공간적으로 뚜렷하게 구분되는 경우가 많다. 대구 동천동, 진주 대평리유적에서는 주거 공간-매장 공간-농경 공간 등으로 공간 배치의 정형성이 관찰된다(이상길 2000). 또한 주거 공간의 배후산지가 수렵 공간으로, 그리고 경작 공간에 인접한 하천이 어로 공간으로 활용되었을 가능성이 높다(유병일 2000). 그렇지만 구체적인 공간의 배치 방식은 입지, 시기, 지역, 집단에 따라 차이가 있으며 이에 대한 연구는 아직 충분하지 않다. 이러한 공간 배치는 대개 단위 취락의 종적 경관을 보여주는 것이지만, 공동의 매장 공간, 제의 공간과 같이 중심 취락과 주변 취락과의 관계를 보여주는 횡적 경관이 반영되기도 한다.

기능을 달리하는 여러 공간들이 때로는 혼재되는 취락 사례도 많다. 이는 모든 유구들이 취락 단위에서 관

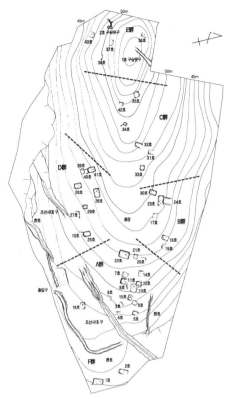

그림 2 _ 천상리취락의 광장과 공지

리, 운영되지 않았음을 의미한다. 이러한 유구들은 특정 주거와 관련되거나, 아니면 주거군 단위에서 관리, 운영되었다. 그렇지만 대규모 노동력이 투여되는 방어 시설과 취락 구성원 모두가 참여하는 제의 공간은 취락 단위에서 관리, 운영하였을 가능성이 높다. 이와 같이 청동기시대 취락 내의 행위 공간들은 특정 주거, 주거군, 취락 전체 수준에서 운영, 관리되었지만, 그 구체적인 관리, 운영 주체에 대한 연구는 많지 않다. 다음 절에서는 시기 별로 취락 내 행위 공간의 변화에 대해서 살펴보고자 한다.

2. 행위 공간의 변화

청동기시대 조기에는 주거 공간을 제외하면 뚜렷하게 행위 공간이 관찰되지 않는 것이 특징이다. 다만 미사리유적에서 주거지로 보고된 017호 유구는 소형 수혈로 이해되기 때문에 용도를 알 수 없지만, 주거 또는 주거군 단위로 관리된 유구가 있었던 것으로 생각된다.

청동기시대 초기에도 이러한 양상은 지속되는데, 소형 수혈 1~2기가 주거 공간 내에 위치하거나(가평 연하리, 홍천 철정리 Ⅱ, 연기 대평리 C지점) 독립적인 위치에 분포하는데(청원 대율리), 유구 성격은 분명치 않다. 취락의 행위 공간과 관련하여 새로운 양상도 보이는데, 구획 시설인 도랑이 대율리유적에서, 방어 시설인 목책(?)이 연기 대평리 C지구 유적에서 조사되었다. 그렇지만 이러한 시설물들은 매우 이례

적이어서 동북계 이주민의 소산물로 이해된다(안재호 2009).

　행위 공간에 있어 변화는 전기 무렵부터 보이기 시작한다. 우선 취락이 장기 지속하면서 그 규모가 확대되고 이에 따라 매장 유구, 소성 유구 등이 출현하게 된다. 토기 생산과 관련된 소성 유구는 이전부터 존재하였을 가능성이 높지만,[4] 대체로 전기 무렵부터 출현하기 시작한다. 강화 신봉리유적 3지점의 소성 유구 2기 가운데 1기는 주거 공간 내에 분포하지만, 나머지 1기는 주거 공간에서 약간 벗어나 있다. 천안 백석동 94-A지구 취락에 분포한 1기의 소성 유구도 주거 공간 내에 위치하고 있어 주거 공간과 뚜렷하게 구분된, 독립된 생산 공간이 있지 않았던 것으로 보인다.

　충적지에 위치한 취락에서 매장유구는 대체로 주거 공간 내부에 위치하거나 주거 공간에서 분리되어 매장 공간이 조성되기도 한다. 또한 춘천 우두동, 정선 아우라지, 홍천 외삼포리유적의 석곽묘와 같이 단독으로 조영된 사례도 있지만, 춘천 천전리, 홍천 철정리유적과 같이 주구묘가 출현하면서 점차 군집화하는 양상을 보여준다. 특히 천전리 취락에서는 주거 공간과 매장 공간 사이에 이중의 도랑(구획구)을 시설하여 분리한 점이 주목된다.[5] 구릉에 위치한 취락에서도 매장유구가 단독으로 조영된 경우와 군집화하는 경우가 있다. 보령 관산리유적에서는 구릉의 정상부에 군집화하여 매장 공간이 조성되고 동서 방향의 능선부와 그 남쪽 사면에는 주거 공간이 위치한다. 대전 신대동유적에서는 주거 공간과 매장 공간이 100여m 가량 떨어져 있어 주거 공간과 매장 공간이 분리되며, 제천 능강리유적에서는 주거 공간 내에 지석묘 1기가 위치한다(이형원 2011). 이와 같이 청동기시대 전기의 매장 유구는 단독으로 주거 공간 내에 조영된 경우도 있지만, 점차로 군집화하면서 주거 공간과 구분된, 독립된 매장 공간 내에 위치하였던 것으로 보인다. 그리고 관산리유적에서 가장 규모가 크고 3중의 뚜껑돌이 놓인 석관묘는 다른 4기의 소형석관묘와 구분되는 위치에 단독으로 분포하고 있어 군집화된 매장 공간에서 피장자 간의 위계 차이가 뚜렷하다.

　이 시기에도 초기에 이어 취락 내에 수혈 유구들이 존재하지만, 여전히 그 성격을 알 수 없으며, 주거 공간과 분리되어 군집화하는 양상도 보이지 않는다. 다만 전기 늦은 시기에서 중기에 걸쳐 조성된 취락에서 수혈 유구들이 주거 공간에서 분리된 지역에 군집화하는 경향을 보이기는 하지만, 그 구체적인 조성 시점은 분명치 않다.

　청동기시대 중기에는 대형 취락의 출현으로 규모와 위계를 달리하는 3등급의 취락들이 결집되어 지역정치체를 형성하며, 지역정치체 사이에 취락 간 네트워크가 형성된다. 또한 대형 취락의 경우 대부분의 행위 공간들이 관찰되며, 특히 환호, 목책 등의 방어 시설, 대형 지상 건물, 수공업 생산 공방이 출현한다.

　이 시기 대형 취락의 행위 공간을 알 수 있는 유적들은 부여 송국리, 보령 관창리, 춘천 중도, 진주 대평리 등이 알려져 있다. 구릉에 위치한 부여 송국리유적은 취락의 규모에 비해 일부만 조사되었기 때문에 전체 행위 공간을 파악하기 어렵다. 그렇지만 큰 틀에서 보면, 남북 방향의 주능선 상에 주거 공간이 배치되고 여기에서 분기된 가지 능선에는 토기 생산 공간과 매장 공간, 저장 공간을 배치하는 모습이 관찰된다. 토기 생산 공간은 55·57지구와 50지구에서 각각 확인되는데, 주능선을 기준으로 동남쪽과 서남쪽으로 분기된 능선의 남쪽 사면에 위치한다. 이러한 양상은 관창리유적에서도 보이는데, 주능선에는 주로 주거 공간이 배치되고 분기된 가지 능선에 토기 소성 유구와 저장 수혈, 고상 창고가 집중적으로 배치된다. 또한 매장 유구들은 57지구, 54지구, 51·52지구, 3개 지점에 분산되어 분포하는데, 이 가운데 54지구, 51·52

지구는 가지 능선에 해당된다. 저장 공간 역시 주거 공간과 구분된 54지구의 가지 능선에 위치하는데, 여러 동의 고상 창고로 이루어졌다. 특히 2동의 대형 지상 건물은 구획구를 돌려 내부 출입을 제한하였다. 주거 공간 내에도 부속 유구로 불리는 소형 수혈이 분포하고 있는 점으로 미루어 주거군 단위로 운영, 관리된 저장 시설 외에 취락에서 공동으로 관리하는 저장 공간일 가능성이 높다. 송국리유적의 목책 내부에는 저장 공간이 포함되지만, 토기 생산 공간과 무덤 공간은 목책 외부에 배치했던 것으로 보인다.

충적지에 위치한 춘천 중도유적은 최근에 조사가 본격적으로 진행 중인 유적으로 천전리유형 단계의 환호와 주거지, 지석묘, 경작 유구, 대형 지상 건물, 소형 수혈 등이 확인되었다. 청동기시대 환호는 현재 20여개소가 알려져 있는데, 대체로 영남 지역에 집중되어 있으며, 호서 지역과 영서 지역에 부여 송국리, 서천 도삼리, 춘천 중도 등 일부 환호 유적 사례가 알려져 있다. 중도유적의 환호는 크게 세 가지 측면에서 기존에 평지에서 조사된 환호와 차이가 있는데, 평면이 장방형인 점, 직선적인 도랑을 굴곡해서 돌출부를 만든 점, 그리고 고리 모양의 출입구이다. 이러한 특징은 일본에서 야요이시대 중기 말에서 후기 초에 걸친 환호에서 처음 보이는데, 방어를 목적으로 한 城門과 더불어 角樓, 馬面 등 성벽에 마련된 돌출된 방어 시설과 같이 중국 성곽 구조의 영향으로 출현한 것으로 이해하고 있다(시치다 다다아키[七田忠昭] 2013). 고리 모양의 출입구 시설은 울산 천상리 취락과 원삼국시대에 해당되는 양산 평산리 취락이 있을 뿐, 이 모든 요소를 갖춘 환호는 중도 환호가 유일하다.

환호 외부의 동쪽에는 대형 지상 건물 5동이 분포하고 있으며, 환호의 남쪽에는 밭과 지석묘군이 분포하고 있는 점으로 미루어 조사가 완료되지 않았지만, 여러 행위 공간들이 분리되어 있음을 알 수 있다. 저장 행위와 관련하여 주목되는 점은 주거 공간 내에도 많은 저장 수혈이 있지만, 환호 동쪽의 공간을 특정하여 대형 지상 건물을 배치하였다는 점이다. 이는 송국리유적과 같이 저장 시설이 주거 또는 주거군 단위로 운영되면서 취락 단위의 저장 공간이 별도의 독립 공간에 있었음을 의미한다. 청도 진라리, 대구 동천동유적의 중기 취락에서는 주거 공간과 저장 공간이 분리되어 있지 않은데, 상대적으로 규모가 큰 주거가 굴립주 건물지 주변에 배치된 점에 근거하여 큰 주거에 거주하고 있는 유력 개인이 굴립주 건물을 관리하였다는 견해(이수홍 2014)가 있다. 또한 미사리유적의 전기 후반~중기에 해당되는 취락에서도 주거 공간과 저장 공간이 중복되어 있으며, 저장 시설은 주거군 단위로 운영되었다(송만영 2001). 이외에 천전리 중기 취락에서도 주거 공간과 저장

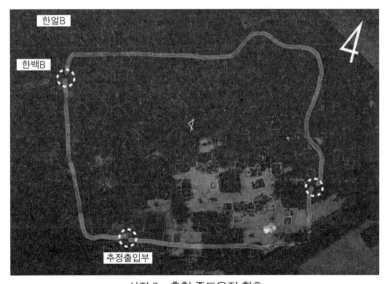

사진 2 _ 춘천 중도유적 환호

공간은 중복된다. 이는 중형 취락의 경우 저장 시설을 주거군 단위로 운영하되, 주거군에서 가장 유력한 개인이 관리 주체이었음을 짐작할 수 있다. 또한 대형 취락에서는 중형 취락과 같이 주거군 단위로 운영되는 저장 공간 외에도 취락 단위로 운영되는 저장 공간이 주거 공간 외곽에 별도로 설치되어 있음을 알 수 있다.

중기 취락의 매장 공간은 일반적으로 주거 공간에서의 분리가 뚜렷해지며 매장 유구들이 군집화한다. 군집화된 매장 공간 내에서 개별 매장 유구들은 소군집을 보여주는데, 이를 주거군 단위로 매장된 무덤으로 파악한다. 가령 김승옥(2001)은 공주 산의리, 논산 마전리, 서천 오석리유적의 매장 공간에서 송국리형 무덤들이 3기 내외로 결집된 양상을 혈연적으로 가까운 세대공동체을 반영한 것으로 이해한다. 또한 이형원(2010)은 김천 송죽리유적의 중기 취락에서 주거 공간과 분묘 공간이 구분되며, 주거군 단위로 무덤군이 운영되었다고 한다.

청동기시대 후기에는 전반적으로 취락의 규모가 작아지면서 고지에 입지하는 경향이 두드러진다. 이러한 변화는 청동기시대 중기 이래로 생계 경제의 변화와 관련되어 있다. 이 무렵 취락들의 경관을 살펴보면, 강릉 방동리유적의 사례와 같이 고지에 위치한 중심 취락을 중심으로 이와 연결된 보다 낮은 구릉의 주변 취락들이 결집된 촌락의 형태를 보인다. 중심 취락에는 고지 정상부에 폭 30m 가량의 둥근 도랑을 둘러 제의 공간을 구획하였다. 그리고 오산 가장동, 수원 율전동, 화성 동학산유적과 같이 규모가 크고 다중의 환호가 설치된 공동 祭場은 여러 촌락들이 공동으로 운영하였던 것으로 판단된다.

취락의 위계와 입지가 다양하기 때문에 행위 공간도 다양할 수밖에 없다. 여기에서는 중심 취락을 중

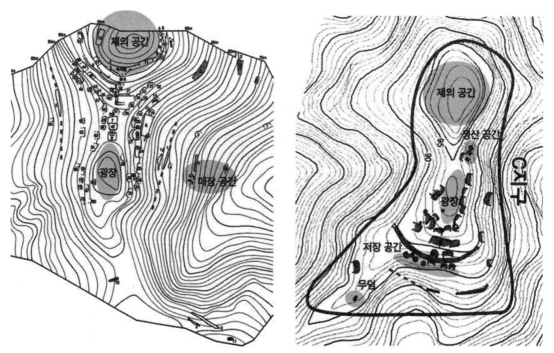

그림 3 _ 안성 반제리와 강릉 방동리 C지구 취락의 행위 공간 비교

심으로 행위 공간에 대해서 살펴보고자 한다. 안성 반제리유적은 산 정상부의 제의 공간을 중심으로 이와 연결된, 비교적 경사도가 낮은 능선에 주거 공간이 배치되고 그 외곽에 소규모의 매장 공간을 마련함으로써 각 행위 공간이 뚜렷하게 구분된다. 매장 공간은 확인되지 않았지만, 이와 유사한 공간 배치가 화성 쌍송리유적에서도 관찰된다. 반제리유적에서 원형의 도랑은 제의 공간과 주거 공간을 구획하며, 주거 공간 외곽에 설치된 이중의 도랑은 주거 공간과 매장 공간을 구획한다. 또한 제의 공간과 연결된 능선상의 미고지에는 주거가 분포하지 않은데, 이 부분이 광장의 역할을 하였을 것으로 판단된다. 한편 반제리유적의 동쪽 능선부가 조사되지 않았지만, 쌍송리유적의 사례를 참고할 때, 여기에도 주거 공간이 배치될 개연성이 있다.

강릉 방동리 C지구 취락은 북쪽의 해발 99.6m의 산 정상부에서 남쪽으로 뻗어 내린 능선상에 형성된 취락으로 이중의 도랑 내부에 주거지가 밀집된 양상을 보인다. 이중의 도랑은 구획구로 판단되는데, 출토 유물상에서 도랑이 바깥쪽으로 이동된 점(庄田愼矢 2013)으로 미루어 주거 공간이 확장되면서 구획 시설의 변화가 있었던 것으로 보인다. 안쪽 도랑 외곽에 저장 수혈이 집중되며, 바깥쪽 도랑 외곽에는 무덤 1기가 위치한다. 반제리 취락과 비교할 때, 유사점이 보이는데, 먼저 산 정상부와 연결된, 비교적 경사도가 낮은 능선에 주거 공간이 배치된 점, 그리고 주거 공간 바깥에 도랑으로 구획하여 성격이 다른 공간들과 구획한 점, 주거 공간 중앙의 미고지에 광장이 있는 점이다. 산 정상부에 성황목이 있어 조사가 이루어지지 않았지만,[6] 현재와 같이 과거에도 제의 공간이었을 가능성이 있다. 따라서 산 정상부를 중심으로 제의 공간이 위치하고 이와 연결된 능선상에 주거 공간이 있으며, 그 외곽에 저장 공간과 매장 공간을 두는, 행위 공간의 정형성이 관찰된다. 즉 취락의 전체적인 규모는 축소되었지만, 이 무렵 취락의 행위 공간의 배치는 중기 취락의 행위 공간의 배치를 계승하고 있다고 할 수 있다.

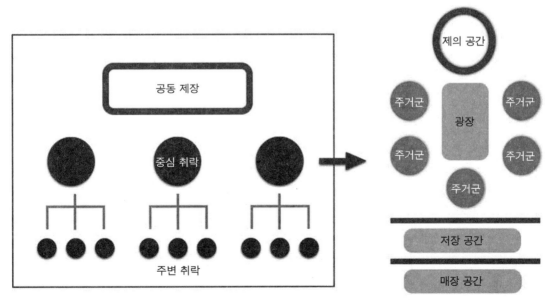

그림 4 _ 청동기시대 후기 취락군 구조 및 중심 취락의 행위 공간 모식도

Ⅴ. 맺음말

지금까지 청동기시대 취락 구조의 변화 과정을 이해하기 위하여 주거의 활동 영역과 주거군, 취락의 행위 공간에 대해서 살펴보았다. 주거의 활동 영역에 대한 기존 연구는 주로 내부 시설물만을 염두에 두고 활동 영역을 추정하였는데, 앞에서 언급한 바와 같이 주거 공간의 평면과 규모, 공간 분할, 시설물의 위치와 내용, 출토 유물의 성격과 위치 등이 종합적으로 검토되어야 한다. 또한 주거 유형은 주거의 상부 건축학적 구조뿐만 아니라 내부의 활동 영역도 반영하기 때문에 그 변화 과정은 두 가지 측면이 모두 고려되어야 하겠다.

주거군 규모의 변화와 관련하여 가장 큰 변화는 청동기시대 전기와 중기 후반 무렵에 관찰된다. 즉 전기에 생계경제의 발전에 따라 주거군 규모가 확대되고 이러한 현상이 중기 전반까지 이어지지만, 후반부터 주거군 규모가 축소된다. 이러한 변화는 취락의 규모와도 연동되는데, 특히 취락의 규모 축소와 해체의 근본적인 원인에 대해서는 생계경제의 불안정성에 무게를 두고 있다(안승모 2006). 따라서 청동기시대 중기 후반 이래로 후기까지 주거군 규모가 축소되는 현상은 인구 과밀을 해소하기 위한 적응 전략이라 생각된다.

취락의 행위 공간은 전기에 매장 공간이 출현한 이래로 여러 공간들이 취락에 조성되게 된다. 구릉과 충적지 등 입지에 따라 차이가 있지만, 행위 공간은 대체로 주거 공간-저장 공간-매장 공간-농경 공간 등의 정형성을 보여준다. 다만 유구의 성격이 분명치 않아 학계에서도 의견을 달리하는 경우도 있다. 가령 대형 지상 건물의 성격에 대한 것인데, 신전으로 보는 견해와 지상 창고로 보는 견해가 있다. 송국리유적과 사천 이금동유적의 대형 지상 건물은 주거 공간과 매장 공간 사이에 분포하는데, 다른 취락들의 사례를 참고하면, 대형 지상 건물은 취락에서 운영하는 지상 창고일 가능성이 높다. 그렇다면 신전이 위치할 공간은 어디일까? 청동기시대 후기의 중심 취락을 참고하면, 주거 공간으로 둘러싸인 내부일 가능성이 높다. 쌍청리유적에서도 환구로 둘러싸인 산 정상부가 신전의 역할을 하였듯이 이러한 관념은 후기까지 지속되었을 것으로 보인다.

---

1) 한편 조기와 초기로 세분하였을 때, 초기의 문화유형을 미사리유형, 주거 유형을 미사리식 주거로 명칭하는 것은 바람직하지 않다. 그렇지만 혼란을 피하기 위해 이 글에서는 기존의 명칭을 한시적으로 사용하고자 한다.

2) 여기에 더하여 주거지 바닥면에 퇴적된 토양 표본을 분석하는 미세형태학 연구도 주거의 활동 영역을 이해하는 데 도움이 된다(Rachel Lee 외 2013).

3) 취침 공간은 고고학적 자료를 통해 유추하기 어려운 활동 영역이기 때문에 구체적인 공간을 특정하기 어렵지만, 출입구에서 가급적 멀리 떨어져 있고 취사 공간, 저장 공간과 중복되지 않은 위치일 가능성이 높다.

4) 청동기시대 초기에 해당되는 대율리유적에서 구획구 외곽에 설치된 소형 수혈을 토기 가마로 파악한 견해(이형원 2008)가 있다.

5) 이 책의 김권중 논문(제2부 취락의 지역상, 제2장 중부지역) 참조.

6) 보고서에 의하면, 조사 범위가 산 정상부를 포함하고 있지만, 사진에는 산 정상부에 대한 조사가 이루어지지 않았다. 박영구선생의 증언에 따르면, 산 정상부에 성황목이 있어 조사를 실시하지 못하였다고 한다. 우연이겠지만, 반제리와 방동리 제의 공간의 해발 고도는 99m이다.

참고문헌

공민규, 2005, 「중부지역 무문토기문화 전기 환호취락의 검토 -청원 대율리 환호취락의 성격-」『중앙고고연구』 1, 중앙문화재연구원.

권오영, 1996, 「三韓의 國에 대한 硏究」, 서울대학교 대학원 박사학위논문.

김권구, 2005, 『청동기시대 영남지역의 농경사회』, 학연문화사.

김권중, 2005, 「북한강유역 청동기시대 주거지 연구」, 단국대학교 대학원 석사학위논문.

김권중, 2009, 「춘천지역의 청동기시대 중심취락과 취락간 관계」『청동기시대 중심취락과 취락 네트워크』, 한국 청동기학회 취락분과 제2회 워크숍 발표요지, 한국청동기학회.

김범철, 2005, 「금강 중 · 하류역 청동기시대 중기 취락분포유형 연구」『한국고고학보』 57, 한국고고학회.

김승옥, 2001, 「금강유역 송국리형 묘제의 연구 -석관묘 · 석개토광묘 · 옹관묘를 중심으로-」『한국고고학보』 45, 한국고고학회.

김종일, 2011, 「韓國先史時代 女性과 女性性」『한국고고학보』 78, 한국고고학회.

김현식, 2003, 「V. 考察-黃土田遺蹟 無文土器時代 聚落에 대하여」『蔚山 新峴洞 黃土田遺蹟』, 蔚山文化財硏究院.

김현식, 2006, 「청동기시대 검단리유형의 형성과정과 출현배경」『한국상고사학보』 54, 한국상고사학회.

박성희, 2012, 「중서부지역 청동기시대 전기 주거의 구조 변화와 의미」『한국청동기학보』 11, 한국청동기학회.

박자연, 2003, 「청동기시대 주거지 내의 유물분포에 대한 연구」, 영남대학교 대학원 석사학위논문.

서길덕, 2012, 「청동기시대 저장공의 변천양상」『겨레문화연구』 창간호, 겨레문화유산연구원.

송만영, 2001, 「남한지방 농경문화형성기 취락의 구조와 변화」『한국 농경문화의 형성』 제25회 한국고고학전국대회 발표요지, 한국고고학회.

송만영, 2011, 「중부지방 점토대토기 단계 취락 구조와 성격」『한국고고학보』 80, 한국고고학회.

송만영, 2013a, 『중부지방 취락고고학 연구』, 서경문화사.

송만영, 2013b, 「중도식 주거 문화권의 주거지와 취락」『숭실사학』 31, 숭실사학회.

송만영, 2013c, 「흔암리식 토기 발생의 재검토」『한국상고사학보』 79, 한국상고사학회.

안승모, 2006, 「동아시아 정주취락과 농경 출현의 상관관계」『한국신석기연구』 11, 한국신석기학회.

안재호, 1996, 「無文土器時代 聚落의 變遷 -住居址를 통한 中期의 設定-」『碩晤尹容鎭敎授停年退任紀念論叢』, 碩晤尹容鎭敎授 停年退任紀念 論叢刊行委員會.

안재호, 2000, 「한국 농경사회의 성립」『한국고고학보』 43, 한국고고학회.

안재호, 2001, 「중기 무문토기시대의 취락 구조의 변이 -영남지방을 중심으로-」『영남고고학』 29, 영남고고학회.

안재호, 2009, 「한국 청동기시대 연구의 성과와 과제」『동북아 청동기문화 조사연구의 성과와 과제』, 학연문화사.

우재병, 2006, 「토광형 노지의 존재와 남겨진 과제」『대전 상서동유적』, 충남대학교박물관.

유병일, 2000, 「울산 다운동유적의 청동기시대 주거지양상」『울산연구』 2, 울산대학교박물관.

이상길, 2000, 「청동기시대 의례에 관한 고고학적 연구」, 대구효성가톨릭대학교 대학원 박사학위논문.

이상길, 2006, 「제사와 권력의 발생」『계층사회와 지배자의 출현』, 한국고고학회 창립 30주년 기념 한국고고학전국대회 발표요지, 한국고고학회.

이수홍, 2007, 「동남부지역 청동기시대 후기의 편년 및 지역성-주거지 변화를 중심으로」『영남고고학』 40, 영남고고학회.

이수홍, 2013, 「청동기시대 주거고고학」『주거의 고고학』 제37회 한국고고학전국대회 발표요지, 한국고고학회.

이수홍, 2014, 「청동기시대 주거생활 변화와 지역성의 사회적 의미」『한국고고학보』 90, 한국고고학회.

이현석, 2008, 「청동기시대 화재주거지 내 출토유물로 본 공간분석」『동아문화』 2·3호 합집.

이형원, 2007, 「호서지역 가락동유형의 취락구조와 성격」『호서고고학』 17, 호서고고학회.

이형원, 2009, 『청동기시대 취락구조와 사회조직』, 서경문화사.

이형원, 2010, 「청동기시대 취락연구의 쟁점」『한반도 청동기시대의 쟁점』, '청동기시대 마을풍경' 특별전 학술심포지움 자료, 국립중앙박물관.

이형원, 2012, 「중부지역 신석기~청동기시대 취락의 공간 구조와 그 의미」『고고학』 11-2, 중부고고학회.

이형원, 2014, 「중부지역 청동기시대 전기 주거의 공간 활용」『숭실사학』 32, 숭실사학회.

예맥문화재연구원, 2014, 「춘천 중도 LEGOLAND KOREA Project C구역 내 유적」 전문가 검토회의 자료(2차).

이홍종, 2003, 「충남지역 송국리형 주거지의 조사성과와 과제」『충청학과 충청문화』 2, 충청남도역사문화연구원.

이홍종, 2005, 「관창리취락의 경관」『송국리문화를 통해 본 농경사회의 문화체계』, 고려대학교 고고환경연구소.

이희준, 2000, 「삼한 소국 형성 과정에 대한 고고학적 접근의 틀」『한국고고학보』 43, 한국고고학회.

최종규, 1990, 「광장에 대한 인식」『역사교육논집』 13·14합집, 역사교육학회.

하진호·김명희, 2001, 「울산 천상리 환호취락에 대하여」『조사연구회』 14, 영남문화재연구원.

하진호, 2013, 「낙동강중류역 청동기시대 취락의 변천 -대구지역을 중심으로」『한일취락연구』, 한일취락연구회, 서경문화사.

홍주희, 2008, 「북한강 중상류역 청동기시대 석기제작 시스템에 대한 소고」『강원고고학보』 11, 강원고고학회.

Rachel Lee·윤호필·박용근, 2013, 「무문토기시대 가구 연구-미세형태학적 분석을 통해서」『주거의 고고학』 제37회 한국고고학전국대회 발표요지, 한국고고학회.

庄田愼矢, 2013, 「중부지역 원형점토대토기기의 취락구조론」『한일취락연구』, 한일취락연구회, 서경문화사.

七田忠昭, 2013, 「彌生時代 據點聚落의 構造變化와 首長의 墳墓 -彌生時代 中期부터 後期終末期의 佐賀·神埼地方의 例-」『한일취락연구』, 한일취락연구회, 서경문화사.

제2부
취락의 지역상

제1장
동해안지역

박영구 강릉원주대학교 박물관

Ⅰ. 지역개관

　남한지역 무문토기문화 전개과정에서 동해안지역은 문화의 전파 및 이동경로상 중요한 위치를 차지하고 있다. 동해안지역 무문토기 요소는 동북·서북 양지역의 문화요소가 공반되는 양상을 보이며, 원산만 일대에서 두 문화요소가 조합되어, 문화요소가 내륙지역(추가령지구대→한강)으로 이동하거나, 동해안을 따라 이동하여 남한지역 청동기시대 문화의 전개양상을 이룬다. 동해안지역 청동기시대 유적은 하천과 바다가 합수되는 지역과 호안의 구릉지대에 위치하고 있어 해안선을 따라서 확산·정착되었음을 알 수 있다.

　최근 영동지역에서 청동기시대 전기 및 중기로 편년 가능한 취락이 조사되었고, 후기에 해당하는 원형점토대토기 단계 취락의 자료가 증가하고 있다. 한편 남부동해안지역에서는 조기에 해당하는 돌대문토기 단계 취락이 조사되면서, 조기부터 검단리 단계에 해당하는 중기에 이르기까지 취락 및 토기양상에 대해 검토할 수 있는 자료가 증가되었다.

　동해안지역 청동기시대 취락에 대한 연구는 영동지역과 남부동해안지역으로 구분되어 연구가 진행되었다. 주거지를 중심으로 주거지의 입지 및 내부구조와 출토유물의 특수성을 부각시키면서 편년을 통해 지역성을 검토하거나 지역별 문화의 변천과정에 대한 연구와 취락구조와 생업을 통해 본 청동기시대 사회상에 대한 연구로 구분된다.

　영동지역 청동기시대 취락은 전기는 서북지방의 이중구연토기 요소와 동북지방 특히 두만강 유역의 공열토기 요소를 보유하고 있고, 중기에도 전기의 주거형태 및 공열토기 전통이 지속되다가, 후기에 해당하는 원형점토대토기 단계에서는 주거지, 수혈유구, 환호, 소성유구, 분묘 등이 조성되는데, 앞선 시기와는 다른 취락구성요소 및 토기문화를 형성한다. 취락의 입지는 대부분 하천이나 호수 주변 구릉에서 확인된다. 전기부터 중기에는 장방형 주거지가 중심이 되고, 후기에 해당하는 원형점토대토기 단계의 취락들은 전기와는 다른 고지성의 입지양상을 보이며, 주거 형태도 말각방(장방)형이 축조된다(朴榮九, 2005 · 2007 · 2010 · 2013).

남부동해안지역 청동기시대 취락에 대한 연구는 대부분 울산지역을 중심으로 이루어졌다. 울산지역은 기존 울산식 주거(강영환 1997; 엄윤정 1999; 趙賢庭 2001; 金賢植 2006 · 2008; 공봉석 2007)와 검단리식토기(배진성 2005; 李秀鴻 2005)를 표지로 하는 검단리문화권에 속한다. 울산지역 청동기시대 편년에 대한 기존의 연구(董眞淑 2003; 黃炫眞 2004; 현창호 2007; 千羨幸 2006; 安在晧 2007; 兪炳琭 2008)와 취락구조(安在晧 2001 · 2006; 李秀鴻 2008)에 대한 연구는 영남지방 청동기문화양상에 대한 검토과정에서 동남해안권의 지역적인 범주 속에서 다루어져 왔으며, 최근 검단리유형에 대한 종합적인 연구가 진행되었다(李秀鴻 2012).

한편 경주지역을 포함한 형산강유역은 그동안 발굴조사의 미진으로 중서부계통의 문화와 남한강을 거쳐서 유입된 한강유역의 복합적인 취락문화를 연구하는 보조자료로 활용되거나 동해안을 따라 포항-경주-울산으로 이어지는 청동기시대 문화의 경유지로 인식해왔다(李秀鴻 2005). 이로 인해 취락유형에 따른 시기적인 변화과정을 파악하기 보다는 현재의 경주시를 지역단위로 설정하고, 주거지내의 유물자료를 바탕으로 하여 생업형태와 경제를 규명하는 연구에 치중하게 되었다(손호성 · 전상욱 2010).

본고에서는 동해안지역 청동기시대 취락자료의 증가로 인해 영동지역과 남부동해안지역을 총괄하여 취락구조에 대한 검토를 통해 동해안지역 청동기시대 취락의 성격 및 특성을 고찰해 보고자 한다.

취락의 공간구조에는 주거공간만 외에 수혈, 경작유구, 굴립주건물, 무덤, 환호, 함정 등이 포함된다. 전기에는 대부분 주거공간만 확인되며, 중기부터는 주거, 수혈유구, 굴립주건물, 무덤, 경작유구, 함정 등 취락구성요소가 다양해진다.

울산지역을 포함한 동천강유역의 취락은 존속기간이 연속적이다. 한 취락에서 단일 시기만 확인되는 예가 많지 않으며, 2기 또는 3기에 걸쳐 취락이 조성되는 경우가 많다(김현식 2010). 이러한 양상은 남부동해안지역 취락의 특성이라고 할 수 있다. 미사리식 주거에 이중구연토기가 출토된 태화강유역과 돌대문토기 취락이 존재하는 형산강유역과는 달리 조기에 해당하는 취락은 아직 확인되지 않았다. 전기에는 현재의 동천강에 가까운 비교적 해발고도가 낮은 구릉 지역에 먼저 취락이 조성되고, 전기후반으로 가면서 동천강에서 멀리 이격되고, 비교적 해발고도가 높은 구릉지역으로 취락이 이동한다. 반면에 하류역은 동천강에 가깝게 입지하지만 전기에 해당하는 취락은 드물고, 대부분 중기의 취락이 조성된다.

동천강 상류에 위치한 문산리 취락은 전기부터 중기에 이르기까지 구릉 능선을 따라 주거지가 배치되는 반면에, 호계동 취락은 구릉 능선을 공지로 남겨 두고, 사면상에 배치된다. 양 취락에서 확인되는 분묘는 문산리 취락에서는 전기에는 석관묘와 석곽묘가 중기에는 석관묘와 지석묘가 확인되지만, 호계동 취락에서는 분묘는 확인되지 않고, 주구형 유구만이 군집을 이루어 확인되는 차이를 보인다.

Ⅱ. 주거구조

1. 주거형태

주거는 사는 집을 지칭하며 주거 유형은 가옥의 평면 형태에서부터 기둥의 배치 방법, 난방 시설 등을 한정하는 의미로 사용한다(宋滿榮 2010).

동해안지역 청동기시대 주거의 형태는 일률적이지 않고 다양하게 공존한다. 영동지역은 전기~중기까지 장방형 주거가 축조되며, 후기에는 말각방(장방)형 주거가 축조된다. 남부동해안지역은 조기에는 대형·방형, 전기에는 장방형이, 전기후반부터는 울산식 주거가 축조되고(金賢植 2006·2008), 중기후반에는 연암동식 주거도 축조되며, 후기의 경주 화천리에서는 부정형의 주거가 축조된다.

동해안지역에서 조사된 청동기시대 주거는 평면형태와 내부구조를 기준으로 아홉 가지로 분류된다.

A형 : 위석식(석상위석식)노를 갖춘 방형 주거로 미사리식 주거이다. 충효동 2·23호, 구영리Ⅴ-28호, 상안동358-47 1호에서 확인된다.

B형 : 대형 장방형 주거이다. 교동 1호, 임호정리 1·3호, 사천리 7호, 천곡동나 1·3, 초곡리 2, 대련리 9호. 인덕동 6호 등 전기 전반~전기중반에 일부 취락에서만 확인된다.

C형 대형 세장방형 주거(관산리식 주거) 복수의 노지, 장단비 1 : 2.5 이상인 세장방형 주거이다. 교동 4·6호, 방내리(강문) 7호, 지흥동 3호, 동산리 6호, 신천동 A-11·13호, 남천 2호, 교동리 192-37 9호, 달천 5호, 망양리Ⅱ-1호, 외광리 14·24호, 천군동 11호, 월산리 B-4, 황성동 나-1·Ⅱ다-1·라-1호, 덕천리 11호, 초곡리 6호, 인덕산 3호, 성곡리 49호에서 확인된다.

D형 : 중·대형 장방형 주거(흔암리식 주거), 무시설식 노가 2개 이면서 단장비가 1 : 2 이하인 형태이다. 사천리·조양동·방내리, 외광리 8호, 천곡동Ⅱ-9호, 가재골Ⅰ-16·Ⅱ-15호, 신천동 A-2·5·15호, 삼정1리 9호, 대련리 3호, 성곡리 42호, 갑산리 8호, 덕천리 20호에서 확인된다.

D′형 : 중·대형 장방형 주거, 위석식 노가 1~2개(석상위석식 1, 위석식 2. 위석식 1 + 무시설식 1)-월포리 D-4호, 대대리 6·8호, 입암동 1·2호에서 확인된다.

E형 : 울산식 주거(주혈 4각으로 배치, 4·6·8주식, 노지는 단축 중앙에서 장축으로 치우친 곳에 위치) 단수의 노지를 갖춘 방형·장방형 주거이다.

F형 : 연암동식 주거-남부동해안지역 중기 후반의 주거 형태이다. 연암동, 연암동 산성 1호, 충적지에 위치한 경주 충효동(신라)에서 확인된다.

G형 : 수석리식 주거, 말각방(장방)형-영동지역 원형점토대토기단계 주거형태이며, 남부동해안지역은 울진 정명리 1호, 경주 화천리 산251-1번지 취락에서 확인된다.

H형 : 원형 주거지로, 동해 지흥동 1호, 경주 모량리 24호 등 2기가 해당한다. 동해 지흥동 1호는 송국리형태이다.

주거의 면적은 소형(1~20m²), 중형(21~40m²), 대형(41~80m²), 초대형(80m² 이상)으로 구분하였다.

영동지역 전기 주거지 77기(장방형 49기, 세장방형 4기, 방형 24기) 중에서 면적이 확인 된 수는 49기

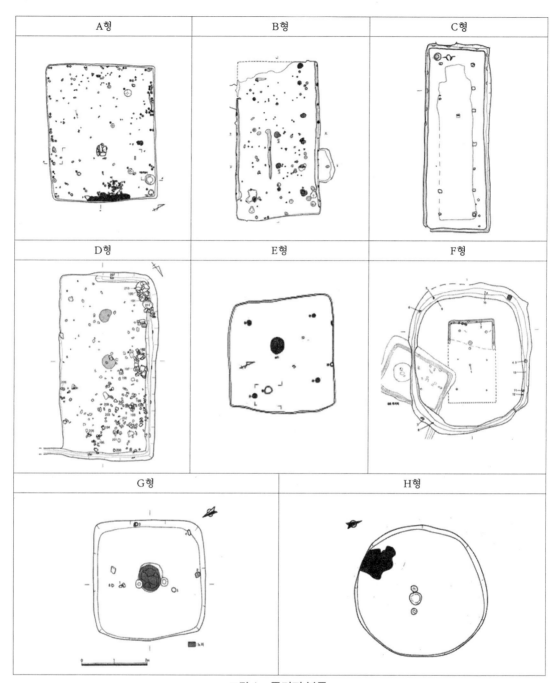

A형	B형	C형
D형	E형	F형
G형	H형	

그림 1 _ 주거지 분류

로, 장방형이 26기, 세장방형 2기, 방형이 21기이다. 주거지의 면적은 중형(21~40m²)이 가장 많은 빈도수를 보인다. 장방형 주거지의 경우 중형(14), 대형(11), 초대형(1), 세장방형은 대형(2), 방형 주거지의 경우 중형(14), 소형(7)의 순으로 빈도수를 보인다.

후기 주거지의 형태는 초기에는 기존 주거지 전통인 장방형 및 울산주거지의 변형 형태가 축조되고, 점차 말각방형, 방형 등의 방형계가 축조된다. 화천리에서는 세장방형, 동해 지흥동과 경주 모량리에서는 원형 주거지. 정명리에서는 타원형 주거지가 축조되었다. 효문동 Ⅲ-2지구 1호 주거지에는 외구가 돌려져 있다. 주거지는 중복없이 능선의 정상부를 따라 열상으로 배치되는데, 일부는 구릉 사면에 단독으로 분포하는 경우도 있다.

장방형 주거지는 길이 7.5~8.6m, 면적은 35~41m²이며, 강릉 방동리 B-1호 주거지는 15.8m, 폭 8m 크기로, 주거지의 용도보다는 공공 회의소 역할을 했던 유구로 여겨진다. 말각방형인 초도리 A-8호 주거지는 길이 8.1m, 면적은 55m²의 대형으로 가장 면적이 크다. 방형 주거지는 길이 2.1~4.5m, 면적은 4~26m²에 해당한다.

남부동해안지역 청동기시대 취락에서 발굴조사된 주거지는 7,000여 기를 상회한다. 이중 후대의 지형 삭평이나 교란으로 인해 약 절반정도 면적이 확인된 상황이다. 주거의 평면형태는 장방형과 방형이 대부분이고, 세장방형이 일부 확인되는데, 평면형태는 장방형계가 계속 이어지면서 방형계로 변하고 면적이 대형에서 중형-소형으로 축소되는 경향을 보인다. 남부동해안지역 중 울산지역의 전기 전반에 해당하는 장방형 주거지는 대부분 30~60m² 사이의 중·대형에 집중 분포된 양상을 보이며, 전기 후반부터 출현하는 중·소형의 일반적인 울산식주거지의 평균면적은 대략 20m² 내외에 포함된다(鄭大鳳 2012). 중기부터는 구조의 정형화 혹은 분화되는 형태의 울산식 주거가 정착된다. 중기 후반에는 충효동(신라)에서 연암동형 주거가 확인된다. 울산지역의 경우 세장방형주거지 및 이중구연토기 등으로 대표되는 청동기시대 전기에는 중복현상이 확인되지 않다가 울산식 주거지가 정형화되는 단계에 중복현상이 증가한다.

2. 주거 내부구조

동해안지역 청동기시대 주거지의 내부시설로는 노, 주혈, 저장공, 벽구, 외부돌출구, 내구, 외구 등이 확인된다.

노는 주거지 내부의 생활공간을 분할하는데 중요한 위치를 차지하며, 위치는 주거지의 장축 중앙선상에서 약간 장벽 쪽으로 치우쳐 단벽인 북벽쪽에 가깝게 형성되어 있다. 내부의 생활공간은 주거지 모서리에 위치하는 저장공을 중심으로 토기와 작업대, 숫돌 등이 출토되고 있어 저장과 소비의 공간이 형성됨을 알 수 있고, 생산도구인 반월형석도, 어망추, 석촉, 방추차 등은 주거지 중앙 부분에 형성되어 있어 전체적으로 저장과 소비의 공간과 생산의 공간으로 분리되는 것을 알 수 있다.

노는 위석식과 수혈식, 점토띠식, 부석식, 후기에는 수혈식과 벽부식이 설치된다.

석상위석식 노는 경주 충효동 2·3·23호, 포항 월포리 D-4호에서 확인되는데, 판석을 방형의 형태로 돌리고, 내부에도 판석과 할석을 깐 형태이다.

위석식 노는 교동 1호와 입암동 1·2호, 대대리 6·8호, 방내리 7·11호, 방내리(강·문) 13호, 병산동 1호, 상안동 358-47번지 1호, 달천 5호, 신천동 A-11·13호, 성곡리 I -3·9·11·48호, Ⅲ-2호, 이인리 1·11·12호, 삼정1리 11·12호에서 확인된다. 대대리 6호와 입암동 1호에서는 위석식 2기, 대대리 8호와 입암동 2호에서는 위석식 + 수혈식 노가 확인되었다.

수혈식은 수혈을 판 형태인 수혈식과 아무런 시설 없이 평면상이 소토화된 형태인 평지식으로 구분하였다. 전체적으로 보면 평지식이 더 많이 설치되며, 주거지별 수혈식 노는 1~3개가 확인된다.

부석식 노는 성곡리 29호와 대련리 15호에서 확인되었다. 바닥에 납작한 천석을 깔고 점성이 강한 점토를 이용하여 천석 사이와 외부를 보강하였다.

점토띠식 노는 방내리 4호와 성곡리 32호에서 확인되며, 생토면 바로 위에 점토띠를 둘러서 만들었다.

벽부 노는 후기 취락인 송현리 B-1 · 7호, 동해 지흥동 1호에서 확인된다. 벽에 연접하여 주거지 바닥보다 약간 높게 설치되어 있다.

주혈은 대부분 주거지에서 확인되지만 주혈 배치는 정연하지 못한편이나, 경주 동산리유적에서 다양한 형태로 확인된다. 세장방 · 대형주거지인 6호는 5×3열, 장방형 · 대형인 10호 주거지는 4×3열, 장방형 · 중형인 19호는 3×3열의 주혈 형태, 방형 · 대형주거지인 14호는 4×4열, 12호는 4×3열의 주혈 형태를 보인다. 장방 · 대형은 8주식, 장방 · 중형과 소형은 6주식, 방형 · 중형은 6주식, 방형 · 소형은 4주식의 형태를 보인다. 한편 달천 5호와 월포리 D-6호에서는 주초석이 확인되었다. 전기후반부터 확인되는 울산식 주거의 배치는 기본적으로 4각으로 배치되는 양상으로, 주거의 크기에 따라 4 · 6 · 8 · 10주식으로 확인된다.

원형점토대토기단계 주거지에서는 대부분 주혈이 확인되고 있으나 주혈배치의 정형성은 보이지 않는다. 대형 주거지인 송현리 D-7호 주거지에서는 2×5열의 형태로 확인된다. 한편 원형과 말각방형의 주거지 중앙에서는 주주혈이 확인된다. 타원형 수혈 안쪽에 주혈이 위치한 형태(송현리 B-10호), 타원형 수혈 바깥쪽에 주혈이 위치한 형태(송현리 D-10호), 원형수혈 바깥쪽에 주혈이 위치한 경우(송현리 C-10호, 24호, 철통리 2호, 지흥동 1호), 중앙부에 수혈이 없고 주혈만 위치한 경우(초도리 5호, 송현리 C-21호)이다. 수혈식 노지 양쪽에 주혈이 위치하는 경우(송현리 C-11호)도 있다.

저장공은 전기~중기주거지에서 대부분 확인된다. 저장공은 대부분 주거지의 모서리나 벽쪽에 치우쳐서 1~3개가 발견되며, 저장공 안이나 옆에서는 완형토기와 갈돌과 갈판, 작업대 작업대가 출토되고, 교동 1호 주거지 경우 저장공 옆에서 탄화미가 출토되고 있어 저장공을 중심으로 주거지의 작업공간 내지 조리시설 공간으로 이용되었던 것으로 볼 수 있다.

후기 주거지에서는 저장공이 나타나는 빈도수가 적은데. 대부분의 주거지에서 확인되지 않는다. 후기 주거지 내에서 저장공이 발견된 수가 적은 이유는 전기유적에서 잘 보이지 않던 후기 주거지와 인접해 위치하고 있는 수혈유구가 창고 등의 용도인 저장시설로 사용되었던 것으로 추정된다.

벽구는 형태에 따라 4가지(ㅁ형 · ㄷ형 · ㄱ(Ⅱ)형 · ㅡ(Ⅰ)형)로 구분된다. 벽구는 전기부터 후기 주거지에서 보이는데 대부분 외부 돌출구가 없는 형태이다. 조양동 7호, 대련리Ⅱ-7호, 인덕산 3호, 남송리 3호, 삼정리 9 · 35호, 오류리 1호, 산하동 산음 16호에서는 이중벽구의 형태로 확인된다.

외부돌출구는 조성방법에 따라 수혈식, 터널식, 석조식으로 구분된다. 수혈식이 가장 많고, ㅁ형 벽구에 외부돌출구가 설치된 경우가 다른 형태보다 많은 빈도수를 보인다.

내구는 주거 내부 공간을 분리하는 역할을 하는 것으로 여겨지며, 호동 Ⅱ지구 4기(1 · 3 · 38 · 40호), 어일리 C-38호 주거지에서 확인된다. 공간비가 1 : 1(호동Ⅱ-40)이거나 2 : 1(호동Ⅱ-1 · 3 · 38호)이다.

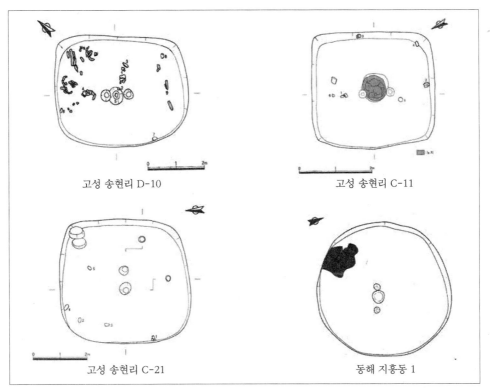

고성 송현리 D-10

고성 송현리 C-11

고성 송현리 C-21

동해 지흥동 1

그림 2 _ 중심주공(송국리형 주거)

한편 주거지 밖에 설치된 외구는 영동지역에서는 확인되지 않고, 대부분 포항과 경주의 해안지역인 이인리 5·9호, 대련리 10호, 남송리 I -37호, 인덕동 2호, 어일리 B구역 2기, C구역 6기 등에서 확인된다. 대련리와 인덕동 등의 주거지는 경사면에 입지하며 경사면 위쪽에 반원형 또는 타원형으로 구가 설치되어 있고, 울산 연암동의 경우에는 평지에 입지한 유적인데 주거지 외곽을 감싸는 원형의 구가 확인되었다. 울타리 등 구획의 용도보다는 주거지 내 우수의 침입을 방지하기 위한 실질적인 기능을 한 것으로 여겨진다.

Ⅲ. 취락구조

1. 취락의 입지 및 분포양상

영동지역 청동기시대 취락은 동일한 구릉에 대부분 같은 시기의 취락이 조성되며, 취락의 점유기간은 길지 않다. 반면에 남부동해안지역 청동기시대 취락은 하천주변에 인접한 취락에서는 동일한 구릉과 충적대지 내에서 시간차이를 두고 장기간 점유되는 양상을 보인다. 반면에 해안지역에서는 전기에 해당하는 취락의 수가 적고, 주거는 소규모로 축조되다가, 울산식 주거가 중심이 되는 중기부터 주거가 증가하고, 대규모 취락이 조성된다.

영동지역 청동기시대 전기 유적들은 대부분 해변에 인접한 호반이나 하천변의 해발 20~50m 미만의 저구릉상에 분포하는 양상을 보이고 있다. 점토대토기 단계의 후기 유적은 일부 전기 유적과 비슷한 입지를 보이고 있는 구릉성유적과 비교적 하천에서 내륙으로 들어가 위치한 해발고도 80m 이상의 구릉의 정상부에 입지하는 고지성 유적이다.

대표적인 취락은 고성 사천천 주변의 송현리 · 사천리, 고성 화진포 주변의 초도리, 고성 북천 주변의 대대리, 속초 청초호 주변의 조양동, 양양군 남대천 주변의 포월리, 양양 지경호 주변의 임호정리 · 지리, 강릉 연곡천 주변의 방내리, 강릉 사천천 주변의 방동리, 강릉 경포호 주변의 교동, 강릉 남대천 주변의 입암동 · 병산동, 동해 전천 주변의 지흥동 · 효가동취락이다.

남부동해안지역 해안지역 청동기시대 취락의 입지양상은 대부분 하천 주변 구릉과 해안단구면에 입지하며, 일부 충적대지(해안평야)에서도 확인된다. 입지비고에 따라 하천 주변지역의 구릉성 입지유형과 고지성 입지유형, 충적대지에 위치한 평지성 입지유형으로 구분된다. 주거지 분포양상은 구릉부 능선부와 사면, 충적대지로 구분된다. 조기에 해당하는 취락은 없고, 전기전반에는 하천주변 충적대지에 입지하고, 전기중엽에는 구릉과 충적지, 전기후엽부터는 대부분 구릉에 입지한다. 대표적 유적으로는 포항 월포천 주변의 월포리, 초곡천 주변의 초곡리 · 성곡리 · 대련리, 냉천 주변의 원동 · 호동 · 인덕동 · 인덕산, 해안에 입지한 포항 삼정1리, 경주 봉길리, 어일리, 울산 산하동 · 정자동취락이다.

형산강유역은 조기후반~전기전엽에는 경주 충효동과 금장리유적은 형산강중류역의 서천일대(C구역)의 서안에 위치한 하천 주변 충적지에서 취락이 조성되고, 전기중엽에는 형산강 중류역과 상류역의 복안천, 이조천 일대, 형산강 하류역의 구릉에, 전기후엽에는 형산강유역 전역의 구릉과 충적지에서 모두 확인된다. 중기에는 울산식 주거가 중심이 되는 취락으로 구릉과 충적지에서 조성된다. 형산강유역 보다는 동천강유역과 해안지역에서 대규모 취락이 조성된다. 후기는 현재까지 구릉에 조성된 화천리취락이 유일하다.

울산지역의 조기~전기에는 현재의 태화강과 동천변의 해발고도가 낮은 안정된 구릉 지형에 먼저 유적이 형성되고, 전기후엽에는 같은 구릉 내에서의 공간 확장과, 인접한 다른 구릉으로 이동하는 공간적 확장의 양상을 보인다. 전기 후엽~중기에는 울산지역 전역으로 취락이 확장된다.

2. 취락구조

취락의 공간구조에는 주거공간 외에 수혈, 경작유구, 굴립주건물, 무덤, 환호 등이 포함된다. 조기와 전기에는 대부분 주거공간만 조성되며, 중기부터는 주거, 수혈유구, 굴립주건물, 무덤, 경작유구 등 취락구성요소가 다양해진다. 원형점토대토기 단계인 후기 취락에서는 주거, 수혈, 구상유구, 토기가마, 분묘, 환호 등이 조성된다.

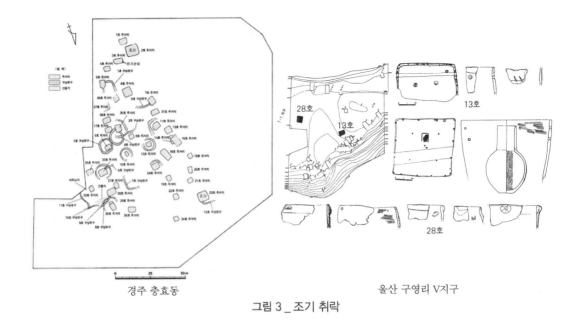

경주 충효동

울산 구영리 V지구

그림 3 _ 조기 취락

1) 조기 취락

　동해안지역의 조기로 편년되는 경주 충효동 2 · 23호는 충적대지에 입지하며, 대형 · 방형 주거에 석상위석식 노가 설치되는 미사리식 주거가 축조된다. 경주 충효동 2호와 23호는 상당히 멀리 떨어진 상태로 각각 위치하며, 전기전엽에 해당하는 장방형인 3호는 2호와 인접하여 일렬로 배치되어 있다. 구릉에 위치한 울산 구영리 V지구 28호도 미사리식 주거로 1동만이 확인된다. 조기의 취락양상은 주거 1~2동으로 구성된 소규모 취락으로 판단된다.

2) 전기 취락

　전기전반에는 주거로만 취락이 구성된다. 구릉의 능선을 따라 대형 장방형 · 세장방형 주거 1~2동이 일렬, 혹은 병렬로 배치된다. 충적지에 위치한 월포리 취락에서는 석상위석식 노와 주초석이 설치된 주거가 일정한 거리를 두고 1기씩 존재한다.

　강릉 교동 취락에서는 장방형 주거지와 방형 주거지 2동 조합으로 구릉의 능선을 따라 일렬로 배치된다. 양양 임호정리 취락은 대형 장방형과 방형이 일정한 간격을 두고 능선을 따라 일렬로 배치된다.

표 1 _ 동해안지역 취락 편년

분기	토기	주거지	영동지역	남부동해안
조기	돌대문 이중구연	미사리식 가락동식	강릉 교동 1	경주 충효동 2. 23 울산 구영리V-28

분기	토기	주거지	영동지역	남부동해안
전기전엽	돌대문 가락동식-이중구연 이중구연단사(거치)문	관산리식 혼암리식	강릉 교동 양양 임호정리 고성 사천리	경주 충효동 3, 경주 금장리 8 포항 월포리 D-4,6 울산 상안동358-47 울산 천곡동나 1, 3, 울산 신천동594-A-13 울산 달천5
전기중엽	혼암리식 (이중구연요소) 유행	혼암리식	속초 조양동 강릉 방내리 고성 대대리 강릉 입암동	경주 갑산리 경주 월산리A군 경주 동산리 포항 삼정1리 26, 29, 31, 36 울산 가재골II-13 울산 창평동810-9
전기후엽	역삼동식	역삼동식 울산식	강릉 병산동 동해 지흥동 동해 효가동	경주 덕천리 · 황성동 · 충효동 경주 용강동 · 월산리B군 포항 호동 · 삼정2리 울산 약수II · 매곡동 · 효문동 경주 문산리III
중기전반	공열문-영동 검단리식-낟알문	역삼동식 울산식	양양 포월리 고성 화포리 강릉 방동리	경주 화천리 · 검단리 포항 대보리 경주 문산 I 나 석계리 울산 정자동 · 연암동 · 효문동
중기후반	무문토기호-영동 검단리식-횡선문	말각방형-영동 울산식, 연암동식	강릉 방동리A	경주 진현동 · 구정동 경주 황성다13 · 황성II다9 포항 구만리 울산 산하동 울산 연암동 상연암5
후기	원형점토대토기	말각방(장방)형	고성 송현리 고성 초도리 강릉 방동리	경주 화천리 산25-1 경주 모량리 주거지 울산 천곡동 나지구 수혈

울산 천곡동 나지구 취락은 구릉의 정상부에 대형 장방형 주거지 2기(1호, 3호)가 분포하는데, 두 주거지 모두 복수의 노지가 설치되어 있다. 두 주거지는 구릉의 좁은 능선에 직교되게 설치되어 병렬식배치를 이룬다. 구릉 전체에 복수의 노지를 갖춘 2기의 주거지만 존재하기 때문에 2개의 주거군으로 취락이 구성되며 주거군내에서는 우열이 드러나지 않는다.

표 2 _ 취락의 공간구성

취락	주거	수혈	굴립주 건물	구상 유구	경작 유구	무덤				시기
						토광묘	석관묘	지석묘	주구묘 (주구형유구)	
충효동	●									조기
교동	●									
임호정리	●									전기 전엽
사천리	●									
월포 D	●									

취락	주거	수혈	굴립주건물	구상유구	경작유구	무덤				시기
						토광묘	석관묘	지석묘	주구묘(주구형유구)	
천곡동나	●									전기 중엽
신천동	●									
조양동	●									
방내리(강문)	●						●			
대대리	●									
초곡리	●									
대련리	●									
삼정1리	●					●				
창평동 810	●									
가재골Ⅲ	●						●			
동산리	●									
월산리	●									
입암동	●									전기 후엽
지흥동	●									
삼정2리	●			●						
호동Ⅰ	●								●	
호동Ⅱ	●								●	
천곡동Ⅱ	●									
가재골Ⅲ	●								●	
약수	●								●	
효문동	●					●				
덕천리	●	●						●		
용강동	●									
포월리	●							●		중기
방동리 A	●	●								
이인리	●	●	●	●	●					
강사리	●	●		●				●		
대보리	●	●		●				●		
어일리	●	●		●					●	
봉길리	●				●		●			
산하동	●		●	●			●		●	
산하동37	●		●	●					●	
산하(울문C)	●		●	●				●	●	
호계동	●	●							●	
매곡동	●	●							●	

취락	주거	수혈	굴립주건물	구상유구	경작유구	토광묘	석관묘	지석묘	주구묘(주구형유구)	시기
						무덤				
동산리	●					●				
황성동	●								●(구획묘)	
충효동(신라)	●			●						
송현리 B	●	●		●			●			후기
송현리 C	●	●								
송현리 D	●	●					●			
초도리	●	●					●			
방동리 C	●			환호			●			
화천리	●	●		●					●	

전기중엽에 해당하는 속초 조양동취락에서는 구릉 능선을 따라 장방형 주거 2~3동이 각각 일렬 또는 병렬 배치되며, 포항 인덕동 취락에서는 대형 장방형 주거지가 능선을 따라 일렬로 배치되며, 경주 월산리취락에서는 대형·세장방형 주거가 능선 사면을 따라 축조된다. 충적지에 조성된 원동2지구 Ⅱ구역 취락은 주거지간 중복관계가 심한 편으로, 2기에는 세장방형 주거 1동과 대형 장방형 주거 1~2기, 대형의 장방형 주거 2기가 각각 일렬, 혹은 병렬 배치되는 양상을 보인다.

전기중엽의 취락양상은 장방형과 세장방형주거지 2~3동이 구릉의 능선을 따라 일렬, 혹은 병렬, ㄱ자형으로 배치된다. 2~3동의 주거지로 이루어진 주거군이 취락을 이루며 주거지간의 우열은 드러나지 않는다. 취락의 구조는 1기와 동일하다.

전기후엽에는 중형의 장방형 주거와 방형 주거가 축조되며, 주거지는 구릉의 능선에서 점차 사면으로 배치된다. 주거의 축조가 증가하며, 취락의 수가 증가하고 취락의 규모가 확대된다. 남부동해안지역에서는 울산식주거지가 축조되기 시작한다.

중기에는 영동지역은 전기와 같은 장방형 주거가 축조되는데, 양양 포월리취락은 구릉 능선에서 각각 이격된 능선 공간에 3~4개의 주거지가 간격을 두고 배치되는 면상취락의 형태를 보인다. 남부동해안지역에서는 울산식 주거가 중심이 되며, 주거지는 구릉능선을 비워두고 사면에 구릉의 등고선을 따라 열상으로 배치되기 시작한다. 구릉 중앙부는 공지로 남겨져 광장이 형성된다.

전기후엽에서 중기전반에 걸쳐 조성된 호동 취락은 호동 1지구의 경우 주거공간과 분묘구역이 분리되어 위치하는 양상을 보이며, 주거지는 구릉 정상부와 능선부 중앙부분을 공지로 두고 사면에 배치된다. 호동 2지구 역시 구릉정상부를 공지로 남겨 두고 능선을 따라 4개군으로 구분되어 주거가 배치된다.

영동지역에서 현재까지 중기에 해당하는 취락은 양양 포월리 취락과 강릉 방동리 A취락이 조사되었다. 중기의 포월리 취락에서는 일정한 거리를 두고 주거공간을 점유하는 면상취락의 양상을 보인다. 남부동해안지역 청동기시대 중기가 되면 경주 어일리, 울산 산하동 등 해안지역에 울산식주거가 중심으로 축조되는 대규모 취락이 형성된다. 경주 어일리취락은 동해안지역에서는 가장 대규모의 취락이 조사되었다. 3개의 구릉에서 청동기시대 전기후반~중기후반에 걸쳐 조성된 373기의 주거와 수혈 28기, 구상유구

강릉 교동

포항 월포리 D (충적지) -4호 주거지

울산 천곡동

■ 전기중엽 주거지

원동2지구
3구역

전기중엽-
세장방형 1기와
대형 장방형
(노지2) 1~2기,
대형 장방형 2기
일렬, 병렬 배치

전기후엽-중형
장방형 주거지
일렬, 병렬 배치

호복

전기중엽
주거지

0   50   100m

포항 성곡리(구릉)

포항 원동Ⅱ지구 3구역(충적지)

그림 4 _ 전기 취락

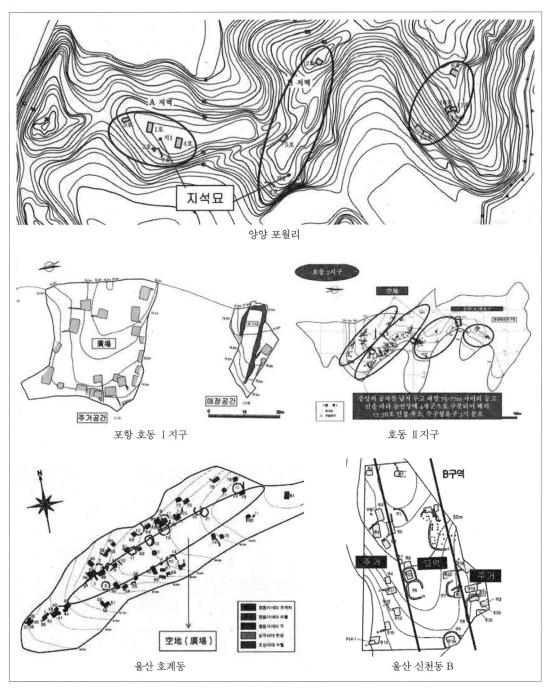

그림 5 _ 중기 취락

가 확인되며, 구릉 정상부에는 의례유구인 주구형 유구가 축조된다.

울산 산하동취락은 각각 구릉(정자동, 산음, 산하지구 울산문화재연구원조사지역 A, B, D~G구릉), 해안단구면(울산문화재연구원 조사지역 C지구, 산하동 I ~Ⅳ, 산하동 37)에서 확인되며, 구릉에서는 주거가, 단구면에서는 주거와 굴립주건물, 구상유구, 석관묘, 주구형유구 등이 조사되어 입지 차이에 따라 조성된 유구의 차이가 확인된다.

경주 황성동 취락은 형산강중류역의 충적지에 위치한 취락이다. 주거는 전기후엽부터 중기후반까지 장기간에 걸쳐 조성되었지만, 각 단계별 주거의 숫자는 적은 편이다. 전기 후엽에는 강 에 인접하여 강과 나란하게 대형의 세장방형 주거와 중형의 장방형 주거가 축조된다. 중기에는 안쪽으로 이동하여 주거가 축조되는데, 중기전반에는 '라'지구에 주거와 수혈이 축조되고, 중기후반에는 중앙지역에 방형의 주거가 축조된다. 중기에는 주거공간과 분묘공간으로 구분된다. 묘역 공간에는 강에 인접하여 구획묘가 축조된다. 구획묘는 14호 석곽묘와 16호 석열유구가 병렬형태로 위치하고 있다. 14호 석곽묘는 매장주체부가 확인된 구획묘이다.

이외에 장방형 4기, 원형 1기가 확인되었다.

후기에 해당하는 원형점토대토기 단계의 취락은 영동지역에서는 하천이나 호수의 낮은 구릉에 입지하는 구릉성 취락과 고지성 취락으로 구분된다. 주거지의 배치는 대부분 지형상의 이유로 능선상에 동심원상 및 열상으로 배치되고 있다.

고성 송현리 취락에서는 점토대토기인들이 이주하여 기존 무문토기 취락과 입지를 달리하여 정착하면

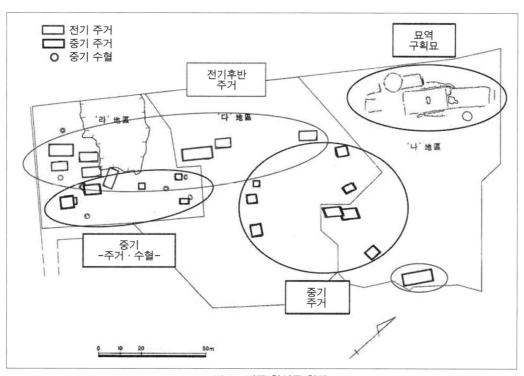

그림 6 _ 경주 황성동 취락

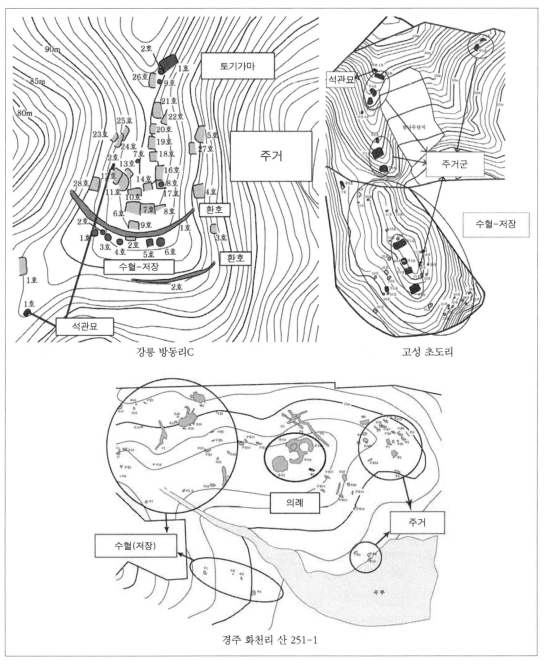

그림 7 _ 후기 취락

서, 점차 점토대토기의 형식상 변천에 따라 유물이 각기 다른 취락에서 확인되는 양상을 통해 취락이 점차 확대되어 갔다. 토착적 성격의 공열토기가 출토된 C-23호 주거지와 24호 송국리형 방형 주거지, 외래적 성격의 점토대토기가 출토된 17호 장방형 주거지와 10호 송국리형 방형 주거지 등이 동일구릉에서 확인되고 있고, 화재주거지가 적은 점으로 미루어, 기존세력들과 교류를 통해 융화되어 간 것으로 파악된다.

강릉 방동리 취락은 구릉 정상부의 비교적 평탄한 지형에 주거공간이 위치하고, 평탄한 지형이 끝나는 남쪽 사면에 이중 환호를 설치하고, 환호와 가장 먼 곳에 생산유구인 소성유구가 위치하며, 분묘인 석관묘는 환호 안과 밖에 각각 1기씩 위치하는 취락구조를 보이고 있다. 고지성 입지, 이중환호(방어용-내부 할석) 등 주변 집단과의 긴장관계가 추론되는 양상들이 확인되고 있으며, 주거지에서는 외반구연토기가 많은 출토되는 양상으로 외래집단이 재지집단의 요소를 많이 수용한 양상을 보여준다. 이러한 점은 방동리 소성유구 1호에서 외반구연토기, 적색마연토기와 점토대토기가 공반 출토되고 있어 교류를 통한 토기기술을 습득한 결과로 볼 수 있다.

남부동해안지역 경주 화천리 산 251-1번지 취락은 구릉부에는 2개의 주거군이 분포하는데, 주거지 2동으로 분포하는 주거군(6·7호), 주거지 3동이 열상으로 분포하는 주거군(1~3호), 남동쪽 사면에 위치한 주거지 3동으로 구성된 주거군 등 3개의 주거군으로 구성되어 있다.

경주 모량리 취락은 전기후반부터 후기까지 조성된 취락으로, 후기 취락은 동쪽에 치우쳐 구릉 사면에 입지한다. 취락형태는 중복된 주거지를 제외하면 주거지 3동이 하나의 주거군을 이루고, 전체 3개의 주거군으로 이루어진 소형취락의 형태로 추정된다.

남부동해안지역에서 경주 화천리·모량리취락, 울산 덕신리 오산취락에서는 전기후엽 부터 후기까지 동일한 구릉에 취락이 조성되는 양상을 보인다. 이러한 상황은 재지세력들과의 긴장관계의 산물이 아니라, 재지세력과의 융화에 따른 교류 및 접촉양상으로 판단된다.

Ⅳ. 취락의 변천

동해안지역 취락의 공간구조에는 조기~전기에는 대부분 주거공간만 조성되며, 주거는 1~4동으로 취락의 규모는 작은 편이다. 전기후반부터 취락 내 주거수가 증가하면서 취락의 규모도 확대된다. 중기부터는 주거, 수혈유구, 굴립주건물, 무덤, 경작유구 등 취락 구성요소가 다양해진다. 후기 취락에서는 주거, 수혈, 구상유구, 토기가마, 분묘, 환호 등이 조성된다.

동해안지역의 조기 취락은 남한지역의 조기 취락과 같이 돌대문토기가 출토되고, 대형·방형 주거에 석상위석식 노가 설치되는 미사리식 주거가 축조된다. 조기의 취락양상은 주거는 1~2동이 확인되어 소규모 취락으로 여겨진다. 현재까지 충효동취락만이 조사된 상황이라 주거의 배치양상 및 취락구조를 검토하기 어렵다. 형산강유역에서는 전기전엽에도 조기와 같은 취락양상을 보인다.

영동지역 청동기시대에 전기 취락은 주거지에 한정되어 있고, 분묘가 일부 확인되고 있으나, 농경 관련 유구들은 확인되지 않고 있어 전체적인 취락구조를 검토하기에는 아직 미비한 점이 많다. 남한지역 전기취락은 병렬구조(점상취락)의 양상을 보이는데 영동지역도 같은 양상을 보인다. 강릉 교동취락은 장방형 주거 1동, 방형 주거 1동이 구릉 능선에 일렬로 배치하고. 속초 조양동 취락에서는 주거지 2~3동이 구릉을 따라 일렬, 병렬, ㄱ자형으로 배치되며, 3개의 주거군 존재하는 양상을 보인다.

영동지역 전기취락에서 구릉 전체를 발굴한 유적은 속초 조양동과 강릉 방내리취락으로 취락 내 주거 수는 7~15동 정도이다. 전체적으로 전기 이른 시기에는 취락의 규모가 작으며, 후반으로 가면서 주거지의 수가 늘면서 취락이 확대되는데, 방내리 단계부터 구릉 내에 주거 점유 면적이 늘어남에 따라 자연히 주거 수가 증가하면서 취락의 규모가 확대되는 양상이 보여진다.

남부동해안지역 청동기시대 취락은 하천주변에 인접한 취락에서는 동일한 구릉과 충적대지 내에서 시간차이를 두고 장기간 점유되는 양상을 보인다. 반면에 해안지역에서는 전기에 해당하는 취락의 수가 적고, 주거는 소규모로 축조되다가, 울산식 주거가 중심이 되는 중기부터 주거가 증가하고, 대규모 취락이 조성된다.

남부동해안지역 해안지역 청동기시대 취락의 시기별 분포양상은 조기에 해당하는 취락은 현재까지 확인되지 않는다. 전기전엽의 1기에 해당하는 장방형 주거에 석상위석식노(D-4호)와 주초석(D-6호)이 설치된 주거는 하천 주변 충적대지에 입지한 포항 월포리유적에서만 확인되었다. 복합문의 흔암리식 토기와 장방형 주거가 확인되는 2~3기 취락은 대부분 포항지역의 하천주변 구릉(초곡리, 성곡리, 대련리, 인덕리)과 일부 충적대지(원동2지구 Ⅱ구역)에서 확인되며, 해안지역에서 유일하게 삼정1리 취락이 확인되었다. 4기에는 공열 및 검단리식 토기가 출토되는 울산식 주거가 확인되며, 포항, 경주, 울산의 해안지역에 취락이 증가하며, 대규모로 확인된다(포항 구룡포 일대 취락, 울산 산하지구 취락, 정자동, 경주 어일리취락). 5기는 횡선문토기와 울산식 주거가 중심으로 대부분 울산 해안지역을 중심으로 확인되며, 포항지역에서는 소규모로 확인된다.

형산강유역 취락의 시기별 분포양상 돌대문토기가 출토되는 전기전엽에는 하천 주변 충적지에서만 확인되며, 주거의 숫자는 적은 편이다. 전기중엽에는 형산강 중류역과 상류역의 복안천, 이조천 일대, 하류역 등 전역에 걸쳐 취락이 조성된다. 취락 내에 조성된 주거의 숫자는 10기 미만으로 소규모 취락에 해당한다. 전기후엽에는 형산강유역 전역의 구릉과 충적지에서 모두 확인된다. 주거 수가 증가하고, 취락의 규모가 확대되는 단계이다. 중기에는 울산식 주거가 중심이 되는 취락으로 구릉과 충적지에서 조성된다. 해안지역에서 대규모 취락이 조성된다.

울산지역은 미사리식 주거에 이중구연토기가 출토된 태화강유역과 돌대문토기 취락이 존재하는 형산강유역과는 동천강유역에는 조기에 해당하는 취락은 아직 확인되지 않았다. 울산지역의 조기~전기에는 현재의 태화강과 동천변의 해발고도가 낮은 안정된 지형에 먼저 유적이 형성되고(구영리, 천곡동, 신천동), 전기후엽에는 하천에서 점차 이격되고, 같은 구릉 내에서의 공간 확장과, 인접한 다른 구릉으로 이동하는 공간적 확장의 양상을 보인다. 동천강 하류역과 태화강 상류에는 전기 취락은 드물고, 대부분 중기의 취락이 조성된다.

영동지역에서 현재까지 중기에 해당하는 취락은 포월리 취락과 방동리 A취락이 조사되었다. 중기의 포월리 취락에서는 일정한 거리를 두고 주거공간을 점유하는 면상취락의 양상을 보인다. 남부동해안지역은 청동기시대 중기가 되면 취락 내에 주거 이외에 저장, 분묘, 의례공간, 환호 등 취락 공간구성요소가 증가된다. 경주 어일리, 울산 산하동 등 해안지역에 울산식주 거가 중심으로 축조되는 대규모 취락이 형성된다. 경주 어일리취락은 동해안지역에서는 가장 대규모의 취락이 조사되었다.

울산 산하동 취락은 각각 구릉(정자동, 산음, 산하지구 울산문화재연구원조사지역 A, B, D~G구릉), 해안단구면(울산문화재연구원 조사지역 C지구, 산하동 I ~IV, 산하동 37)에서 확인되며, 구릉에서는 주거가, 단구면에서는 주거와 굴립주건물, 구상유구, 석관묘, 주구형 유구구 등이 조사되어 입지 차이에 따라 조성된 유구의 차이가 확인된다.

후기 고성 송현리취락에서는 정착생활에 대한 인구의 증가에 따른 취락의 확대양상이 보이는데 점토대토기의 형식상 변천에 따른 유물이 각기 다른 주거형태에서 확인되며, 외반구연, 공열토기(C-23호) 등 재지적인 문화가 B지구 보다 많이 확인된다. 점토대토기의 공반양상은 외반구연이나 공열토기의 재지적인 유물보다 점토대토기나 조합식우각형파수가 압도적으로 많은 양상으로 보아 외래세력이 재지집단의 요소를 일부 수용한 것으로 보인다. 한편 방동리 주거지에서는 호형토기(외반구연, 직립구연)토기가 많은 양상으로 외래집단이 재지집단의 요소를 많이 수용한 양상을 보여준다. 이러한 점은 방동리 토기가마 1호에서 외반구연토기, 적색마연토기와 점토대토기가 공반 출토되고 있어 교류를 통한 토기 기술을 습득한 결과로 볼 수 있다.

또한 남부동해안지역에서도 취락이 확인된 경주 화천리·모량리취락, 울산 덕신리 오산취락에서는 전기후엽 부터 후기까지 동일한 구릉에 취락이 조성되는 양상을 보인다. 이러한 상황은 재지세력들과의 긴장관계의 산물이 아니라, 재지세력과의 융화에 따른 교류 및 접촉양상으로 판단된다.

고성 송현리, 사천리, 철통리, 초도리유적에서는 말각방형의 주거지, 동해 지흥동유적에서는 원형의 송국리형 주거지가 조사되었는데, 주거지에서는 점토대토기와 함께 외반구연호 및 직립구연토기, 적색마연토기가 공반되고 있다. 이러한 호형토기 요소는 외부로부터 전래된 것이 아니라, 포월리 단계부터 존재하고 있었던 영동지역 재지주민들의 무문토기 요소들로, 자체적인 변화양상을 거쳐 원형점토대토기 단계로 이어진다. 이러한 점은 남부동해안지역에서도 검단리유형에서부터 이어지는 무문토기문화의 전통이 점토대토기문화와 공반되는 양상을 보인다.

영동지역에서는 점토대토기가 영동지역에 이입된 이후에도 재지의 장(방)형 평면형태에 주축방향의 중심 추선에 노지가 조성된 주거가 지속적으로 존속하고 있으며, 부분적으로 송국리형 주기 형태, 벽부형노지의 선택적 채용 양상이 확인된다. 중서부지역에서는 원형의 송국리식주거지에서만 원형점토대토기가 출토되며, 경기남부를 비롯하여 호서지역의 방형 휴암리식 주거지에는 점토대토기가 출토되지 않는다. 영동지역에서는 방형과 원형에서 모두 원형의 점토대토기가 출토된다. 원형점토대토기가 출토되는 방형의 송국리 주거지에서는 토광식 노지, 원형의 주거지에서는 벽부노지가 조성된다. 방형 주거지인 B-10호에서는 환상파수가 출토되며, 대부분 방형 주거지에서는 원형점토대토기와 함께 공열토기(송현리 C-23호)를 비롯하여 외반구연토기가 공반된다. 한편 지흥동 4호 방형 주거지에서도 점토대토기와 함께 외반구연호가 출토되었다. 지흥동 원형주거지에서는 원형점토대토기만이 출토되어, 영동지역의 경우 방형 주거지가 원형 주거지보다 시기가 앞선 것으로 보인다.

기존의 장(방)형계의 재지주거문화의 전통속에 새로운 물질문화와 벽부노지라는 새로운 내부시설의 선택적 수용된 것으로 판단된다. 휴암리식 주거지나 반송리식 주거지는 선행하는 원형의 송국리식 주거지와 역삼동식 장방형주거지와의 문화적 접변의 산물로서 시기가 늦다고 보는데(宋滿榮 2010), 반면에 이형원은 송현리의 방형 휴암리주거지에서 점토대토기가 나온 것으로 볼 때, 원형 송국리식 주거지에 앞서 유행한 방형 휴암리주거지의 존속폭이 지역에 따라 상당히 크다고 보았다(이형원 2010).

한편 방형의 주거지에서 충청, 전라지역에서 확인되는 중앙 수혈내에 주혈이 위치하는 전형적인 형태는 1기에 불과하고(송현리 B-10호), 수혈 바깥에 위치하는 형태, 중심주혈 2개만 확인하는 형태(동천동형) 등 영남지역에서 확인되는 송국리형 주거지의 형태이다. 지흥동에서 확인된 원형 주거지도 원형 수혈 바깥에 주혈이 위치하고 있는 양상을 보인다. 아직 원형주거지는 1기밖에 조사예가 없지만, 영동지역으로의 송국리문화 이입루트의 다양성을 제시해주는 예라고 할 수 있으며, 추후 자료의 증가를 기대해 본다.

동해안지역 후기에는 중기의 청동기문화인 영동지역 포월리유형과 남부동해안지역 검단리유형의 무문토기문화 전통을 보유한 재지집단과의 접촉과 교류를 통하여 초기에는 소형취락으로 조성되다가, 영동지역은 점차 점토대토기문화의 확산에 따라 취락의 규모가 중형취락으로 확대되는 정주취락의 형태를 보인다. 남부동해안지역도 원형점토대토기단계 취락의 형태는 소규모 취락으로 존재한다. 경주 화천리 취락을 제외하면 울산 정명리에서는 주거지 1동, 효문동에서는 주거지 2동, 교동리Ⅲ에서는 수혈과 옹관묘, 울산 천곡동 나지구, 상안동 등에서는 수혈, 포항 원동과 학천리, 울산 상연암에서는 분묘만이 조성되어 조성된 유구의 양상으로 보아 대부분 단기간에 형성되어진 취락으로 판단된다. 이후 삼각형점토대토기문화에 들어가면서 환호 등 취락구성요소가 다양해지면서 취락의 규모가 확대되고, 정착되어 가는 양상을 보인다.

V. 취락의 지역상

본고에서는 동해안지역 청동기시대 취락의 구조 및 변천양상에 살펴보았다. 여기에서는 동해안지역 청동기시대 취락의 특징에 대해 살펴보면서 마무리하고자 한다.

동해안지역 청동기시대 취락은 주거 내부구조(노, 저장공, 벽구, 외부돌출구)와 이중구연요소 성행, 공열문 전통 지속, 유단식석검, 공구형석기, 동북형석도의 사용 등 출토유물의 유사성이 관찰된다. 이러한 동해안지역의 청동기시대 문화양상은 동일한 흐름과 맥락속에서 전개된 것으로 판단된다.

동해안지역 청동기시대 취락은 하천과 바다가 합수되는 지역과 호안의 구릉지대에 위치하고 있어 해안선을 따라서 확산·정착되었다. 영동지역은 대부분 하천이나 호수 주변의 구릉지역에 위치하나, 남부동해안지역의 일부 취락(월포리·원동·충효동·황성동·금장리)은 충적지에 위치한다. 남부동해안지역 청동기시대 취락은 하천주변에 인접한 취락에서는 동일한 구릉과 충적대지 내에서 시간차이를 두고 장기간 점유되는 양상을 보이지만, 영동지역은 대부분 같은 시기의 취락이 조성되며, 취락의 점유기간은 길지 않다.

남부동해안지역 청동기시대 취락은 하천주변에 인접한 취락에서는 동일한 구릉과 충적대지 내에서 시간차이를 두고 장기간 점유되는 양상을 보인다. 반면에 해안지역에서는 전기에 해당하는 취락의 수가 적고, 주거는 소규모로 축조되다가, 울산식 주거가 중심이 되는 중기부터 주거가 증가하고, 대규모 취락이 조성된다.

동해안지역 조기 취락은 현재까지는 충적지에 위치한 충효동취락에서 돌대문토기가 출토되고, 대형ㆍ방형에 석상위석식 노가 설치된 미사리식 주거 1~2동으로 구성된 양상을 보이고 있어, 남한지역의 조기 취락과 같은 양상을 보인다. 구릉에 위치한 교동 1호와 울산 구영리 V-28호와 같이 위석식 노가 설치되고, 이중구연토기가 공반되는 취락도 조기로 상정된다.

전기 취락은 주거지에 한정되어 있고, 분묘가 일부 확인되고 있으나, 농경 관련 유구들은 확인되지 않고 있어 전체적인 취락구조를 검토하기에는 아직 미비한 점이 많다. 남한지역 전기 취락은 병렬구조(점상취락)의 양상을 보이는데 동해안지역도 전기에는 구릉 능선에 일렬로 배치하고. 주거지 2~3동이 구릉을 따라 일렬, 병렬, ㄱ자형으로 배치되는 병렬구조(점상취락)의 양상을 보인다.

동해안지역은 중기는 송국리문화가 확인되지 않은 지역으로, 각각 영동지역은 포월리유형, 남부동해안지역에는 검단리유형의 문화가 전개되고 있다. 영동지역에서 현재까지 중기에 해당하는 취락은 포월리 취락과 방동리 A취락이 조사되었다. 중기의 포월리 취락에서는 일정한 거리를 두고 주거공간을 점유하는 면상취락의 양상을 보인다. 남부동해안지역은 청동기시대 중기가 되면 취락 내에 주거 이외에 저장, 분묘, 의례공간, 환호 등 취락 공간구성요소가 증가된다. 경주 어일리, 울산 산하동 등 해안지역에 울산식 주거가 중심으로 축조되는 대규모 취락이 형성된다. 경주 어일리취락은 동해안지역에서는 가장 대규모의 취락이 조사되었다.

동해안지역 원형점토대토기 단계 취락은 대부분 하천이나 호수 주변의 낮은 구릉에 입지하는 구릉성 취락이며, 방동리C 취락은 고지성 취락에 해당한다. 주거지의 형태는 초기에는 기존 주거지 전통인 장방형 및 울산주거지의 변형 형태가 축조되고, 점차 말각방형, 방형 등의 방형계가 축조되며, 일부 원형 주거지도 축조된다. 주거지의 배치는 능선상에 동심원 및 열상으로 배치되며, 사면에도 일부 배치된다.

동해안지역 후기에는 중기의 청동기문화인 영동지역 포월리유형과 남부동해안지역 검단리유형의 무문토기문화 전통을 보유한 재지집단과의 접촉과 교류를 통하여 초기에는 소형취락으로 조성되다가, 점차 점토대토기문화의 확산에 따라 취락의 규모가 중형취락으로 확대되어가면서 정주취락의 형태를 보인다. 남부동해안지역은 원형점토대토기단계 취락의 형태는 대부분 단기간에 형성되어진 소형취락의 형태에서 삼각형점토대토기문화에 들어가면서 환호 등 취락구성요소가 다양해지면서 취락의 규모가 확대되고, 정착되어 가는 양상을 보인다.

동해안지역에서는 수전 등의 경작유구는 전기에는 확인되지 않고, 울산지역에서 중기에만 일부 확인된다. 전기에는 교동ㆍ사천리, 천곡동, 가재골ㆍ달천유적에서 탄화미가 출토되고, 울산지역에서는 잡곡(벼ㆍ기장)ㆍ벼ㆍ맥류(보리ㆍ밀)ㆍ콩이 주거에서 검출될 뿐이다. 중기의 논은 대부분 구릉지형이기 때문에 구릉사면이나 곡부에서 계단식과 바둑판식으로 소규모로 확인되며, 밭은 울산 입암리에서 일부 확인되는 상황이다. 한편 취락간 석기조성비 차이를 보이는 것은 생활양식의 차이로, 취락이 입지한 지리적 위치가 생활양식을 결정하는 하나의 요소로 작용했음을 보여준다. 동해안 취락에서는 어로에 사용되었던 토제 어망추가 가장 많이 출토되었다. 이인리 취락에서는 경작유구에서 얻은 곡식 뿐만 아니라 추정 건조시설을 이용하여 생선을 장기간 건조하여 식량(건어포?)으로 활용하였을 것으로 판단되어, 어로의 비중이 높왔던 것으로 판단된다. 한편 취락이 입지한 지역이 산림으로 둘러싸여 있어 주거지에 사용할 자재제작을 위한 목공구 및 수렵을 위한 수렵구가 다음으로 많다.

동해안지역에서 현재까지 조사된 청동기시대 취락은 구릉 전체를 발굴조사한 유적이 드물다. 발굴지역이 한정적이고 부분적인 조사로 인해 확인되는 주거의 숫자나 분묘 등 유구의 수가 적은 관계로 개별 구릉에 위치한 하나의 취락을 중심취락으로 판단하기 보다는 인접하고 있는 구릉들을 하나의 중심취락으로 같이 검토해야 할 것으로 판단된다. 영동지역의 경우 현재 조사된 구릉과 인접하고 있는 구릉에 대한 조사가 거의 전무하여 취락과 취락간의 분포정형을 분석하는데 어려움이 많다.

동해안지역에서는 남한지역의 다른 지역과 마찬가지로 청동기시대 조기, 즉 돌대문토기단계에 속하는 무덤은 아직 확인되지 않았고, 청동기시대 전기의 무덤이 간헐적으로 발굴되고 있지만, 조사된 주거 숫자에 비해 분묘는 극히 드물다. 최근 황성동과 석장동에서 구획묘가 일부 확인되었지만, 청동검, 옥 등의 부장유물 등은 확인되지 않고 있다. 이러한 원인은 동해안지역이 청동기시대 전기의 전통이 지속되는 가운데, 넓은 충적지가 형성되지 못한 지리적 특성으로 인하여 도작문화가 성행되지 못했고, 대규모 취락이 형성될 수 있는 지형적인 공간, 즉 개별구릉의 규모가 작은 관계로, 단일 취락의 규모가 작을 수밖에 없다. 한편 집단의 결속(농경문화)을 보여주는 무덤의 축조 및 무덤을 조영할 수 있는 계층이 적음으로 인한 사회적 위치나 신분을 나타내기 위한 대형구획묘의 축조가 상대적으로 불필요했던 것으로 파악하고 있다.

현재까지 동해안지역의 취락의 분포정형분석과 중심취락에 대한 검토는 울산지역에 한정되어 이루어지고 있다. 유적의 규모나 주거지의 숫자보다는 대형굴립주, 대규모 무덤군, 위세품의 출토, 대규모 수전이 전무한 울산지역에서는 연암동·천상리 등의 환호유적과 환호가 가시권에 들어오는 취락의 복합체를 거점집락으로 파악하고, 거점집락 범위는 대체로 3km 내외로 추정하고 있다(李秀鴻 2008). 청동기시대 중기에 들어서면 주거가 집중되고, 마을의 밀도가 늘어나면서 취락의 수가 증가하고 거대화한 취락이 등장한다. 분묘에는 동검이 부장된 유력자 무덤이 등장하고, 대규모 지석묘 군이나 구획묘, 대형건물지, 축조되며 대규모 수전농경 등이 시작되면서 잉여의 저장과 의례와 같은 거점취락의 기능이 상정되고 있다. 반면에 동해안지역 중기는 영동지역의 포월리유형과 남부동해안지역의 검단리유형에 해당하는데, 호서지역과 남강유역의 송국리유형의 문화와는 질적·양적인 차이를 보인다. 전체적으로 보면 전기문화의 전통이 지속되는 경향이다. 경주 어일리와 울산 산하동 취락에는 주거의 수가 증가하고, 굴립주건물, 수혈유구, 주구형 유구 등 취락 공간구성요소는 늘어났지만 역시 거점취락의 증거로 볼 수 있는 유구는 확인되지 않았다. 형산강유역에서도 중기 취락에서도 주거 이외에 경작유구 등 생산유구와 저장관련 유구와 분묘 관련 유구들이 희소하다. 경주 황성동과 석장동에서 구획묘가 축조되었지만, 주거 이외에는 다른 유구들이 확인되지 않는다.

후기에 해당하는 방동리C 취락은 고지성 취락으로, 구릉 정상부는 공지로 남겨져 있으며, 주거지는 방사상의 주거배치를 보이며, 평탄한 지형이 끝나는 남쪽 사면에는 내부에서 할석(석구)이 확인되어 방어시설로 판단되는 환호를 이중으로 설치하였다. 방동리C 취락은 고지성 환호마을의 구릉정상부에 유구가 확인되지 않은 부분이 동시기 유적에서의 공간사용방식을 고려할 때 의례공간으로 추정된다.

참고문헌

강영환, 1997, 「한국선사인들의 집짓기 -울산지역 무문토기시대 주거지유적의 건축사적 의의-」, 『울산연구』제2집, 울산대학교박물관.

공봉석, 2007, 「嶺南東海岸地域 靑銅器時代 住居址의 外部突出溝 一檢討」, 『慶文論叢』創刊號, 慶南文化財研究院.

김권구, 2005, 『청동기시대 영남지역의 농경사회』, 학연문화사.

金賢植, 2006, 「蔚山式 住居址 研究」, 釜山大學校大學院 碩士學位論文.

金賢植, 2008, 「蔚山式 住居址의 復元」, 『韓國靑銅器學報』第2號, 韓國靑銅器學會.

도영아, 2007, 「경주지역 청동기시대 취락의 입지와 생업에 대한 검토」, 『문화사학』27호, 문화사학회.

董眞淑, 2003, 「嶺南地方 靑銅器時代 文化의 變遷」, 慶北大學校大學院 碩士論文.

박성희, 2009, 「영남지방 청동기시대의 지역적 전개」, 『고고학』제8권 2호, 서울경기고고학회.

朴榮九, 2007, 「嶺東地域 靑銅器時代 聚落構造의 變遷」, 『古文化』第69輯, 韓國大學博物館協會.

朴榮九, 2009, 「南部東海岸地域 無文土器文化의 展開樣相 -浦項地域을 中心으로-」, 『嶺南考古學』51, 嶺南考古學會.

朴榮九, 2013, 「南部東海岸地域 靑銅器時代 聚落의 變遷」, 『韓國上古史學報』79, 韓國上古史學會.

배덕환, 2005, 「청동기시대 영남지역의 주거와 마을」, 『영남의 청동기시대 문화』제14회 영남고고학회 학술발표회.

배진성, 2005, 「檢丹里類型의 成立」, 『韓國上古史學報』48, 韓國上古史學會.

손호성 · 전상욱, 2010, 「청동기시대 주거지 연구 -경주권역 주거지의 분류와 시기설정-」, 『성림고고논총』, 성림문화재연구원.

宋滿榮, 2010, 『韓半島 中部地域 聚落의 發展과 政治體의 形成』, 崇實大學校大學院 史學科 博士學位論文.

安在晧, 2001, 「中期 無文土器時代의 聚落 構造의 轉移」, 『嶺南考古學』34, 嶺南考古學會.

安在晧, 2006, 『靑銅器時代 聚落 研究』, 釜山大學校大學院 博士學位論文.

安在晧, 2007, 「編年을 위한 屬性配列法-蔚山 靑銅器時代 土器 文樣의 變遷」, 『考古廣場』創刊號, 釜山考古學研究會.

安在晧, 2011, 「屬性配列法에 따른 東南海岸圈 無文土器 文樣의 編年」, 『韓國上古史學報』73, 韓國上古史學會.

엄윤정, 1999, 「울산지역 무문토기시대 취락과 주거의 건축적 특성에 관한 연구」, 울산대학교 대학원 석사학위논문.

兪炳璪, 2008, 「蔚山 檢丹里 마을유적의 재검토」, 『韓國靑銅器學報』1, 韓國靑銅器學會.

李秀鴻, 2005, 「檢丹里式土器에 대한 일고찰」, 釜山大學校大學院 碩士學位論文.

李秀鴻, 2008, 「蔚山地域 靑銅器時代 聚落構造의 變化」, 『韓國靑銅器學報』第3號, 韓國靑銅器學會.

李秀鴻, 2012, 「靑銅器時代 檢丹里類型의 考古學的 研究」, 釜山大學校大學院 博士學位論文.

李亨源, 2010, 「청동기시대 조기 설정과 송국리유형 형성 논쟁에 대한 비판적 검토」, 『고고학』9-2, 중부고고학회.

趙賢庭, 2001, 「蔚山式住居址에 대한 一考察」, 慶南大學校大學院 碩士學位論文.

鄭大鳳, 2012, 「東南海岸地域 出現期 無文土器의 研究」, 釜山大學校大學院 碩士學位論文.

현창호, 2007, 「韓半島 嶺南東部海岸地域의 靑銅器時代 編年 研究」, 『慶文論叢』創刊號, 慶南文化財研究院.

黃炫眞, 2004, 「嶺南地方 無文土器時代 地域性 研究 -東南海岸 無文土器文化를 中心으로-」, 釜山大學校大學院 碩士學位論文.

제2장
중부지역

김권중 중부고고학연구소

Ⅰ. 지역개관

1. 경기지역

경기지역은 한반도 남부지방의 청동기문화 형성과 관련하여 매우 중요한 지역으로 인식되어 왔다. 청동기시대 연구의 출발지이자 청동기문화의 중계지 또는 기원지 등으로 인식되어 온 만큼 다양하고 복잡한 양상을 띤다. 경기지역의 청동기시대 취락은 하남 미사리, 가평 대성리, 연천 삼거리 등과 같이 일부 유적을 제외하면 구릉에 입지하는 경향이 강하다. 지역적 구분은 다소 모호하지만 대략 경기 남부와 북부로 대별될 수 있다.

경기지역의 취락 연구는 주로 유물을 통한 편년 연구에 집중되어 왔기 때문에 취락의 구성 요소나 구조, 관계 등에 대해서는 거의 연구되지 않았고, 개별 주거지의 구조에 접근하는 정도였다. 과거의 취락 연구는 제한적인 자료를 대상으로 하였기 때문에 취락의 전모를 파악하기 어려워 단편적인 사실을 통한 추론에 그쳤지만, 2000년대 이후에는 자료의 증가는 물론 취락의 구성 요소도 다양해져 어느 정도 구조를 살필 수 있는 상황에 이르게 되었다.

경기지역 청동기시대 취락에 관한 본격적인 연구는 宋滿榮(2001, 2007)에 의해 실시되었지만 남한 전체를 단위로 하였기 때문에 소수의 유적과 취락의 제한적인 요소를 대상으로 이루어졌다. 이후 증가된 자료를 토대로 특정 주거지-반송리식주거지의 설정을 통하여 송국리유형의 발생지역을 경기 남부지역으로 보고자 하는 견해(이형원 2006, 181~189쪽)가 제시되기도 하였으며, 또한 특정시기-점토대토기단계 취락의 구조와 성격에 대한 연구(宋滿榮 2011; 李亨源 2011)가 진행되기도 하였다. 중부지역 전체를 대상으로 하였지만 취락에 관해 구체적으로 접근한 사례(이형원 2012)도 있었는데 집단의 정주도 및 이동성이 취락의 공간구조와 밀접한 관련이 있다는 견해를 제시하기도 하였다.

2. 강원 영서지역

강원 영서지역은 청동기문화 연구에 있어서 변방으로 인식되었지만 2000년대 이후 자료가 급증함에 따라 그 중요성이 높아졌다. 특히, 특정 시기에 이르면 지역적 색채가 강해져 자체 발전 과정은 물론 독자성이 강조되기도 하였다. 강원 영서지역은 높고 험준한 지형적 특성으로 인해 일부 취락(수석리유형의 취락)을 제외하면 하천 주변의 충적지에 입지하는 경향이 강하다. 대규모 취락이 반복적으로 형성되는 특징이 있으며, 수계에 따라 지역적 특성이 두드러지는데 크게 북한강유역(한탄강유역 포함)과 남한강유역으로 구별할 수 있다.

이 지역의 취락 연구는 자료가 한정적이었던 2000년대 이전까지도 취락에 관한 연구는 전무하였으며, 자료가 급증한 2000년대 이후에도 주로 유물의 편년이나 개별 주거지에 대한 연구(金權中 2004 · 2005)만 실시되었다. 취락에 관한 본격적인 연구는 金權中(2008, 2012)에 의해 실시되었지만, 취락을 구성하는 다양한 요소에 대한 세밀한 접근이나 취락간의 위계와 관계에 대한 검토는 이루어지지 않았다. 이후 북한강유역의 춘천지역을 대상으로 취락의 위계와 관계에 대해 접근(김권중 2009)하기도 하였지만, 남한강유역은 최근까지도 취락에 대한 세밀한 검토가 거의 이루어지지 않았다.

Ⅱ. 주거지의 구조와 성격

1. 경기지역

1) 미사리식주거지

경기지역의 미사리식주거지는 일반적으로 충적지에 입지하며, 하남 미사리(서울대A-1호, 고려대011 · 015 · 018호), 가평 연하리(1 · 13호), 화성 정문리(1호) 등의 유적이 대표적이다. 규모는 중 · 대형이 일반적이고 연하리 1호와 같이 평면이 세장하거나 정문리 1호와 같이 수혈식 노를 설치한 것도 있지만 방형의 평면형태에 石床이거나 土床의 위석식노 1~2기를 단벽쪽에 치우쳐 설치하는 것이 일반적이다. 유물은 각목돌대문토기, 환저토기, 장경호, 瘤附土器, 삼각만입석촉, 방추차, 석부(합인 · 편인), 석도, 환상석기, 어망추, 옥 등이 출토된다. 돌대문토기가 출토되지 않았지만 가평 대성리 25호와 26호 주거지도 동일한 구조이다.

2) 역삼동식주거지

경기지역 역삼동식주거지는 미사리나 대성리와 같이 일부 유적을 제외하면 구릉에 입지하는 것이 일반적이고, 중·대형의 세장방형과 장방형이 주류이지만 소형의 (장)방형도 존재한다. 다수의 수혈식노와 주공식 중심기둥, 저장공을 설치하는 것이 특징이며 작업공과 벽구 일부 등도 확인된다. 대표적인 유적으로 평택 소사동과 내삼미동, 하남 미사리, 화성 쌍송리, 연천 강내리, 여주 흔암리, 안양 관양동, 의왕 이동 등이다.

유물은 공렬문과 구순각목문, 사격자문 등이 시문된 발, 호, 적색마연토기, 대부토기, 이단병식석검, 이단경식석촉, 무경식석촉, 석부(합인·편인), 석도(어형·주형), 방추차 등이 출토된다. 연천 삼거리(9호), 양촌(1-D구역 23호), 강내리(6호), 소사동(가10호), 내삼미동 등의 주거지는 팽

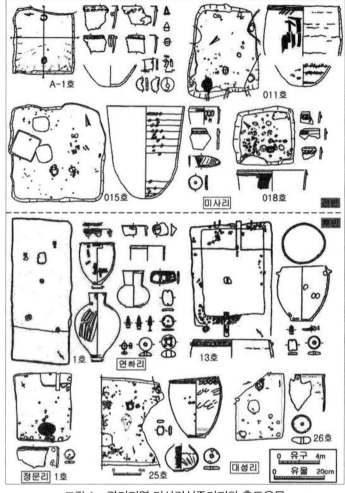

그림 1 _ 경기지역 미사리식주거지와 출토유물

이형토기나 흔암리식토기가 출토되기도 한다. 역삼동식주거지는 평면형태와 규모, 출토유물에 따라 역삼동Ⅰ·Ⅱ유형으로 구분하여 역삼동Ⅰ유형을 전기로, 역삼동Ⅱ유형을 중기로 편년하고 있다(김한식 2006, 20~22쪽). 전기에서 중기로의 변화 양상은 세장방형 주거지의 비율이 급감하고 장방형화와 중형화가 진행되며, 또한 장방형 주거지의 소형화도 진행된다고 보았다(김한식 2006, 20~22쪽). 전체적으로 전기의 유물상이 이어지지만 호, 내만구연(공렬)토기와 같은 새로운 기종이 증가하고 일체형 석촉과 유구석부의 존재도 주목된다고 보았다(金權中 2010, 60쪽).

3) 송국리식주거지와 반송리식주거지

송국리식과 반송리식 주거지는 경기 남부지역을 중심으로 분포하는 것이 특징이다. 송국리식주거지

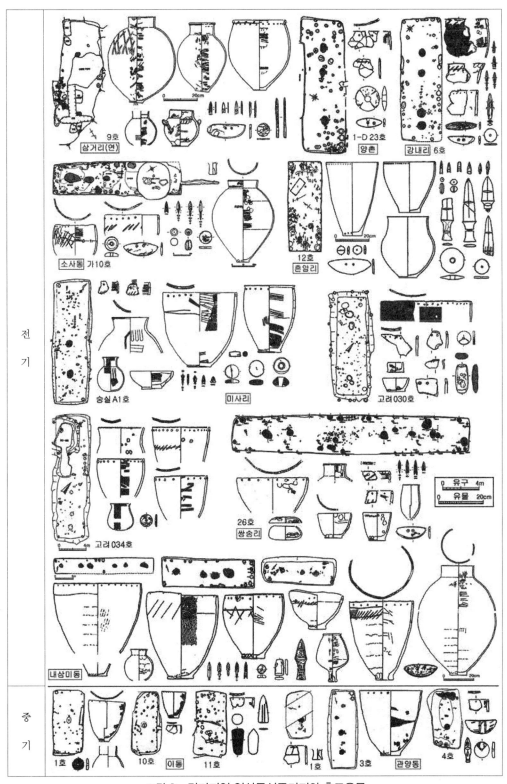

전기

중기

그림 2 _ 경기지역 역삼동식주거지와 출토유물

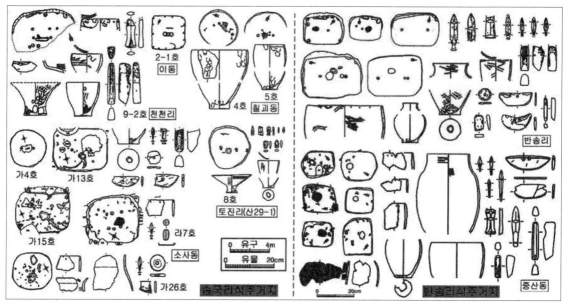

그림 3 _ 경기지역 송국리식과 반송리식 주거지와 출토유물

는 화성 천천리(2호, 9-2호)와 반월동, 평택 토진리와 칠괴동(3~5호), 소사동(가-4·13·15호, 라-7호), 안성 만정리, 의왕 이동(2-2호) 등이 대표적이다. 원형계와 방형계로 구분되며 내부에는 타원형수혈과 2·4·6주식의 중심주공이 설치되고, 송국리식토기나 삼각형석도와 같은 유물은 거의 출토되지 않지만 주로 공렬문토기, 구순각목문토기, 유구석부, 일단병식석검, 유구경식석검, 일단경식석촉 등이 출토된다.

반송리식주거지는 이형원(2006, 181~189쪽)에 의해 설정되었는데 말각방형 또는 타원형의 평면형태에 중심2주공이나 타원형수혈이 설치된 구조를 보인다. 화성 반송리유적의 경우 두 가지 형태로 구분하였는데 A형은 노만 있는 주거지이고, B형은 중심2주공이나 타원형수혈이 있는 주거지이다(李亨源 2007, 169~170쪽) 이와 유사한 주거지로 이루어진 대규모 취락으로 인천 중산동(34기)이 주목되는데 반송리의 편재된 노가 특징인 A형 22기와 내부시설이 없는 B형 12기가 조사되었다. 토기는 소량이지만 발, 호, 장경호, 원시타날문토기, 공렬문토기, 구순각목문토기 등이고, 석기는 일단병식석검, 일단경식(일체형)석촉, 유구석부, 환상석부, 반월형석도, 이형석도, 석부, 석착 등이 출토되었다.

한편, 반송리식주거지를 역삼동식주거지와 휴암리식주거지의 과도기적 단계로 보고 송국리유형의 발생이 역삼동유형과 관련이 있는 것으로 보는 견해(이형원 2006; 나건주 2009)와 이에 대해 금강 중하류에서 발생한 송국리유형이 주변 지역으로 확산된 결과로 파악하는 견해(宋滿榮 2010)가 대립되고 있다.

4) 수석리식주거지

유적은 남양주 수석리와 안성 반제리가 대표적이다. 주거지의 구조는 주로 소형의 (말각)장방형이나 (말각)방형의 형태를 띠고, 수혈식노 1기가 설치되는 것이 일반적이다. 반제리 66·68·69·70·72호는

壁附盧가 설치되기도 하며, 주공, 수혈, 벽구 등의 시설도 일부 확인된다. 유물은 원형점토대토기, 두형토기, 개, 파수부호 등의 토기류와 석기는 석검(석창), 각종 석부(합인, 편인, 유구, 환상)와 무경식석촉, 방추차 등의 석기류가 출토된다.

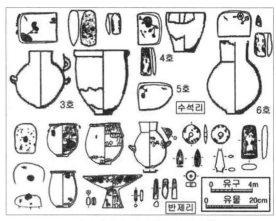

그림 4 _ 경기지역 수석리식주거지와 출토유물

5) 기타 주거지

경기지역에는 기존에 알려진 주거지 외에 다른 구조를 보이는 것이 다수 있다. 이들 주거지는 주로 구릉에 입지하며 수혈식노를 설치한다는 점에서는 역삼동식주거지와 동일하지만 평면형태, 규모, 출토유물 등에서 일정 정도 차이를 보이며, 규모에 따라 소형과 대형으로 구분된다.

먼저 소형의 주거지는 김포의 운양동(2-5지점 5호, 2-10지점 6~12호), 양촌(1-D구역 13호), 양곡(1

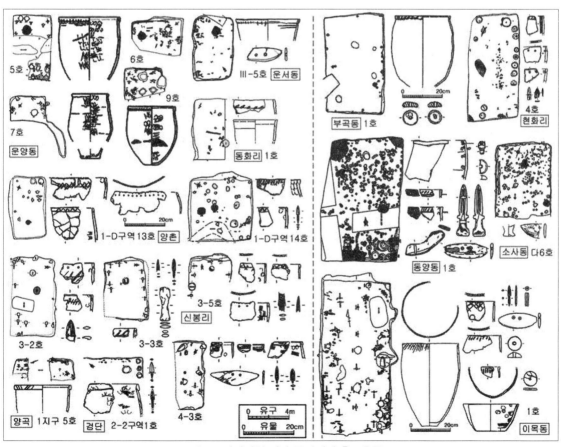

그림 5 _ 경기지역 기타 주거지와 출토유물

지구 5호), 화성 동화리(한얼 1호), 인천의 운서동(3지점 5호), 검단2지구(2구역 1호), 강화의 신봉리ㆍ장정리(3ㆍ4지점, 이하 신봉리), 평택의 소사동(다지점 7호) 등의 주거지로 방형과 장방형의 평면형태에 수혈식노 1~2기가 편재되는 것이 특징이다. 소수의 저장공과 벽구가 설치되기도 하며, 출토유물에 따라 이중구연계(운양동, 운서동, 소사동, 동화리, 검단2지구)와 팽이형계(양곡, 신봉리4지점), 복합문계(신봉리 3지점, 양촌)로 구분될 수 있다. 이중구연계 주거지의 출토유물은 심발과 옹형의 단사선문과 무문양의 이중구연토기가 특징이고, 석기는 석촉(무경식ㆍ역자식), 석도, 석부 등이 출토된다. 팽이형계는 기형이 완전한 것이 없지만 팽이형토기로 판단되는 구연부(3~5조의 다치구로 거치상 시문)편이 다수 출토되었고, 유경식석창, 유단석부, 이단경식석촉, 석도 등이 출토되었다. 복합문계는 이중구연단사선문과 공렬문이 공반되거나 결합된 흔암리식토기가 주로 출토된다.

대형의 주거지는 세장방형의 역삼동식주거지와 달리 주로 중ㆍ대형의 규모에 단변의 폭이 넓은 장방형의 평면형태를 띠며 내부에는 단벽쪽으로 편재된 수혈식노 1~2기를 설치하는 구조이다. 인천 동양동(1호), 군포 부곡동(1호), 평택 소사동(다6호)과, 현화리(4호), 수원 이목동(1호) 등의 주거지가 해당되고 모두 1기 정도의 단위로 독립적 분포를 보이며, 서울 가락동도 이에 속할 가능성이 높다. 출토유물에 따라 이중구연계(부곡동, 동양동)와 복합문계(현화리, 이목동)로 구분된다.

2. 강원 영서지역

1) 미사리식주거지

강원 영서지역의 미사리식주거지는 북한강유역의 홍천 외삼포리(3ㆍ5호), 철정리Ⅱ(A-1ㆍ2ㆍ3ㆍ11ㆍ12ㆍ21ㆍ28ㆍ56호, C-1ㆍ5호), 하화계리(1호)와 춘천 신매제방(1호) 등이 대표적이며, 최근 화천의 거례리와 원천리에서도 다수 조사되었다. 남한강유역은 정선 아우라지(1ㆍ6ㆍ8ㆍ9ㆍ11ㆍ12ㆍ13호), 평창 천동리(예맥 2호)와 종부리(Ⅱ-2호) 등의 유적이 대표적이다.

주거지의 구조는 소형인 철정리Ⅱ A-11ㆍ13호와 세장방형인 거례리(예맥) 20호를 제외하면 대부분 중ㆍ대형의 (장)방형이며 2열의 초석을 설치한 것이 많고, 장방형이나 타원형의 위석식노 1~2기가 단벽쪽으로 편재하는 것이 일반적이다. 노의 구조는 바닥의 재료에 따라 石床, 粘土床, 土床 등 다양하고, 남한강유역에서는 격벽을 설치한 것(아우라지 1ㆍ8ㆍ12호)도 있다.

유물은 심발의 (절상)돌대문토기가 주류를 이루며 내만구연의 옹형인 것도 다수 있다. 이외에 이중구연(거치문)토기가 공반되고, 호와 천발, 외반구연토기, 유상돌기가 부착된 토기(瘤附土器)와 마연토기도 존재한다. 석기는 이단병식석검, 양인의 장방형과 제형석도, 방형의 편인석부, 횡단면이 두꺼운 합인석부, 삼각만입의 무경식석촉, 단면이 얇은 석제방추차, 공구형석기, 환상석기와 단면 반원형과 장방형의 토제 방추차와 장방형과 (타)원형의 토제어망추 등이 특징적인 유물이다.

유물상으로는 돌대문토기가 일부 확인되지만 이중구연(단사선)계 요소가 강한 춘천 현암리 1ㆍ3호와 복합문계 요소가 강한 춘천 금산리 A-1ㆍ2호ㆍB-1ㆍ4ㆍ6호, 천전리121-16번지 2ㆍ7호 등도 주거지 구조는 미사리식과 유사하다.

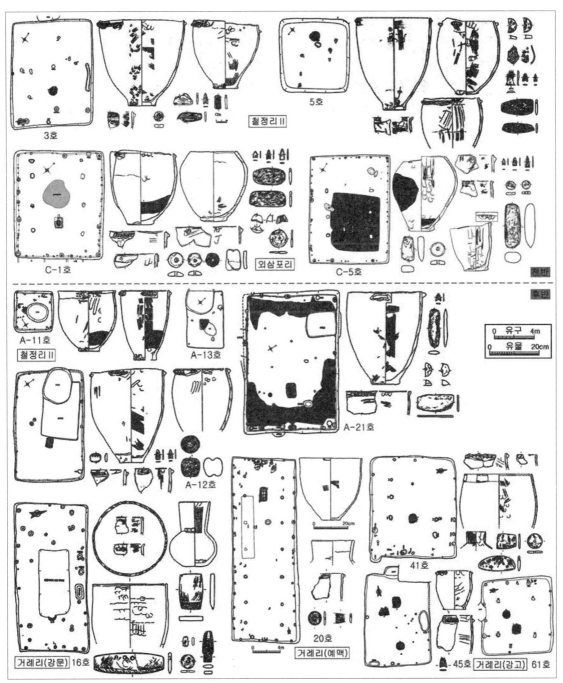

그림 6 _ 강원 영서지역 북한강유역 미사리식주거지와 출토유물

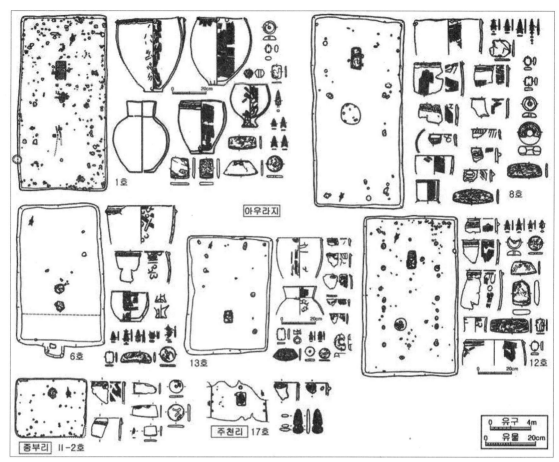

그림 7 _ 강원 영서지역 남한강유역 미사리식주거지와 출토유물

2) 역삼동식주거지

　　강원 영서지역의 역삼동식주거지는 충적지에 입지하는 것이 일반적이고, 대체로 노의 구조, 주공배치 방식, 출토유물 등에 따라 A주거지와 B주거지로 구분된다. 역삼동식A주거지는 북한강유역에만 분포한다. 화천 용암리(68·71·93·115호), 홍천 외삼포리(4호), 철정리Ⅱ(A-22·23호), 춘천 거두2지구(북지구2호) 등이 대표적인 유적이며 대형의 세장방형이 중심을 이룬다. 중앙 1열 또는 3열의 주공식 중심기둥을 설치하며 다수의 수혈식노와 저장공을 갖춘 것이 특징이다. 토기는 주로 공렬문만 시문되는 특징이 있으며 심발과 발, 대형의 호, 적색마연토기 등 기종이 비교적 단순한 편이고, 석기는 이단병식석검(유혈구), 각종 석부, 무경식과 이단경식의 석촉, 주형과 어형의 석도, 방추차, 부리형석기 등이 출토된다.

　　역삼동식 B주거지는 북한강(한탄강 포함)유역에서 주로 확인되며 철원 와수리(4호), 홍천 철정리Ⅱ(A-54호)와 외삼포리(2호), 춘천 신매대교(21·26호)와 거두2지구(1·2·4·13호), 가평 달전리(33호)

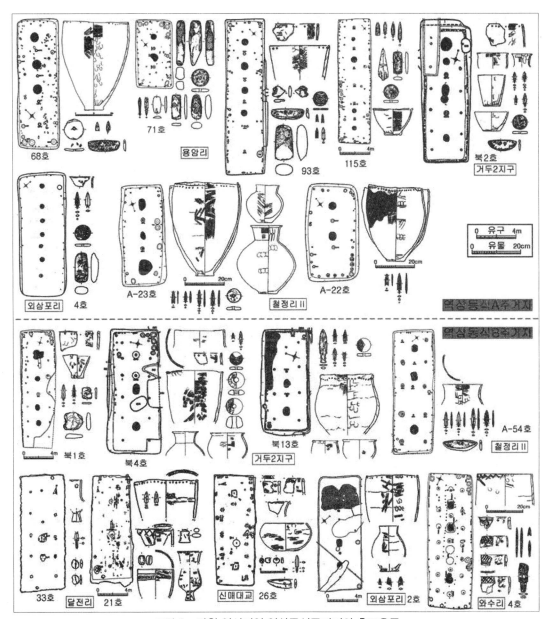

그림 8 _ 강원 영서지역 역삼동식주거지와 출토유물

등의 주거지가 대표적이다. 구조는 중·대형의 장방형이나 세장방형을 띠고 주로 위석식노를 설치하지만 수혈식노를 함께 갖추기도 하며, 중심기둥은 2열의 주공식이나 초석식이 특징이다. 토기는 공렬문과 구순각목문이 결합된 것이 많고, 신매대교 21호에서는 단사선문이나 X자문이 시문되기도 한다. 전반적으로 역삼동식A주거지의 출토유물과 유사하지만 단각의 대부토기, 통형의 토제어망추가 특징적이다.

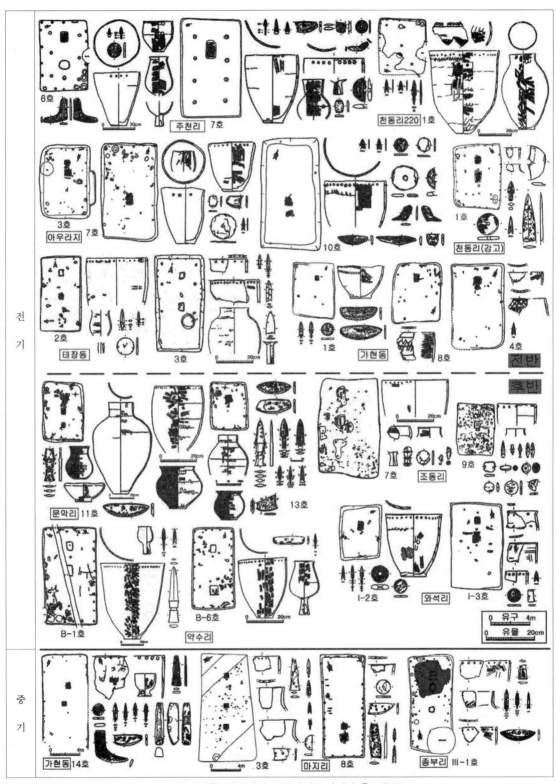

전
기

전반

호반

중
기

그림 9 _ 강원 영서지역 조동리식주거지와 출토유물

3) 조동리식주거지

조동리식주거지[1]는 주로 남한강유역의 충적지에 분포하는데 유적은 충주 조동리를 비롯하여 정선 아우라지, 평창 천동리와 마지리, 종부리, 약수리, 후평리, 원주 가현동과 태장동, 문막리, 영월 주천리와 와석리 등이 대표적이다. 일부 유적(원주 반곡동)을 제외하면 모두 충적지에 입지하고 주로 중·대형의 방형과 장방형의 평면형태에 위석식노 1~2기 정도가 편재되는 것이 일반적이다. 중심기둥은 중앙1열이나 내측2열의 주공식이며, 저장공은 소수이거나 확인되지 않는 주거지가 많다. 유물은 공렬문과 구순각목문이 공반되거나 결합된 것이 주류이고, 횡대구획문이 시문되기하며 대부토기와 흔암리식토기도 다수 출토된다. 석기는 석검, 석부, 석촉, 석도, 방추차, 동북형석도, 환상석기가 특징적이다.

4) 용암리식주거지와 천전리식주거지

용암리식과 천전리식 주거지는 북한강유역을 중심으로 분포하며 모두 역삼동식주거지에 기원을 두고 변형되어 형성된 주거 구조이다. 용암리식주거지는 용암리에서 최초로 확인되었으며, 천전리(51호), 거례리(예맥-27호) 등의 유적에서 제한적으로 확인되고 있다. 역삼동식의 무시설 공간에 작업공이 설치되는

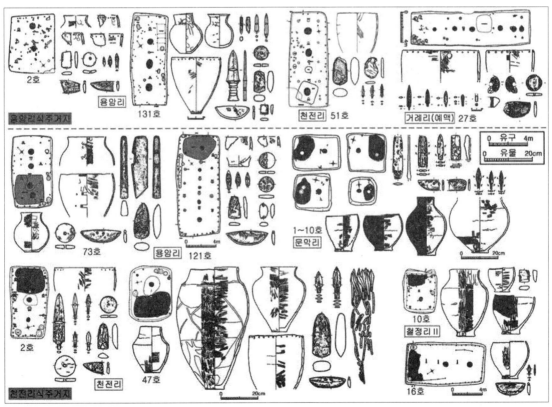

그림 10 _ 강원 영서지역 용암리식과 천전리식 주거지와 출토유물

데, 중복관계와 유물의 편년에서 역삼동식과 천전리식의 과도기적 단계의 주거지이기 때문에 '先천전리식주거지'라고 할 수 있다. 여전히 세장방형의 주거지가 다수 확인되지만 방형화와 소규모화가 진전되며, 이단병식석검과 공렬토기는 물론 이단경식, 무경식의 석촉 등 전단계의 유물과 함께 일단경식이나 일체형의 석촉의 출토가 증가한다.

천전리식주거지는 용암리식주거지의 작업공간에 작업공과 함께 이색점토구역을 설치한 주거지로 金權中(2004, 2005)에 의해 설정된 천전리유형(舊 북한강유형)의 표지적인 주거지이다. 화천 용암리와 거례리, 춘천 천전리와 우두동, 홍천 철정리Ⅱ 등의 유적이 대표적이며 북한강유역에 집중적으로 분포하지만 남한강유역(원주 문막리), 한강유역(왕숙천 : 남양주 장현리), 임진강유역(연천 합수리)과 구릉지대(광주 역동)에서도 확인된다. 주로 중·소형의 방형과 장방형의 평면형태에 수혈식노와 1~2개의 중앙주공과 2×3주식이나 2×4주식의 내측주공, 저장공 등이 특징적인 내부시설이다. 유물은 공렬문토기를 비롯하여 소형호, 적색(마연)호, 일단병식석검, 유경식석검(창), 일단경식석촉, 일체형석촉, 유구석부 등이 출토된다.

천전리식주거지는 두 단계(천전리유형1·2기)로 구분될 수 있는데 일반적으로 중기(천전리유형1기)의 표지적인 주거지이지만 철정리Ⅱ나 문막리 등과 같이 후기(천전리유형2기)까지도 이어지며, 유물은 무문양의 심발과 내만구연토기, 소형호가 주종을 이루고, 점토대토기가 공반(거례리(강문) 11·28호)되기도 한다.

5) 수석리식주거지

강원 영서지역의 수석리식주거지는 주로 구릉에 분포하는 경기지역과 달리 충적지에서도 확인되는 특징이 있는데, 북한강유역의 춘천 현암리(55~57)와 거두2지구(북지구11호, 남동지구1~3호), 남한강유역의 원주 법천리(22호)가 대표적이다. 규모가 중형급인 것(법천리 22호)도 있지만 대부분은 소형의 방형과 장방형의 평면형태를 띠고 수혈식노가 설치되며, 5기가 확인된 거두2지구유적 북지구 11호를 제외하면 저장공은 확인되지 않거나 소수이다. 유물은 점토대토기, 흑도장경호, 우각

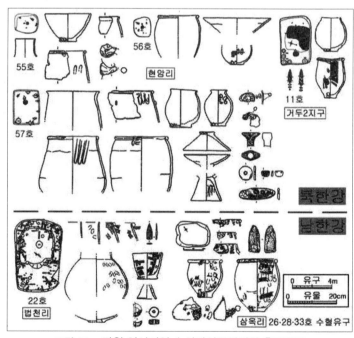

그림 11 _ 강원 영서지역 수석리식주거지와 출토유물

형조합파수, 두형토기, 개, 무경식석촉, 유경식석촉 등이 출토되었다.

Ⅲ. 취락의 구조와 성격

1. 경기지역

1) 미사리유형의 취락

미사리유형의 취락은 충적지에 입지하며 미사리식주거지가 2기 정도의 소규모 단위로 구성되는 것이 일반적이고, 주로 강의 흐름과 나란한 선상구조를 보이는 것이 특징이다. 미사리는 4기가 밀집되어 소규모의 면상구조에 가까운 배치를 보이고 있다. 취락을 구성하는 관련시설로는 미사리 017호와 연하리 2호가 주거지로 보고되었지만 창고의 성격으로 볼 수 있는 수혈유구로 판단되며, 복수의 주거가 공유하는 양상이다.

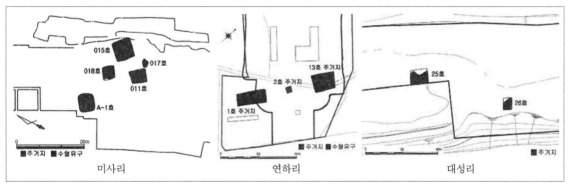

그림 12 _ 경기지역 미사리유형의 취락

2) 역삼동유형의 취락

역삼동유형의 취락은 일부 유적을 제외하면 주로 구릉에 형성된다. 취락의 전모를 알 수 있는 유적은 많지 않지만 내삼미동, 소사동, 쌍송리 등과 같이 취락의 구성은 주거지가 수십 기 이상의 대규모인 것이 많고 수혈유구, 소성유구, 환호, 구 등 다양한 요소가 있다. 주거지의 배치는 내삼미동, 소사동(가·라지점)의 경우 다중의 선상배치를 보이거나, 면적이 협소한 지대는 능선을 따라 복수의 주거지가 엇갈리게 열상의 배치(소사동 가지점, 이동)를 보이는 것이 특징이며 구릉 정상부에는 기능(광장?)이 다른 복수의 공지를 형성하기도 한다.

역삼동유형의 취락은 주로 전기 후반~중기로 편년되는데 전기 후반에는 취락의 규모가 커지고 다양한 기능의 공간이 조성된다. 쌍송리는 이 단계 취락의 전형적인 모습을 보여주는데, 취락은 주거공간, 의례공간, 저장공간, 생산공간, 광장 등으로 구성되어 있다. 조사구역 내에서 확인된 의례공간(환호)이 중앙의 구릉 정상부에 입지하고, 주거공간은 북쪽(A)과 남쪽(B)의 두 지점에서 확인되었는데, 조사되지 않은 북서쪽의 구릉에도 또 다른 주거공간이 형성되었을 것으로 판단된다. 주거공간은 각각 2개 단위의 주거군으로 구성되며, 남쪽의 주거군을 제외하면 각각의 주거군은 대형의 세장방형 주거지(6·26·33호)를 중심으로 분포한다. 북쪽(A)의 주거공간 남쪽으로는 광장과 같은 공지가 형성되어 있고 남쪽 사면 양측에 수혈유구로 구성된 저장공간과 소성유구로 구성된 생산공간이 분리되어 있어 취락내 기능에 따른 공간 분할이 명확하게 이루어져 있다.

중기에도 유사한 양상이 확인되지만 취락의 규모는 축소되는 경향인데, 이동유적은 조사된 면적이 협소하여 소규모로 확인되었지만 주거공간과 공지로 구성된 취락구조를 보이고 있다. 주거공간은 모두 세

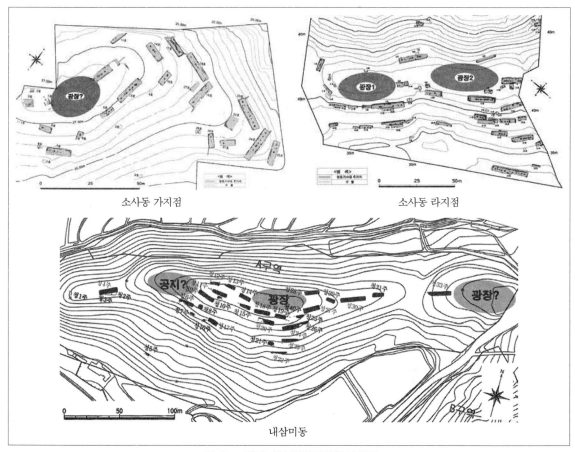

소사동 가지점   소사동 라지점

내삼미동

그림 13 _ 경기지역 역삼동유형의 취락

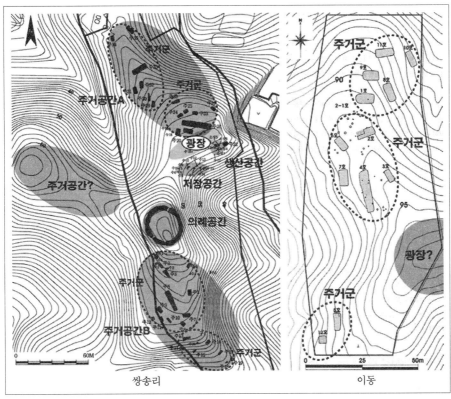

그림 14 _ 경기지역 역삼동유형의 취락

주거군으로 구성되며 남동쪽의 구릉 정상부에 공지가 형성되어 있어 광장이나 의례공간으로 활용되었을
가능성이 있다.

3) 송국리유형의 취락

송국리유형의 취락은 다수의 유적에서 주거지가
확인되었지만 대부분 1~3기 정도의 소규모로 구성
되고 취락의 구조가 단순하다. 가장 많은 주거지가
확인된 유적은 소사동 가지구로, 평면이 원형인 것
(4·26호)과 말각방형인 것(13·15호)이 각각 2기
씩 구릉 정상부에 남북방향으로 선상에 가까운 배
치를 보인다. 4호와 26호 사이는 공지(광장?)를 이
루며 주변에서 관련유구는 확인되지 않았다.

송국리유형과 관련이 있는 반송리식주거로 구

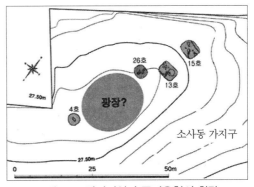

그림 15 _ 경기지역 송국리유형의 취락

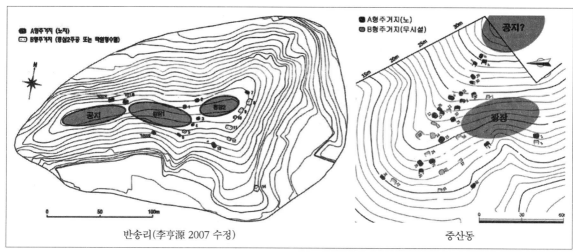

반송리(李亭源 2007 수정)   중산동

그림 16 _ 경기지역 반송리식주거지의 취락

성된 취락의 구조를 파악할 수 있는 유적은 반송리와 중산동(3지역)이 대표적이다. 반송리는 17기의 주거지가 A형과 B형 주거지로 구분되고, 구릉 정상부의 공지를 크게 두 구역으로 나눠 광장을 조성한 것으로 판단(李亭源 2007, 181~186쪽)하고 있다. 반송리에서는 석창, 석촉, 선형석기 등 자색 셰일제 석기가 B형 주거지에서만 출토되고 있는 점으로 볼 때 공방주거지의 가능성이 높다고 할 수 있다. 중산동은 34기의 주거지에 수혈식노가 설치된 A형 주거지(22기)와 내부에 시설이 없는 B형 주거지(12기)로만 구성된 취락이다. B형 주거지는 별다른 특징은 없지만 일반적인 주거의 기능과는 다른 창고나 공방의 가능성이 높다. 취락 중앙의 남쪽에 광장과 같은 공지가 형성되어 있고, 취락의 동남쪽 구릉 정상부에 기능(의례?)이 다른 공지의 가능성이 있다.

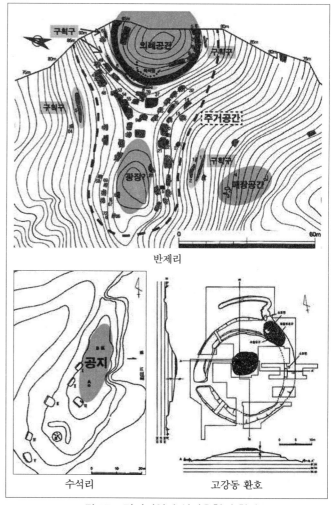

반제리

수석리   고강동 환호

그림 17 _ 경기지역 수석리유형의 취락

4) 수석리유형의 취락

수석리유형의 취락은 구조를 알 수 있는 유적으로 수석리와 반제리가 있다. 수석리는 관련유구가 확인되지 않은 소규모의 취락이지만 공지가 형성된 구릉 정상부의 남서쪽 사면에 등고선을 따라 선상의 주거배치를 보이고 있다.

대규모 복합유적인 반제리는 구획시설(구상유구)에 의해 의례공간(환호, 자연제단, 목책열), 주거 · 저장공간(주거지, 수혈유구), 매장공간(분묘) 등으로 취락의 공간 분할이 명확하게 이루어져 있다. 취락의 구조를 자세히 살펴보면 동쪽의 구릉 최정상부에 환호와 목책열이 조성되고 외곽의 구상유구를 경계로 서쪽 하단 능선을 따라 다중의 선상으로 주거지가 배치되어 있다. 주거군의 능선 정상부에는 광장과 같은 공지가 형성되어 있으며, 주거군 외곽으로 구상유구가 경계를 이루고 있다. 이들 구상유구 외곽의 남쪽 능선 하단에는 분묘군이 조성되어 있다.

수석리유형의 취락은 반제리를 비롯하여 고강동에서도 유사한 성격의 환호가 조사되었고, 수원 율전동과 서둔동, 파주 당하리, 화성 동학산과 고금산, 화산 등 많은 유적에서 환호가 확인되어 기본적으로 경기지역 수석리유형 취락의 특징은 환호취락이라고 할 수 있다.

2. 강원 영서지역

1) 미사리유형의 취락

미사리유형의 취락은 조기의 취락으로 구조를 파악할 수 있는 유적으로는 외삼포리, 철정리Ⅱ, 아우라지 등이 해당된다. 일반적으로 주거지는 2~3기 정도의 단위로 선상구조를 보이는 것이 특징인데, 조기 후반의 철정리Ⅱ와 아우라지는 이러한 단위가 복수로 구성된 대규모 취락을 형성한다. 취락은 중 · 대형의 주거지로 구성되는 것이 일반적이지만 철정리Ⅱ(A-12 · 13 · 26호)와 아우라지(11호)는 소규모의 주거지도 존재한다. 취락과 관련된 유구는 철정리Ⅱ에서 수혈유구 1기(A-66호)만 확인될 정도로 구성이 단순한 양상이다.

2) 역삼동유형의 취락

역삼동유형의 취락은 북한강유역에만 분포하는 전기의 취락으로 용암리, 거두2지구, 신매리(주차장부지) 등이 대표적이다. 소규모 취락의 경우 면상구조를 보이며, 대규모 취락은 다면구조를 보인다. 전기 전반으로 편년되는 취락은 많지 않은데 대표적인 유적은 거두2지구로 역삼동식 A주거지와 B주거지가 공존하는 면상구조를 보이며 소수의 수혈유구로 구성되어 있다. 전기의 취락구조를 보이는 용암리는 2~3개 단위의 주거군으로 구성되는데 대형의 세장방형주거지(77 · 93 · 115호)가 일정 간격으로 취락 중앙에 위치하고 주변으로 중 · 소형의 주거지가 분포하는 양상이다. 전반적으로 취락은 주거지와 수혈유구 정도로 구성되어 단순한데 우두동, 철정리Ⅱ, 외삼포리 등의 유적에서는 석관묘나 석곽묘 1기 정도가 취락 주

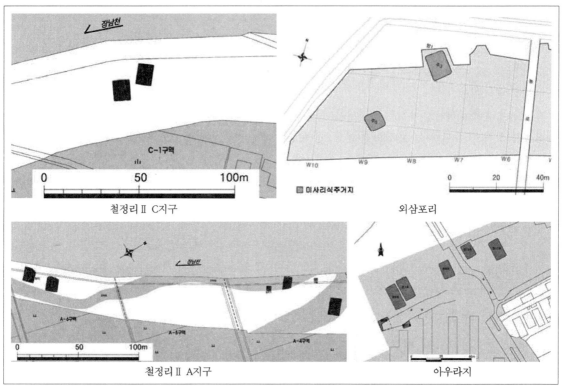

그림 18 _ 강원 영서지역 미사리유형의 취락

변에 독립적인 분포 양상을 보이지만, 천전리 A지역에서는 주구묘가 군집을 이루고 주거공간과 구분된 매장공간을 형성하기도 한다.

3) 조동리유형의 취락

조동리유형의 취락은 남한강유역에만 분포하고 전기~중기로 편년되며 조동리, 아우라지, 태장동, 가현동, 문막리 등 많은 유적에서 취락의 구조를 파악할 수 있다. 문막리와 태장동, 아우라지 등은 면상구조를 보이는데 가현동의 경우 중앙의 공지를 중심으로 2개의 주거군으로 구성되는 多面구조의 특징을 보이기도 한다. 취락의 구성은 전반적 단순한데 조동리는 대형인 9호를 중심으로 주변에 일정 간격을 두고 중소형의 2·3·4·7·8호가 분포하는 양상이다. 규모(소형-다량의 유물)와 내부시설(무시설)로 볼 때 창고와 같은 수혈유구로 판단되는 1호와 6호가 취락 내측에 위치하고, 성격은 명확하지 않지만 취락의 남동쪽에 다수의 움(수혈유구)과 도랑이 밀집되어 분포하는 양상이다. 주거군 주변에 다수의 공지가 있지만 광장과 같이 기능을 파악할 수 있는 것은 명확하지 않다. 조동리유형의 취락은 전기 후반부터 주변에 주구묘(종부리)와 석관묘(아우라지), 석곽묘(아우라지) 등의 묘제가 등장하지만 군집양상은 없이 모두 1기씩만 독립적으로 확인되는 양상이다.

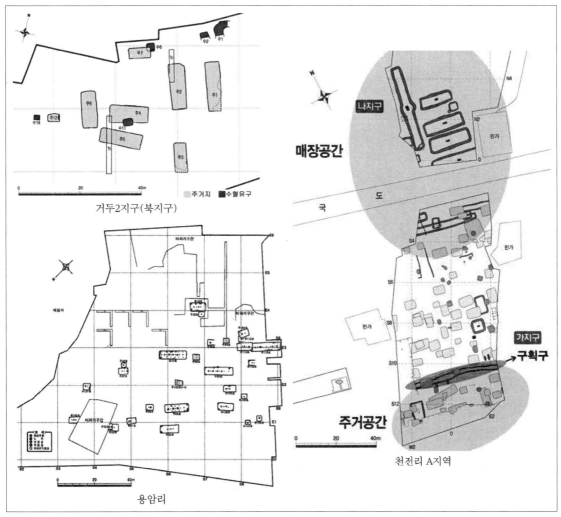

거두2지구(북지구)

용암리

천전리 A지역

그림 19 _ 강원 영서지역 역삼동유형의 취락

4) 천전리유형의 취락

용암리, 천전리, 우두동, 거례리, 달전리 등 북한강유역의 많은 유적이 천전리유형의 취락에 해당되는데 대규모로 형성되는 경향이다.[2] 취락은 다면구조를 보이며 수혈유구, 굴립주유구, 토광묘, 지석묘, 석관묘, 함정, 경작유구 등 구성 요소가 다양하다. 용암리유적은 천전리유형 취락의 대표적인 유적으로, 조사구역 서반부에 다수의 주거군이 구성되어 다면구조를 보이고, 주거군 남쪽 공지에 굴립주유구가 밀집되어 저장공간을 형성하고 있다. 주거군의 남서쪽으로 토광묘군의 매장공간, 주거군 북쪽의 공지는 광장으로 추정되고, 북서쪽에 또 다른 공지가 분포하고 있다.

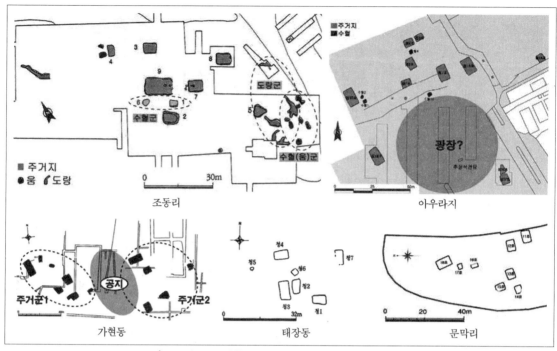

그림 20 _ 강원 영서지역 조동리유형의 취락

그림 21 _ 용암리유적의 취락 구조

천전리유적은 공간 이용방식의 차이를 뚜렷하게 보여주는 대표적인 유적으로 A지역의 주거공간(주거지), 저장공간(굴립주유구, 수혈유구), 매장공간(지석묘)과 B지역의 생산공간(경작유구), 수렵공간(함정)으로 구분된다. 주거공간의 주거지도 일반 주거와 공방의 성격으로 구분되며, 매장공간도 전기 후반과는 달리 주구묘에서 지석묘로 바뀌고 위치도 변화되는 양상을 파악할 수 있다. 천전리유형의 취락은 규모가 다소 축소되지만 철정리Ⅱ나 남한강유역의 문막리와 같이 후기까지도 이어진다.

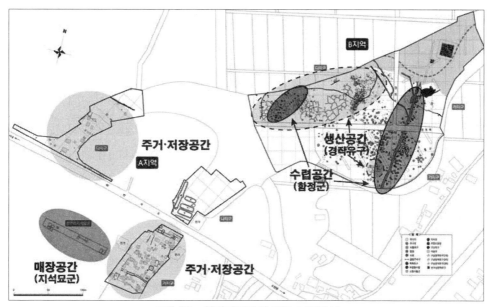

그림 22 _ 천전리유적의 공간 이용방식

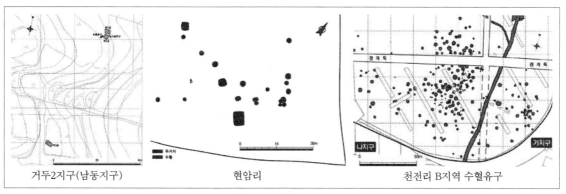

| 거두2지구(남동지구) | 현암리 | 천전리 B지역 수혈유구 |

그림 23 _ 강원 영서지역 수석리유형의 취락

5) 수석리유형의 취락

　수석리유형의 취락은 북한강유역의 현암리, 거두2지구가 대표적이고 남한강유역에서는 주거지(법천리 23호)와 관련 유구(영월 삼옥리Ⅲ지구 26·28·33호 수혈유구)가 일부 확인되었지만, 취락의 구조를 알 수 있는 유적은 없다. 북한강유역의 수석리유형의 취락은 다른 지역에 비해 낮은 구릉을 중심으로 분포하는 특징이 있고, 현암리(55·56·57호)와 같이 충적지에 분포하기도 한다. 취락의 구성 요소는 단순한데 모두 소수의 주거지로 구성되어 선상의 배치를 보이며 취락의 규모가 작다. 평지에 입지한 현암리는 주변에 다수(19기)의 원형수혈유구가 분포하는 특징이 있고, 주거지는 확인되지 않았지만 천전리 B지역에서는 약 200기 이상의 수혈유구가 확인되었기 때문에 대규모 취락의 존재 가능성도 있다.

IV. 취락의 변천 양상

1. 경기지역

경기지역의 조기는 충적지를 입지로 하여 미사리유형의 취락이 중심을 이루는데 전반에는 미사리, 후반에는 대성리, 연하리, 정문리 등의 유적이 형성된다. 주거지는 대형이 중심이고 취락은 소규모의 선상구조이며, 구성은 단순한데 수혈유구가 관련시설로 확인되는 정도이다. 한편, 조기 후반에 구릉을 중심으로 운양동유적과 같은 취락이 등장하는데 규모가 다소 커지며 주거군 사이에 공지를 형성하기도 하지만 구성은 역시 단순하다.

전기 전반에는 미사리유형의 취락은 사라지고 운양동유적과 같은 소형주거지로 구성된 취락이 주를 이루는데, 전반적으로 이중구연계가 중심을 이루면서 팽이형계, 복합문계, 공렬문계 등 다양한 요소가 혼재하고 있다. 여전히 취락은 소규모이고 구성 요소는 단순한데 신봉리와 같은 유적은 5~7기 정도의 주거 구성을 보이고 있다. 부곡동유적과 같은 대형주거지나 역삼동식주거지도 일부 확인되지만 취락을 형성할 정도는 아니다.

전기 후반에는 역삼동유형의 취락이 중심을 이루며 규모가 커지고 다양한 요소가 등장하기 시작한다. 취락은 주거공간을 비롯하여 저장공간(수혈유구, 굴립주유구), 생산공간(소성유구), 광장 등 다양하게 구성된다. 쌍송리에 한정되지만 취락 내에 의례공간인 환호가 조성되기도 하고, 안성 만정리Ⅱ와 같이 취락 주변에 분묘(지석묘)가 조성되기도 한다.

중기는 기존의 역삼동유형의 취락이 이어지지만 전기에 비해 소규모이고 취락의 구성도 단순해진다. 평택 수월암리나 안성 만정리 신기에서는 군집묘를 형성하기도 한다. 이 단계에 경기 남부지역은 송국리유형의 취락과 반송리식주거지로 구성된 취락이 확인되는데, 송국리유형의 취락은 2~4기 정도의 소규모이고 구성도 단순하지만 반송리식주거지의 취락은 비교적 대규모로 형성되고 공방의 성격을 지닌 다수의 주거가 취락을 구성하는 특징이 있다.

후기는 수석리유형의 취락으로 대표되는데 구릉을 중심으로 환호취락이 발달하게 된다. 대규모이고 구성이 다양한 반제리를 제외하면 대부분 소규모이거나 주거지가 확인되지 않는 경우도 많지만 다수의 유적에서 다양한 기능의 환호가 조성된다.

2. 강원 영서지역

영서지역의 조기 취락은 미사리유형의 취락이 중심을 이루는데 북한강유역은 전반부터 등장하지만 남한강유역은 후반부터 형성된다. 전반에는 외삼포리, 철정리Ⅱ(C지구)와 같이 주거지가 2~3기의 단위로 구성되어 선상구조를 보이지만, 후반에는 아우라지나 철정리Ⅱ(A지구)와 같이 이러한 단위의 주거군이 복수로 구성되는 취락으로 발전한다. 취락의 구성은 단순한데 1기 정도의 수혈유구가 관련시설로 확인되는 정도이다.

전기의 북한강유역은 전반적으로 역삼동유형의 취락이 중심을 이루는데 전반에는 미사리식주거지의 구조를 보이는 유적(금산리, 천전리121-16번지)도 확인되고, 역삼동유형의 취락은 소규모이지만 역삼동식 A주거지와 역삼동식 B주거지가 공존하는 양상을 보인다. 전반의 취락구조를 명확하게 알 수 있는 유적은 많지 않지만 거두Ⅱ지구는 면상구조를 보이며, 취락의 구성은 소수의 수혈유구가 확인되는 정도이다. 후반에 이르면 대형의 세장방형의 주거지를 중심으로 중·소형의 장방형의 주거지가 주변에 분포하는 양상이며, 수혈유구도 점차 증가한다. 취락의 규모가 커지고 다면구조의 양상을 띠게 되는데 여전히 구성은 다양하지 않다. 다만 취락 주변에 주구묘(천전리, 철정리Ⅱ), 석곽묘(철정리Ⅱ, 외삼포리), 석관묘(우두동) 등의 분묘가 조성되기 시작하고 주구묘는 대규모 묘역을 형성한다.

전기의 남한강유역은 조동리유형의 취락이 충적지를 중심으로 본격적으로 형성되고 취락구조는 전반과 후반이 큰 차이를 보이지 않는데, 소규모 취락은 면상구조를 보이고 대규모 취락은 다면구조를 보인다. 취락의 구성은 수혈유구가 확인되는 정도로 단순한 편인데 일부 유적(조동리)에서 수혈유구(움)와 도랑 등이 별도의 공간에 조성되기도 한다. 후반에는 취락 주변에 소수이지만 주구묘, 석곽묘, 석관묘 등의 다양한 묘제가 등장한다.

중기의 북한강유역은 천전리유형의 취락이 화천, 춘천, 가평 등의 지역을 중심으로 대규모로 발달한다. 취락은 다면구조를 보이는 유적이 많고 구성 요소도 다양해져 저장시설(수혈유구, 굴립주유구), 공방시설이 별도의 공간에 조성되고, 취락 인근에 지석묘군을 형성한다. 이 단계에 취락 간의 위계가 발생하여 천전리와 같은 중심 취락이 등장하게 된다. 남한강유역은 전기부터 이어져 온 조동리유형의 취락은 쇠퇴하여 유적의 수가 감소하고 취락의 규모도 다소 축소된다.

후기에는 재지의 천전리유형 취락과 외래의 수석리유형 취락이 지역을 달리하여 공존하는 양상을 보인다. 천전리유형의 취락은 북한강유역의 철정리Ⅱ유적과 남한강유역의 문막리유적이 대표적이다. 전단계에 비해 취락의 규모는 작아지고 구성도 단순해지며, 전체적으로 주거지의 방형화 경향을 보인다. 수석리유형의 취락은 북한강유역에서 거두리2지구와 현암리 등이 구조를 파악할 수 있는 정도이다. 이 지역 후기의 취락은 다른 지역과 달리 구릉과 충적지 모두에 형성되고, 특히 현암리의 수혈유구와 천전리 B지역 수혈유구의 존재로 볼 때 대규모 취락의 존재 가능성도 있다. 남한강유역 수석리유형의 취락은 관련 유구가 일부 확인되기도 하지만 취락의 구조를 파악할 수 있는 정도는 아니다.

Ⅴ. 취락의 지역상

중부지역 청동기시대 취락은 시기와 지역에 따라 다양하고 복잡하다. 취락은 등장 당시 유입된 주거문화의 계통에 따라 지역별로 상이한 전개과정을 거치게 되는데 각각의 지역적 특성이 반영되어 다양한 변화양상과 적응방식을 보인다. 주거구조와 출토유물의 차이에 의한 계통차에 따라 각기 다른 등장, 발전,

쇠퇴의 과정을 거치는데, 지역별로 어느 정도 시차를 두고 등장하며 다양하게 전개되는 양상이고, 시간이 흐르면서 지역적 독자성이 점차 강해진다.

중부지역은 이른 단계부터 돌대문계의 미사리유형 취락이 형성되고, 남한 내에서도 가장 집중되어 핵심이 되는 지역이다. 돌대문계 취락의 등장 이후 이중구연계, 복합문계, 팽이형계, 공렬문계 등 다양한 계통의 취락이 형성되고, 상호 교류에 의해 복합되거나 융합되기도 한다. 중기에 이르면 이러한 다양한 계통의 취락이 지역적 환경에 적응하여 공렬문계의 역삼동유형과 조동리유형, 천전리유형의 취락으로 통합되는 양상을 보이고, 경기 남부지역에서는 송국리유형과 반송리식주거지의 취락이 확인되기도 한다. 후기에는 일부지역에서 재지의 양상이 지속되기도 하지만 새로이 형성된 수석리유형의 취락이 중심이 된다. 강원 영서지역의 수석리유형의 취락은 다른 지역과 달리 구릉에서 충적지로 확산된 양상을 보이기도 하며, 경기지역은 환호취락이 발달하게 된다.

중부지역의 청동기시대 주거지는 조동리식, 천전리식, 용암리식, 반송리식 등 중부지역에서 특징적으로 확인되는 주거 구조가 있는 반면, 남부지역의 일반적인 양상을 보이는 송국리식주거지는 경기 남부지역을 중심으로 소규모로 확인되는 특징이 있다. 중부지역의 청동기시대 취락은 남부지역에 비해 취락의 규모가 크고 밀집도가 높은 유적이 적지 않지만, 취락의 전모를 알 수 있는 유적의 조사 사례가 많지 않고, 취락의 구성도 다양하지 않은 편이다. 특히 경기지역은 구릉에 조사가 집중되어 자연제방과 같은 충적지나 곡저지 등에 대한 조사가 미진하여 경작유구를 비롯한 다양한 성격의 유구가 조사되지 않았고, 대규모 분묘군의 존재도 거의 확인되지 않았다. 강원 영서지역은 충적지에 대한 조사가 활발한 편이지만, 좀 더 넓은 범위의 자연제방(후사면이나 전사면)과 곡저지, 구릉 등에 대한 조사가 드문 편이다. 이와 같이 중부지역은 남부지역에 비해 취락의 구성 요소가 다양하지 않고 조사지역이 제한적이어서 취락의 구조 분석이나 복원은 물론, 취락간의 위계나 네트워크에 대해 접근이 어려운 실정이다.

---

1) 송만영(2013, 15~19쪽)은 조동리유형이 미사리유형을 계승한 것으로 파악하고 공간적 범위를 남한강은 물론 북한강유역까지 광범위하게 보지만, 송만영이 지칭한 북한강유역의 조동리유형에 해당된다고 보는 화천 용암리, 춘천 우두동, 홍천 외삼포리와 철정리Ⅱ 등은 남한강유역의 조동리식주거와는 평면형태와 구조에서 차이를 보이므로 본 글에서는 남한강유역의 주거지로 한정하고자 한다.

2) 현재(2014) 춘천의 중도에서 대규모 청동기시대 취락의 조사가 실시되고 있는데 900기가 넘는 주거지의 대부분이 천전리식주거지이거나 관련 시기의 주거지로 확인되었으며, 이 시기로 추정되는 대규모 환호와 지석묘(석관묘 포함), 수혈유구, 고상건물지 등도 조사 중에 있어 추후 결과가 주목된다.

참고문헌

金權中, 2004, 「北漢江流域 靑銅器時代 住居 類型과 中期 設定 試論」 『文化史學』 22, 韓國文化史學會.

金權中, 2005, 「北漢江流域 靑銅器時代 住居址 硏究-龍岩里 · 泉田里遺蹟을 中心으로」, 檀國大學校 大學院 碩士 學位論文.

金權中, 2008, 「江原 嶺西地域 靑銅器時代 住居址와 聚落 構造의 變遷」 『한일취락의 연구 -생산유적과 취락유적』, 한일취락연구회 제4회 공동연구회 발표요지.

김권중, 2009, 「춘천지역의 청동기시대 중심취락과 취락간 관계」 『청동기시대 중심취락과 취락 네트워크』, 한국 청동기학회 취락분과 제2회 워크숍 발표요지.

金權中, 2010, 「청동기시대 중부지방의 시 · 공간적 정체성」 『중부지방 고고학의 시 · 공간적 정체성(Ⅰ)』, 2010년 중부고고학회 정기학술대회, 중부고고학회.

金權中, 2012, 「江原嶺西地域における靑銅器時代集落の編年と變遷」 『日韓集落の硏究』, 日韓集落硏究會.

김한식, 2006, 「경기지역 역삼동유형의 정립과정」 『고고학』 5-1, 서울경기고고학회.

나건주, 2009, 「송국리유형 형성과정에 대한 검토」 『고고학』 8-1, 서울경기고고학회.

宋滿榮, 2001, 「南韓地方 農耕文化形成期 聚落의 構造와 變化」 『韓國 農耕文化의 形成』, 제25회 한국고고학전국대회 발표요지.

송만영, 2007, 「남한지방 청동기시대 취락구조의 변화와 계층화」 『계층사회와 지배자의 출현』, 한국고고학회 창립 30주년 기념 한국고고학전국대회 발표요지.

宋滿榮, 2010, 「중부지방 청동기시대 중기 편년의 재검토」 『中央考古硏究』 7, 中央文化財硏究院.

宋滿榮, 2011, 「中部地方 粘土帶土器 段階 聚落 構造와 性格」 『韓國考古學報』 80, 韓國考古學會.

송만영, 2013, 「欣岩里式 土器 發生의 再檢討」 『韓國上古史學報』 79, 韓國上古史學會.

이형원, 2006, 「泉川里 聚落의 編年的 位置 및 變遷」 『華城 泉川里 靑銅器時代 聚落』, 한신대학교박물관.

李亨源, 2007, 「盤松里 靑銅器時代 聚落의 構造와 性格」 『華城 盤松里 靑銅器時代 聚落』, 한신대학교박물관.

李亨源, 2011, 「中部地域 粘土帶土器文化의 時間性과 空間性」 『湖西考古學』 21, 호서고고학회.

이형원, 2012, 「중부지역 신석기~청동기시대 취락의 공간 구조와 그 의미」 『고고학』 11-2, 중부고고학회.

제3장
호서지역

현대환 한국고고환경연구소

Ⅰ. 지역개관

호서지역은 충청남·북도를 일컫는 공간적 범주로 남한의 중앙부에 해당되며, 서해안과 접하여 있고 아산만과 금강변에 넓은 충적지가 형성되어 있어 선사시대 이래 인간이 거주하기 좋은 지형여건을 갖추고 있다. 호서지역에서는 1990년대부터 활발한 고고학적 조사가 이루어지면서 여러 유형의 청동기문화가 확인되기 시작하였다.

청동기시대 전기의 취락은 차령산맥을 기준으로 북쪽에 해당되는 아산만권역과 남쪽의 금강권역으로 문화상이 나뉘는데, 천안-아산을 중심으로한 아산만권역은 경기 남부지역과 함께 역삼동·흔암리유형의 대규모 취락이 분포하고 있으며, 청주-청원-대전 지역을 중심으로한 금강권역에서는 가락동유형 중심의 취락이 확인되고 있다. 중기의 취락은 아산만과 서해안을 중심으로 송국리유형과 휴암리식주거지가 다수 분포하고 있어 송국리유형의 형성과 관련된 연구가 지속되면서 한반도 청동기시대의 문화상을 이해하는 데 중요한 위치를 차지하고 있다. 근래에는 금강과 그 지류의 충적지를 중심으로 청동기시대 조기로 편년되는 미사리유형까지 조사되면서 더욱 다양한 고고학적 접근이 이루어지기 시작하였다. 반면 원형점토대토기 단계의 수석리유형은 현재까지 제한된 유적에서만 확인되고 있는 특징을 보이고 상대적으로 그 연구성과도 적은 편이지만, 원형 송국리식주거지에서도 원형점토대토기가 출토되면서 재지세력과 이주세력에 대한 검토도 함께 진행되어 왔다.

본장에서는 이러한 호서지역 취락의 구조와 변화상을 중심으로 검토하고자 한다. 다만 시기구분에 있어서 미사리유형과 가락동유형의 연대는 큰 차이를 보이지 않아 조기와 전기를 따로 구분하지 않고 미사리유형의 특성을 감안하여 조기~전기, 중기, 후기로 구분하였다.

Ⅱ. 주거지의 구조와 성격

1. 조기~전기

호서지역의 청동기시대 조기와 전기의 문화상은 각목돌대문토기와 미사리식이중구연토기로 대표되는 미사리유형, 이중구연단사선문토기로 대표되는 가락동유형, 공렬토기의 역삼동유형, 역삼동유형과 가락동유형이 공반되는 흔암리유형(李淸圭 1988, 41쪽)이 중심을 이루고 있다. 이들 각 유형의 공간적 분포상은 차령산맥을 기준으로 서북부에 해당되는 아산만지역의 역삼동·흔암리유형과 남동부에 해당되는 금강 중상류지역 중심의 미사리유형, 가락동유형으로 구분된다.

1) 미사리유형

미사리유형은 증평 송산리, 연기 대평리, 대전 원신흥동유적에서만 확인되고 있으며, 금강을 포함하여 그 지류인 미호천과 갑천 유역의 충적지에 입지하고 있다. 특히 대평리유적 3개 지점에서 주거지가 조사되었는데, 주거지의 특징으로는 방형과 장방형의 평면형태에 석상위석식이나 위석식, 무시설식 노가 설치되어 있으며, 일부 주거지에서 초석이 확인되기도 하였다. 유물상에서는 구연부를 전주하는 각목돌대문토기의 출토량이 적고, 상대적으로 절상돌대문토기나 미사리식이중구연토기의 비중이 높다(玄大煥 2012, 22쪽). 대평리유적에서 주로 출토되는 미사리식이중구연토기는 소위 상마석계이중구연토기(安在晧 2010, 23쪽)로 이중구연의 폭이 좁고 두께가 두꺼워 돌출도가 명확한 것이 특징이며, 가락동식토기의 이중구연과는 확연하게 구분된다.

이외에도 미사리식이중구연토기가 출토된 취락은 청원 대율리유적이 있다. 대율리유적은 흔암리유형(孔敏奎 2005, 60쪽)이나 가락동유형(李亨源 2007, 41쪽)의 범주에 포함시키기도 하였으나 유물상이나 주거지의 구조, 환호의 설치 등을 근거로 중국 동북지방의 이주민이 건설한 것으로 보고 있다(安在晧 2009, 69쪽; 孔敏奎 2011, 55쪽). 이러한 미사리식이중구연토기는 각목돌대문토기와 공반하고 있어 청동기시대 조기의 문화상이 중국 동북지방 내지는 압록강유역 중심의 한반도 서북지방과 밀접한 관련이 있는 것으로 보고있다(千羨幸 2005, 84쪽·배진성 2010, 61쪽).

2) 가락동유형

가락동유형은 기원지와 관련하여 압록강유역이나 대동강-청천강유역의 한반도 서북지역과 밀접한 연관이 있는 것으로 보이며(朴淳發 1999, 85쪽; 金壯錫 2001, 59쪽), 충청북도의 청주·청원·진천·음성·보은과 대전, 충남의 연기·공주·계룡·금산, 즉 차령산맥 이남의 금강 중상류지역을 중심으로 분포하고 있다. 주거지는 대부분 구릉에 입지하는 것이 일반적인데, 대전 방동뜰유적은 두계천의 하안단구에 위치하고 있다.

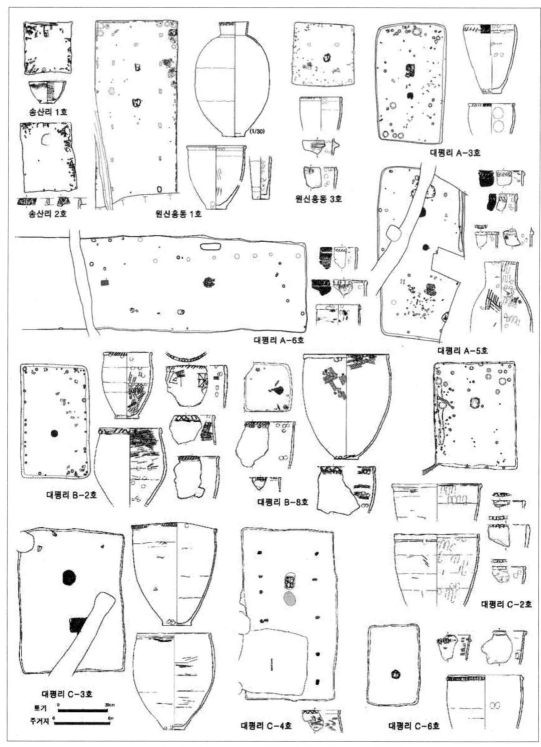

그림 1 _ 호서지역의 미사리유형(주거지 1/400, 토기 1/15)

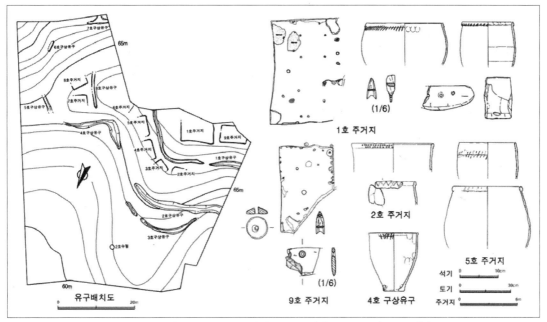

그림 2 _ 청원 대율리유적의 주거지와 유물(주거지 1/400, 토기 1/15, 석기 1/10)

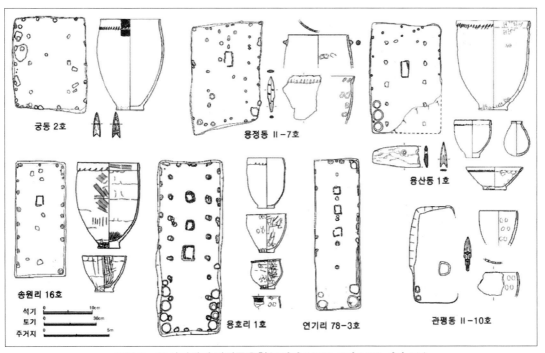

그림 3 _ 호서지역의 가락동유형(주거지 1/300, 토기 1/15, 석기 1/8)

주거지의 평면형태는 방형과 장방형, 세장방형이 모두 확인되며, 내부시설은 위석식노지와 초석, 저장공, 벽구, 벽주 등이 설치되어 있다(李亨源 2001, 133쪽; 孔敏奎 2003, 8쪽 · 2014, 10~11쪽). 노는 대부분 1~2개가 설치되지만 4개까지 설치되는 경우도 있고, 위석식 이외에 수혈식 내지는 무시설식도 확인된다. 초석은 1열괴 2열의 배치가 특징이지만 3열의 예가 확인되기도 한다(孔敏奎 2014, 10쪽). 한편, 가락동유형의 전통인 위석식노 대신 무시설식이 설치되고 주거지가 소형화되거나(송담식주거지), 위석식과 무시설식이 함께 설치된 세장방형주거지(하당식주거지)도 확인되는데, 이는 가락동유형의 마지막 단계, 즉 쇠퇴과정에서 발생하는 것으로 보인다(孔敏奎 2013, 157쪽).

3) 역삼동 · 흔암리유형

역삼동 · 흔암리유형의 주거지는 장방형과 세장방형이 일반적이며, 수혈식, 또는 무시설식노지, 저장공 등이 확인되고(宮里 修 2005, 52쪽), 경우에 따라 벽구나 배수로가 설치되기도 한다. 노지는 주거지 규모에 따라 상대적 차이를 보이는데 적게는 1~2개에서 많게는 천안 불당동유적 Ⅱ지역 2호 주거지와 같이 10개 내외로 다수가 설치되는 경우도 있다.

역삼동식토기는 공렬문 및 구순각목문이 시문된 심발형토기와 구순각목문 혹은 문양이 시문되지 않은 호형토기로 대표되며, 흔암리식은 역삼동식으로 구분되는 공렬문과 구순각목문, 가락동식토기인 이중구연단사선문토기가 공반되거나, 두 유형의 문양 속성이 복합되어 나타나는 토기군을 의미한다(李淸圭 1988, 41쪽). 공렬토기는 함경북도를 중심으로한 동북지역의 주민이 남하하여 파급된 것으로 보아 왔으며(李白圭 1974, 92쪽), 동북지역의 공렬토기를 바탕으로 서북지역의 석기문화가 접촉하면서 형성된 것이 역삼동유형이고, 흔암리유형은 역삼동유형이 가락동유형과 서로 공존하는 단계를 거치면서 한강유역 및 서해안 중부지역에서 만나 형성된 것으로 보았다(이청규 1988, 66쪽). 이후, 원산만일대의 동해안지역

표 1 _ 호서지역 조기~전기 문화형의 특징

특징 유형	평면형태	노지	기타시설	대표유물	
				토기류	석기류
미사리유형	방형 장방형	석상위석식 위석식 무시설식	초석 주공	각목돌대문 절상돌대문 미사리식이중구연	장방형석도 삼각만입형석촉
가락동유형	방형 장방형 세장방형	위석식 무시설식	초석 주공 저장공	이중구연단사선문	이단병식석검 유혈구석검 삼각만입형석촉 이단경식석촉
역삼동 · 흔암리유형	장방형 세장방형	수혈식 무시설식	주공 저장공	이중구연단사선문+공렬문 이중구연단사선문공렬문	이단병식석검 유혈구석검 삼각만입형석촉 이단경식석촉

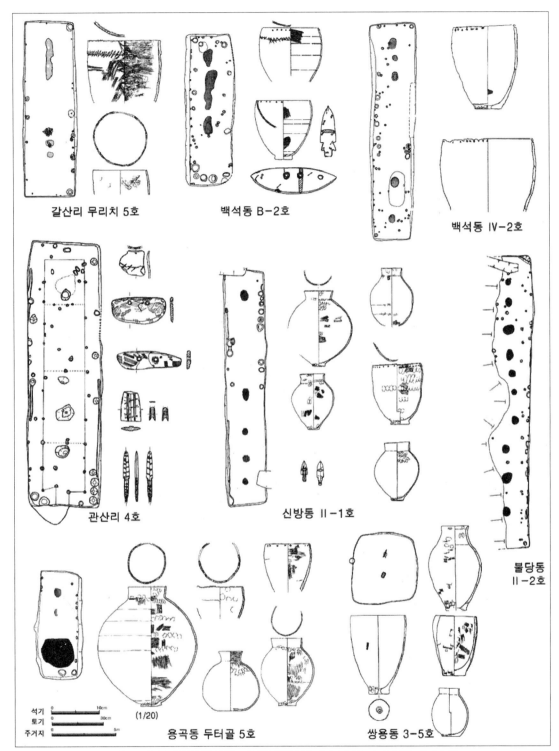

갈산리 무리치 5호

백석동 B-2호

백석동 IV-2호

관산리 4호

신방동 II-1호

불당동 II-2호

석기
토기
주거지

(1/20)

용곡동 두터골 5호

쌍용동 3-5호

그림 4 _ 호서지역의 역삼동 · 흔암리유형(주거지 1/300, 토기 1/15, 석기 1/8)

에서 압록강유역의 신암리 제2문화의 이중구연요소와 두만강유역의 반관통공렬 및 적색마연토기 요소가 복합되는 과정에서 흔암리유형이 형성된 것으로 보기도 하였다(朴淳發 1999, 89쪽). 하지만 흔암리유형을 역삼동식 토기 집단의 일부로 가락동식 토기 집단이 일시적으로 유입되면서, 국지적이고 동시다발적으로 발생한 현상으로 별개의 집단(유형)으로 분류하기 어렵고(金壯錫 2001, 61~62쪽), 토기상의 차이를 제외하면 석기나 주거구조가 역삼동유형과 동일한 양상을 보이고 있어 하나의 유형으로 보기보다 양 유형을 "역삼동·흔암리유형"으로 묶어 보기도 한다(李亨源 2002, 10~11쪽).

호서지역에서 확인되는 조기~전기 주거지의 연대는 미사리유형이 절대연대상 기원전 14세기부터 11세기까지 지속되고(玄大煥 2012, 36쪽), 가락동유형은 대체로 기원전 13세기에서 기원전 9세기(李亨源 2007, 33쪽; 孔敏奎 2011, 50쪽; 許義行 2013, 52쪽), 역삼동·흔암리유형은 기원전 1300~800년(나건주 2013a, 164쪽), 기원전 12~9세기(李弘鍾·許義行 2010, 140쪽)로 편년된다.

2. 중기

호서지역의 청동기시대 중기문화는 송국리유형으로 대표된다. 송국리식주거지는 중앙부에 타원형수혈이 자리하며, 타원형수혈의 양쪽에 대칭하여 2개의 주공이 설치된 타원형주거지(安在晧 1992, 1쪽)로, 원형과 방형의 평면형에 타원형수혈이 설치된 주거지(휴암리식주거지), 타원형수혈은 갖추지 않았지만 송국리식토기가 출토되는 주거지를 모두 포함시키기도 한다(李弘鍾 2002, 81쪽).

송국리식주거지의 가장 큰 특징은 노지의 부재이다. 지금까지 조사된 일반적인 송국리식주거지에서는 노지가 확인되지 않고, 장방형의 평면형태를 보이는 해미 기지리유적 Ⅱ-12호 주거지에서 타원형수혈과 함께 노지가 설치된 예가 있다. 원형의 평면형태를 보이는 주거지 가운데 노지가 설치된 경우는 청주 봉명동 B-2호·논산 원북리 다-18호가 있지만 타원형수혈이 설치되어 있지 않다. 물론 송국리형주거지의 타원형수혈에 대한 기능적인 문제에 있어서 일부 노지로 볼 수 있는 주거지가 확인되기도 하며(李宗哲 2000, 50~52쪽; 김규정 2002, 16~18쪽), 평상시설 위에 모래함 같은 형태로 노지를 설치하였을 것으로 보기도 한다(李弘鍾 2003, 128쪽). 그 외에도 타원형수혈을 노지로 사용하였고 중심기둥은 점토를 발라 방재처리를 하였을 것이라는 견해(禹在柄 2006, 116쪽; 李亨源 2009, 93~94쪽)도 있다.

한편, 송국리식주거지 이외에 평면형태가 방형 내지는 장방형이며, 무시설식 내지는 수혈식 노지가 설치된 방형계주거지도 호서 전역에서 확인된다. 방형계주거지는 송국리식주거지와의 중복관계에 있어 선행하거나 후행하는 경우가 모두 확인되어, 선후의 차이는 있지만 시기차가 크지 않으며, 동시기에 병존하였던 것으로 보인다(玄大煥 2010, 54쪽). 이러한 병존의 양상은 송국리유적에서도 보이는데 방형계주거지가 원형의 송국리식주거지보다 선행하고 있으나(金吉植 1993, 128쪽·이동희 2014, 43쪽), 유구의 분포양상이나 유물상의 유사성 등으로 보아 시기차는 크지 않다(孫晙鎬 2007).

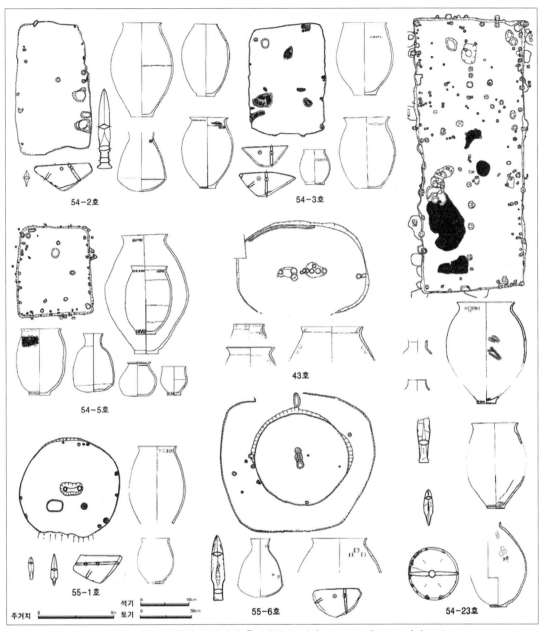

54-2호 54-3호

54-5호 43호

55-1호 55-6호 54-23호

주거지 석기 토기

그림 5 _ 송국리유적 주거지와 출토유물(주거지 1/200, 토기 1/15, 석기 1/8)

3. 후기

호서지역의 청동기시대 후기문화는 원형점토대토기문화로 대표되며, 주거지는 방형에 바닥 중앙부나 벽면에 치우쳐 노가 설치된 경우와 설치되지 않은 주거지, 송국리식주거지가 있다. 방형의 주거지는 수석리-연암산유형(李淸圭 1988, 74쪽), 또는 수석리유형(李亨源 2005, 16쪽)으로 불리는데, 호서지역의 대표 사례는 서해안의 보령 교성리유적이 있으며, 서천 추동리와 아산 대추리, 대전 용산·탑립동유적에서도 확인되었다. 교성리유적을 중심으로 수석리유형의 유물상을 살펴보면 원형점토대토기와 조합식우각형파수가 부착된 호형토기를 표식으로 하며, 서기는 유구석부와 삼각형석도, 삼각편평석촉이 대표적이지만, 유단석부, 반월형석도, 단인주상석부 및 양인석부가 공반되기도 한다.

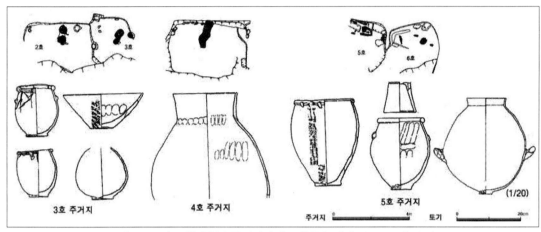

그림 6 _ 보령 교성리유적 주거지와 출토유물(주거지 1/200, 토기 1/12)

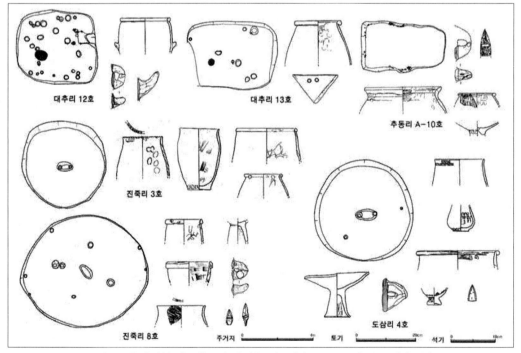

그림 7 _ 호서지역 점토대토기 관련유구(주거지 1/200, 토기 1/12, 석기 1/8)

원형점토대토기의 유입시기는 기원전 300년을 전후한 기원전 4세기 말에서 3세기 초로 보았으나(朴辰一 2000, 129쪽; 朴淳發 2003, 71쪽), 점토대토기가 출토되는 주거지의 절대연대 등을 참고하면 기원전 5세기를 상회하며(李亨源, 2005, 30쪽), 기원전 7세기 중반까지 올려보는 경우도 있다(田鎰溶 2006, 51쪽).

송국리식주거지에서 원형점토대토기가 출토된 유적은 보령 관창리·진죽리, 서천 도삼리·월기리, 공주 장원리, 대전 궁동·가오동·구성동, 공주 장원리, 부여 나복리유적 등이 있으며, 주로 남부 서해안지역과 차령산맥 이남의 금강유역을 중심으로 분포하고 있다. 따라서, 송국리유형의 늦은 단계와 교성리유적은 동시기에 해당되며, 송국리식주거지에서 점토대토기가 출토되는 유적은 재지민 주체에 외래요소가 수용된 경우, 교성리유적과 같이 점토대토기문화 중심에 송국리유형의 유물이 가미되는 예를 외래주체에 재지요소가 수용된 경우로 보고 있다(李亨源 2005, 24쪽)

Ⅲ. 취락의 입지와 구조

1. 취락의 입지

청동기시대 취락의 입지는 평지형·산지형·구릉형으로 크게 구분된다. 평지형은 하천 주변의 평지(충적지)에 형성된 취락, 산지형은 높은 산지의 사면이나 능선에 입지한 경우, 구릉형은 평지에 임한 저구릉지의 정상부에 입지하는 취락이다(安在皓 2000, 49~50쪽). 호서지역 역시 위와 같은 3개 유형의 입지가 확인된다.

표 2 _ 호서지역 평지형 취락 현황

유적명	지형환경	유구내용	중요유물	비고
증평 송산리유적	자연제방	신석기시대 야외노지 청동기시대 주거지	이중구연토기	신석기시대 후기~청동기시대 조기(미사리유형)
청주 정북동유적	자연제방	청동기시대 주거지	적색마연토기	청동기시대 전기(조기?)
청원 궁평리유적	미고지	청동기시대 주거지	적색마연토기 발형토기	청동기시대 전기(조기?)~중기
연기 대평리유적	자연제방	청동기시대 주거지	각목돌대문토기 이중구연토기	청동기시대 조기~전기 (미사리유형)
대전 원신흥동유적	자연제방	청동기시대 주거지	이중구연토기 절상돌대문토기	청동기시대 조기~전기 (미사리유형, 가락동유형)
대전 방동뜰유적	단구	청동기시대 주거지	이중구연단사선문토기	청동기시대 전기~중기 (가락동유형, 송국리유형)
청원 장대리유적	단구 or 자연제방	청동기시대 주거지	외반구연옹, 벌형토기	청동기시대 중기 (송국리유형, 방형주거지)

평지형 취락은 미사리유형으로 대표되는 취락으로 금강 본류를 비롯하여 미호천이나 갑천과 같은 지천의 충적지에 입지하여 있고 있으며, 이러한 입지의 차이는 전기의 다른 유형과 대별되는 것이 특징이다. 평지형은 현재까지 차령산맥 이남의 금강 중상류지역에만 분포하고 있으며, 미사리유형에서부터 송국리유형까지 확인되고 있어 그 시기는 조기~중기에 해당된다. 중기 취락 가운데 청원 장대리유적은 수로에서 농기구들이 출토되어 생업을 중심으로 취락의 입지가 우선시되었음을 보여주고 있다.

전기의 역삼동·흔암리유형은 산지형과 구릉형에 해당되는데 구릉형이 다수를 차지하고 있다. 구릉형은 당진 자개리, 보령 관산리, 천안 신방동유적, 산지형은 백석동과 용원리유적이 대표적이라 할 수 있다. 가락동유형은 표고차가 있지만 기본적으로 구릉형 입지를 채택하고 있다. 물론 높은 산지에서 분기된 가지능선에도 취락이 분포하지만, 역삼동·흔암리유형과는 달리 능선의 사면부에 주거지가 존재하지 않고, 구릉 정상부나 능선의 최정상부 평탄면을 이용하는 것이 특징이다(孔敏奎 2013, 108쪽).

교성리유적으로 대표되는 후기의 취락은 고산성입지와 구릉성입지를 들 수 있다. 현재까지 확인된 유적이 많지 않아 명확한 취락의 입지를 논하기 어렵지만 교성리유적 이외에도 대전 보문산성 동쪽 성벽 절개구간에서 원형점토대토기가 출토되어 고산성입지를 채택한 수성리유형이 잔존할 가능성이 있다. 반면 원형점토대토기가 출토되는 송국리식주거지는 구릉성입지를 보이고 있어 양 유형간의 차이를 알 수 있다. 교성리유적과 같은 고산성입지는 취락의 방어적 측면을 적극적으로 고려한 결과로 볼 수 있는데(權五榮 1997, 53~56쪽), 가경지를 선점하고 있던 선주민(송국리유형)과의 마찰을 피하기 위해 이주민(수석리유형) 집단이 산상의 고지에 취락을 형성한 것으로 보고 있다(李亨源 2005, 29쪽).

2. 취락의 구조

취락의 구성요소는 좁게는 주거지, 넓은 의미에서는 거주에 수반되는 토지, 도로, 수로, 공지 등을 포함하며(洪慶姬 1985, 23~24쪽), 여기에 무덤, 토지에 수반되는 경작지, 환호 등 인간의 거주를 통해 남긴 모든 것을 들 수 있다.

호서지역에서 확인된 청동기시대 취락의 구성요소는 조·전기에는 주거지와 수혈·공지·목책·환호·무덤 등이며, 중기에는 위 요소에 경작지와 수로가 추가된다. 후기의 취락은 현재까지 조사된 유적이 많지 않아 주거지 중심으로 확인되고 있다.

청동기시대 취락에 있어 주거지의 배치는 5가지 유형으로 구분되는데, 한 공간상에 주거지가 밀집 분포하지만 규칙성을 보이지 않는 괴촌형, 능선을 따라 주거지가 배치되거나 사면부에 등고선 방향으로 주거지가 배치되는 열촌형, 주거지 1~3기가 능선 혹은 사면에 점재되어 배치된 점촌형, 중앙부분을 공지로 남겨두고 그 주위에 주거지를 배치한 광장촌형, 취락의 중심공간이 존재하고 그 외곽으로 복수 이상의 주거군이 배치된 환촌형이 있다(이홍종 2007, 126쪽).

미사리유형의 대평리유적은 금강 남안에 형성된 자연제방에 분포하고 있으며, 3개 지점에서 미사리유형의 주거지 59기를 비롯하여 수혈유구와 목책이 확인되었다. B지점과 C지점의 주거군은 100m 정도 이격되어 있으며, 대부분 자연제방 정상부를 따라 주거지가 배치된 열촌형의 형태를 보인다. 대평리 취락에서는 주거지와 절대연대를 같이하는 목책열이 확인되었는데, C지점 주거군의 남서쪽을 2열로 감싸고 있는 형태이다. 대평리유적과 비슷한 시기에 조성된 대율리 취락에서는 환호가 확인되었는데, 구릉 정상부 및 사면부에 2~3중의 환호가 설치되고, 환호 내측과 사이에 주거지가 배치되는 광장촌 형태를 보인다.

가락동유형의 주거지 배치는 1~3기 내외의 주거지가 제한된 공간내에 조성된 단독점상취락(괴촌형)과 비교적 넓은 면적의 범위에 주거지가 산발적으로 조성된 분산점상취락(점촌형), 구릉의 정점을 따라 선상으로 배치되는 선상취락(열촌형), 구릉 사면으로 주거지의 입지가 넓혀지는 면상취락(광장촌형 또는 환촌형)으로 구분된다(공민규 2013, 116쪽).

역삼동·흔암리유형의 취락은 크게 3~4유형으로 구분된다(허의행 2007, 나건주 2010). 이들 유형을 통해 취락의 구조를 살펴보면 소수의 주거지(2~4기)

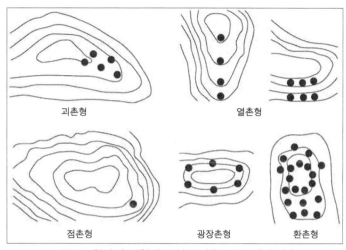

그림 8 _ 취락의 제형태 모식도(이홍종 2007에서 전제)

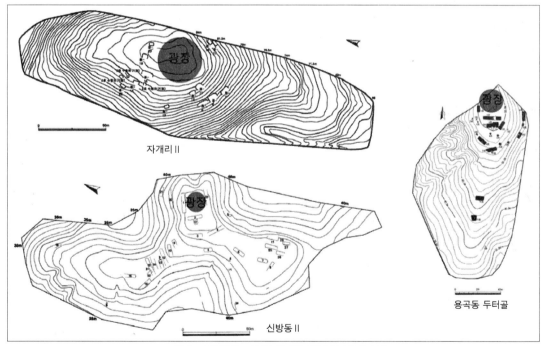

그림 9 _ 역삼동·흔암리유형 취락의 공간구성

가 능선이나 구릉의 정상부에 직선상으로 배치되는 선상배치(열촌형), 공지가 형성되고 주변을 환상으로 둘러싸는 환상배치(광장촌형), 사면부까지 주거군이 확대되는 사면배치(환촌형)를 상정할 수 있다.

공지가 형성되어 있는 취락은 천안 용곡동 두터골유적과 천안 신방동Ⅱ지구 등이 있는데, 구릉 정상부에 공지를 중심으로 주거지가 환상형으로 배치되고 그 외곽에 복수의 주거군이 형성된 환촌형 배치를 보인다. 이를 통해 취락의 구조가 거주민 사이에 존재했던 사회적 공동체성을 반영한다고 가정하고, 이러한 취락구조를 가락동유형에 비해 체계적인 공동체구조로 파악하기도 하였다(나건주 2013b, 50쪽).

가락동유형과 역삼동·흔암리유형의 취락은 주거지 외에 소수의 무덤이 확인되고 있다. 이들 무덤은 지석묘나 석관묘에 해당되는데, 무덤이 확인되어도 출토유물이 없는 경우가 많아 전기인지 중기인지 파악하기가 어려운 경우가 많고, 주거지와 함께 조사되지 않은 경우 전체적인 취락의 모습을 파악하기 어렵다.

전기의 가락동유형은 청원 황탄리, 대전 신대동, 연기 송원리, 역삼동·흔암리유형은 천안 운전리, 서천 오석리 등이 대표적이다. 황탄리유적은 서쪽 해발 60m 내외의 구릉형 입지를 보이는 유적으로 주거지는 서쪽 구릉을 중심으로 분포하며, 무덤군은 주거군에서 80m 정도 떨어진 동쪽 구간에서 확인되었다. 분묘는 구릉 정상부를 비롯하여 사변부에 분포하고 있지만 조사지역이 협소하여 정확한 분포상을 확인하기 어렵다. 출토유물로는 삼각만입형석촉과 이단병식석검이 있어 주거군에서 확인된 가락동유형의 주거지와 관련이 있을 것으로 보인다. 신대동유적은 주거지 11동과 석곽묘 1기가 조사되었는데 무덤은 주거군과 약 60~80m 정도 떨어져 각각 위치하고 있다. 석곽묘는 지석묘의 하부구조로 추정되는데, 유혈구 이단병식석검과 이단경식석촉, 삼각만입형석촉 등이 출토되었다. 송원리유적에서는 주거지와 함께 2기의 지석묘가 조사되었다. 지석묘는 유적 내에서 가장 높은 곳에 자리하고 있다.

역삼동·흔암리유형에 해당되는 운전리유적 A지점에서는 주구석관묘가 확인되었다. 취락의 배치를 보면 구릉 정상부를 중심으로 주거지가 배치되고 주거군에서 동쪽으로 20m 정도 떨어진 구릉 사면에 석관묘가 자리하고 있어 정상부에는 주거군, 사면부에는 분묘가 설치되었음을 알 수 있다.

중기의 취락은 주거지를 비롯하여, 무덤, 경작지 등이 함께 확인되면서 전기보다 다양한 측면에서 취락의 구조를 상정할 수 있어 대규모의 취락을 중심으로 그 구조를 살펴보고자 한다.

중기의 중심취락인 보령 관창리유적은 주거공간과 분묘공간, 경작지가 확연하게 구분되고 있으며, 100기의 주거지가 조사된 B지구의 경우 주거군 이외에도 토기요지가 밀집한 요지군, 고상건물지가 집중되어 있는 저장공간 등으로 구분이 가능하여 각 공간별로 역할관계가 분명하였음을 알 수 있다. 부여 송국리유적 역시 51·52지구를 중심으로 분묘군이 형성되어 있으며, 53~57지구를 중심으로 주거군이 확인되고 있다. 주거군에서는 목책과 울책, 대형건물지 등이 주거지와 함께 확인되는데, 기존 목책으로 추정하였던 일부 주공들이 의례공간으로 추정되는 대형 지상건물지일 가능성이 제기되기도 하였다. 또한 동부 용범이 출토된 예도 있어 청동기의 생산시설과 관련된 것으로 추정된다(이형원 2009b, 33~35쪽). 23호 주거지에서 북동쪽으로 이어지는 목주열은 기존에 취락을 감싸는 목책으로 인식되기도 하였지만 최근 발굴조사를 통해 주공열의 규모가 4열로 확인되고, 주공 내부에서 초반이 확인되기도 하여 지붕을 갖춘 踏道 등의 모종의 건축물일 가능성도 제기되었다(정치영 외 2011, 269쪽). 논산 마전리유적은 39기의 무덤과 1기의 주거지, 경작지인 밭과 수전이 함께 확인되었다. 무덤군은 주거지에서 약 60m 정도 떨

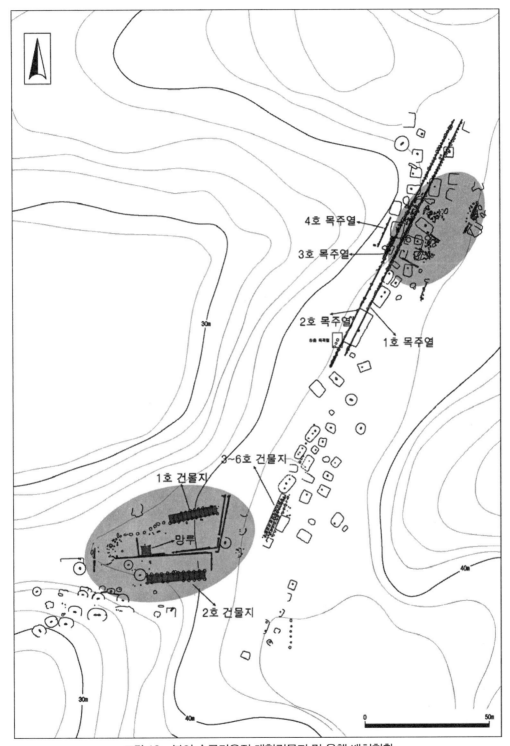

4호 목주열

3호 목주열

2호 목주열

1호 목주열

3~6호 건물지

1호 건물지

망루

2호 건물지

30m

40m

30m

40m

40m

0   50m

그림 10 _ 부여 송국리유적 대형건물지 및 울책 배치현황

어진 곳에서 확인되었는데 석관묘, 석개토광묘, 토광묘, 옹관묘로 이루어져 있다. 주거지는 1동만 확인되었지만 주거지 서쪽이 구릉 정성부에 해당되어 더 많은 주거지가 잔존할 것으로 추정된다. 밭은 주거지와 수전 사이의 사면부에 위치하며, 수전은 구릉 말단부의 곡간지대에 형성되어 있다. 이외에도 수로 주변에서 2기의 우물이 확인되었는데, 우물에서 새모양 조각품이 출토되어 제의와 관련된 행위가 이루어졌을 가능성이 높다. 내륙의 미호천 지류인 성암천변의 충적지에 위치한 오창 장대리유적은 17동의 주거지와 수로가 함께 확인되었는데, 송국리식과 방형에 노지가 설치된 주거지가 함께 확인되었으며, 수로에서는 목제 농기구가 출토되어 주거군과 경작지로 이루어져 있음을 알 수 있다.

이 외에도 공주 산의리유적에서는 주거군과 분묘군, 저장군이 확인되었다. 유적은 3개의 능선 정상부로 이루어져 있는데, 가장 남쪽에 위치한 Ⅰ지구에서는 주거군, 중앙부의 Ⅱ지구에서는 분묘군, 북쪽에 위치한 Ⅲ지구에서는 저장공간이 확인되었는데, 각 지구는 약 50m정도 이격되어 있다. 이러한 저장공간의 별도 설치는 잉여생산으로 인한 사회복합도의 증대와 철저한 생산물의 관리, 이에 따른 집단간의 갈등의 산물로 보거나(李亨源 2009a, 137쪽), 도작농경 만으로는 부족한 식량 문제를 해결하기 위해 단기 보관가능한 식료자원(견과류 도는 구근류)의 집중적 관리를 위해 조성한 것으로 보기도 한다(孫晙鎬 2004, 19쪽). 이러한 전문 저장공간을 설치한 유적으로는 논산 마전리 A지구·원북리, 공주 여드니, 대전 복룡동, 천안 대흥리, 청원 쌍청리유적 등이 있다.

중기의 취락 가운데 명확한 환호취락은 서천 월기리유적이 있다. 능선 정상부가 전부 조사되지는 않아

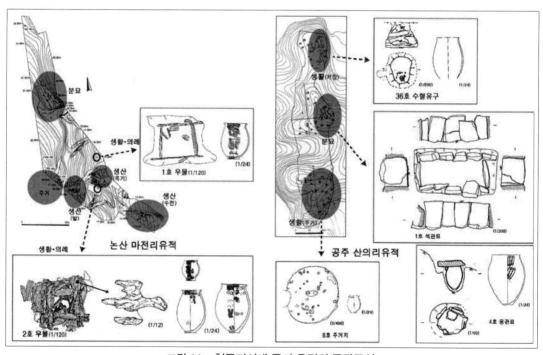

그림 11 _ 청동기시대 중기 유적의 공간구성

주거지의 배치상태는 명확하지 않지만 광장촌형과 열촌형을 기본으로 하고 있다. 주거지는 능선 정상부에 원형의 송국리식주거지가 배치되어 있으며, 사면부에는 방형계주거지와 방형의 송국리식주거지가 함께 설치되어 있다. 환호는 능선 중단부를 따라 북동-남서 방향으로 연결되어 있으며, 방형계주거지와 근접하여 있어 송국리식주거지와 관련이 있는 것으로 보인다.

후기 수석리유형의 대표적 유적인 보령 교성리유적은 해발 188m의 산지 정상부에 위치하며, 주변으로 천수만과 얕은 산지를 조망할 수 있는 지역에 해당된다. 유적은 산정상부를 9기의 주거지가 둘러싸고 있는 형태이다. 정상부 암맥 사이에서 청동방울과 토기편이 출토되면서 제의와 관련된 공간으로 추정되기도 하였다. 이와 같은 고지성 취락의 입지는 전술한 바와 같이 방어적 측면을 적극 고려한 결과로 보인다. 이외에도 아산 대추리유적에서는 구릉 정상부를 중심으로 광장촌형 취락이 형성되어 있다. 정상부 전체가 조사되지 않았지만 광장 내지는 교성리유적과 같은 제의공간의 배치를 상정할 수 있다.

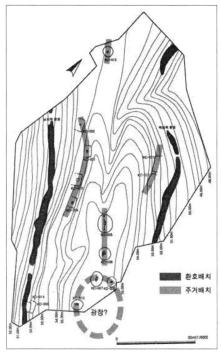

그림 12 _ 서천 월기리유적의 공간구성

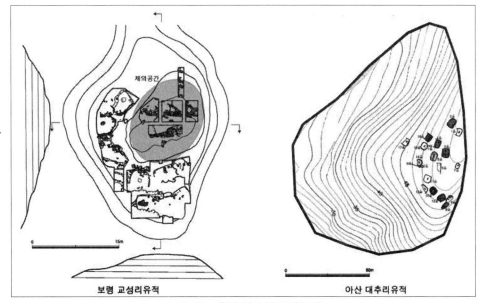

그림 13 _ 후기 취락의 공간구성

Ⅳ. 취락의 변천

호서지역의 취락은 조·전기에는 대부분 주거지 중심으로 이루어지며, 중기에 이르러 경작지와 함께 제의공간, 환호 등이 등장하면서 취락의 세부적인 형태를 살펴볼 수 있다.

조기의 취락은 금강의 본류를 비롯한 지류의 충적지에 형성되는데, 석상위석식노지와 위석식노지·무시설식노지가 설치된 (장)방형의 주거지가 소수의 수혈유구와 함께 확인되고 있다. 또한, 대평리유적 C지점의 경우 주거군을 감싼 목책열이 확인되며, 대평리유적과 거의 동일한 시기에 조성된 것으로 보이는 대율리유적의 경우 환호를 중심으로 주거지가 형성되어 있어 대평리유적의 목책과 함께 체계적인 공동체 형성을 짐작할 수 있다.

전기의 가락동유형 취락은 주거지와 분묘로 이루어지는데 주거지는 방형에서 장방형과 세장방형으로, 2열의 초석이나 주공이 중앙 1열로, 노지 개수의 점진적인 증가, 위석식노지에서 수혈식 또는 무시설식으로 변화한다(孔敏奎 2013, 101~105쪽). 무덤은 제한적인 유적에서만 확인되고 있으나 이른 단계에서는 확인되지 않고 있다(이형원 2007, 56쪽).

역삼동·흔암리유형의 취락은 크게 3단계로 변화상이 관찰되는데 1단계는 구릉이나 능선의 정상부를 중심으로 2~4기의 주거지가 일직선상으로 배치되는 모습을 보이며, 수혈유구가 거의 설치되지 않는 특징을 보이고 있다. 2단계에는 1단계의 선상배치가 지속되지만 주거지의 수가 급속하게 증가하면서 사면부로 확대되는 양상을 보이고 수혈유구가 본격적으로 설치되는 양상을 보인다. 3단계는 일정한 주거군이 형성되며, 공지를 중심으로한 환상배치가 이루어지기도 한다. 수혈유구는 군집양상이 뚜렷하게 이루어지는 경향을 보이고 있다. 이 시기는 역연대 상 기원전 11~9세기경에 해당되며, 송국리유형과 공반되기도 한다(허의행 2007, 90~92쪽). 주거지는 방형주거지에 노가 단벽으로 치우쳐 1~2기만 설치되다가 점차 세장방형주거지가 증가하면서 5~7개까지 증가하게 되며, 이후 주거지가 점차 소형화 되면서 노지의 수도 함께 줄어든다(許義行 2013, 152쪽).

중기 송국리유형의 상한은 기원전 9세기경까지 소급되고 있어(이홍종 2006, 251쪽) 전기 후반과 중복되는 연대를 보이는데, 이러한 연대의 중복과 관련하여 송국리유형의 생성과정에 있어서 자체체발생설과 외부유입설이 대립하는 원인 가운데 하나로 보인다. 송국리식주거지의 변화는 방형 송국리식(휴암리식)에서 말각형의 송국리식주거지로, 이후 원형의 송국리식주거지로 변화하는 것으로 알려져 있다(庄田愼矢 2007, 39쪽). 송국리식주거지 이외에도 방형계주거지가 함께 확인되는데, 중복관계에 있어 송국리식에 후행하기도 하지만 선행하는 경우도 있어 송국리식주거지와 호서지역을 대표하는 주거양식으로 볼 수 있다.

후기의 취락은 앞서 살펴본 바와 같이 교성리로 대표되는 고지성취락이 등장과 함께 이루어지지만 이후 선주민들과의 접촉을 통해 서서히 동화되는 것으로 보인다. 현재까지 조사된 취락 가운데 고지성취락을 이루는 경우는 교성리와 아산 대추리에 불과하며, 나머지는 구릉형의 형태를 보이고 있다.

Ⅴ. 취락의 지역상

호서지역의 청동기시대 취락은 지역에 따라 다양한 양상을 보이며 전개된다. 각목돌대문토기와 미사리식이중구연토기를 기본으로 하는 미사리유형은 현재까지 금강 중상류지역의 본류와 그 지류의 제한된 지역에서만 확인되며, 대평리유적을 제외하면 2~3기의 주거지가 군집을 이루는 소형 취락의 형태를 보이고 있다. 입지는 전기의 유형과 확연히 구분되는 충적지에 유적이 위치는 평지형취락에 해당된다. 상대적으로 미사리유형보다 늦은 가락동유형과 역삼동·흔암리유형의 취락은 산지형과 구릉형에 해당되며, 이중구연단사선문토기나 공렬문토기, 이중구연단사선문+공렬문의 토기상을 보인다. 양 유형은 분포양상에서도 차이를 보인다. 가락동유형은 차령산맥 이남의 금강 중상류역을 중심으로 분포하는데, 취락이나 주거지의 수에서 최대 중심분포지에 해당된다. 역삼동·흔암리유형 역시 경기 남부지역과 함께 아산만권역을 중심으로 분포한다. 이처럼 다양한 호서지역 전기 취락은 상이한 주거구조, 유물상을 기반으로 호서지역에 유입되어 전개되지만 소멸과정에 있어서는 주거지의 소형화 과정을 거쳐 중기의 송국리식주거지와 방형계주거지로 재편된다.

취락의 구조에 있어 호서지역에 환호나 목책이 등장하는 시점은 대율리와 대평리의 예외적인 경우도 있지만 본격적인 등장 시기는 중기로 볼 수 있다. 중기에 이르러 본격적인 도작농경이 이루어지면서 여러 유적에서 경작지가 조사되고, 이와 관련된 생산물을 저장한 저장공이나 고상건물지가 별도의 공간분할을 통해 배치되기도 한다. 또한 전기에는 확인되지 않던 의례관련유구로 추정되는 울책이나 대형건물지가 등장하기도 하고 주거군과 묘역 또는 저장공간의 분할도 이루어진다. 전기의 취락보다 구체적인 공간의 분할이 이루어지고, 전기와는 다른 취락의 구성요소가 등장하는 후기 취락상은 사회복합도의 증가와 연결되는 것으로 중기에 들어 본격적으로 시행된 도작농경과 밀접한 관련이 있을 것으로 보인다.

후기 취락은 조사예가 많지 않고, 전기나 중기의 취락에서 주거지 몇 기만 확인되는 수준이어서 구체적인 모습이나 변화상을 파악하기 힘들다. 다만 교성리유적으로 대표되는 수석리유형의 등장시에는 방어적 개념의 고산성입지가 채택되지만, 송국리유형과의 교섭을 통해 양 유형간 문화요소들이 서로 결합되는 양상도 보인다.

위와 같은 호서지역의 지역상을 간단히 정리하면 조기는 충적지를 중심의 취락 형성, 전기는 가락동유형과 역삼동·흔암리유형의 독자적인 문화상 전개 및 분포권역의 구분, 중기는 전기보다 복합화된 사회상을 반영하는 취락 구조의 등장, 후기는 새로운 이주민의 등장과 재지민과의 교섭을 통한 문화상 결합 등으로 설명될 수 있다.

참고문헌

孔敏奎, 2003, 『무문토기문화 가락동유형의 성립과 전개』, 崇實大學校 大學院 碩士學位論文.

孔敏奎, 2005, 「中部地域 無文土器文化 前期 環濠聚落의 檢討-淸原 大栗里 環濠聚落의 性格」『硏究論文集』創刊號, 中央文化財硏究院.

공민규, 2011, 「금강 중류역 청동기시대 전기 취락의 검토」『韓國靑銅器學報』第八號, 韓國靑銅器學會.

孔敏奎, 2013, 「錦江中流域 靑銅器時代 前期 聚落의 成長」『韓日聚落硏究』, 韓日聚落硏究會.

孔敏奎, 2014, 「錦江流域 屯山式住居址 再檢討」『湖西考古學』 30, 湖西考古學會.

權五榮, 1997, 「한국 古代의 聚落과 住居」『한국고대사연구』 12, 韓國古代史學會.

김규정, 2002, 「松菊里型住居址內 타원형구덩이 機能 檢討」『硏究論文集』제2호, 湖南文化財硏究院.

金吉植, 1993, 「Ⅴ. 맺음말」『松菊里 Ⅴ』, 국립공주박물관.

김승옥, 2006, 「청동기시대 주거지의 편년과 사회변천」『한국고고학보』 60, 한국고고학회.

金壯錫, 2001, 「흔암리 유형 재고 : 기원과 연대」『嶺南考古學』 28, 嶺南考古學會.

김장석, 2008, 「무문토기시대 조기설정론 재고」『한국고고학보』 69, 한국고고학회.

金正基, 1996, 「靑銅器 및 初期鐵器時代의 竪穴住居」『韓國考古學報』 34, 韓國考古學會.

김현식, 2008, 「남한 청동기시대 조기 -전기의 文化史的 意味」『考古廣場』 2, 釜山考古學硏究會.

나건주, 2009, 「송국리유형 형성과정에 대한 검토」『고고학』 8-1호, 중부고고학회.

나건주, 2010, 「아산만지역 청동기시대 취락의 구조와 변천」『청동기시대 주거지의 편년과 취락구조의 (재)검토』, 한국청동기학회 취락분과 워크샵 발표요지, 한국청동기학회.

나건주, 2013a, 「충청 북서지역의 청동기시대 전기 편년」『한국 청동기시대 편년』, 한국청동기학회. 서경문화사.

나건주, 2013b, 「세종시의 청동기시대」『世宗市, 어제, 오늘 그리고 내일』 제27회 호서고고학회 학술대회 발표요지, 湖西考古學會.

朴淳發, 1999, 「欣岩里類型 形成過程 再檢討」『湖西考古學』創刊號, 湖西考古學會.

朴淳發, 2003, 「粘土帶土器文化의 定着 過政」『한국대학박물관협회 제49회 추계학술발표회』, 한국대학박물관협회.

朴辰一, 2000, 「圓形粘土帶土器文化硏究」『湖南考古學報』 12, 湖南考古學會.

배진성, 2010, 「무문토기의 계통과 전개-최근의 쟁점을 중심으로」『考古學誌』第16輯, 國立中央博物館.

孫晙鎬, 2004, 「錦江流域 松菊里文化의 群集 貯藏孔 硏究」『科技考古硏究』第10號, 아주대학교 박물관.

孫晙鎬, 2007, 「松菊里遺蹟 再考」『古文化』第70輯, 韓國大學博物館協會.

송만영, 2001, 「남한지역 농경문화형성기 취락의 구조와 변화」『한국 농경문화의 형성』 제25회 한국고고학전국대회 발표요지, 한국고고학회.

송만영, 2006, 「湖南地方 靑銅器時代 硏究 現況과 松菊里類型 形成의 諸 問題」『崇實史學』第19輯, 崇實大學校 史學會.

安在晧, 1992, 「松菊里類型의 檢討」『嶺南考古學』 11, 嶺南考古學會.

安在晧, 2000, 「韓國 農耕社會의 成立」『韓國考古學報』 43, 韓國考古學會.

安在晧, 2009. 「南韓 靑銅器時代 硏究의 成果와 課題」『동북아 청동기문화 조사연구의 성과와 과제』, 학연문화사.

安在晧, 2010, 「韓半島 靑銅器時代의 時期區分」『考古學誌』第16輯, 國立中央博物館.

禹在柄, 2006, 「1. 상서동유적 송국리형 주거지 발굴 성과와 남겨진 과제」 『大田 上書洞遺蹟』, 忠南大學校博物館.

이동희, 2014, 「송국리취락의 변화와 그 의미-최근 발굴성과를 중심으로」 『湖南考古學報』 47輯, 湖南考古學會.

李白圭, 1974, 「京畿道 出土 無文土器 磨製石器-土器 編年을 中心으로」 『考古學』 第三輯, 韓國考古學會.

李宗哲, 2000, 『南部地域 松菊里型 住居址에 대한 一考察』, 全北大學校大學院 碩士學位論文.

李淸圭, 1988, 「南韓地方 無文土器文化의 展開와 孔列土器文化의 位置」 『韓國上古史學報』 第一號, 韓國上古史學會.

이형원, 2001, 「可樂洞類型 新考察-錦江流域을 中心으로」 『湖西考古學』 4·5合集, 湖西考古學會.

李亨源, 2002, 『韓國 靑銅器時代 前期 中部地域 無文土器 編年 硏究』, 충남대학교 대학원 석사학위논문.

李亨源, 2005, 「松菊里類型과 水石里類型의 接觸樣相」 『湖西考古學』 第12輯, 湖西考古學會.

이형원, 2007, 「湖西地域 可樂洞類型의 聚落構造와 性格」 『湖西考古學』 17, 湖西考古學會.

李亨源, 2007, 「南韓地域 靑銅器時代 前期의 上限과 下限」 『韓國靑銅器學報』 創刊號, 韓國靑銅器學會.

李亨源, 2009a, 『韓國 靑銅器時代의 聚落構造와 社會組織』, 忠南大學校大學院 博士學位論文.

이형원, 2009b, 「호서지역 청동기시대 중심취락과 취락 네트워크」 『청동기시대 중심취락과 취락 네트워크』 한국청동기학회 취락분과 워크숍 발표요지, 한국청동기학회.

이형원, 2010, 「청동기시대 조기 설정과 송국리유형 형성 논쟁에 대한 비판적 검토 -2000년대 이후 경기지역 발굴성과를 중심으로」 『고고학』 제9권 2호, 중부고고학회.

李弘鍾, 2002, 「松菊里文化의 時空的展開」 『湖西考古學』 第6·7合輯, 湖西考古學會.

李弘鍾, 2003, 「忠南地域 松菊里型 住居址의 調査成果와 課題」 『충청학과 충청문화』 2, 충청남도역사문화원.

李弘鍾, 2006, 「무문토기와 야요이 토기의 실연대」 『한국고고학보』 60, 한국고고학회.

이홍종, 2007, 「송국리형취락의 공간배치」 『호서고고학』 17, 湖西考古學會.

李弘鍾·許義行, 2010, 「湖西地域 無文土器의 變化와 編年」 『湖西考古學』 23, 湖西考古學會.

정치영·주혜미·이동희·정은지, 2011, 「부여 송국리유적 14차 발굴조사 성과」 『삼국시대 남해안지역의 문화상과 교류』 제35회 한국고고학전국대회 발표요지, 韓國考古學會.

千羨幸, 2005, 「한반도 돌대문토기의 형성과 전개」 『韓國考古學報』 第57集, 韓國考古學會.

許義行, 2007, 「호서지역 역삼동·흔암리유형 취락의 변천」 『호서고고학』 第17集, 湖西考古學會.

許義行, 2013, 「호서지역 청동기시대 전기 취락 연구」, 高麗大學校 大學院 博士學位論文.

玄大煥, 2010, 「湖西地域 靑銅器時代 後期 方形住居址의 展開」 『韓國靑銅器學報』 7號, 韓國靑銅器學會.

玄大煥, 2012, 「금강 중류역 돌대문토기의 양상」 『남한지역 초기 무문토기의 지역양상』 한국청동기학회 2012년 토기분과 워크샵, 韓國靑銅器學會.

洪慶姬, 1985, 『村落地理學』, 法文社.

宮里 修, 2005, 「無文土器時代의 취락 구성-中西部地域의 驛三洞 類型」 『韓國考古學報』 第59輯, 韓國考古學會.

庄田愼矢, 2007, 『韓國 靑銅器時代의 生産活動과 社會』, 충남대학교 대학원 박사학위논문.

제4장
호남·제주지역

이종철 전북대학교 박물관

Ⅰ. 지역개관

1. 지역 개요

전라남·북도를 포괄하는 호남지역과 제주지역은 조선시대에 전라관찰사에 의해 통치되던 하나의 통합된 행정구역으로서 전라도라는 지방통치행정조직에 소속된 지역이다. 이러한 관계는 삼국시대부터 이들 지역이 정치·경제·문화적으로 하나의 네트워크를 형성하고 있었을 뿐만 아니라 이미 청동기시대에 금강 유역, 영산강 유역, 탐진강 유역 및 남해안 지역, 그리고 제주도에 이르기까지 송국리형문화의 영향관계 속에 있었다는 점에서 지역적·역사적·문화적 관련성을 보여준다.

전북은 순창군 풍산면 삼촌리(북위 35° 18′)를 최남단으로, 익산시 용안면 용두리(북위 36° 9′)를 북단으로, 무주군 무풍면 금평리(동경 127° 55′)를 동단으로, 군산시 옥도면 어청도리(동경 125° 58′)를 서단으로 하고 있다. 동서 거리가 약 175.5km, 남북 거리가 약 95km이며 총면적이 8,067km²로서 전국토의 8.1%에 해당된다. 임야는 56%, 전답은 27.3%를 차지하고 있어 半野半山의 지형을 이루고 있다.

전남은 완도군 소안면 장수리(북위 33° 54′)를 남단으로, 장성군 북하면 신성리(북위 35° 29′)를 북단으로, 여수시 남면 연도리 작도(동경 127° 54′)를 동단으로, 신안구 흑산면 가거도리(동경 125° 5′)를 서단으로 하고 있다. 총면적은 12,245.6km²로 전국토의 12%를 차지한다. 동고서저와 북고남저의 지형을 하고 있으며, 남서해안은 리아스식 해안이 발달되어 있다. 도서는 1,965개로 전국 도서의 62%를 차지하는 多島 지역이다.

제주는 동경 126°8′~126°58′, 북위 34°6′~34°0′에 위치하는 우리나라에서 가장 큰 섬으로, 총면적은 1,849.2km²이다. 중앙의 한라산을 중심으로 동서사면은 3~5°의 완만한 경사를 이루지만 남북사면은 5° 정도로 상대적으로 급한 경사를 이룬다. 지질은 퇴적암층과 현무암·조면질안산암·조면암 등의 화산암류와 기생화산에서 분출한 화산쇄설암 등으로 구성되어 있으며, 토양의 대부분이 흑갈색의 화산회토로 덮여 있다.

한반도 남서부에 자리하는 호남지역과 섬으로 이루어진 제주도는 서로 다른 자연환경 속에서 다양한 선사시대 유적이 형성되었다. 이러한 관점에서 호남과 제주지역의 청동기시대 취락을 지역별로 나누어 살펴보기로 하겠다.

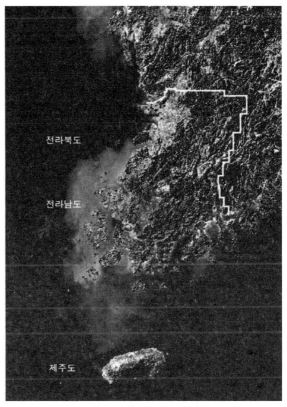

그림 1 _ 호남·제주의 지형

2. 지역별 연구사

호남지역은 청동기시대 취락유적에 대한 조사보다는 지석묘와 같은 매장유적이나 단일 주거지에 대한 조사가 활발하였다. 특히 전북 고창지역을 포함하여 전남지역은 우리나라 최대의 밀집도를 보이는 지석묘 왕국이라는 점에서 상대적으로 지석묘 조사에 집중될 수밖에 없었다. 취락 유적에 대한 조사가 활기를 띠게 된 것은 1990년대부터 전국적으로 시행된 대규모 건설사업과 전면적인 발굴조사 방법의 도입에서 비롯되었다.

1) 전북지역

전북지역은 1984년에 정읍 보화리에서 백제 석불입상을 조사하다가 주변에서 송국리형주거지가 확인됨으로써 전북 최초로 청동기시대 주거 유적을 찾게 되었다. 1988년에는 전주 여의동에서 초기철기시대 토광묘와 함께 송국리형주거지 1기가 조사되었고, 1993년에 이리(현재는 익산) 부송동에서 3기의 송국리형주거지가 조사되면서 청동기시대 소규모 집단이 조성한 취락 유적을 확인할 수 있었다.

1995년은 전북지역 청동기시대 취락연구에 있어 획기적인 한 해였다. 거의 동일 시점에 동부 내륙지역인 남원 고죽동에서는 역삼동 혹은 흔암리유형의 세장방형 주거지가, 서부 평야 지역인 익산 영등동에서는 가락동유형의 세장방형 주거군과 대규모의 송국리형주거군이 조사된 것이다.[1] 한 해에 전북지역 청동기시대 전기 단계의 지역적 특성을 단적으로 보여주었을 뿐 아니라 당시 전북지역 최대의 송국리형 주거 유적이 조사되었다는 의미를 가진다. 이와 더불어 이미 1987년에 남원 운봉면 신기리에서 수집한 이중구연단사선문토기편의 존재는 전북 동부 내륙지역에도 가락동유형이 일찍부터 존재하고 있었음을 보여주었다.

전북의 도처에서 청동기시대 중기 단계의 취락 유적 조사가 활발히 진행되던 중 2000년에 진안 용 담댐 수몰지역에서 확인된 여의곡 유적은 청동기시대 복합유적으로서 취락을 이해하는 데 중요한 자료 를 제공해주었다. 60여 기가 넘는 무덤이 조성된 충적대지의 매장영역, 송국리형주거로 이루어진 산비 탈면과 평지의 주거영역, 그리고 3,000여 평에 이르는 충적대지의 생산영역 등 대규모 취락의 구성요소 를 갖춤으로써 대표적인 취락으로 평가받고 있다. 또한 호남지역 최초로 청동기시대 밭[2]이 조사되었을 뿐만 아니라 아시아 최초로 청동기시대 지석묘 상석을 무덤군까지 이동했던 레일 형태의 운반로(李宗哲 2003)가 조사되기도 하였다.

청동기시대 전기와 조기에 대한 단계설정에 있어 돌대문토기에 대한 관심이 한국고고학계에 증폭될 즈음에 2003년 순창에서는 호남지역 최초로 각목돌대문토기와 석상위석식노지를 갖춘 미사리유형의 주 거지가 조사되었다. 순창 원촌 유적은 동부 내륙의 산간지역에 위치하면서도 넓은 충적대지의 하천변에 입지하고 있어 미사리 유적의 입지와 공통되는 양상을 보여준다. 그리고 2012~2013년 사이에 전주 동산 동에서도 충적대지를 배경으로 절상돌대문토기와 구순각목토기가 출토되는 장방형 주거지가 조사되어 돌대문토기문화의 윤곽을 좀 더 구체화시켜 주었다(그림 5).

전북지역은 점토대토기로 대표되는 후기 단계의 주거가 최근 들어 확인되고 있기 때문에 각 단계의 취 락 유적 비율에서 가장 적다. 점토대토기 집단의 주거는 아니지만 1997년에 군산 도암리에서 시기적으로 는 점토대토기문화 단계에 속하고, 문화속성으로는 송국리형문화 단계에 해당되는 주거지 1기가 조사되 었다. 순천 연향리 대석 유적과 함께 같은 해 같은 달에 시작된 발굴조사로서 송국리형주거의 하한연대 를 제시해주는 전북지역 최초의 사례가 되었다. 그러다가 2005년 완주 상운리 분구묘 유적 2차 발굴조사 에서 한 구릉에 4기의 방형 주거지가 집단적으로 조사되었다. 원형점토대토기가 출토된 주거군으로서는 처음이었다. 이외에 넓은 의미의 취락 개념에서 구상유구나 수혈유구로부터 점토대토기가 출토된 사례는 전주 마전 · 척동, 완주 갈동 유적 등 전주지역에서 집중적으로 확인되었다.

최근에 들어 전주 성곡 · 장동 · 효자동 · 마전, 완주 구암리 등 여러 지역에서 전기 단계의 주거유적이 산발적으로 조사되고 있는 점은 시대적인 특징으로, 그동안 밝혀지지 않았던 전북지역 전기 단계의 취락 과 그 입지 양상이 속속 모습을 드러내고 있다. 특히 완주 구암리는 혼암리유형의 취락 내에 제의 공간이 마련되어 있어 주목된다.

전북지역은 중기 단계의 송국리유형 취락이 대다수를 차지하고 있지만 조기, 전기, 후기 단계에도 소 규모의 취락이 존재했음을 확인할 수 있다.

2) 전남지역

전남지역은 1977년에 광주 송암동에서 호남지역 최초로 송국리형주거지가 조사되었다. 송국리형문화에 대한 인식은 1963년에 조사된 광주 신창동 합구식옹관에서부터 비롯되지만, 그 실체에 대한 접근은 송국리형주거지가 확인되고부터 였다. 1968년 서산 휴암리에서 처음으로 송국리형주거지가 조사된 이래 10년 만의 일이었다.

1982년에는 영암 장천리에서 소규모의 송국리형취락이 확인되었는데, 모두 원형의 평면형태를 갖추고 있었지만 송국리형주거지의 대표적 상징인 타원형구덩이와 중심주공이 설치된 것과 그렇지 않은 것이 공존하는 취락 유적이었다.[3]

1989년에는 주암댐 수몰지구에 포함된 승주(현재는 순천) 대곡리 일원에서 당시 우리나라 최대의 청동기시대 취락이 조사되었다. 이러한 대규모 취락의 등장은 1990년대 국가 기반시설 확충사업과 밀접한 관계를 가지고 있다. 1998년부터 시작된 장흥 탐진댐 수몰지구에서의 시발굴조사에서 확인된 갈두와 신풍 유적은 전남지역뿐 아니라 호남지역의 대규모 거점취락으로 자리매김되었다. 특히 신풍과 갈두 유적은 주거군과 무덤군이 분리된 채 전체적인 취락을 구성하고 있다는 점에서 송국리형취락 연구를 위한 좋은 자료로 평가받고 있다(박수현 2004; 申相孝 2007; 이종철 2012).

1997년에는 전북지역과 동일하게 송국리형주거에서 점토대토기가 출토되는 순천 연향동 대석 유적이 조사되었다. 이 유적은 호남지역에서 송국리형주거의 하한연대를 삼각형점토대토기문화 단계까지 내려볼 수 있게 해주는 최초의 취락 유적이 되었다. 따라서 송국리형문화 요소의 하한연대를 결정해주는 중요한 고고학적 자료가 된 셈이다.

1999년에는 서해안 고속도로 건설구간의 영광 군동에서 전남지역 전기 단계의 주거지로 파악될 수 있는 자료가 확보되었다. 장방형의 평면형태를 가진 주거지에서 무시설식노지를 비롯하여 이중구연단사선문토기편과 구순각목토기편 등이 출토된 것이다.

2000년대에 들어서는 광주광역시에서 취락 조사가 활발하게 진행되었다. 용두동에서는 전기 단계의 취락이, 수완지구에서는 전기 단계의 주거지와 송국리형취락이 대규모로 조사되었다. 특히 수완지구 내 광주 수문 취락은 광주 성덕 · 장자 · 신완 유적들과 함께 송국리형문화 단계의 중심 취락으로 평가되고 있다. 그리고 2003년에 조사된 나주 운곡동 취락은 장흥 신풍 유적보다 많은 75기의 송국리형주거지가 조사되면서 전남지역뿐만 아니라 호남지역에서 가장 많은 송국리형주거로 구성된 취락으로 기록되었다. 이러한 대규모 취락 외에도 함평 신흥동, 광양 복성리, 여수 월래동 상촌, 순천 마륜 유적에서 5~10기 내외의 주거지로 이루어진 취락이 조사되었다. 이 시기에 조사된 유적들은 대부분 저지성 구릉에 입지하며, 각 구릉마다 독립된 주거군을 형성하고 있다. 전북지역에 비해 유적과 주거지 수가 상대적으로 많은 양상을 보이고 있다.

2007~2008년 사이에 발굴조사된 담양 태목리 유적은 전남지역에 비로소 미사리유형의 주거 유적이 존재한다는 증거를 제시해주었다. 그러나 순창 원촌 유적과는 주거의 평면형태와 출토유물에서 차이를 보이고 있어 호남지역 내에서의 지역성을 말해주고 있다.

3) 제주지역

제주지역의 청동기시대 취락은 호남지역에 비해 상대적으로 늦은 시기에 밝혀지기 시작하여 규모와 양상은 단편적인 수준에 그치는 정도였다. 지표조사와 소규모 발굴조사를 통해 확보된 자료를 바탕으로 제주도 청동기시대 편년체계를 재구성한 것은 최근에 와서다.

청동기시대 주거와 관련된 최초의 발굴조사는 1986년에 이루어진 북촌리 동굴유적에서 였다. 용암동굴의 천정부가 침하되어 만들어진 바위그늘 유적으로, 중심 시대는 신석기시대였지만 신석기층 상층부에서 청동기시대와 탐라시대의 유물이 순차적으로 발견됨으로써 동굴이 주거 공간으로 활용되었음을 알 수 있었다. 그러나 이 유적은 1975년에 이미 공열토기편과 구순각목토기편이 발견되었던 곳이기도 하다.

1988년에는 남제주군 상모리에서 제주도의 대표적인 청동기시대 유적이 조사되었다. 본래 이 유적은 1985년에 약 1만여 평 범위의 유물산포지와 패총 유적이 발견되었던 곳으로, 약 600여 평에 대한 발굴조사가 시행되었다. 유적에서는 온전한 주거지가 확인되지는 않았지만 혼암리유형의 무문토기와 적색마연토기 등이 출토되면서 한반도 전기 단계의 청동기문화가 유입되었음이 밝혀졌다(李清圭 1987). 이 유적을 계기로 제주도 청동기시대에 대한 편년연구가 본격화되었다(강창화 2013).

1993년을 즈음하여 제주도에 온전한 송국리형문화가 존재하고 있었음을 보여주는 유물이 서귀포시 대포동 동굴에서 발견되었다. 전형적인 송국리식토기의 영향을 받은 외반구연호와 유경식석검 등을 주민이 발견하여 신고한 것이다. 이들 유물들은 전남지역의 송국리형문화로부터 영향을 받았을 것으로 파악되고 있다.

1997년은 제주도 고고학에 있어 혁신적인 해였다. 제주도 삼양동에서 최대 규모의 청동기시대 취락 유적이 확인된 것이다. 그런데 삼양동 유적은 이미 1923년에 일본인 학자에 의해 지표조사 보고된 유적으로, 1996년에 토지구획정리사업 과정에서 다량의 유물이 발견되어 취락 유적의 존재가 드러나게 된 것이다. 삼양동 유적은 제주뿐만 아니라 우리나라의 대표적인 송국리형취락으로서 송국리형문화 단계의 건축기술을 갖춘 집단이 건설한 제주 최대의 해안거점취락으로 볼 수 있다. 시기적으로는 한반도 남부에 마한 54국, 진한 12국, 그리고 변한 12국이 삼한을 형성하고 있고, 제주에는 탐라형성기를 눈앞에 두고 있던 시대였다(국립제주박물관 2001). 제주를 대표하는 거점취락인 삼양동 유적은 고고 · 역사적 가치가 인정되어 1999년 11월에 4천여 평 정도가 사적 제416호로 지정되었다.

1999년에는 용담동 월성 유적에서 구순각목토기와 발형토기가 출토되는 장방형 주거지가 조사되었다. 그동안 구순각목토기와 공열토기가 출토되는 온전한 주거지가 확인되지 않았다가 월성 유적에서 완전한 형태로 확인된 것이다. 주변 지역의 유물 산포 범위로 볼 때 이 유적 역시 대단위 취락이 존재할 것으로 추측되고 있다.

1980년대 후반부터 2000년 직전까지 크고 작은 청동기시대 유적들이 조사되면서 제주도 고고학의 편년체계가 어느 정도 완성되기에 이르렀고, 2000년대부터는 다양한 조사기관에 의해 대규모 유적들이 세상에 드러나게 되었다. 그 대표적인 유적이 2005~2006년에 조사된 제주 화순리 취락 유적이다. 삼양동 유적이 북제주의 대규모 취락이라면, 화순리는 남제주의 대규모 취락으로서 삼양동 취락과 같은 문화적 전통성을 찾아볼 수 있다. 다만, 화순리 유적의 시기는 원삼국시대 이른 시기부터 형성되었기 때문에 제주 탐라문화기의 중추적인 취락으로 인식되고 있다.

Ⅱ. 주거지의 구조와 성격

호남과 제주지역에서 조사된 청동기시대의 취락을 세부적으로 살펴보기 위하여 각 단계별로 개별 주거지에 대한 구조와 특징을 살펴보기로 하겠다. 여기에서는 청동기시대를 조기, 전기, 중기, 후기로 구분하고 각 단계별 대표적인 문화유형을 미사리유형, 가락동유형·역삼동유형·흔암리유형, 송국리유형, 수석리유형으로 대별하고자 한다.

1. 호남지역

1) 조기 단계

청동기시대 조기 단계의 취락 유적으로는 순창 원촌, 전주 동산동, 담양 태목리가 있다. 모두 돌대문토기가 출토되고, 위석식노지를 갖춘 방형이나 장방형 평면의 주거지들로서 미사리유형에 속한다. 이들 세 유적의 주거지는 동일한 유형에 속하지만 세부적인 차이를 보이고 있다. 수량이 적기 때문에 각각의 세부적인 특성을 살펴보면 다음과 같다.

순창 원촌 주거지는 평면형태가 방형이고, 바닥 중앙에는 위석식노지를 설치하였다. 46m²의 면적에 1 : 1의 장단비를 보이는 주거지로서 벽선을 따라 주공이 존재한다. 주거지 내부에서는 각목돌대문토기편, 구순각목직립구연토기편이 확인되었다.

전주 동산동 주거지는 장방형 평면에 위석식노지를 갖추고 있으며 절상돌대문토기편이 출토되었다. 172m²의 면적에 1 : 2.22의 장단비를 보이고 있으며 북서-남동의 하천방향과 장축을 일치시켰다. 바닥은 다짐처리를 하였고, 중앙에서 한쪽으로 치우쳐 노지를 설치하였다. 한쪽 단벽에 치우쳐 저장구덩이가 마련되어 있다. 이 주거지는 소형의 장방형 주거지와 중첩되어 있어 5기 내외의 장방형 주거지와의 관계 및 시기적 차이가 문제로 남아 있다.

담양 태목리는 장방형 평면에 위석식노지가 설치되었으며 절상돌대문토기편, 구순각목토기편, 직립구연호 등이 출토되었다. 약 151m²의 면적에 1 : 2.16의 장단비를 보인다. 장축을 따라 2열의 주공이 있고, 주공 내부에는 초석이 존재한다. 장벽을 따라 부분적으로 벽구가 설치되어 있고, 벽선을 따라 주공열이 존재한다. 방형의 노지를 중심으로 장축을 따라 자갈돌을 깔아 만든 별도의 영역을 둔 것은 주목된다.

조기 단계의 주거지는 아직까지 극소수에 지나지 않아 좀 더 세부적인 문화 성격과 물질문화에 대한 분석이 필요한 상태이다. 비록 소수에 불과한 자료이지만, 호남지역 조기의 주거는 방형계에서 장방형계로 잠정 변화되었을 것으로 추정된다. 이러한 구조적 변화는 지역적인 다양성에서 비롯되었을 가능성도 배제할 수 없기 때문에 앞으로 신석기시대 말기와 청동기시대 조기와의 전환기적 관련성 및 청동기시대 조기와 전기와의 계승성을 보여주는 더 많은 자료의 축적을 기다릴 필요가 있다.

2) 전기 단계

청동기시대 전기 단계의 취락 유적은 최근에 들어서 유적 수량이 다수 확보되어 자료 증가에 따른 문화 성격을 구체적으로 파악할 수 있게 되었다. 2010년 자료조사에 따르면 22개 유적에서 62기의 주거지가 조사된 것으로 집계되었다(홍밝음 2010).

호남지역 전역에서 확인되고 있는 전기 단계의 주거지는 주거의 형태와 출토유물을 바탕으로 가락동유형, 역삼동유형, 흔암리유형으로 구분할 수 있다. 이는 토기형식에 의한 분류로서 주거의 성격을 결정하는 제1속성으로 평가되고 있다. 가락동유형 주거는 장방형 또는 세장방형의 평면형태에 1개 이상의 (석상)위석식노지가 장축의 중앙열에 배치되며, 주거지의 장축을 따라 바닥 가장자리뿐만 아니라 2열의 기둥열이 중앙에 설치되기도 한다. 역삼동유형 주거와 흔암리유형 주거는 (세)장방형의 평면형태를 이루며 1개 이상의 토광식노지가 설치된다. 가락동유형 주거만큼 분명하고 정연한 기둥열은 확인되지 않고 있다.

평면형태는 장방형, 세장방형이 대부분을 차지하지만 방형도 존재한다. 이 시기의 주거는 세장화 현상이 특징으로, 건물의 장축을 따라 설치한 2열의 기둥열과 바닥 가장자리에 위치한 기둥열에 기인한다. 경우에 따라서는 기둥열과 내부시설이 한 쪽에 추가됨으로써 건물이 증축되기도 한다.[4] 현재까지 조사된 주거지 가운데 최대 규모는 익산 영등동Ⅱ-7호로 140m² 에 달하며, 김제 제상리 97m², 보성 옥평리 83m² 의 순으로 파악된다. 면적을 알 수 있는 주거지들의 면적 분포를 히스토그램으로 살펴보면 〈그림 2〉와 같다. 면적을 초대형, 대형, 중형, 소형으로 구분할 때 각각 140m² 내외, 100m² 내외, 50~85m² 사이, 그리고 5~50m² 사이에 해당된다. 특히 소형은 넓은 영역을 이루고 있지만 10~25m² 사이에 밀집 분포하고 있음을 알 수 있다.

내부시설로는 노지, 벽구, 저장공 등이 확인되는데, 특히 노지는 주거의 성격을 판단할 수 있는 요소로서 위석식노지, 토광식노지로 대별된다. 벽구는 벽선을 따라 바닥의 가장자리에 골을 판 것으로, 벽체를 설치하거나 일시적인 집수를 위한 기능을 수행한다. 저장공은 벽선을 따라 배치하거나 단벽쪽에 치우친 일정 공간에 마련하였다.

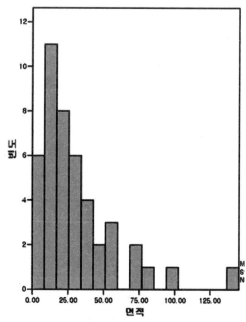

그림 2 _ 호남지역 전기 단계 주거지 면적 분포

3) 중기 단계

중기 단계는 송국리형문화로 대표되는 시기이다. 이 시기의 취락 유적은 우리나라 청동기시대 취락 유적의 대부분을 차지하고 있을 만큼 조사량과 비율이 절대적으로 높다. 주거지는 두 종류가 확인되고 있다. 하나는 송국리형주거지로, 평면형태가 원형계나 방형계로 대별되면서 바닥 중앙에 타원형구덩이와 중심주공을 갖는 주거지이다. 다른 하나는 원형과 방형의 평면형태를 갖추면서 바닥에는 아무런 시설을 하지 않는 순수한 수혈주거지이다. 전자와 후자는 모두 동체부와 구연부가 발달한 외반구연호, 플라스크형의 적색마연토기 등과 삼각형석도, 유구석부 등의 석기류가 출토된다.

송국리형주거지는 연구자마다 형식분류가 다양하게 이루어져 왔다. 초창기 많지 않은 자료에도 불구하고 대표적인 속성을 바탕으로 수립한 체계적이고 설득력있는 최초의 유형분류는 이건무의 안(李健茂 1992)으로 판단되며, 연구자 대부분이 이 유형분류로부터 자신들의 분류체계를 마련하고 있다. 비록 순천 대곡리 유적의 발굴조사 이후 송국리형주거지에 대한 분류가 처음으로 시도되었지만 주거지에 대한 전반적 이해와 속성이 반영되지 못한 채 형태적 구분에 그치고 말았다(崔夢龍·金庚澤 1990).

송국리형주거지는 평면형태가 원형계와 방형계로 대별되는데, 유적에서는 방형이 원형에 앞서는 중첩관계를 보이기도 하지만, 전남지역에서는 방형이 늦는 사례도 발견된다. 평면형태가 특별히 시기성을 가지는 것은 아닌 것 같지만 송국리형문화의 주변부로 파악되는 지역에서는 방형계가 많은 점이 특징이다. 취락은 주거의 축조와 폐기가 공존한다는 측면에서 시기적 선후관계로만 파악할 수도 없는 문제이기 때문에 공존의 개념 속에서 이해될 필요가 있다. 다만, 타원형구덩이와 중심기둥의 조합에서 돼지코 형태의 내주공식은 충청·전라지역에서 대세를 이루는 반면, 주공이 타원형구덩이 밖에 설치되는 외주공식은 전남 동남부지역과 경상지역에 집중되는 경향이어서 지역적 특색을 갖는다. 이들 교차 지역에서는 내주공식과 외주공식이 혼재하는 양상이며 다양한 형식의 주거지가 확인되고 있다.

주거지의 내부에서는 타원형구덩이, 중심주공, 4주, 유인수로, 벽구 등이 설치된다(그림 3). 타원형구덩이와 중심주공은 밀접한 조합관계를 이루기 때문에 제1속성으로 평가되며, 두 요소 중 하나만 갖춘 형식도 축조된다. 4주는 주거의 규모가 커지고 안정적인 상부구조를 유지하기 위한 기술적 발전으로, 송국리형주거의 복합구조를 형성하는 기본단위가 된다(李宗哲 2002).

주거 내부시설로서 주목되는 것은 유인수로인데, 벽면을 타고 바닥으로 유입되는 빗물을 한 곳에 집중시키는 역할을 한다. 모든 주거지에서 나타나는 것은 아니며 상시적으로 사용된 것도 아니기 때문에 타원형구덩이가 집수구라는 해석은 필요충분 조건이 되지 못한다.

타원형구덩이에 대해서는 집수구뿐만 아니라 작업공, 노지, 보관구덩이 등 다양한 해석이 제시되고 있지만, 기능과 존재적 측면에서는 보관의 기능이 타당하다고 여겨진다. 당시에는 빗물, 작업재료와 도구, 불씨 등을 보관할 수 있는 구덩이나 공간은 필수적이었을 것이다. 특히 불씨와 물의 보관은 적대적 관계로서 서로 상이한 양상을 충족시켜야 하는 타원형구덩이이지만 이들은 전체 수량에 비

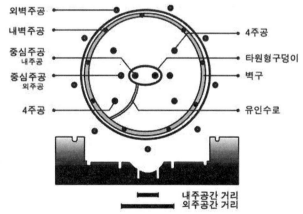

그림 3 _ 송국리형주거지 세부 명칭(이종철 2000 수정)

해 소량에 불과하다. 또 주거의 중앙에는 2개 또는 그 이상의 기둥이 항상 존재했기 때문에 활동공간의 장애요인을 상부구조를 지탱하는 기둥과 함께 중앙부에 집중시킴으로써 동선의 효율성을 극대화할 필요가 있었을 것이다. 따라서 송국리형주거는 보관의 기능으로부터 출발한 타원형구덩이가 지역적으로 다양하게 변용되었고, 건물 내부의 생활공간을 효율적으로 활용하기 위해 기획적으로 축조된 건축물이었기 때문에 전기의 (세)장방형 주거지들과는 궁극적인 차이를 가진다.

송국리형주거는 면적의 크기에 따라 초대형-대형-중형-소형으로 구분될 수 있다. 이러한 근거는 호남지역의 거점취락으로 분류될 수 있는 장흥 신풍과 갈두 취락에서 확인된다. 초대형은 50m² 내외, 대형은 35m² 내외, 중형은 15~30m² 이내, 소형은 15m² 이내에 해당된다. 취락의 중추적인 역할은 대형과 중형에 있었다고 판단되며, 이들은 군집화를 이룸으로써 취락의 단위를 형성했다.

4) 후기 단계

송국리형문화가 전국적으로 확산되고 점차 쇠퇴기로 접어들 즈음 한반도에는 점토대토기문화가 형성되면서 새로운 물질문화가 유입된다. 점토대토기문화는 구연부 단면형태가 원형계와 삼각형계로 대별되는데, 이들은 시기적인 변천관계에 놓여 있다.

후기 단계인 원형점토대토기 단계는 대개 원형점토띠를 붙인 발형토기, 흑색마연장경호, 파수부장경호, 석부, 삼각형무경식석촉이 세트를 이루면서 점차 세형동검, 동경과 같은 청동기와 함께 출토되기도 한다. 이 단계의 주거지는 이전 시기의 송국리형주거지를 비롯하여 순수 방형계 주거지가 대부분이다.

청동기시대 후기의 유적은 매장 유적과 주거 유적으로 대별되지만 전국적으로 매장 유적의 빈도가 매우 높은 반면, 주거 유적의 발굴조사는 극히 적은 편이다. 남양주 수석리와 보령 교성리에서 조사된 방형계 주거지는 이 시기의 대표적인 주거 유적으로서 높은 야산의 정상부에 축조되는 경향이 있어 방어적 성격을 지닌 고지성 취락으로 인식되어 왔다(崔鍾圭 1996). 이에 반해 야트막한 야산의 구릉이나 충적지에 입지하는 경우도 있는데, 호남지역에서는 군산 도암리 · 장흥 갈두와 완주 상운리 유적이 대표적이며, 전주 효자4 · 고창 율계리 · 나주 운곡동 · 광주 수문 · 광주 하남동 등에도 분포하고 있다.

군산 도암리는 송국리형주거로서 내주공과 외주공이 조합된 주거형식으로 부여 송국리, 서천 오석리, 천안 남관리, 완주 상운리에서도 조사된 바 있다. 이 주거지는 원형 평면에 면적이 약 17m²이며, 경사면에 지어진 단독 건물이다. 문화적으로는 송국리유형이지만 시기적으로는 원형점토대토기 단계에 진입한 주거로 볼 수 있다.

장흥 갈두 주거군은 송국리형문화 단계의 대규모 취락이었지만 취락의 쇠퇴기에는 10여 기 내외의 주거군만이 잔존하면서 송국리형문화의 전통을 이어간 것으로 파악된다. 이들 주거는 모두 송국리형주거이며 대형(33m² 이상)-중형(15~23m²)-소형(10~15m² 미만)으로 구성되어 있다. 모두 내주공식 주거로서 대형 1기만 원형 평면이며 나머지는 모두 방형이다. 2~3기씩 근접한 거리를 두고 있어 크게 3개의 소단위를 이룬다. 이전 취락 단계의 송국리형주거와는 구조적으로 동일하며 방형 평면의 우세 현상이 그대로 반영되어 있다. 인근의 신풍 취락을 비롯한 갈두 취락은 중형 주거의 빈도가 높은 편이어서 취락에서 중추적인 역할을 담당했을 것으로 파악된다.

상운리 주거군은 모두 4기가 조사되었는데, 부분적으로 파괴되었지만 방형계 주거지로 판단된다. 주거지의 면적은 대략 10~15m² 미만으로 추정되는데, 남양주 수석리와 보령 교성리 주거지의 면적과 대동소이하다. 초석이나 기둥열 등 내부시설은 확인되지 않았으며, 2기에서 토광식노지만 조사되었다.[5] 3기는 아무런 처리없이 생토면을 바닥으로 활용하였지만 1기는 불다짐 흔적이 확인되었다. 이러한 점에서 호남지역의 청동기시대 후기 단계에 축조된 주거는 방형의 수혈주거지로서 초석이나 기둥열 등 특별한 내부시설은 갖추지 않은 것으로 판단되며, 일부에서는 바닥 중앙에 토광식노지를 활용했던 것으로 보인다. 그리고 바닥에서는 주공이나 기둥열이 확인되지 않아 상부구조에 대한 해석은 분명하지 않다.

후기 단계의 특징 가운데 송국리형주거지와 원형점토대토기를 비롯한 관련 유물의 조합은 주목되는 점이다. 이 시기에 점토대토기를 비롯한 관련 유물들이 송국리형주거지에서 다수 확인되기 때문이다. 군산 도암리의 송국리형주거지는 폐기된 매몰토에서 원형점토대토기 사용 집단의 생활흔적이 확인됨으로써 두 집단의 가까운 만남을 시사해주고 있다. 이러한 두 문화의 동화현상은 장흥 갈두Ⅱ 취락유적에서도 확인됨으로써 이미 점토대토기문화 단계에 접어들었음을 보여주고 있다. 이러한 고고학적 양상은 금강 중·하류역에 집중되어 있고, 고창·나주·광주 등 영산강 유역 일원에서 점차 증가하는 추세이다.

2. 제주지역

제주지역은 대륙으로부터 떨어진 외딴 섬이라는 점에서 문화적 단절 또는 문화지체현상, 그리고 대륙의 문화단계와의 불일치 현상 등이 예상되는데, 이러한 현상들은 섬 문화를 대상으로 하는 인류학적 연구에서도 증명되고 있다. 제주의 청동기시대가 최근에 들어와서야 온전한 편년체계를 수립할 수 있었던 것도 이러한 환경적 요인과 무관하지 않다. 여기에서는 편의상 문화단계에 따른 주거 양상과 특징을 육지 편년과 동일한 체제로 설명하고 각 단계별 절대연대는 Ⅲ장에서 자세하게 살펴보기로 하겠다.

제주지역의 청동기시대 유적은 1995년 이전까지 용담동 고분 남쪽묘역, 상모리, 북촌리 바위그늘, 곽지패총 2지구에 지나지 않았다. 그러나 그후 용담동 월성로, 삼양동, 삼화지구, 김녕리 패총, 동명리, 고산리 등 많은 유적이 조사되면서 제주 청동기시대 문화 양상과 편년이 수립될 수 있었다(강창화 2013).

청동기시대 조기 단계의 취락유적은 아직까지 조사되지 않았다. 이와 관련하여 광주 동림동 저습지 유적에서는 신석기시대 만기의 점열문토기와 구순각목이중구연단사선문토기가 공반되어 청동기시대 조기 단계의 가능성을 열어 주고 있다(이영문 2010). 호남지역도 최근에 와서야 조기의 존재가 확인된 만큼 제주에서의 조기 설정은 좀 더 기다릴 필요가 있다.

전기 단계는 흔암리유형과 역삼동유형만 확인되고 있으며, 가락동유형은 아직까지 조사되지 않았다. 흔암리유형의 제주 유입은 상모리에서 확인된 재지산 토기와 육지산 토기를 통해 알 수 있듯이 흔암리유형의 형성 초기에 육지의 영향이 분명히 존재했다는 것을 말해준다(李淸圭 1987). 그러나 상모리에서 온전한 주거지가 조사되지 않아 분명한 구조는 알 수 없다. 북촌리 바위그늘 유적에서처럼 공열토기 집단이 자신들의 목조건물을 대신하여 동굴이나 바위그늘에 거처를 만든 것은 제주 환경에 대한 적응이었다고 판단된다. 이러한 견지에서 동굴이나 바위그늘 유적의 발견 가능성과 (세)장방형의 목조건물의 조사 가능성이 기대된다. 전기 후반 어느 시점에는 용담동 월성에 구순각목토기가 출토되는 장방형 주거지가 축조된 것으로 추정된다. 이 수혈주거지는 약 37m²의 규모로, 4주식 기둥배치와 보조기둥을 설치한 것이다. 삼화지구 가 Ⅰ 유적에서도 공열토기, 구순각목토기, 내만구연발 등이 출토되는 장방형 및 방형 주거 유적이 확인되었다. 이들 주거는 3~10m² 범위에 집중되고 있으며, 벽면을 따라 기둥을 설치하면서도 바닥 중앙에 1~2개의 기둥을 세우는 것이 특징이다. 구순각목토기는 송국리형문화 출현 이후부터 보편화되는 것으로 이해되고 있지만[6] 제주지역에서는 송국리형주거 유입 이전에 존재한 것으로 보기도 한다(金慶柱 2005).

중기 단계는 서귀포시 대포동 동굴 유적, 고산리와 삼양동 취락 등에서 확인되는 송국리식토기와 송국리형주거를 표지로 한다. 이 시기의 주거는 원형 평면이 절대 다수를 점하고 있으며, 내주공식과 외주공식이 혼재하지만 내주공식이 독보적인 경향을 보인다. 주거면적은 전남지역과 비교했을 때 소형과 중형의 하위그룹에 해당되는 크기가 대부분을 차지하는 것이 특징이다. 순수한 송국리식토기가 출토되는 수혈주거의 취락은 아직까지 확인되지 않고 있으며, 외반구연토기나 구순각목토기편이 공반되는 송국리형주거가 대다수를 차지한다.

후기 단계에서 기원을 전후하는 시기에는 삼양동과 화순리 등 여러 지역에서 송국리형주거지, 점토대토기, 지역화된 경질무문토기를 표지로 하면서 본격적으로 출현하고 있다. 제주에서 확인되는 송국리형취락은 삼양동, 용담동, 화순리 등 10여 곳에 이르는데, 대체로 해안에 인접한 평탄대지에 위치하면서 용천수가 다수 분포하는 지역에 밀집하고 있다. 집계 가능한 취락을 대상으로 했을 때 2010년도에 6개 유적에서 207동이 조사되었다. 평면형태는 원형계가 절대다수였고 방형계는 거의 확인되지 않았다. 타원형구덩이는 돼지코 형태의 내주공식이 65% 이상을 차지하고 있다(金慶柱 2010). 삼양동과 화순리 등 대규모 취락을 이루는 개별 주거의 면적은 5~25m² 사이에 분포하며 7~17m² 내외의 범위에 밀집분포하고 있다(그림 4). 이러한 면적 분포는 호남지역과 비교할 때 소형에 속하는 영역이라는 점에서 주거의 소형화가 제주도 송국리형취락의 특징임을 알 수 있다(李宗哲 2010). 아직까지 방형계 주거지와 점토대토기가 조합을 이룬 주거지나 취락은 확인되지 않고 있어 송국리형취락의 재지화 속에서 점토대토기문화가 유입되었고, 지역적으로 경질무문토기를 발전시키면서 성장·발전해갔을 가능성이 높다. 주거지는 중기 단계와 대동소이하며 소형화 현상이 지속되고 있다. 이러한 관점에서 송국리형취락은 삼양동→화순리→외도동으

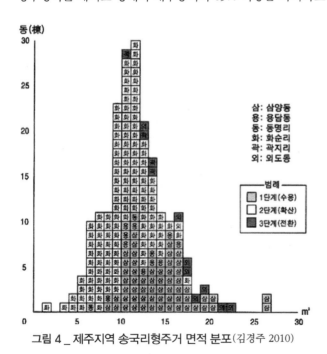

그림 4 _ 제주지역 송국리형주거 면적 분포(김경주 2010)

로 계승되는 과정에 소멸했으며, 동시에 제주 특유의 재지문화가 성장 · 발전한 것으로 추정된다(金慶柱 2010).

Ⅲ. 취락의 변천 양상

1. 호남지역

1) Ⅰ기 : 미사리유형 취락의 출현

돌대문토기는 일본 야요이시대 조기 단계의 표지적인 토기로, 우리나라는 하남 미사리 유적에서 처음으로 확인되었다. 하남 미사리를 비롯해 제천 황석리, 진주 상촌리 출토품이 대표적이다. 이 토기는 신석기시대 말부터 출현하지만 청동기시대 표지유물로 인식되고 있다. 지역에 따라 존속기간은 약간씩 다른데, 영남 남부지역은 전기 후반 또는 중기 전반까지 잔존하는 것으로 알려져 있다(안재호 2004). 2000년대 초반까지만 하더라도 강원도와 전라도에서는 출토 예가 없었지만 최근 전라도에서도 확인됨으로써 전국적으로 확대되는 추세이다.

호남지역에서 조기 단계의 취락은 아직까지 취락으로의 발전이라기 보다는 주거 혹은 소단위 주거군에 지나지 않는다. 그만큼 집단의 규모와 인구수는 마을을 이룰 정도의 규모는 아니라는 것이다. 특히 돌대문토기 집단이 한반도 남부의 내륙을 따라 수계를 중심으로 분포하고는 있지만 유적의 밀집도가 낮고 극히 제한된 범위를 보여주고 있기 때문에 일정 지역을 기반으로 하는 지역단위 문화로 설정하기에는 무리다(千羨幸 2005). 따라서 유적 인근에 대한 전면적인 발굴조사가 이루어져야만 가능한 설명이 되겠지만, 현재로서는 조기 단계의 취락은 넓게 펼쳐진 충적대지에 10~30여 명 남짓되는 소규모 집단이 1~2기 정도의 집을 짓고 주변 환경에 순응하거나 적응하면서 생활하였을 것으로 추정된다. 이 시기에 해당되는 매장 유적은 아직까지 조사되지 않아 취락 내에서 이루어지는 매장과 장송의례에 대한 성격은 알 수 없다.

돌대문토기가 출토되는 주거는 조기 단계의 대표성을 가지지만, 남강 유역의 옥방 · 어은 · 상촌리 · 본촌리와 같은 돌대문토기 유적이 전기 단계까지 지속된다고 보는 견해도 있어 호남지역의 돌대문토기 유적의 하한을 정하는 것은 쉽지 않은 일이다. 다만, 직립구연호형토기를 제외하면 가락동유형과 역삼동유형의 문화요소를 거의 찾아 볼 수 없고, 태목리에서 검출된 절대연대측정치가 기원 전 13~12세기에 놓여 있어 전기 단계와는 구분이 가능할 것으로 판단된다(그림 8).[7] 그러나 조기와 전기 단계의 요소가 서로 교차될 수 있는 가능성은 충분히 존재하기 때문에 이들의 선후관계가 절대성을 보유한 것이라기보다는 상대성을 내포한다고 보아야 할 것이다.

조기 단계의 주거 유적이 모두 충적대지에 위치하고 있고 가까이에 하천을 끼고 있는 점에서 화전농경보다는 충적지에서의 소규모 밭농사를 통한 곡물의 확보와 어로 · 수렵을 병행했을 것으로 추측된다. 이는 주거지에서 출토되는 반월형석도와 어망추 등을 통해 짐작할 수 있다.

2) Ⅱ기 : 가락동 · 역삼동 · 흔암리유형 취락의 형성과 확산

소수에 지나지 않았던 청동기시대 주민들은 전기 단계에 접어들면서 급격한 인구증가와 사회적 변화를 초래하였다. 먼저 주거의 형태가 세장화되고 면적이 확대되면서 하나의 지붕 아래 여러 공간을 분할하여 많은 수의 구성원이 생활을 같이 하게 되었다. 이렇게 한 건물에 공동으로 생활했던 사람들은 가족공동체 혹은 세대공동체였을 가능성이 매우 높다. 또한 단일 주거 혹은 소단위 주거를 이루었던 이전 시기에 비해 주거군의 규모도 확대되는 경향을 보인다.

호남지역 전기 단계의 취락은 충청 · 경남지역을 비롯한 다른 지역의 대규모 취락유적에 비해 상대적으로 작은 규모에 해당되며 5채 이내 혹은 10여 채 내외의 주거군을 이루었던 것으로 파악된다. 이 시기의 호남지역은 가락동유형, 역삼동유형, 흔암리유형이 모두 분포하고 있었다. 가락동유형은 서부 평야지역의 낮은 구릉지대를, 역삼동유형은 동부 산악지대의 충적지와 남해안지역을 기반으로 성장했으며, 흔암리유형은 역삼동유형과 맥을 같이 하고 있다. 이러한 입지적 차이를 바탕으로 호남지역은 가락동유형이 먼저 유입되었고 이후에 역삼동유형이 점유해갔던 것으로 추정된다. 유적에서 검출된 절대연대를 근거로 할 때 가락동유형은 기원 전 12~9세기, 역삼동유형은 기원 전 10~9세기에 편년되고 있다(金奎正 2011). 특히 가락동유형은 기원 전 11~10세기에 영산강 유역권, 섬진강 유역권, 그리고 남해안지역으로 확산되었다고 추정되고 있다(홍밝음 2013). 그러나 최근 연구에서는 역삼동유형과 흔암리유형의 시기가 상향조정되고 있어 호남지역에서 이 문화들의 유입시기와 전개과정에 대해서는 좀 더 살펴볼 필요가 있다.

이 시기의 취락은 전북에서는 금강 이남의 만경강을 중심으로 하는 평야지대에, 전남은 영산강 유역에 집중적으로 분포한다. 호남지역에서 가장 이른 시기로 추정되는 익산 영등동의 가락동유형 취락은 절대연대가 측정되지 않아 Ⅰ·Ⅱ·Ⅲ지구에 대한 선후관계를 파악하기가 쉽지 않은데, 세 구역이 동시기라면 엄격한 위계체제 속에서 Ⅱ지구는 상위적 개념으로, Ⅰ·Ⅲ지구는 하위적 개념으로 접근할 수 있을 것으로 판단된다. 그러나 동시기성과 상호관계성이 인정되지 않거나 300여 미터에 달하는 거리차가 부정적으로 고려된다면 세 구역은 서로 다른 시점의 주거와 5채 이내 주거군의 측면에서 다루어져야 할 것이다. 또한 이들 주거유적과 연관될 수 있는 매장 유적이 발견되지 않은 점은 주거 유적으로부터 더 먼 거리에 조성되었거나 발굴지역 근처에서 조사되지 않았을 가능성이 있다. 전자는 10km 반경 내에서 관련 유적이 존재하지 않기 때문에 고려될 수 없으며, 후자는 지표상에 나타나 있지 않았기 때문에 발견되지 않았을 것이므로 현 시점에서는 알 수 없다. 이러한 양상은 호남지역 대부분의 주거 유적에서 나타나는 현상으로 주거-매장영역의 직접적인 관계는 파악할 길이 없다.[8]

3) Ⅲ기 : 송국리유형 취락의 형성과 발전

호남지역을 비롯한 전국의 청동기시대 유적에서는 송국리형주거가 차지하는 비율이 매우 높다. 그만큼 송국리유형이 갖는 문화적 파급력과 지역적인 적응력이 매우 강했음을 알 수 있다. 이러한 문화적 원천을 전기 단계의 취락으로부터 변천된 것으로 보는 견해도 있고, 외부로부터 파급되어 한반도에 유입된 외래집단으로 보기도 한다. 아직까지 이 두 견해에 대한 합의나 명백한 실마리는 확보되지 못한 상태이다. 그러나 원형계 송국리형주거와 송국리형묘제의 밀집분포, 송국리형주거의 정형화 및 자체적인 형태변화의 활성화, 타원형구덩이 내부에 존재하는 중심기둥간 거리의 정형화, 그리고 송국리형주거 · 송국리식토기 · 삼각형석도 · 유구석부 · 수전농경 등 새로운 문화요소의 출현이 금강 유역에 집중되어 있어 송국리유형의 금강 유역 발생설에 무게를 실어주고 있다(李弘鍾 2002 · 2005; 이종철 2002; 禹姃延 2002; 李眞旼 2004).

최근 전기 단계의 (세)장방형 주거에서 반송리형주거를 거쳐 송국리형주거로 계승되었다는 송국리형주거의 출현 배경이 제시되기도 하였다(李亨源 2007). 그러나 이러한 주거문화의 계승관계를 문화적 속성과 건축기술을 고려하지 않고 도식적 짜맞춤으로 설명하는 것은 검단리형주거를 검단리 69호 세장방형 주거지에서 찾는 것과 동일한 결과를 초래하는 것이라고 판단된다. 한 문화의 특정요소를 채택하는 데에는 기능적 우월성이나 보편성이 전제되어야하며, 다른 형태의 요소로 대체되어 보편화되기 위해서도 역시 마찬가지다. 송국리형주거가 분화된 세대공동체 혹은 독립 거주형 주거양식으로 받아들여지고 있는 상황에서 세대 분화를 목적으로 송국리형주거의 주요 속성을 발명 혹은 수용했다면 건축기술과 물질문화 측면에서 불일치 현상이 존재하여 설득력이 낮아진다(이종철 2006).

호남지역에서 확인된 송국리유형 주거와 취락은 하천을 중심으로 분포하는 경향을 보이며, 산사면 · 야트막한 구릉 · 평지에 입지하고 있다. 특히 호남지역은 서부 평야지대와 동부 산악지대로 대별할 수 있는데, 전자는 야트막한 구릉이 발달되어 있어 주거 입지로 선호되었고, 후자는 하천변의 곡간평지나 충적대지에 점유되는 양상을 보여준다.

주거형태는 내주공을 갖춘 원형 및 방형 평면의 주거가 가장 많이 분포하고 있으며, 여기에서 변화된 외주공식을 비롯한 다양한 형태의 주거가 취락 내에 혼재하고 있다. 금강 이남 지역은 원형 평면의 우세, 내주공식의 보편화 및 중심기둥간 거리의 정형화, 외주공으로의 변화 및 중심기둥의 소멸, 내주공식과 외주공식의 조합 등 자체적인 형태변화가 가장 활발한 것이 특징이다. 이에 반해 영산강유역은 원형 평면의 우세, 내주공식의 획일화 현상 등이 특징이라 할 수 있다. 남해안지역은 낙안면을 경계로 서쪽은 원형 평면의 우세 · 내주공식의 획일화가 특징이라면, 동쪽은 방형 평면의 우세 · 외주공식의 우세 · 중심기둥 또는 타원형구덩이의 소멸화로 정리된다. 특히 백두대간을 경계로 인근의 서부 지역에서는 방형 평면의 증가와 외주공식의 증가 · 중심기둥간 거리의 점진적 확대 · 중심기둥의 소멸 등의 특징을 보인다.

취락으로서의 주거 유적은 진안 여의곡, 광주 수문 · 산정, 나주 운곡동, 장흥 신풍 및 갈두가 대표적이다. 이 유적들을 제외하면 대부분 5기 내외나 10~20여 기로 구성된 단일 주거 유적이 대부분으로, 소규모의 취락이 옹기종기 모여 있는 양상과 같다.

여의곡 취락은 송국리형주거가 분포하는 구릉의 주거영역, 밭으로 경작된 충적지의 생산영역, 동일 충적지에 조성된 지석묘군인 매장영역이 정연하게 구분되어 형성된 호남 동부 산악지대의 거점취락이라고 할 수 있다. 특히 방형과 원형으로 이루어진 지석묘군의 위계체제와 사회조직(金承玉 2004), 지석묘 축조를 위한 시스템과 장송의례(李宗哲 2003), 그리고 3천여 평이 넘는 전작지에서의 생산력은 청동기시대 복합사회로서의 여의곡 취락을 이해하는 주요 3요소라고 할 수 있다. 또한 호남지역에서 처음으로 주거

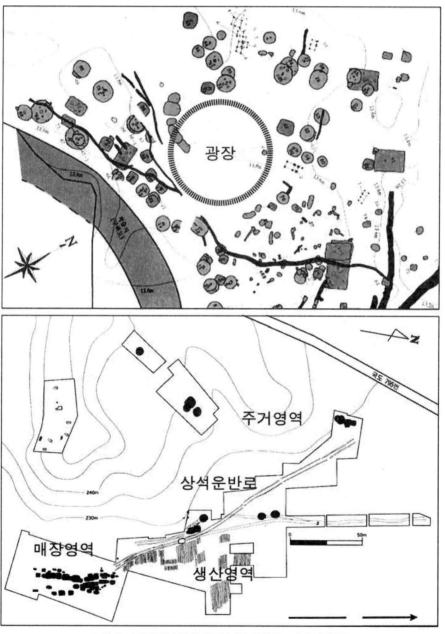

그림 5 _ 전북지역 주요 취락(전주 동산동 · 진안 여의곡)

군-분묘군-경작지를 직접적으로 연결지어 취락의 개념을 수립한 것은 큰 의미를 갖는다(그림 5).

장흥 신풍과 갈두 취락은 여의곡 취락과 동일한 유형이었을 것으로 추정되지만 생산영역인 전작지가 확인되지 않아 최소한 주거영역과 매장영역으로 구성된 취락으로 볼 수 있다(그림 6). 전면적인 발굴조사로 주거와 매장영역에 대한 범위를 확정할 수 있었고, 절대연대치를 확보함으로써 편년을 위한 토대가 마

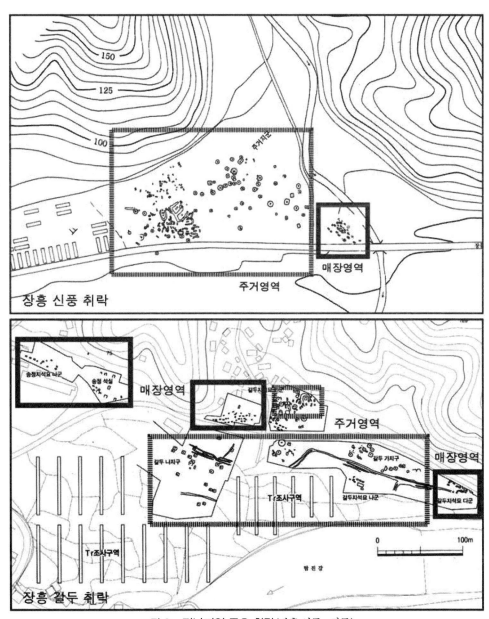

그림 6 _ 전남지역 주요 취락(장흥 신풍 · 갈두)

련되었다. 이를 바탕으로 취락 내 주거단위군 설정 및 단위군의 확장, 초대형-대형-중형-소형으로 구분된 주거규모에 따른 기능과 성격, 한정된 주거지와 지석묘 수의 비교를 통한 취락의 점유와 성쇠 양상 등을 파악할 수 있었다(박수현 2004; 申相孝 2007; 이종철 2008).

호남지역에서 조사되는 송국리형주거는 지석묘와 밀접한 관련이 있으며 석관묘와 옹관묘 역시 이들 집단의 묘제로 사용된 것은 분명하다. 여의곡 취락에서는 지석묘가 중추적인 묘제로 자리하는 반면, 석관묘 계열은 부차적인 성격을 보이고 있고, 장흥 신풍과 갈두는 지석묘가 중추적인 묘제로 위치한다. 그러나 서천 오석리·논산 마전리를 비롯한 송국리형묘제가 집중적으로 조사되는 금강 중·하류역에서는 지석묘와의 관계성이 적은 것으로 파악되고 있다(김승옥 2001). 이러한 점에서 송국리형문화의 형성지인 금강 유역으로부터 멀어질수록 재지의 지석묘문화와 융화되는 경향이 강해 주변 지역으로의 파급과정에서 나타나는 문화접변 현상으로 설명될 수 있을 것이다.

하천을 중심으로 형성·발전했던 송국리형취락은 절대연대자료에 근거할 때 금강 유역을 비롯한 호남지역에서는 기원 전 8세기에는 이미 형성되었을 것으로 추정되며 기원 전 9세기까지 상향될 수 있다고 판단된다(李宗哲 2000). 기원 전 8세기 대의 가능성은 금강 유역 내륙으로 파급된 진안 여의곡과 농산 취락에서 이미 확보되었으며, 탐진강 유역의 장흥 신풍과 갈두 취락도 기원 전 7세기 대를 전후한 시기로 편년되고 있다. 이러한 송국리형취락은 군산 도암리를 통해 원형점토대토기 단계에 도달했음을 보여준다. 또한 순천 연향동 대석에서는 삼각형점토대토기 단계에까지 이르고 있어 기원 전 1세기 대까지 문화적 전통성이 지속되었음을 알 수 있다.

4) Ⅳ기 : 송국리유형의 지속과 수석리유형 취락의 형성

호남지역은 청동기시대 전체를 두고 볼 때 송국리유형의 점유지라고 볼 수 있다. 그만큼 점유의 분포역이 넓고 점유기간이 길다는 의미이다. 이러한 배경 속에서 점토대토기의 등장은 매우 소략한 양상을 보이고 있는데, 군산 도암리 주거지와 장흥 갈두 주거군, 완주 상운리 주거군은 호남지역을 대표하는 후기 단계의 취락 유적이라고 할 수 있다.

도암리 주거지의 매몰토층에서 출토된 원형점토대토기는 구연부만 남아 있어 전체적인 기형을 알 수 없다는 점에서 단계 설정에 어려움을 주고 있지만 문화적으로는 송국리형문화와 접점을 이루고 있는 것은 사실이다. 이 시기에 야산 경사면에 단독으로 축조되었다는 점에서 송국리문화의 쇠퇴기에 집단으로부터 이탈되었거나 독립한 주거민 정도로 추측된다.[9] 이 지역의 주변에서 동일한 주거지가 확인된 바 없는 점도 이러한 추정을 뒷받침해준다.

장흥 갈두 취락은 인근의 신풍 취락과 거의 동시기에 존재했던 송국리형취락으로 신풍 취락이 소멸된 이후에도 잔존했던 마을이었다. 갈두 취락은 송국리형문화 단계에 넓은 충적지 중원쪽에서 형성되었으며, 매장영역이 있는 야산쪽으로 후퇴하면서 후기 단계로 접어들었다. 그러나 대형-중형-소형의 주거 구성, 2~3기씩 근접한 거리를 유지하는 소단위 체제, 내주공식과 방형 평면의 우세 현상을 그대로 반영함으로써 송국리형취락의 전통을 계승하였다. 물질문화에서 점토대토기만을 받아들였을 뿐 이들은 이전 시기와 동일하게 지석묘를 묘제로 이용하였다(이종철 2008). 이 갈두 유적은 취락 규모가 축소·후퇴되는 과정을 통해 취락의 단계별 변천과정을 살피는 데 중요한 고고학적 정보를 제공해주었다(그림 6).

상운리 주거유적은 방형의 평면형태를 갖추고 있고, 원형점토대토기·조합우각형파수·두형토기 등이 출토되고 있어 이른 단계의 주거는 아닐 것으로 판단된다. 주거지 주변이나 주거지를 파괴하고 구상유구와 수혈유구가 존재하는데, 이곳에서도 두형토기편 등이 출토되고 있어 소규모 취락을 구성했던 한 요소로 볼 수 있다. 상운리 출토유물을 중서부 지역의 점토대토기문화 단계(朴辰一 2007)와 비교한다면 2단계 후반 내지 3단계로 추정된다. 이 단계설정에 따르면 대전 괴정동과 아산 남성리에서 적석목관묘가 등장하고, 세형동검과 동경이 부장되기 시작하는 단계라고 할 수 있다.

현재까지 조사된 사례가 극히 적어 전반적인 취락의 변천양상을 살펴보는 것은 무리이지만 장흥 갈두와 상운리의 소규모 취락을 통해 호남지역의 후기 단계 취락양상을 어느 정도 짐작할 수 있게 되었다. 이전 단계의 전통을 그대로 계승하고, 지역적 교류를 통해 물질문화를 수용하면서 취락을 지속시켰다는 점과 새로운 문화집단으로서 낮은 구릉에 입지를 정하고 소규모 취락을 조성하는 방형 주거의 점토대토기 문화 집단이 존재하고 있었다는 것은 앞으로 호남지역 후기 취락의 성격을 파악하는 기초가 될 것이다.

후기 취락의 변천과 관련하여 유적의 편년은 아직까지 체계적이지 못하다. 도암리 주거지는 원형점토대토기의 존재를 들어 기원 전 3~2세기로 보고하였고, 장흥 갈두 주거군 역시 원형점토대토기의 출토를 감안하여 기원 전 4~3세기대를 상한으로 추정하고 있다. 상운리 역시 원형점토대토기와 공반유물의 양상을 고려하여 초기철기시대 이른 단계로 상정하였다. 호남지역의 점토대토기문화에 대한 편년은 청동기가 출토되는 매장 유적을 중심으로 이루어지고 있어 수석리 단계에서 괴정동 단계까지의 문화양상에 대해서는 분명하지 않다. 최근 몇몇 연구자들에 의해 절대연대 자료를 바탕으로 점토대토기문화의 상한을 끌어올려 이른 단계의 원형점토대토기를 청동기시대 후기 단계에 위치시키는 작업이 진행 중이다. 그러나 여기에서는 검토자료의 부족으로 위에서 언급한 세 유적의 연대를 기원 전 4~3세기대 어느 시점에 형성된 것으로 상정하고자 한다. 이는 수석리나 교성리 단계의 출토유물 부재와 비교 자료의 부족에 기인하는 것으로, 앞으로 자료의 축적을 기대한다.

2. 제주지역

우리나라 청동기시대 문화가 한반도에서 제주도, 멀게는 일본에까지 전파되었다는 것은 이미 학계의 통설로 인정되고 있다. 특히 농경문화를 바탕으로 하는 송국리형문화의 형성과 전개과정은 우리나라 청동기시대의 중추적이고 토착적인 문화정체성을 보여주고 있다.

송국리유형의 등장이 있기 전에 제주에는 상모리 유적을 통해 최소한 흔암리유형의 존재는 알려져 있었다. 그러나 최근에 들어서 조사예가 증가되고 있는 조기 단계의 돌대문토기문화는 제주에서 공백으로 남아 있다. 여기서는 최근까지의 조사성과를 바탕으로 제주지역에서 조성된 취락의 변천양상을 살펴보기로 하겠다.

1) I기 : 역삼동유형과 흔암리유형 취락의 병존

제주는 화산섬이라는 자연환경적 제약과 수원의 확보라는 측면에서 해안가를 중심으로 취락이 분포할 수 밖에 없는 환경에 놓여 있다. 이런 관점에서 청동기시대 유적의 분포가 해안가에 형성된 평지에 집중되는 것은 자명한 이치라고 할 수 있다. 전기 단계인 상모리 역시 이러한 입지에 자리하고 있지만 주거형태는 알 수 없다.

제주의 전기 단계는 상모리 유적의 흔암리유형을 비롯하여 공열문과 구순각목문이 시문되는 역삼동유형(김경주 2012)으로 나누어 볼 수 있다. 구순각목문의 전통은 전기에서 중기에 이르기까지 나타나고 있지만 제주에서는 송국리형문화 이전 단계의 요소로 파악되고 있다. 따라서 공열토기와 구순각목토기가 출토되는 장방형과 방형의 주거는 전기 단계의 문화전통을 보유했던 집단으로 상정된다.

전기 단계의 문화성격이 아직 명확하지는 않지만 흔암리유형의 주거지가 더 발견될 가능성은 충분히 존재하며, 흔암리유형과 함께 유입되었거나 독자적으로 유입된 전형적인 역삼동유형 또는 제주에 적응한 역삼동유형의 취락이 어딘가에는 존재할 것으로 추정된다. 이러한 관점에서 후자의 성격을 잘 보여주는 유적으로 삼화지구 가I취락을 제시할 수 있다. 이 유적에서는 장방형 및 방형 주거지에서 송국리유형의 토기와 석기 조합이 발견되지 않고 순수하게 공열토기나 구순각목토기, 내만구연발이 출토되고 있어 이러한 추정을 가능하게 한다. 그러나 이들과 같은 장방형이나 방형 주거집단의 일부는 삼양동에서 볼 수 있는 것처럼 송국리형취락 내에 동화되어 송국리형주거인들과 동일한 물질문화를 향유하고 있음을 알 수 있다.

제주의 전기 단계 취락은 공열문과 구순각목문을 바탕으로 하는 역삼동유형의 지속과 흔암리유형의 등장으로 설명할 수 있지만, 일부 전기 단계의 취락은 송국리형취락과의 병존을 배제할 수 없다고 본다.

2) II기 : 송국리유형 취락의 형성과 확산

제주에서 전형적인 송국리식토기에 근접하는 토기는 서귀포시 대포동 동굴유적에서 출토된 외반구연호로 판단된다. 이 동굴에서는 외반구연호와 유경식석검이 함께 출토된 것으로 알려져 있다. 이와 관련하여 제주의 여러 동굴에서 발견되는 공열토기와 구순각목토기의 존재, 송국리식토기의 존재는 수혈 주거 축조 이전에 제주 유입기에 마련된 임시거처였을 가능성도 배제할 수 없다. 왜냐하면 새로운 자연환경 속에서 적응기가 필요했을 것이고 외부로부터의 방어·은신을 위한 보호처가 있어야 하기 때문이다.

본격적인 송국리형취락의 형성은 고산리와 삼양동에서 이루어진 것으로 판단된다. 특히 삼양동에서 확보된 절대연대자료에 따르면 기원 전 6~5세기에 원형의 송국리형주거와 장방형 주거가 병존하며, 기원 전 4~3세기에 두 주거와 수혈유구가 병존하고 있다. 송국리형주거지 7기와 장방형 주거지 7기가 서로 중복관계를 이루고 있고, 두 주거지의 출토유물이 크게 차이를 보이지 않는다는 점에서 점유기를 달리하여 서로 다른 집단이 거주했음을 알 수 있다. 특히 사적으로 지정된 삼양동의 대규모 취락은 약 200여 기 이상에 달하는 주거지가 조사되어 제주 최대의 해안거점취락임을 보여주고 있다(그림 7). 이들의 주체는 제주 적응기를 마치고 원형점토대토기문화를 적극 수용한 송국리형취락 집단으로 볼 수 있다. 처음부터

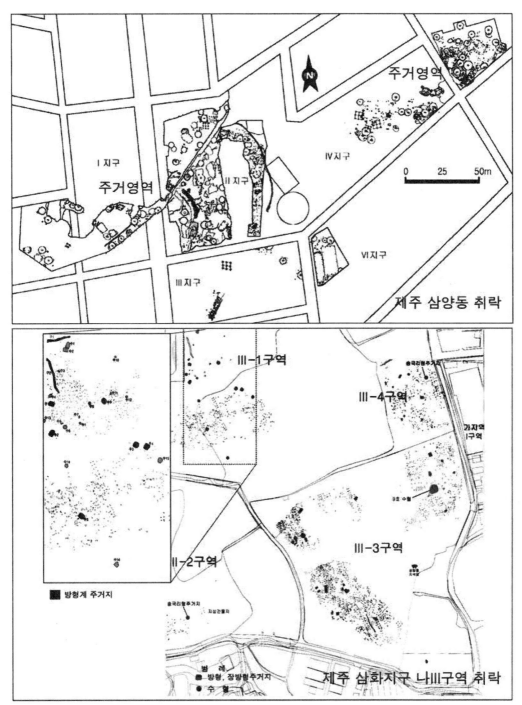

그림 7 _ 제주지역 주요 취락(제주 삼양동 · 삼화지구 나-III구역)

원형점토대토기문화를 수용해서 조성된 취락이라기보다는 그 이전에 제주에 적용된 송국리유형 단계가 존재했을 것으로 추정된다. 이들의 문화와 중·소규모 취락을 기반으로 점토대토기 단계의 대규모 취락을 조성할 수 있었을 것으로 판단된다.

제주의 송국리형취락은 원형 평면의 내주공식 주거가 압도적인 수치를 점하고 있다. 그러나 여러 유적에서 외주공식이 혼재하고 있음을 볼 수 있는데, 방형이 아닌 원형과 조합을 이루고 있다는 점에서 호남지역의 송국리형문화와 밀접한 관련성이 있다고 본다(李宗哲 2010; 金慶柱 2010). 주거 내부에서는 외반구연토기·구순각목토기·내만구연발 등이 출토되고 있으며, 호형토기류는 점차 제주화되어 구연의 외반도와 동체 및 어깨의 곡률에서 급격한 변화가 일어난다.

이 단계의 취락에서는 송국리형주거를 비롯하여 굴립주건물, 장방형 및 방형 주거, 수혈유구 등이 각 위치에 배치되는데, 전반적으로 주거의 규모는 7~17m² 범위에 집중된다. 이러한 주거 면적의 소형화는 제주만의 특징으로 전남지역에서는 고흥반도권역에서만 일부 확인되고 있다. 이를 통해 볼 때 제주 환경에 대한 적극적인 적용이 존재했음을 알 수 있다. 이와 관련하여 송국리형문화가 제주에 유입된 시기는 대포동 동굴유적의 송국리식토기의 존재, 삼양동에서 검출된 절대연대 자료, 탐진강 유역 대규모 취락의 성행시기가 기원 전 7세기를 전후하고 있다는 점을 고려할 때 기원 전 7~6세기의 어느 시점으로 추정된다(그림 8).

3) Ⅲ기 : 송국리형취락의 번성과 수석리유형의 등장

송국리형취락이 제주에서 번성하게 되는 시점은 점토대토기 단계에 들어와서다. 삼양동·용담동·동명리 등의 취락이 존재하며, 이 가운데 삼양동 대취락은 이 시기의 문화양상을 가장 잘 보여주는 대표적인 예이다. 이 취락은 송국리형취락으로부터 시작되어 점토대토기문화와의 적극적인 교류를 통해 취락의 규모가 급속도로 확장되었다고 판단된다. 삼양동 취락은 Ⅰ기 : 원형점토대토기 단계→Ⅱ기 : 삼각형점토대토기와 삼양동식토기 단계→Ⅲ기 : 곽지리식토기와 회색연질토기 단계로 변천한 것으로 알려져 있는데(국립제주박물관 2001), 취락의 후기 단계에는 동경, 동촉, 환옥 등 중국계 유물들이 확인되고 있어 해양을 배경으로 한 대외 문화교류가 활발했음을 보여준다.

삼양동 취락의 점유시기에 대해서는 기원 전 5세기~기원 전 2세기로 보는 견해(김경주 2011), 기원 전 200년~기원 후 200년까지 보는 견해(강창화 2013), 기원 전 2세기 이전에는 형성되어 기원을 전후하는 시기까지 존속했다고 보는 견해(국립제주박물관 2001)가 있다. 호남지역의 원형점토대토기문화의 등장이 기원 전 5세기를 전후하는 점과 송국리형주거+원형점토대토기의 복합적인 문화변동 과정을 고려한다면 제주지역의 등장은 호남지역보다 늦을 가능성이 높다. 따라서 기원 전 4세기 후반, 늦어도 기원 전 3세기 대 어느 시점으로 보는 것이 적절하다고 판단된다. 결국 기원전 1세기에는 대취락의 소멸이 진행되면서 화순리와 같은 재지적·토착적 문화집단이 송국리형취락의 전통을 이어갔을 것으로 생각된다.[10]

제주의 청동기시대 후기 단계는 삼양동 취락 Ⅰ기까지로 볼 수 있다. 이 단계는 원형점토대토기를 표지로 하면서 송국리식토기가 점차 재지화되면서 삼양동식토기로 변화되는 시기라고 할 수 있다. 취락 내에서는 아직까지 주거영역과 매장영역의 구분이 명확하게 확인되지는 않았지만, 삼화지구 가·나구역에서

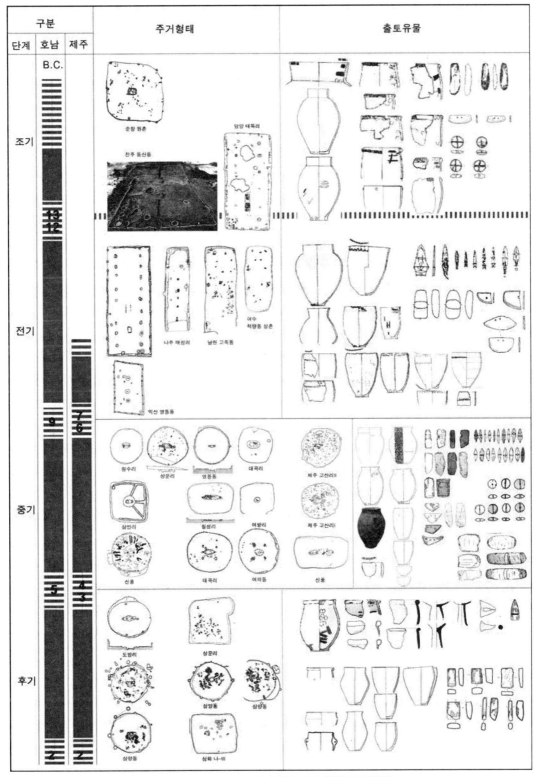

그림 8 _ 호남 · 제주지역 청동기시대 취락의 변천

확인된 옹관묘가 삼양동식토기로 밝혀짐에 따라 삼양동 취락의 매장영역이었을 가능성이 제시된 바 있다(박수현 2010).

제주도는 육지와 달리 송국리형문화의 파급이후 삼양동식토기, 곽지리식토기, 고내리식토기로의 고유한 변천과정을 거치면서 제주 특유의 문화로 고착화되어 갔다. 따라서 송국리형취락을 바탕으로 삼양동식토기문화가 제주의 보편적 물질문화로 자리잡아 가는 시기부터 진정한 탐라기로 볼 수 있을 것이다. 이 시기는 대략 기원 전 3~2세기 대로 추정된다.[11] 이는 송국리형문화의 소멸과정인 동시에 제주의 자연환경+송국리형주거문화+제주식토기문화가 융합된 최초의 濟州型文化가 성립되는 과정이기도 하다.

IV. 취락의 성격

청동기시대의 호남과 제주는 조기 단계부터 후기 단계에 이르는 다양한 주거 유적들이 존재했으며, 이 유적들을 통해 청동기시대 취락에 대한 지역적 양상을 파악할 수 있었다. 다만, 돌대문토기를 중심으로 하는 미사리유형의 취락과 원형점토대토기를 표지로 하는 수석리유형의 취락은 분포와 빈도 면에서 전기와 중기 단계보다 현격하게 적은 것이 현재까지 볼 수 있는 특징 중의 하나이다.

조기 단계의 돌대문토기문화는 호남지역에서 확인되고 있지만 제주에서는 아직까지 발견되지 않았다. 이 단계의 취락은 대규모로 조성된 주거군이 아닌 대형 건물 1~2동 내외로 구성되었다는 점에서 세대공동체를 중심으로 공동생활을 했던 소규모 집단으로 파악된다. 생산이나 매장 등 취락의 영역분할은 아직까지 확인되지 않으며, 삼림 지역에서의 화전농경보다는 충적지에서의 밭농사와 수렵·어로에 기반했을 것으로 추정된다. 최근 대규모 발굴조사와 함께 돌대문토기문화 집단의 주거가 증가되고 있는 추세로 볼 때 제주에서의 확인 가능성도 배제할 수는 없겠지만, 대륙에서는 하천을 끼고 있는 충적대지에 입지한다는 측면에서 제주의 환경과 다소 다르고, 소규모 집단으로 구성된 취락이라는 점에서 바다와의 대면과 적응에 적지 않은 어려움이 존재했을 것으로 판단된다.

전기 단계의 취락은 가락동유형, 역삼동유형, 흔암리유형으로 세분된다. 호남지역에서는 이 세 유형의 취락이 모두 나타나고 있지만, 제주지역에서는 역삼동유형과 흔암리유형만 확인되고 있다. 이 단계의 유적들은 천안 백석동과 같은 대규모 취락으로 발전하지는 않았으며, 구릉이나 평지를 중심으로 소규모의 취락을 형성하였다. 출토유물에 따라 취락의 정체성이 판명되지만 각 유형들이 갖는 물질문화의 조합은 약간씩 혼재하고 있어 명확하게 구분되지는 않는다. 또한 주거군으로 취락이 구성되어 있을 뿐 지석묘로 이루어진 매장영역이나 생산영역이 따로 구분되지는 않았던 것으로 파악된다. 농경은 취락의 주요 경제체제로 자리잡았을 것으로 판단되지만 화전의 존재는 배제할 수 없으며, 수렵이나 어로의 비중도 적지 않았을 것으로 추정된다. 충청지역에서와 같은 대단위 취락이 조사되고 있지 않는 점을 고려하면 5~10동 내외의 취락은 세대공동체를 기반으로 하는 취락 구성임을 보여준다. 대가족체를 이루는 취락구성원들에게 있어 사회조직은 혈연 관계 속에서 호혜적인 유대를 공고히 했을 가능성이 높다.

중기 단계는 송국리유형의 취락으로 대표된다. 이 시기에는 송국리형주거지, 지석묘, 석관묘, 옹관묘와 송국리식토기, 일단병식마제석검, 삼각형석도, 유구석부 등의 물질문화가 호남 및 제주지역은 물론 전국적으로 확산된다. 취락은 일반적으로 구릉의 정상부와 사면, 충적대지에 입지하지만 야산의 경사면에 1~2기 정도가 축조되기도 한다. 대부분 5기 내외나 10~20기 정도로 이루어진 취락이 구릉과 같은 일정한 지점을 중심으로 군을 이루어 산포하는 특징을 보인다. 특히 진안 여의곡 유적과 같이 취락공간이 주거영역, 매장영역, 생산영역으로 분할되어 조성되는 것은 매우 두드러진 특징이라고 할 수 있다. 이와 같은 기획적인 공간구성은 장흥 갈두·신풍 유적에서도 찾아 볼 수 있다. 이러한 취락구조와 농경체제를 바탕으로 거점취락이 형성되면서 지역의 중추세력으로 발전해갔을 가능성이 높다. 뿐만 아니라 제주를 비롯하여 일본 야요이문화 성립에도 지대한 영향을 줌으로써 송국리형문화의 파급력과 융화력은 물론 고유한 전통성을 확인시켜 주고 있다. 이러한 배경에는 활발한 가족분화를 원칙으로 하는 주거방식과 확대가족 및 세대공동체의 유기적인 군집화가 형성되어 있었다. 또한 유력자와 유력세대공동체와 같은 존재에 의해 위계화된 사회구조와 관리자적 혹은 착취적 지배관계 속에서 형성된 경제체제가 조성되어 있었을 가능성이 높다. 특히 주거영역보다 매장영역에서 사회구조적 양상이 두드러지게 나타나고 있고, 중기에서 후기 단계로 갈수록 더욱 심화되는 경향을 보이고 있어 위계화, 분업화와 같은 사회현상이 보편화·체계화·심화되고 있음을 알 수 있다.

후기 단계는 호남지역보다 제주지역에서 수석리유형의 급속한 유행을 특징으로 한다. 호남지역에서는 현재까지 몇 군데에 지나지 않는 소규모 취락이 확인된 반면, 제주 삼양동과 같은 유적에서는 대규모 취락의 변천사를 볼 수 있다. 특히 원형점토대토기문화 단계의 주거는 송국리형문화의 전통을 그대로 계승한 것으로, 삼양동을 점유했던 송국리형주거 집단이 청동기시대 후기 단계의 물질문화인 점토대토기 등을 적극 수용하면서 해안거점취락으로 성장해갔음을 보여준다. 특히 해양교류를 통한 취락의 성장이라는 점에서 대륙과는 다른 문화적 특성을 가지고 있다. 이에 반해 호남지역은 원형점토대토기를 비롯한 조합식우각형파수부토기, 두형토기 등을 바탕으로 방형의 수혈주거를 축조했던 집단이 야트막한 구릉이나 충적대지에 소규모 취락을 조성하였다. 이들은 세형동검을 비롯한 일련의 청동기 제작과 발전을 이룩하는 문화집단이었음에도 불구하고 아직까지 청동기가 출토되는 무덤 유적과의 직접적인 관련성이 파악되지 않고 있다. 따라서 호남지역의 후기 취락은 취락 구성뿐만 아니라 묘제와의 관련성에서 자료의 축적이 더 필요한 실정이다. 이러한 배경 속에서 송국리형문화의 전통이 삼각형점토대토기 단계까지 지속되는 점은 호남과 제주지역의 공통되는 특징이라고 할 수 있다.

1) 남원 고죽동 유적은 1995년 6월 7~8일에 지표조사를 거쳐 동년 9월 4일~10월 18일까지 발굴조사가 이루어졌고 1997년에 조사보고서가 간행되었다. 익산 영등동 유적은 1995년 5월 29일~8월 3일까지 시굴조사를 거쳐 1995년 9월 15일~12월 27일까지 1차 발굴조사, 1996년 6월 3일~7월 22일가지 2차 발굴조사가 있었다. 조사보고서는 2000년에 발간되었다.

2) 호남지역 최초의 밭 유적은 1992년에 광주 신창동 유적에서 조사되었다(趙現鐘 · 張齊根 1992).

3) 타원형구덩이와 중심주공의 존재는 송국리형주거지의 1차 속성으로 평가되고 있는데, 원형이든 방형이든 이 요소들이 설치되거나 그렇지 않은 주거지가 함께 조사되기도 한다. 토질 상태에 따라 조사되지 못했을 가능성도 있겠지만 부여 송국리에서도 동일한 물질문화를 공유하면서도 타원형구덩이와 중심기둥이 설치되지 않는 예가 있어, 송국리형문화 단계에 이와 같은 현상이 존재했음을 보여주고 있다.

4) 천안 백석동 10호 주거지에서 편향확장을 통한 증축 현상이 확인된 바 있다(이남석 · 이현숙 2000). 이 외에도 공주 제천리, 진천 신월리를 비롯하여 화성 천천리에서도 증축이 이루어졌을 것으로 보고 있다(李亨源 2009).

5) 주거지 4기 가운데 2기는 바닥 중앙에 타원형의 토광식노지가 설치되어 있어 일견 타원형구덩이만 갖춘 송국리형주거지로도 볼 수 있을 것이다. 그러나 각 지점별로 주거지들이 나뉘어져 밀집분포하고 있고, 출토유물에서 서로 연관되지 않는다는 점에서 조사보고자의 견해대로 원형점토대토기 단계의 주거지로 보고자 한다.

6) 구순각목문은 공열문과 함께 역삼동유형의 한 요소로 인식되고 있으나 우리나라 중서부 지역에서 보이는 구순각목문토기는 송국리형문화 출현 이후부터 나타나는 것으로 추정되고 있다(宋滿榮 1995).

7) 전주 장동 9호, 광주 수문 1호, 나주 이암 1호 주거지에서 검출된 절대연대 자료는 기원 전 12세기를 전후하며 가락동유형으로 판명되었다. 광주 수문 2호, 나주 동곡리 황산 1호 주거지의 절대연대 자료는 기원 전 10~9세기를 전후하는 연대가 산출되었으며, 역삼동유형으로 밝혀졌다. 절대연대를 위한 시료의 오염과 오차를 유발하는 화학작용 때문에 연구자들 중에는 절대연대치에 대한 신뢰도를 문제삼기도 한다. 엄밀한 의미에서는 신뢰도에 문제는 있겠지만 오차범위에 따른 다양한 해석이 가능하기 때문에 전면적인 부정 역시 문제라고 판단된다. 이것은 연구자의 해석 노력과 적용방식의 측면에서 다루어져야 할 사안이기도 하다.

8) 이형원은 김천 송죽리에서 조사된 전기 단계의 주거유적과 지석묘를 직접적인 대응관계로 보고 취락이 주거공간과 분묘공간으로 구분되어 조성되었다고 보았다(李亨源 2010).

9) 송국리형문화 단계에 1기만 조사되는 예도 많이 있어 쇠퇴기로 보는 것은 무리일 수도 있겠지만 점토대토기와의 관련성으로 볼 때 어느 정도 가능성이 있다고 판단된다.

10) 화순리 취락은 130여 기의 송국리형주거, 굴립주건물, 수혈유구, 집석유구, 소토유구 등으로 구성되어 있으며 점토대토기는 출토되지 않은 것과 같다. 대부분 삼양동식토기에서 변화된 외반구연발(또는 호)의 빈도가 매우 높으며, 어망추 · 고석 · 요석 · 연석의 출토량이 높은 편이다. 절대연대 자료를 근거로 유적의 연대를 기원 전 1세기~기원 후 3세기까지 보고 있으며 기원 후 1~2세기를 중심연대로 삼았다.

11) 김경주는 기원 전 3~2세기까지를 탐라성립기 전기로 상정하고 직립구연토기의 잔존, 삼양동식토기의 성행, 원형점토대토기와 흑색마연장경호의 도래를 이 시기의 특징으로 설정하였다(김경주 2009).

참고문헌

강창화, 2013,「제주도 고고학의 발굴과 그 성과」『호남고고학회 20년, 그 회고와 전망』, 제21회 호남고고학회 학술대회.

국립제주박물관, 2001,『濟州의 歷史와 文化』.

金慶柱, 2005,「탐라성립기 취락의 형성과 변천」『湖南考古學報』22, 湖南考古學會.

김경주, 2009,「고고학으로 본 탐라 -2000년대 조사성과를 중심으로-」『섬, 흙, 기억의 고리』, 국립제주박물관.

金慶柱, 2010,「제주지역 송국리문화의 수용과 전개」『韓國靑銅器學報』第六號, 韓國靑銅器學會.

김경주, 2011,『제주 도련동 유적(614-1번지)』, 제주문화유산연구원.

김경주, 2012,「Ⅵ. 고찰」『제주 고산리 유적』, 제주문화유산연구원.

金奎正, 2011,「湖南地域 靑銅器時代 前期文化의 特徵」『韓國靑銅器學報』第九號, 韓國靑銅器學會.

김승옥, 2001,「錦江流域 松菊里型 墓制의 硏究」『韓國考古學報』45, 韓國考古學會.

金承玉, 2004,「龍潭댐 無文土器時代 文化의 社會組織과 變遷過程」『湖南考古學報』19, 湖南考古學會.

박수현, 2004,『장흥 신풍리 청동기시대 취락연구』, 조선대학교 대학원 석사학위논문.

박수현, 2010,「제주도의 옹관묘」『동아시아 옹관묘』1, 국립나주문화재연구소.

朴辰一, 2007,「粘土帶土器, 그리고 靑銅器時代와 初期鐵器時代」『韓國靑銅器學報』創刊號, 韓國靑銅器學會.

宋滿榮, 1995,『中期 無文土器時代 文化의 編年과 性格』, 崇實大學校 大學院 碩士學位論文.

申相孝, 2007,『韓國 西南部地域 靑銅器時代 聚落硏究』, 全南大學校 大學院 博士學位論文.

안재호, 2004,「새김덧띠무늬토기」『韓國考古學專門事典-靑銅器時代篇-』, 國立文化財硏究所.

禹姃延, 2002,「중서부지역 송국리복합체 연구 -주거지를 중심으로-」『한국고고학보』47.

李健茂, 1992,「松菊里型 住居分類試論」『擇窩許善道先生停年記念 韓國史論叢』, 一潮閣.

이영문, 2010,「호남지역 청동기시대 연구 성과」『조사유적편람』, (財)湖南文化財硏究院.

李宗哲, 2000,『南韓地域 松菊里型 住居址에 대한 一考察』, 全北大學校 大學院 碩士學位論文.

李宗哲, 2002,「松菊里型住居址의 構造變化에 대한 試論」『湖南考古學報』16輯, 湖南考古學會.

이종철, 2002,「湖南地域 松菊里型 住居文化」『韓國上古史學報』第36號.

李宗哲, 2003,「支石墓 上石 運搬에 대한 試論」『韓國考古學報』50輯, 韓國考古學會.

이종철, 2006,「松菊里型 住居址 硏究의 爭點과 課題」『송국리유적 조사 30년, 그 의의와 성과』, 부여군·한국전통문화학교.

이종철, 2008,「탐진강유역 송국리형 주거문화」『탐진강유역의 고고학』, 제16회 호남고고학회 학술대회.

李宗哲, 2010,「전남 남해안의 송국리형 주거문화」『韓國靑銅器學報』第六號, 韓國靑銅器學會.

이종철, 2012,「탐진강 유역 송국리형주거의 특징과 편년」『호남고고학보』42, 호남고고학회.

李眞旼, 2004,「중부 지역 역삼동 유형과 송국리유형의 관계에 대한 일고찰」『韓國考古學報』54.

李淸圭, 1987,「濟州道 上摹里 無文土器에 대한 一考察」『三佛金元龍敎授停年退任紀念論叢』, 一志社.

李亨源, 2007,「盤松里 靑銅器時代 聚落의 構造와 性格」『華城 盤松里 靑銅器時代 聚落』, 한신대학교박물관.

李亨源, 2009,『韓國 靑銅器時代의 聚落構造와 社會組織』, 忠南大學校 大學院 博士學位論文.

李亨源, 2010,「靑銅器時代 聚落硏究의 爭點」『한반도 청동기시대의 쟁점』, 청동기시대 마을풍경 특별전 학술심포지엄, 국립중앙박물관.

李弘鍾, 2002,「松菊里文化의 時空的 展開」『湖西考古學』第6·7合輯.

李弘鍾, 2005,「松菊里文化의 文化接觸과 文化變動」『韓國上古史學報』第48號.

趙現鐘·張齊根, 1992,「光州 新昌洞遺蹟 -第1次調査概報-」『考古學誌』第4輯, 韓國考古美術研究所.

千羨幸, 2005,「한반도 돌대문토기의 형성과 전개」『韓國考古學報』57, 韓國考古學會.

崔夢龍·金庚澤, 1990,「全南地方의 馬韓·百濟時代의 住居址 硏究」『韓國上古史學報』4, 韓國上古史學會.

崔鍾圭, 1996,「한국 원시의 방어집락의 출현과 전망」『韓國古代史論叢』8.

홍밝음, 2010,「호남지역 청동기시대 전기 무문토기의 편년 및 검토 -주거지와 토기를 중심으로」『전기 무문토기의 지역양식 설정』, 2010년 한국청동기학회 토기분과 워크숍.

홍밝음, 2013,「전남지역 청동기시대 조~전기문화의 변천과정」『한국 청동기시대 편년』, 서경문화사.

제5장
영남지역

하진호 영남문화재연구원

I. 머리말

취락의 개념은 지리학에서 주로 사용되는 것으로 도시와 대별되는 용어이다. 인간의 근원적인 욕구는 의식주이며 이를 충족시키기 위한 인간 활동의 표현물이 주거라 할 수 있고, 이 주거의 모임이 취락이다. 그러나 이러한 협의의 개념을 넘어 주거뿐 아니라 이에 수반되는 부속건물, 도로, 수로, 경지, 방풍림 등 당시의 경관을 이루는 모든 것이 광의의 취락개념으로 이해하는 것이 일반적이다. 취락고고학의 연구대 상은 주거군을 중심으로 하여 매장시설, 도로, 수로뿐만 아니라 그것들을 둘러싸고 있는 경작지, 제사유 적, 삼림 등을 모두 포함한 것이 될 수 있다. 또한, 다양한 경관으로 둘러싸인 취락간의 연계망 속에 시공 간으로의 확산을 통한 하나의 통합된 지역으로 발전하는 과정을 추적하는 것도 필요할 것이다.

한반도 남부지방 특히 영남지역의 청동기시대 취락 변화는 전기에서 중기로의 이행을 통해 두 개의 서 로 다른 방향성으로 발전한다. 전기의 경우 단위집단에 가까운 소규모취락이 점차 대규모화하는 과정으 로 파악되며, 중기로 이행하면서 대규모취락이 점차 거점화하여 지역의 중심체로 성장해 나가며, 후기에 는 점차 쇠퇴해 간다는 것이 일반적인 가설이다(안재호 2006). 그러나 한반도내 지역마다 같이 적용하기 에는 아직 검토의 여지가 있다고 볼 수 있다. 지역마다 취락변천의 방향성은 다르게 나타날 가능성이 매 우 높기 때문이다.

이 글은 소백산맥의 준령인 조령의 남쪽 지방에 해당하며 지금의 행정구역상 경상도지역인 영남지역 의 청동기시대 취락의 지역상에 관한 내용을 개괄적으로 검토하고자 한다.

지역은 지리적인 면에서 다른 곳과는 구별되는 지표상의 공간적 범위를 일컫는 것으로, 영남지역의 청 동기시대 지역상의 구분은 자연 환경적 기준이 되는 산맥이나 하천에 의해 크게 낙동강 중상류역(경북

내륙지역, 금호강유역)·낙동강 중하류역(남강, 황강, 남해안 지역)·영남 동남부지역(형산강, 태화강, 동해안 지역)의 3개 권역으로 구분할 수 있겠다. 먼저 취락고고학의 기본분석 단위가 되는 개별구조물[1] 중 주거지를 중심으로 살펴보고, 다음으로 개별구조물로 구성된 취락의 구조를 살펴보기로 한다. 이후 권역별 취락의 변천양상을 통시적[2]으로 검토함으로써 향후 지역마다 성격인 지역성을 파악하고 다른 지역과의 상호작용을 통해 공통으로 나타나는 공간적 범위(접경지역)의 파악 등에 필요한 기초자료를 확보하고자 하는 데 그 목적이 있다.

Ⅱ. 주거지의 구조

1. 조기의 주거지

영남지역 조기의 주거지는 방형계 주거지가 주류를 이룬다. 이중구연토기와 각목돌대문토기가 출토되는 주거지를 포함할 수 있겠으나, 북한지역나 중부지역의 조기문화와는 시기적인 차이가 있다. 남강유역의 대평리유적과 평거동유적, 경주 충효동유적, 김천 송죽리유적 등에서 조기의 주거지가 확인되었다. 조기의 주거지는 평면 장방형 또는 방형, 석상위석식·토광위석식, 초석, 단 시설, 주혈배치가 정형성을 보이는 특징이 있다.

대평리 옥방5지구유적, 평거동유적, 대구 시지동유적, 충효동유적, 포항 월포리유적에서는 석상위석식노지와 함께 각목돌대문토기, 전형이중구연토기 등이 출토되므로 가장 이른 시기의 노지 형태라 할 수 있다. 그러나 조기에 위치 지울 수 있는 다수의 유적에서 토광위석식노지를 갖춘 주거지의 사례가 증가하고 있으므로, 이 두 종류의 노지는 출현 시점은 같았으나 점차 토광위석식 노지로 대체한 것이 아닌가 판단된다. 기둥시설은 초석이 있는 것과 지면을 파서 기둥을 세운 것으로 구분

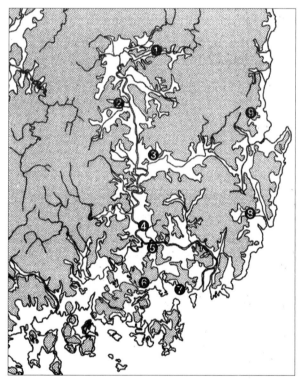

1. 영주 가흥동, 2. 김천 지좌동, 3. 대구 동천동, 4. 진주 대평리,
5. 진주 평거동, 6. 사천 이금동, 7. 마산 진동, 8. 울산 천상리,
9. 포항 초곡리

그림 1 _ 영남지역 청동기시대 주요유적

된다. 초석이 있는 것은 조기 및 전기 이른 시기에 해당하는 주거지에서 확인되며, 주거지의 형태는 폭이 넓은 장방형의 중대형의 주거지가 대부분이다. 초석의 배치는 장벽 가장자리를 따라 2열 대칭으로 설치되는 것이 일반적이며 중서부지역에서 보이는 1열 중앙배치는 확인되지 않는다. 영남지역에서 초석이 있는 주거지는 남강유역에 집중되는 양상이며 나머지 지역에서는 몇 기 이내에서만 확인된다.

단 시설은 양장벽 혹은 사방으로 주거지 바닥보다 5~10cm 정도 높게 조성되어있으며 단의 끝 부분에 초석이나 주혈이 배치된다. 진주 평거동유적, 어은 1지구, 밀양 금천리유적 등에서 확인되는데, 생활공간과 구분되는 완충공간으로 파악되며, 단시설이 있는 곳에 저장공이 조성되어 있다.

조기의 주거지는 낙동강 중상류 역은 대구분지를 중심으로, 낙동강 하류역은 남강유역에 집중되며, 영남 동남부지역인 경주·울산·포항지역에서도 적은 숫자지만 조기의 주거지가 확인되고 있다. 조기의 주거지는 돌대문토기와 전형이중구연토기가 출토하고, 위석식노지가 설치된 평면 정방형 또는 (장)방형의 미사리식주거지(안재호 1996, 2000)이다. 낙동강 중상류 역의 대구 월성동유적, 낙동강 하류역의 진주 대평리 어은 1지구유적, 진주 옥방 5지구유적, 진주 상촌리B,D지구유적, 진주 평거동 3-1·2지구 유적과 동남부지역의 울산 구영리유적, 울산 상안동유적, 경주 충효동유적 등에서 확인되며 모두 평면 방형 또는 장방형의 중대형 주거지로 공통하는 점이 있다.

2. 전기의 주거지

영남지역의 전기의 주거지는 방형계 주거지의 변천 과정으로 이해할 수 있다. 폭이 넓은 방형 또는 장방형 주거지에서 폭이 좁아지는 장방형 주거지 또는 세장방형 주거지에서 중소형의 폭이 좁은 장방형 주거지로 변화하는 경향성이 있다. 전기말이 되면 소형의 장방형 또는 방형 주거지의 증가 사례가 많고 이 주거지들은 바닥 중앙에 설치된 소결된 노지가 사라지고 중앙수혈을 갖춘 중기의 송국리형 주거지로 발전한다.

그러면 영남지역 전기 주거지의 구조를 구체적으로 살펴보도록 하자. 주거지 내부시설에는 노, 기둥시설, 저장시설, 주거지 내외의 구, 주제 등이 있다. 먼저 노의 경우 기둥시설과 함께 주거지의 내부시설 중 가장 핵심적인 부분으로 취사, 난방, 제습, 조명 등의 목적으로 이용하기 위해 만든 시설물로서 그 구조에 따라 시기적, 지역적 차이를 잘 나타낸다. 크게 위석식과 수혈식(지면식)으로 대별되는데 위석식은 다시 석상위석식과 토광위석식으로 구분된다. 석상위석식과 토광위석식의 선후 관계는 기존 연구 성과에(안재호 2009) 의해 석상위석식이 이른 것으로 이해하고 있다.

토광위석식노는 위석식노 주거지 중 대다수를 차지하며 구릉지취락과 평지취락을 가리지 않고 확인된다. 대구분지 내 다수의 유적에서 그리고 김천 송죽리·지좌리유적, 청도 진라리유적, 경산 옥곡동유적, 울산 구영리유적, 진주 평거동유적, 진주 가호동유적, 진주 초전동유적 등에서 확인되므로 영남지역 전역에서 유행하는 전기의 대표적 노지 형태라 하겠다.

수혈식노는 특별한 시설을 갖추지 않고 주거지 床面을 10~20cm 정도 오목하게 파서 사용한 것인데 이러한 시설은 설치의 용이성 때문에 특정 시기나 지역에 한정되지 않고 전국적인 분포를 갖는 가장 일반적인 노의 형식이라 할 수 있다. 전기의 전반부터 위석식노와 함께 사용되나 전기의 후반이 되면 위석식노는 소멸하고 수혈식노만 남는다.

기둥 시설은 주혈식이 대부분이며 장벽을 따라 2열 대칭 주혈식과 장축선 중심에 설치된 노를 따라 1열 중잉주혈식이 있다. 전자는 남강유역과 울산지역에서 후자는 금호강유역에서 주로 확인된다. 주혈이 확인되지 않거나 무질서한 배치를 하는 것도 있다. 이는 주혈을 검출하는 작업이 쉽지 않음에 기인한 것으로 판단된다.

저장공의 경우 전기의 대표적인 유형인 가락동유형, 역삼동 · 흔암리유형에서 다수 확인되어 노지의 위치와 함께 주거지내 공간분할에 유효한 속성으로 삼고 있다. 저장공의 기능상 곡물과 같은 식용품이 저장되었을 가능성이 크므로 그 위치 또한 노지에서 먼 곳에 배치하였을 것이다. 전기의 유적 대부분에서 저장공이 확인된다. 대부분 평면형태가 원형 또는 타원형이며 단벽 측이나 주거지의 양모서리사이에 1~2개가 배치되어 있다. 저장공이 확인되는 주거지는 대부분 전기이며 후기에 오면 완전히 사라진다. 이는 주거지 규모의 축소와 함께 공동생산과 소비를 위한 취락구조의 변화와 연동할 가능성이 높다. 취락 내 공공수혈유구와 굴립주건물의 본격적인 사용이 주거지내의 저장공을 소멸시킨 원인이라 판단된다.

다음으로 주거지 내외에 설치된 溝 시설에 대해 살펴보기로 하겠다.

외곽주구는 평지에 있는 주거지전체를 감싸는 (타)원형 구가 확인된 울산 연암동유적 · 경주 충효동유적이 있고 구릉지에 자리 잡은 주거지 경사면 위쪽만 반원형으로 감싸는 대구 팔달동유적의 사례가 있다. 周堤와 함께 외곽구는 배수의 기능을 하였을 것이다. 그리고 (장)방형 또는 원형의 溝만 확인되고 내부에 주거지가 없는 구상유구라 칭하는 것이 취락유적의 조사에서 확인되는 사례가 많다. 주거지가 유실된 것인지 알 수 없지만 이러한 형태의 구상유구를 무덤으로 보는 시각도 있다(이수홍 2010).

주거지 내부의 벽면 가장자리를 따라 조성된 벽구는 네 벽면을 일주하기도 하고, 장벽과 단벽 일부에만 만들어져 있는 것도 있다. 주거지 모서리 부분에 벽구와 연장되어 바깥으로 연결되는 외부돌출구도 확인된다. 벽구내에 조밀하게 벽주혈이 있는 것도 있다. 다양하게 확인되는 벽구의 형식에 의해 배수구 또는 벽체 시설을 위한 기초 홈으로 파악하기도 하는 등, 그 용도에 대하여 명확하게 제시하고 있지 못한 실정이다. 외부돌출구와 함께 확인되는 벽구는 배수구가 분명할 것이다. 외부돌출구는 경주, 울산, 포항지역에서 주로 확인되나 모두 전기의 늦은 시기나 후기에 해당하는 것으로 검단리유형의 분포권에 포함된다. 금호강유역이나 남강유역에서는 외부돌출구가 있는 주거지의 사례가 적고, 벽구가 있는 주거지는 모두 전기에 해당하며 후기에는 없다. 따라서 벽구는 청동기시대 전기 유적에서는 벽체 시설을 위한 피홈의 기능으로 만들어졌다가 전기후엽 또는 후기에 이르면 영남동남부지역(울산, 경주, 포항)을 중심으로 외부돌출구와 주구를 갖춘 전형적인 배수구의 기능으로 발전하였을 것으로 판단된다.

마지막으로 주거지의 증 · 개축과 관련된 사항을 보기로 하겠다.

주거생활을 영위하는 과정에서 자연재해로 인한 주거지의 훼손과 시설의 낙후에 따른 보수, 가족구성원의 증가에 따른 증축 · 확장 등 주거지의 증 · 개축현상은 자연스러운 현상으로 파악된다. 주거지의 수리나 개축과 비교하면 주거지의 증축은 주거규모를 넓히는 것이기에 취락 내 인구증가에 따른 현상으로 파악하고 있다.

증 · 개축의 흔적이 파악된 주거지는 영남지역 전역에서 확인된다. 증축의 흔적은 노의 위치나 벽구의 중복 등을 통해 쉽게 확인되지만, 개축의 흔적은 찾아내기가 어려우므로 파악된 주거지보다 실제 훨씬 많은 증·개축이 일어났을 것으로 추정된다. 대부분 전기의 주거지에서 확인되나 후기의 주거지에서는 증·개축의 흔적은 상대적으로 많지 않다. 이러한 현상을 주목한다면 취락 내 주거지의 개축(수리·보수)을 통한 가옥의 유지에서 취락 내 인구증가에 따른 증축(확장), 이후 개별주거지의 분리(세대의 분리, 가옥수의 증가)로 이어지는 취락의 발전과정을 유추해 볼 수도 있겠다.

영남지역의 조기·전기의 주거지는 한반도 남부지방의 여러 주거지의 형식이 모두 확인된다. 미사리유형(미사리식주거지), 가락동유형(둔산식주거지, 용암식주거지),

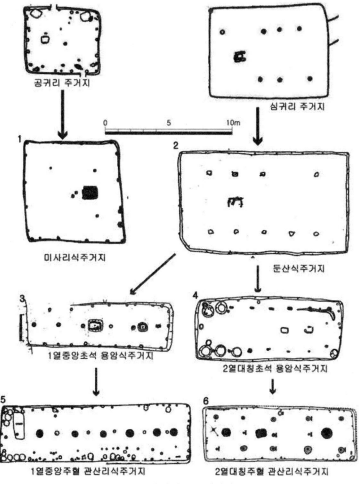

그림 2 _ 주거지계통도(김현식 2013)

흔암리·역삼동유형(관산리식주거지, 흔암리식주거지)의 주거지가 그것이다.

전기의 주거지는 위석식노와 가락동식토기가 출토되는 평면 장방형(광폭)의 둔산식주거지(안재호 2000)와 위석식노(+수혈식노)와 가락동식토기가 출토되는 평면 세장한 형태의 용암식주거지(공민규 2005), 세장방형의 평면형태에 토광식(평지식)노가 설치되고 초석 없이 주혈만 있는 관산리식 주거지(안재호 2006)[3]가 그것이다.

이를 시기적으로 살펴보면 조기의 미사식주거지, 전기 전반의 둔산식·용암식주거지, 전기 후반의 관산리식 주거지, 흔암리식주거지로 파악된다.

세부 지역별로 살펴보기로 하자.

낙동강 중상류 역은 미사리식주거지와 둔산식주거지가 확인되나 그 사례가 많지 않다. 그러나 둔산식의 변화형이라 할 만한 용암식주거지는 대구분지를 중심으로 다수 확인된다. 관산리식과 흔암리식의 주거지도 그 사례가 많으나 호서지역과 같이 관산리식주거지로만 구성된 취락은 없고, 취락 내 소수의 주거지로만 확인된다. 금호강유역은 지리적으로 추풍령을 통해 금강 상류 지역과 쉽게 교통이 가능한 곳이다. 최근 금호강 하류역인 대구 월성동유적과 경북내륙지역인 영주 가흥동유적에서 전형적인 둔산식주거지의 사례가 조사되었다.

낙동강 하류역은 남강유역을 중심으로 미사리식주거지와 둔산식주거지가 확인되며, 광폭의 대형장방형 주거지의 사례가 많다. 평면장방형, 판석 또는 위석식노와 초석열, 단시설, 저장공을 특징으로 하는 남강유역의 둔산식주거지는 수혈식노가 채용되는 관산리, 흔암리식주거지로 변화하기까지 계속 사용되며, 호서지역이나 대구지역과 같이 위석식(+수혈식)노를 갖춘 세장한 형태의 용암식의 주거지의 사례가 적다.

영남동남부지역인 경주·울산·포항지역 또한 조기부터 전기후반까지 주거지의 변화상은 같은 축으로 진행된다. 대형 방형의 미사리식주거지(울산구영리V-1지구유적, 경주 충효동유적과 광폭의 장방형인 둔산식주거지(울산 달천 5호) 및 세장방형의 관산리식주거지(서부리 비석골 유적, 교동리 192-37유적)와 복수의 수혈식노지가 있는 장방형의 흔암리식주거지가 확인된다. 한편 울산지역에서 대형장방형 주거지나 위석식노가 없는 천곡동 나지구 1호, 3호 주거지와 같은 형식의 주거지를 둔산식으로 보는 것에 회의적인 시각도 있다(이수홍 2012). 그러나 광폭의 대형장방형의 평면형태와 2열대칭주혈식의 구조에 의해 변형된 둔산식으로 보는 것(정대봉 2012)이 한반도 남부지방의 주거지 변화상을 이해하는데 용이하다고 판단된다.

이상 영남지역의 주거지의 변화상을 크게 3개 지역별 살펴보았다.

주거지의 변화상은 다른 지역과 크게 다르지 않음을 알 수 있는데 큰 틀에서 보면 미사리식→둔산식·용암식→관산리식·흔암리식 순서의 변화과정을 거치는 것으로 이해된다. 다만 금호강유역은 둔산식에서 용암식으로의 전환이 빠르게 진행되고, 남강유역은 둔산식이 오랫동안 지속하며, 형산강·태화강유역은 변형 둔산식이 나타나는 등 지역적으로 세부적인 차이를 나타낸다. 이는 영남지역이 한반도 남쪽에 위치하여, 중국 동북 또는 서북한지역의 위석식노 주거지가 한반도 남부지방으로 전파되어 정착하는 과정에서 발생한 지역별 시간적 차이라고 판단된다.

2. 중기의 주거지

중기의 주거지는 중소형의 평면 (말각)방형과 원형의 주거지 중앙부의 수혈 양측에 주혈이 배치된 것을 일컫는데 전자가 휴암리식주거지, 후자가 송국리식주거지라 불리던 것이다. 영남 동남지역(경주, 울산, 포항)을 제외하면 낙동강수계를 중심으로 대부분 지역에서 확인된다. 이 글에서는 이를 통칭해서 송국리식주거지라 하며, 영남지역 내 지역별로 세부적인 차이가 간취되므로 지역양식의 명칭으로 설명하기로 한다.

중기의 주거지는 평면형태, 중앙수혈, 중앙수혈 내외의 주혈배치에 의해 세분된다.

중앙수혈과 주혈의 배치는 중앙수혈만 있는 것, 중앙수혈 외 2주식, 중앙수혈 내 2주식, 중앙수혈 없이 주혈만 있는 것, 중앙수혈 외 다주식(4주·6주식) 등 다양한 형태로 나타난다. 이 중 가장 많은 형식의 주거지는 중앙수혈 외 2주식으로 영남지역 송국리식 주거지의 90% 이상을 차지한다. 지역별로 살펴보도록 하자. 낙동강 하류역은 방형 또는 원형의 주거지내 중앙수혈 외 2주식이 대부분을 차지하며, 나머지 형식의 주거지가 일부 확인된다. 낙동강중상류역 역시 방형 또는 원형의 주거지내 중앙수혈 외 2주식이 주류를 이룬다. 그러나 대구분지를 중심으로 중앙수혈 없이 두 개의 주혈이 나란하게 있는 2주식의 형태가 다수 확인되며, 이 주거지형식으로만 구성된 취락이 김천 지좌동유적이나 대구 동천동유적에서 확인되므로 지역양식으로 보아도 무방할 것이다.

방형과 원형의 선후 관계는 다수의 유적에서 주거지간 중복관계상 방형이 원형보다 앞선 것으로 파악되며, 방형주거지로 구성된 취락과 원형주거지로 구성된 취락의 변화과정도 확인되므로(청도 진라리유적, 진주 대평 옥방1-7지구 유적) 방형의 출현이 먼저라고 할 수 있을 것이다. 그러나 방형과 원형이 혼재된 단위주거군(대구 서변동유적), 방형과 원형의 중복관계가 역전된 유적(산청 사월리유적)이 있으므로 방형주거지에서 원형주거지의 변화는 계기적 선후관계로 파악할 수 있을 것이다.

영남지역에서 가장 많이 확인되는 송국리식주거지의 형태를 대표 유적명에 의해 구분하면 다음과 같다.

평면형태가 (말각)방형이고 중앙수혈 외 2주식의 주거지를 대평리형 주거지(유병록 2009), 평면형태가 원형이고 중앙수혈 외 2주식인 오곡리형(안재호 2006), 평면형태가 (말각)방형 또는 원형이고 중앙수혈 없이 양주혈만 확인되는 것을 동천동형주거지(유병록 2009)로 구분된다. 동천동형주거지는 평면형태에 의해 동천동1형(방형계), 동천동2형(원형계)로 세분할 수 있겠다. 각 유형의 선후 관계는 방형계의 대평리형주거지·동천동1형주거지에서 원형계의 오곡리형주거지·동천동2형주거지로 순서를 잡을 수 있다.

이상의 주거지 외에도 주목할 만한 주거지의 형식이 있다. 중소형의 방형 또는 장방형 주거지에 노가 없고 중앙수혈만 있는 것이 그 것인데, 남강유역과 금호강유역권에서 다수 확인되며 주거지 내부에 공열토기가 출토되는 등 전기의 토기양식이 남아있다. 이러한 형식의 주거지를 전기에 해당하는 장방형 주거지와 방형의 송국리식주거지 사이에 위치한 과도기적 주거형식으로 어은식주거지(쇼다 2009) 또는 하촌리형주거지(김병섭 2011)라 부르는 것이다. 이 주거지는 전기말의 방형 또는 장방형의 주거지 바

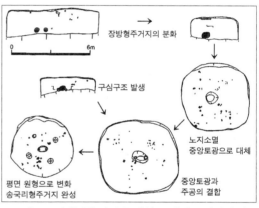

그림 3 _ 자개리유적 송국리식 주거지로 변화과정
(나건주 2006)

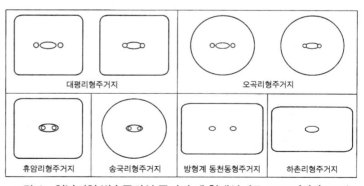

그림 4 _ 영남지역 범송국리식 주거지 제 형태(유병록 2009; 김병섭 2011)

닥 중앙에 설치된 소결된 노가 사라지고 중앙수혈을 대체된 것으로 보고자 한다. 따라서 어은식·하촌리형(장방형 중앙수혈식)→대평리형(방형 중앙수혈 외 2주식)·동천동1형(방형 2주식)→오곡리형(원형 중앙수혈 외 2주식)·동천동2형(원형 2주식)의 주거지로 변화하는 것으로 이해 할 수 있다.

중앙수혈이 있는 (장)방형의 주거지는 전기말 또는 중기 초에 위치 지울 수 있는 것으로 전기의 장방형 주거지에서 중기의 송국리식주거지로 변화해가는 과정에 있는 점이 주목된다. 영남지역외 호남지역인 당진 자개리유적과 경기남부의 반송리유적의 조사에 의해 전기의 장방형 주거지에서 중기의 송국리식주거지 사이에 위치한 과도기적 방형주거지의 존재를 지적한 바 있다(나건주 2006; 이형원 2007). 이에 반해 송국리문화의 금강유역자생설을 주장하고 중서부지방의 선송국리유형의 유적들을 선후단계가 아닌 공렬토기문화권과 송국리문화권 사이의 문화접변에 의한 것으로 파악하기도 하지만(송만영 1997), 근년의 조사사례에서 공렬토기가 출토되는 과도기 형식의 주거지의 사례가 늘어나고 있는 실정이므로, 이러한 전환기의 주거지에 의해 송국리문화의 형성과정과 관련한 '전기문화전통설'에 많은 힘을 실리고 있다(안재호 2009).

다음으로 영남동남부지역(울산, 경주, 포항)을 살펴보자.

이 지역은 송국리형주거지가 확인되지 않는 연유로 인해, 중기 이후의 유적이 공백 상태에 이르게 되었다. 이에 대하여 영남지역의 송국리형주거지가 중서부지역과 달리 강기슭 충적지에 입지한다는 점에서 평지조사가 활발하지 못한 결과로 파악하기도 하였다(안재호 2004). 그러나 이 지역의 전기로 분류되는 많은 주거지 중 실제 중·후기까지 내려올 수 있다는 지적 이후(김영민 2000), 울산지역의 연구자들에 의해 중기의 유적 공백을 메울 수 있는 울산식주거지의 설정이 이루어졌다(조현정 2001, 김현식 2006; 이수홍 2012).

평면 장방형 주거지에 주혈이 4각 구도의 배치를 하며, 외부돌출구와 단수의 노지를 갖춘 이 울산식주거지는 전기의 복수의 노지를 갖춘 대형 주거지가 변화한 것으로 전기말에 출현하여 중기의 전 기간에 이 지역의 대표적인 주거지로 채용되었다고 보는 것이다. 단수의 노를 갖춘 장방형의 주거지(울산식주거지), 횡선문(낟알문)이 시문 된 발형토기(검단리식토기), 소형석관묘, 주구묘에 의해 검단리유형의 설정되고 태백산맥 이동의 영남지역의 지역적 특색으로 설명하고 있다(이수홍 2012).

영남지역의 중기의 주거지는 송국리유형의 주거지와 검단리유형의 주거지로

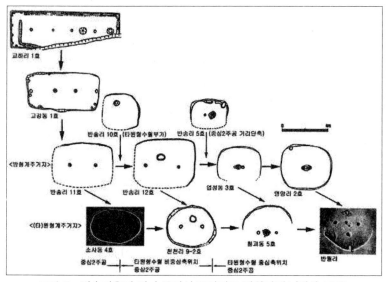

그림 5 _ 반송리유적 외 송국리식 주거지로 변화과정(이형원 2006)

크게 나뉘며, 송국리유형의 주거지는 울산, 포항, 경주를 중심으로 하는 영남 동남지역을 제외한 대부분 지역에서 확인된다. 경북내륙지역은 김천과 상주까지 분포하며 경남해안지역은 부산, 김해지역에서 확인되므로 각각을 북쪽과 동남쪽의 경계로 보면 될 것이다.

3. 후기의 주거지

후기의 주거지는 원형점토대토기가 출토되는 수석리 · 교성리 단계에 해당한다.

김해 대청유적, 김해 구산동유적, 합천 영창리유적, 사천 방지리유적, 경주 화천리유적, 대구 칠곡 3택지유적 등에서 이 시기의 주거지가 조사되었다. 청동기시대 전기나 중기의 방형 또는 원형계의 주거지가 그 형식이 분명한데 비해, 후기의 주거지는 평면 형태나 내부시설 등이 명확하지 않아 청동기시대의 일반적인 주거형식에서 벗어난 것 같은 느낌을 준다.

평면형태는 방형 · 원형 · 타원형계의 주거지가 확인되지만, 부정형의 형태가 많다. 평지에 입지한 대구 칠곡3택지유적의 주거지는 부정형의 소형주거지이며 내부에 노나 기둥시설 등은 확인되지 않았다. 중기의 방형 또는 원형주거지가 급조된 것과 같은 양상을 보여준다.

후기의 주거지는 대부분 구릉지에 입지하는 것이 많은데, 장타원형의 형태가 많다. 구릉 중위사면에 축조된 것은 단면 'L'자형으로 굴착하였고, 바닥면이 고르지 않다. 눈썹 모양을 하고 있어 주거공간이 없다. 이러한 주거지는 굴착된 흙을 전면에 깔아 주거공간으로 사용하였으나 후대 유실되어 지금과 같은 모

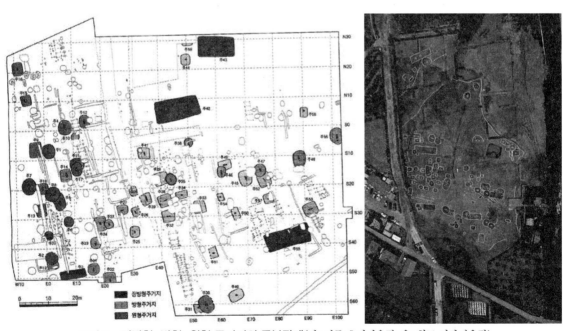

그림 6 _ 장방형, 방형, 원형 주거지의 중복관계(좌: 진주 초전리유적, 우: 청도 진라리유적)

습으로 나타난 것으로 파악된다. 내부시설 중 주혈은 보이지 않는 것이 많은데, 있더라도 정형성을 찾기 어렵다. 이러한 양상이 임시 거주처의 기능에 의한 것인지, 다른 형태의 주거지 구조에 대한 이해가 부족한 것인지는 앞으로 연구 과제라 하겠다.

후기의 주거지는 유적 내에서 적은 수만 확인되는 데 비해 사천 방지리유적과 경주 화천리유적에서는 10여 기 이상의 주거지와 다수의 수혈, 의례 유구 등이 확인되었다. 이 유적들은 임시거주처가 아닌 지속해서 점유된 단위취락이라 볼 수 있을 것이다. 사천 방지리유적의 경우 방형과 원형, 타원형의 주거지 13기가 확인되었는데 타원형이 가장 많다. 주거지 내부에 노지와 벽구, 주혈(정연하지 않음) 등이 있다. 경주 화천리유적의 후기의 주거지는 10기(그 외 수혈유구도 주거지일 가능성 높음)인데 방형 또는 부정형의 형태이다. 주거지 내부에 노와 주혈이 있고, 대부분의 주거지가 화재에 의해 폐기되었다. 이 두유적의 예에서 지속해서 점유된 취락은 전시기의 주거구조와 유사함을 알 수 있다.

한편 전시기의 주거지 형태를 계속 유지한 곳이 울산지역이라 하겠는데 후기의 주거지는 울산식주거지에서 이탈한 것으로 벽주구 및 외부돌출구가 설치되지 않은 평면 장방형 또는 방형의 소형주거지인데 이는 앞 시기와 전혀 다른 문화유형의 주거지라기보다는 울산식주거지에 변화한 형태로 파악하고 있다. (이수홍 2012)

전반적인 양상에 의해 후기의 주거지는 그 수량적인 면이나 주거 구조적인 면에서도 앞 시기와 다른 점이 많다. 이에 대한 검토가 앞으로 청동기시대 후기의 주거지연구에 핵심이라 할 수 있을 것이다.

Ⅲ. 취락의 구조

1. 조기의 취락

청동기시대 취락의 구조는 중앙의 주거공간과 주변의 생산공간 및 분묘공간으로 구성된 것이 일반적인 양상일 것이다. 조기 및 전기에는 주거공간으로만 구성된 취락의 예가 많고, 무덤과 결합하더라도 소수의 무덤과 결합이 된다. 중기가 되면 주거공간과 무덤 공간 및 생산 공간과 결합한 취락이 많다.

영남지역 조기의 취락은 대구 월성동유적, 진주 대평리유적, 울산 구영리유적, 경주 충효동유적 등에서 확인된 바로는, 개별주거지 몇 기에 의해 구성된 것이 대부분이어서 개별 주거군이나 단위 취락의 실체가 분명하지 않다. 취락의 입지는 대부분 하천 주변의 충적대지에서 확인되며, 대형주거지 1기 또는 2~3기 이내의 주거지가 모여 하나의 세대공동체를 이루는 정도로만 파악된다. 굴립주건물, 수혈, 환호, 경작유구, 무덤과 같은 주거지 외 개별구조물은 확인되지 않는다. 주거지의 배치는 점상배치로 파악할 수 있겠다.

조기의 취락구조를 구체적으로 살펴볼 만한 자료가 부족하지만, 현재까지 확인된 취락의 사회구조는 유단사회와 분절사회의 중간에 해당한다 하겠다.

2. 전기의 취락

전기의 이른 시기에 위치 지울 수 있는 평거3-1유적의 예에서 주거지는 자연제방 상면의 가장자리를 따라 일정한 간격 조성되었는데 개별주거지 2~3기가 나란하게 배치되고 대형, 중형, 소형이 혼재한다. 개별 주거지는 각각의 공간을 점유하면서 등 간격으로 배치되므로 주거군의 형성은 미약하다 볼 수 있다.

전기전엽 이후가 되면 취락의 입지 또한 평지에서 구릉과 산지로 확대되고, 주거지의 수가 늘어나 3~5기의 주거지로 구성된 주거군 여러 개가 모여 취락을 구성하는데, 포항 초곡리유적의 예에서 보면 보통 15기 내외가 일반적인 취락의 경관을 하는 것으로 추측된다. 그러나 지역에 따라 수십 기 이상의 취락도 확인된다(청도 진라리유적, 경산 옥곡동유적, 김천 지좌리유적, 대구 월배지구내 유적, 김해 어방동유적, 진주 평거동유적 등).

평지취락은 대구 서변동유적이나 진주 어은2지구유적의 사례를 보면, 병렬적으로 배치된 주거군이 선상으로 나열된 모습이나, 구릉지역 취락은 구릉평탄면을 중심으로 초보적인 중심지(공백지)의 존재가 확인되고 있다. 그 사례를 살펴보도록 하자.

낙동강 중류역의 대구 송현동유적은 개별주거지 2~3기로 구성된 5개소의 주거군 사이에 공백지가 있다. 낙동강 하류역의 김해 어방동 유적은 전기중엽에서 후엽에 해당하는 고지성취락으로 26기의 주거지가 확인되었다. 취락 내 다섯 군데의 공백지가 존재하며 구릉 정상부의 공백지에는 입석이 있다. 전형적

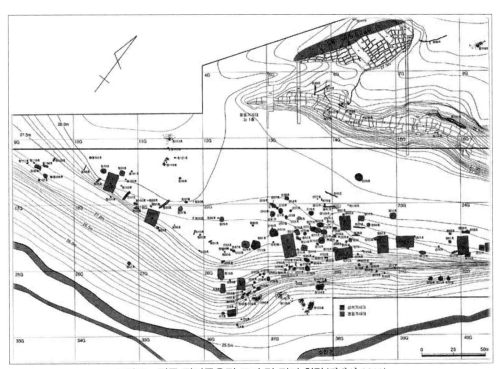

그림 7 _ 진주 평거동유적 조기 및 전기 취락(경발연 2011)

인 구심 구조는 아니지만 공백지를 중심으로 반환상으로 주거군이 배치되어있다. 이 중 대형주거지 1기와 중소형주거지 8기가 포함된 주거군이(석검은 이 주거군에서 대부분 출토) 취락 내 주도적이 역할을 했던 것으로 파악된다. 대구 팔달동유적은 구릉지에 입지한 취락의 가운데 대형주거지 1기가 있고 이를 중심으로 개별주거지가 반원상으로 배치된다. 이러한 취락배치는 울산 무거동유적에서도 확인된다. 이는 개별주거군 사이에 형성된 공백지가 취락 내 초보적인 중심지의 역할을 하였을 것으로 판단되며, 이 공백지는 울산 천상리유적의 취락배치에 의해 본다면 점차 취락전체의 광장으로 발전하였을 것이다. 취락의 배치가 선상에서 면상으로 다시 구심 배열로 변화하는 것으로(안재호 2006) 취락의 구조화가 심화하고 있는 것을 알 수 있다.

전기후반대가 되면 남부지방 전역에서 취락의 대규모화가 진행되며 농경은 기존의 충적지의 田作과 산지의 火田을 비롯하여 곡간저지에 수전(水田)이 조영되고, 지석묘의 축조도 시작한다(합천 저포리유적).

주거지 외 개별 구조물인 굴립주건물이나 공공의 수혈유구등이 활발하게 조성되고 주거군내 중대형주거지를 보유한 특정 주거군이 취락의 운영을 주도하였다고 판단된다.

그러나 이 시기 취락구조에서 유력개인(수장)의 실체가 확인되지 않으므로, 어떤 취락도 다른 취락보다 우월하지 않은 복수의 공동체사회로서 서구의 사회분류로 본다면 분절사회(segmentary societies)로 볼 수 있을 것이다.

3. 중기의 취락

청동기시대 중기는 농경문화가 정착되는 시기로 지역 내 중심취락 및 환호취락이 등장한다. 취락의 구성 또한 단순 주거공간만이 아니라 저장공간, 매장공간, 의례공간, 생산공간을 모두를 갖추거나 일부만 갖춘 취락 등 취락구성이 매우 복잡해진다. 특히 매장공간이 취락 내 또는 취락주변에 조성되는 것으로 보아 본격적인 정주생활로 전환하였음을 알 수 있다.

이전 시기의 나열적인 선상의 평면배치에서 면상 또는 구심 배치를 가지기 시작한다. 하도 주변에 경작관련 구획구 및 관개시설을 설치하는 등 물길을 적극적으로 활용하거나 자연하도(구)를 이용하든지 환호(구)를 설치하여 취락범위를 정하기도 하며 취락 내에 굴립주건물과 수혈유구가 집중적으로 조성된다. 주거지의 경우 세장방형 주거지는 사라지고 중형의 장방형 또는 타원형주거지는 취락 내에서 소수로 존재한다. 취락을 구성하는 대부분의 주거지는 소결된 노지가 없는 방형주거지와 원형주거지로 대체되며 주거지의 규모는 20m² 이하의 소형으로서 규격화되기 시작하는 경향성이 보인다. 취락의 운영은 취락 내에 소수로 존재하는 특정주거지의 거주자(유력개인)에 의해 주도되었을 것으로 판단된다. 최소단위 주거군에는 주거지가 4~5기 또는 6~7기 등 개별주거지의 수가 증가하였다.

중기의 청동기시대 사회는 취락규모의 변이 폭이 클 뿐 아니라 취락 내의 개별구조물의 복합도 또한 증가한다. 취락의 규모 또한 40여 기 이상을 보유한 단위취락과 10여 기 미만의 단위취락 등, 변이 폭이 커졌다. 남강유역의 대평취락, 경북내륙지역의 김천 지좌동유적에서는 100여 기 이상의 주거지가 확인되었다.

이 시기에 중심취락의 등장했다는 것은 대부분 연구자의 공통된 생각이다. 중심취락에 대하여는 많은 의견이 제시되어있다. 한국의 청동기시대 중기와 병행하는 일본 야요이시대의 경우, 중심취락이라는 것이 지역의 중심이 되어 장기간 유지되는 데 반해서 주변 소취락은 분촌이나 기능 일부를 하는 것으로 단기간에 소멸한다. 하나의 중심취락과 여러 개의 소취락이 연결되어 하나의 마을을 이루고, 대개의 중심취락은 환호취락이라고 정의한다(武末純一 2002). 그러나 한반도 남부의 환호취락은 일부를 제외하곤 대부분 단기간에 한시적으로 사용된 것이 많고, 환호내부에 취락이 조성되지 않거나 몇 기 이내로만 한정된 것이 많아 환호취락=중심취락의 등식은 성립하기 어렵다. 환호가 없더라도 대규모취락, 장기존속취락, 주거지 외 개별구조물(저장시설, 제사, 토기요, 굴립주건물 등)이 많이 확인된다면 중심취락으로 볼 수 있을 것이다(안재호 2009).

영남지역 중기의 취락유적 중 환호를 가지는 것이 있다. 그 기능에 대해 취락 간 긴장관계에 따른 방어시설, 마을을 보호하기 위한 울타리, 환호를 중심으로 내부와 외부를 구분하는 상징적 경계(의례의 기능) 등 다양하게 해석된다(정한덕 1995; 최종규 1996; 이성주 1998; 배덕환 2000). 현재까지 확인된 환호유적의 예에서 취락의 방어시설로 판단할 만한 유적은 없다. 전반적으로 환호는 내부의 상징적이고 의례적인 공간으로 보는 것(이상길 2006)이 일반적인 것 같다. 그러나 주지하듯이 농경사회의 정착과 함께 마을의 범위를 표시하거나 상징적 의미를 가진 공간, 마을내의 공간분할 등 시기와 지역에 따라 사회문화의 특성을 달리하면서 구획하고자 한 의도로서 표현된 환호(환구)는 보편적인 고고학적 현상이라 할 수 있을 것이다. 중기 전반의 울산 천상리유적과 중기 후반의 대구 동천동유적, 남강유역의 평지에 조성된 환호유적은 마을을 구획하는 의미로, 울산 검단리유적과 창원 남산유적, 울산 연암동유적, 울산 명산리유적, 산청 사월리유적, 진주 이곡리유적 등은 상징적이고 의례적인 공간으로 볼 수 있을 것이다.

환호취락이 곧 중심취락은 아니지만, 환호(제의공간으로서)를 축조하고 운영하는 주변취락이 환호와 함께 중심취락으로 볼 수 있겠다. 마산 진동유적이나 김해 율하유적, 사천이금동유적과 같이 주거지수는 적지만 대규모의 무덤군과 신전으로 추정되는 대형굴립주건물을 가진 유적들도 무덤과 신전을 축조하고 운영한 주변 취락과 함께 중심취락으로 파악해도 무방할 것이다.

이 시기는 주거군으로만 구성된 취락도 있지만 여타 개별구조물 및 생산, 분묘유구와 결합한 형태의 취락이 등장한다. 취락구성의 복합도에 의해 취락간 위계를 파악하기도 한다.

남강유역의 많은 취락유적의 분석에 의해 주거공간과 분묘, 의례, 생산공간(농경생산 및 수공업생산)을 모두 갖추고 있는 대평리취락이 상위취락에 해당하며, 주거공간과 분묘, 의례공간만 가지거나, 주거공간과 분묘, 생산공간을 가지는 사월리취락이나 가호동취락, 초전동취락이 중위취락, 주거공간만 가지거나 주거공간, 분묘공간을 가지는 귀곡동대촌취락, 본촌리취락 등이 하위취락으로 분류되고 있다(고민정 2013).

또한 기능적 측면을 강조하여 개별취락의 성격을 논하기 한다. 취락 내 주거지를 비롯한 생활유구의 수와 비교하면 무덤의 수가 더 많고 의례장소로 추정되는 제단 시설을 가진 진주 이곡리 환호취락을 장의중심취락, 비교적 넓은 면적을 발굴조사한 평거3지구취락의 경우 주거지의 수에 비해 논과 밭의 경작지가 매우 크며, 환호가 설치되지 않음으로 이 유적을 경작중심취락, 완성된 석도가 많고 미완성품을 포함한 석재가 적은 것을 통해 산청 배양유적을 석기제작취락 등 취락의 분업화를 논의하기도 한다(안재호

사진 1 _ 울주 검단리 환호유적(좌), 창원 남산리 환호유적(우)

2004, 2006).

　　금호강유역의 경우 대구 서변동유적의 목제도끼자루는 동형식의 것이 대구 매천동유적에서 확인되며, 대구 매천동유적에서 출토된 목제절구공이와 유사한 안동 저전리유적의 하도 출토품 등의 예로 본다면 목기의 생산과 유통과 관련한 연계망도 형성되었을 것이다(하진호 2010).

　　고령 봉평리의 석기제작장 유적과 인접한 곳에 있는 의봉산 주변 일대의 석기산지의 유적의 분포정형이나(황창한 2013), 석기생산장(유구석부)으로 파악된 대구 연암산유적의 사례에서(윤용진 외 2009) 농경과 관련한 석기의 대량생산과 유통, 석기생산 전문공인집단을 상정할 수 있고 생산된 석기의 분배와 교환을 주도한 취락(중심취락)의 존재 또한 추정 가능한 사회이다. 중기에 이르러 이러한 취락들은 이전과는 달리 한층 넓은 지역에 통합력을 발휘하는 수준의 사회구조(읍락사회)를 발전시켰을 것이다.

　　전기 말에서부터 확인되기 시작하는 경작유구와 목제 농경구 및 석부, 석도, 석착 등 농경관련 석기가 이 시기에 많이 증가하는 현상으로 본다면 이 시기 이후 농경기술의 확대 및 보급, 기술의 진전에 따른 가경지의 확대, 동일 가경지로부터 더 많은 식량자원 획득 등 식량생산의 집약화를 통한(잉여생산물의 증가) 과정을 거치면서 주변취락과 구분되는 중심취락의 등장이 촉발되었을 것으로 판단된다.

　　대형장방형 주거지에서 소형의 방형·원형주거지로의 변화와 함께 지석묘, 농경지 등을 수반한 취락이 각지에서 등장하며, 입석과 같은 기념물의 조성, 환호(구)취락의 조성 등 취락분포정형이 복잡해져 있어 계서에 의한 사회의 운영을 추측 가능케 하므로 이전시기보다 발전된 사회구조 즉 군장사회(chiefdom)라 할 수 있겠다.

　　이 시기는 취락간의 협업으로 입석과 지석묘와 같은 거석기념물이 본격적으로 조영되므로 단위취락들이 자기 완결적으로 존재하기보다는 중심취락과 주변취락의 관계 속에 긴밀한 연계망을 통해 복합적인 사회구조로 진전되고 있음을 알 수 있다.

4. 후기의 취락구조

　　영남지역 후기의 취락은 앞시기와 비교하면 그 사례가 많지 않아 취락구조를 살펴보는 데 어려움이 많다. 원형점토대토기의 유적은 김해 대청유적, 김해 구산동유적, 합천 영창리유적, 사천방지리유적, 청도 사촌리유적, 경주 화천리유적 등이 있다. 단위취락 전체를 파악할 수 있는 몇몇 유적을 중심으로 취락의 규모를 살펴보자.

합천 영창리의 경우 주거지 7기 내외, 경주 화천리유적의 경우 10기 내외, 사천 방지리유적의 경우 14기 내외 등으로 중기의 취락규모에 비해 소규모이다.

비교적 취락의 전모를 잘 알 수 있는 유적이 사천 방지리유적이다. 이 유적은 바다가 조망되는 구릉상에 취락이 조성되어있다. 주거군은 서편에 집중하며 구릉사면을 따라 마을의 경계나 방어를 위한 환호가 조성되어 있다. 구릉 정상부의 평탄대지는 공백지로 비워두고 있고 취락의 양 끝단 사면에 의례시설(구상유구), 경사가 심한 곡부나 환호 바깥에 폐기장(패총)이 있다. 이 유적과 비슷한 취락구조를 가지는 것이 경주 화천리유적이다. 이 유적은 경주의 서북편 교통로상에 위치한 구릉상에 취락이 조성되었다. 주거군과 수혈군은 동편구릉 중위사면에 조성되었고, 구릉의 정상부 평탄지역에는 소형환구(주구상유구)와 제단시설이 있고 주변은 공백지다. 북편 구릉사면에는 의례행위와 관련 있는 폐기장이 조성되어있다.

두 유적 모두 주변의 경관을 조망하기 좋은 곳에 취락이 입지하며, 주거군은 구릉의 중위사면에 조성한다. 특히 구릉 정상부 평탄지역에는 주거지가 입지하지 않고 공백지(마을 공동 의례공간)나 의례유구(소형환구)가 조성되었다는 공통점이 있다.

이는 청동기시대 중기의 취락구조와 매우 다른 양상을 보여주는 것이다. 전시기에 성행하던 대규모 취락이 존재하지 않고, 묘역식지석묘의 조영이 중단되고 매장주체부만 조영되는 소형화된 무덤, 그리고 주거지의 형태가 정형화되지 않는 점이 그것이다. 취락의 입지 또한 평지보다는 구릉성 취락이 대부분이며, 중부지방의 경우 고지성환구 취락의 사례가 급증하고 있다. 전시기보다 주거공간과 의례공간이 확실하게 구분되는 취락구조이며, 이 의례공간(제의장소)을 관리하고 유지하는 취락은 별도로 존재할 가능성이 높다. 또한, 여러 집단이 제의장소(환구)를 이용해 공동으로 제사를 지내는 형태(이상길 2006)도 상정해 볼 수 있으며, 이러한 취락구조는 제장의 기능이 강화되었음을 의미하는 것으로 볼 수 있다. 구릉정상부에 단독으로 설치된 제의공간(환구, 제단, 공지, 주구상 유구 등)은 청동기시대 전·중기의 지신의례 또는 지석묘를 중심으로 한 시조 묘에 대한 개별적 조상숭배의례에서 천신숭배사상으로 변화하는 것으로 파악할 수도 있겠다(김권구 2012, 서길덕 2006).

청동기시대 후기의 주류세력은 점토대토기를 만들고 철기문화를 경험한 이주민들로 파악되는 바, 이들은 한반도 정착과정에서 기존집단과의 갈등과 적응과정에서 새로운 문화를 생산하였을 것으로 추정된다.

IV. 취락의 변천 양상

1. 낙동강 중상류지역

낙동강 중상류지역의 조기 및 전기의 이른 시기 취락은 금호강유역을 중심으로 가장 많이 분포하며 김천지역 등 일부에서만 확인된다. 대구 시지동유적·서변동유적·월성동유적과 김천 송죽리유적이 있다. 취락의 입지는 강변의 충적지나 선상지를 선호하며 취락 간 연계망은 별반 없었다고 판단된다. 취락은 몇 기의 개별주거지가 결집하여 주거군을 구성한 예는 없고 개별주거지가 독립적으로 분포하여 단위 취락을 구성하고 있어 취락의 구조화는 이루어지지 않았다. 취락의 운영은 일반 다수에 의해 이루어졌다고 판단된다.

전기 전반(대구 상인동·월성동·상동·대봉동, 김천 송죽리, 청도 송읍리, 경산 옥곡동)은 앞 시기보다 개별주거지의 수가 늘어나고 취락의 입지도 평지에서 구릉과 산지로 확대된다. 개별주거지가 2~3기로 구성된 최소단위의 주거군 몇 개가 소구역으로 구분되어 취락을 구성하기 시작하며, 단위취락의 규모도 점차 확대된다. 취락의 운영은 중대형주거지를 보유한 복수의 주거군에 의해 주도되었을 것으로 파악된다.

전기 후반(대구 매천동)이 되면 주거지 외 굴립주건물, 수혈유구, 구 등이 취락의 경관을 이루는 요소로 본격적으로 조성되기 시작한다. 최소단위 주거군의 구성방식은 2~3기에서 4~5기로 주거지의 수가 증가함과 동시에 주거지의 면적은 줄어들었다. 단위취락의 규모는 10~15기로 구성된 취락에서 20여 기 이상으로 구성된 취락이 확인되었다. 취락의 운영은 중대형주거지를 보유한 특정 주거군에 의해 이루어졌다고 판단된다.

중기의 취락은 대부분 평지에서 확인되며, 전시기의 나열적인 선상의 배치에서 면상 또는 구심 구조의 배치를 한다. 주거지 외 저장시설, 생산시설, 방어(구획)시설, 의례시설 등을 모두 갖추거나 일부만 가지는 취락이 등장한다. 중소형의 주거지로 구성된 최소단위 주거군은 2~3기, 4~5기, 6~7기 등 다양해지며 취락의 규모 또한 40여 기 이상을 보유한 하나의 취락과 10여 기 미만의 단위취락 등 취락규모의 변이 폭

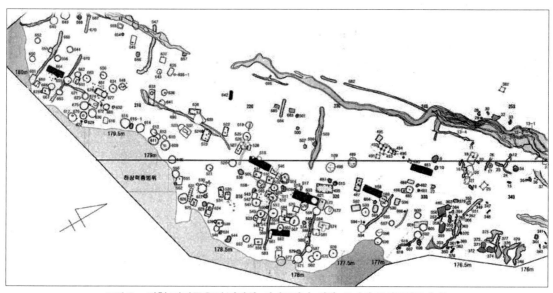

그림 8 _ 김천 지좌동유적(장방형: 전기주거지, 원형: 중기의 동천동식주거지)

이 커졌다. 김천 지좌동유적의 경우 100여 기 이상의 동천동식 주거지로 구성된 취락이 확인되기도 하였다. 취락의 운영은 취락 내 소수로 존재하는 특정주거군(주거지)의 거주자(유력개인)에 의해 주도되었을 것으로 판단된다.

낙동강 중상류의 청동기시대 취락의 입지변천은 조기 및 전기의 이른 시기 취락이 앞 시기인 신석기시대유적의 분포권과 같은 지역을 중심으로 입지한 것(김천 송죽리유적, 대구 월배지구유적, 대구 서변동유적)에서 점차 구릉지역으로 입지를 확대함과 더불어 하천변 및 선상지 등의 평지 충적지대로 점차 넓혀나가는 형국이다.

전기 전반에 주로 확인되는 구릉지 취락은 동시기 평지 취락과 달리 취락 내 초보적인 중심지의 존재를 확인할 수 있어 취락의 구조화가 평지성 취락보다 다소 분명하므로 이 시기의 취락 중 유력취락은 구릉지를 중심으로 입지하며 이 취락들은 곡간저지를 이용한 수도작 또는 화전과 같은 산지 개간을 통한 생업경제방식으로 운영되었을 것으로 판단된다. 이는 취락의 자연 방어적 측면도 고려한 입지선택으로 해석된다.

전기 후반의 취락은 현재까지의 자료를 보는 한 대부분 평지성 취락이 주류를 이룬다. 향후 조사에서 산지나 구릉지역에서 이 시기의 취락이 확인될 여지는 있지만, 대다수의 취락은 평지를 중심으로 운영되었을 것으로 판단된다.

취락 입지를 세부적으로 살펴보면 강(하천)의 진행방향과 동일하게 주거군이 배치되는 것(전기전반)에서 강과 연결되는 하도를 활용한 배치(전기후반), 하도 주변에 경작 관련 구획구 및 관개시설의 설치 등 하도를 적극적으로 활용하거나 자연하도(구)를 이용하든지 환호(구)를 설치하여 취락범위를 정하는(중기) 등 변화가 관찰된다. 구릉지역에서 평지로의 전환 및 자연환경의 적극 활용·개발이라는 취락입지의 변화는 경제행위방식의 변화와 관련된 것으로 해석되며 그 중요

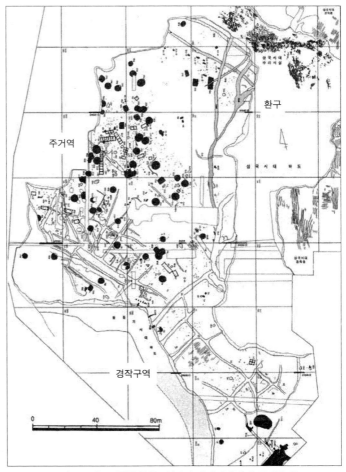

그림 9 _ 대구 동천동유적(중기 팔거천일대의 중심취락)

한 요인은 인구의 증가와 농경기술의 발달로 볼 수 있겠다. 즉 후기에 이르러 본격적인 농경문화가 정착되었다고 할 수 있을 것이다.

취락 규모와 관련하여 대구분지의 유적을 살펴보도록 하자(하진호 2013).

보통 5~7기 내외와 그 이하의 주거지로 구성된 마을(A류/전기 1기의 서변동취락, 후기 1기의 서변동취락, 전기 3기의 상인동123-1취락, 동호동취락), 10~15기 내외의 주거지로 구성된 마을(B류/전기 2기의 송현동취락, 전기 2~3기의 팔달동취락, 전기 3기의 서변동취락, 전기 2~3기의 대봉동취락), 20여 기 내외의 마을(C류/월성동1300유적 및 주변의 취락, 전기 2-3기의 상동취락), 40여 기 이상의 마을(D류/동천동취락)로 나뉜다. 전반적인 경향성은 A류에서 D류로 발전한다고 할 수 있다. 그러나 동시기 마을의 규모가 획일적이지 않을뿐더러 通時的인 변화과정에서도 마을의 규모는 다양한 형태로 나타나므로 단순하지 않다. 전기의 이른 시기인 전기 1기에는 A류의 취락이 주류를 이룬다. 전기의 중엽과 후엽에 해당하는 전기 2기, 3기의 취락은 B류 규모의 단위취락이 다수 확인되어 앞 시기에 비해 취락 규모가 커졌음을 알 수 있다. 이 시기의 취락 중 대봉동유적이나 월배지역을 중심으로 C류의 규모에 해당하는 취락 또한 존재할 가능성은 있다고 판단된다. 그러나 현상으로만 본다면 이 시기의 취락 규모는 10~15기 내외의 개별주거지로 구성되었으며 취락 규모의 변이 폭은 크지 않다고 판단된다. 후기 1기, 2기의 취락은 A류에서 D류까지의 취락 규모가 모두 확인된다. 특히 40여 기 이상의 대규모 취락도 있으므로 취락사이의 변이 폭이 큰 것을 알 수 있다. 이 시기의 취락분포체계는 D류급의 촌이 소수 존재하고 C류의 촌 수가 D류보다는 다소 많으며, A · B류의 소촌이 다수를 차지하는 정형을 가진다고 할 수 있다. 또한, 이 시기에는 주중심지를 중심으로 입석, 지석묘와 같은 기념물이 취락 내 또한 주변에 활발하게 조영되기 시작한다. 이러한 취락분포체계의 복잡화 및 구조화 현상은 이 시기 사회가 그만큼 위계화된 결과라고 할 수 있을 것이다.

2. 낙동강 중하류지역

낙동강 중하류지역의 조기 및 전기의 취락은 낙동강 중상류역과 크게 다르지 않다. 각목돌대문토기를 표식으로 하는 조기의 주거지는 남강유역을 중심으로 10여 기 확인되었으나 분산 독립적으로 분포한다.

전기의 주거지는 남강유역을 비롯하여 밀양, 김해지역 등 낙동강중 하류지역과 남해안 지역 전역으로 확산한다. 취락의 입지는 평지와 구릉으로 크게 나뉘며 평지인 충적지에 조성된 취락이 많다. 자연제방의 상면 가장자리를 따라 하천 방향으로 일정한 간격을 두고 2~3기가 배치되는 것을 쉽게 확인할 수 있다. 개별주거지가 각각의 공간을 점유하면서 같은 간격으로 배치되는 것으로 세대단위의 개별주거지에서 몇 개의 주거지로 구성된 세대공동체의 주거군으로 발전하였을 것이다. 대략 10여 기 이내의 주거지로 구성된 취락으로 파악된다. 그러나 구릉성 취락인 김해 어방동과 같이 몇 군데의 공백지를 중심으로 20기 이상의 주거지로 구성된 취락도 있다.

중기가 되면 취락은 구릉지보다는 평지인 충적지에 입지하는 것이 많고, 구릉성취락보다는 평지성취락이 대규모 취락으로 발전한다. 대표적인 것인 남강유역의 대평리취락이라 하겠다. 이 시기가 되면 남강유역을 중심으로 환호취락의 급속하게 증가한다. 이러한 현상은 낙동강 중류역이나 영남동남부지역도 마찬가지여서 영남 전역의 공통된 양상으로 파악된다. 환호취락은 산청 옥산리, 진주 대평리 · 이곡리 · 초전동 · 이곡리유적 등에서 조사되었다. 이 취락들은 평지성 취락이다. 구릉성취락은 산천 사월리, 창원 남산리유적이 있다. 평지에 조성된 환호취락은 그 내부에 방형송국리식 주거지가 다수 포함되어 있어 취락의 범위를 확정하는 의미의 환호로 파악되며, 구릉에 조성된 환호는 원형송국리식 주거지 몇 기만 배치되어 있어 특수목적의 공간(의례공간)을 확정하는 환호의 기능으로 이해할 수 있겠다.

이 시기 취락의 규모는 대평리유적과 같이 200기 이상의 주거지로 구성된 취락이 있지만 산청 사월리나 진주 귀곡동 대촌유적과 같이 5기 미만의 소규모 취락도 있다. 진주 상촌리 · 평거동 · 가호동, 사천 본촌리유

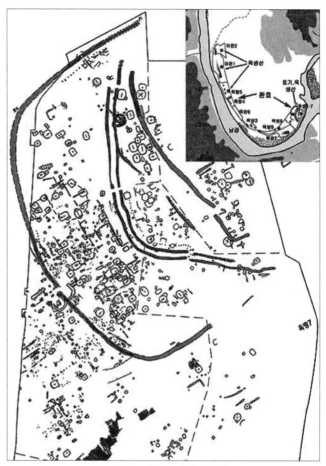

그림 10 _ 진주 대평리유적

적 등은 10기 미만의 주거지가 취락을 구성한다. 산청 옥산리 유적은 50여 기의 주거지가 조사되었다. 이는 취락 규모의 변이차가 매우 심한 것으로, 주거지의 수만 본다면 대촌과 중촌, 소촌으로 구분되어 취락 간 위계화가 심화한 결과로 해석할 수 있을 것이다.

영남지역의 청동기시대 취락의 연구에서 중심취락을 논의할 수 있는 지역이 이 지역이다.

중심취락과 주변취락의 관계에 대한 연구는 취락고고학의 핵심이라 할 수 있는데 이를 위해서는 몇 개 취락의 정기적 회합에 쓰인 의례중심지를 찾아내어 그 중심지들에서 발견된 유물 중 일부의 산지에 대한 연구를 통해 각 중심지가 나타내는 접촉 네트워크의 지리적 범위를 파악하여, 생산과 소비, 생산품의 분배나 재분배, 유통의 양상을 분석하고 이들의 정치 · 경제적 관계를 추적해야 할 것이다(Colin Renfrew · Paul Bahn/이희준 역 2006). 취락의 규모나, 다중 환호의 구축, 취락구조의 복합도 심화(주거+분묘+의례+생산공간), 수공업 생산과 소비, 분배의 양상이 확인되는 점에서 대평리유적은 이 일대의 중심취락이라 할 수 있다. 조사되지 않은 주변지역의 유적수를 고려해 대평리 취락에 거주한 인구가 수천 명에 이르는 것으로 추산하여 청동기시대 도시로 파악하기도 한다(이상길 2002). 대평리 유적은 방형 송

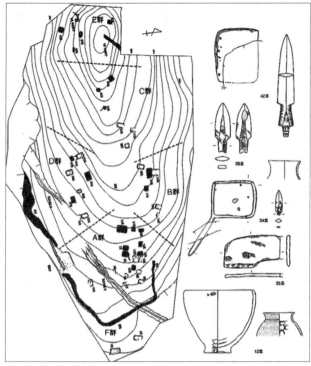

그림 11 _ 울산 천상리유적

국리식 주거지로 구성된 중기전반의 중심취락으로 반경 15km 이내에 그 기능과 성격을 달리하는 다수의 중위취락과 소취락을 아우르고 있다. 이외에도 산청 옥산리유적이나 진주 초전동유적 등도 이 일대의 중심취락의 후보로 삼아도 무방할 것이다.

한편 의례중심지라 할 만한 유적이 확인된 것이 있다. 사천 이금동유적의 대형굴립주건물지(신전)와 묘역식 무덤군, 마산 진동유적의 대형 분구즙석묘와 주변의 공동묘역군, 김해 율하리유적의 대형 원형묘역식지석묘, 김해 구산동유적의 초대형 지석묘와 묘역시설 등이 그것이다. 이 유적 주변에는 원형의 송국리식주거지가 분포하나 무덤군의 규모나 수량과 비교하면 주거지의 수가 너무 적다. 이 주거지들은 의례의 중심지를 유지 및 보수하는 특수목적의 취락일 가능성이 있고, 이 무덤군은 주변취락과 연계한 공동체 전체를 위한 묘소의 가능성이 더 높다. 멀지 않은 곳에 이 의례중심지를 운영하는 취락의 존재가 상정되며 이 취락이 중심취락일 것이다.

중기 후반이 되면 의례의 중심지에 거대 기념물 및 대형굴립주건물을 조성함으로써, 단위취락들이 자기 완결적으로 존재하기보다는 중심취락과 주변취락의 관계 속에 긴밀한 연계망을 통해 복합적인 사회구조로 진전되고 있음을 알 수 있다.

3. 영남 동남부지역

이 지역은 포항-경주-울산지역이 포함된 형산강과 태화강유역권에 해당하며, 송국리식주거지가 확인되지 않는 비송국리문화권으로 검단리유형의 분포권에 해당한다. 크게 형산강유역권과 태화강유역권으로 크게 나누어 취락의 변천양상을 살펴보기로 한다.

형산강유역권은 경주와 포항을 중심으로 다수의 취락유적이 확인되었다. 조기 및 전기 이른 시기에 해당하는 주거지가 몇 기 확인되었을 뿐이다(경주 충효동 · 금장리유적, 포항 월포리유적). 역시 하천 주변 충적지에서만 확인되었다. 전기전반에는 형산강 중상류역과 하류역일대의 충적지 전역에 취락이 조성되며 취락의 규모는 주거지 10기 미만이다. 전기후반이 되면 강가뿐만 아니라 주변 구릉에서도 취락이 확인되며 전시기보다 취락의 규모가 확대된다. 중기가 되면 울산식주거지가 중심이 되는 취락이 구릉과 충적지에서 확인되는데, 현재까지의 조사 예에 의해 형산강유역보다는 동천강유역과 해안지역을 중심으로 대규모의 취락이 조성된다. 이는 태화강유역이 중심인 검단리유형의 문화 확산과 관련이 있는 것으로 추정된다.

형산강유역권의 중심이라 할 수 있는 경주분지내의 충적지대에 중기의 대규모 취락(굴립주건물, 무덤군, 환호를 갖춘 유적)이 존재할 가능성이 있지만, 신라의 왕도가 조성된 연유로 확인할 수 없다. 무덤은 전기후반의 토광묘와 소형석관묘가 취락 내에 단독으로 또는 몇 기만 출현하지만, 중기가 되면 경주 황성동유적과 경주 석장동유적과 같이 묘역식구획묘가 조성된다. 이는 동일 검단리유형의 문화권에 포함되는 태화강유역과 다른 점이라 하겠다. 이 지역에서 중심취락이라 할 만한 유적은 현재까지의 자료로서 규명하기 어렵다.

태화강 유역권은 울산지역이 중심이 되는 곳으로 지형 조건상 평지보다는 구릉지가 많은 곳이다. 울산지역은 최근 한국 청동기시대 취락의 발굴 자료가 가장 풍부한 지역 중의 하나이다. 조사된 수천 기의 주거지가 대부분 전기말에서 중기에 집중되는 특징이 있다.

발굴 조사된 많은 자료에 비해 취락에 대한 연구는 그다지 활성화되지 않았지만, 오랫동안 이 지역에서 발굴조사와 연구활동을 왕성하게 진행한 이수홍(2012)의 논고를 통해 간략하게 살펴보고자 한다. 그는 울산지역 청동기시대 조기에서 중기까지 7단계로 구분하여 취락구조의 변화를 설명한다. 조기~전기중엽(1~3기)까지는 단위취락의 사례가 분명하지 않아 취락의 구조가 명확하지 않고, 대형장방형 주거지 2~3기가 구릉의 능선에 나란하게 병렬 배치되며 복수의 노지를 갖춘 대형의 장방형 주거지가 개별적으로 분포하는 양상이다. 전기 후엽(4기)에는 주거지의 수가 늘어나고, 중기 전엽(5기)이 되면 취락의 배치가 열상배치에서 주거군단위로 그룹화되며 환호가 등장한다. 중기 중·후엽(6~7기)에는 면상취락 또는 환상취락이 많으며 주거지는 규격화, 소형화된다고 하였다. 울산 천상리유적의 예를 보면 공지(광장)를 중심으로 주거군이 환상으로 배치되며, 각 주거군은 1~2기의 중대형주거지와 3~5기의 소형주거지로 구성되어있다. 개별주거군 중 중대형주거지는 광장 가까이 배치되는 정형을 보인다. 이 지역에서 유력개인의 등장은 전기 말이라 판단되며, 중기의 기간 동안 환호의 조성·개별주거지의 규격화 등, 취락이 구조화, 안정화되어 가는 양상은 영남 제 지역 즉, 금강유역과 대구지역의 취락변천과정과 그 궤를 같이한다 하겠다.

V. 맺음말

지금까지 영남지역의 청동기시대 취락에 대하여 시기별 주거지의 변천 과정과 권역별 취락의 변천양상을 살펴보았다.

주거지의 변화상은 다른 지역과 크게 다르지 않음을 알 수 있는데 큰 틀에서 보면 미사리식→둔산식·용암식→관산리식·혼암리식 순서의 변화과정을 거치는 것으로 이해된다. 다만 금호강유역은 둔산식에서 용암식으로의 전환이 빠르게 진행되고, 남강유역은 둔산식이 오랫동안 지속하며, 형산강·태화강유역은 변형 둔산식이 나타나는 등 지역적으로 세부적인 차이를 나타낸다. 이는 영남지역이 한반도 남쪽에 위치하여, 중국동북 또는 서북한지역의 위석식노지 주거지가 한반도 남부지방으로 전파되어 정착하는과정에서 발생한 지역별 시간적 차이라고 판단된다. 따라서 영남남부지방의 조기의 문화가 북한지역이나중부지방의 조기문화와 유사한 점은 있지만, 시기적으로 같이 볼 수 없으므로 시기 구분을 할 때 병행관계에 의한 교차연대가 필수적이다.

취락의 변천은 조기에는 2~3기 주거지가 동시기를 이루는 소규모취락이 전기로 이어지며 대규모취락으로 변모하며, 평지를 비롯한 구릉과 산지에도 취락이 조성된다. 대규모취락의 일부는 점차 중심취락으로서의 기능을 하는 취락으로 성장하고 이는 지역공동체를 형성하는 계기가 된다. 중기에는 취락의 구조가 앞 시기보다 더욱 복잡해져 전문기능을 수행하는 취락이 발생하며, 광장이나 환호의 본격적 조성 등취락 내 공공의 시설도 만들어진다. 전기후반부터 본격적으로 조영되기 시작한 무덤은 중기가 되면 묘역지석묘라 불리는 수장층의 무덤도 조성된다.

후기가 되면 앞 시기와는 다른 문화양상이 확인되는데 대규모취락의 확인이 어렵고, 주거지의 형태가정형성을 띄지 않는다. 무덤 또한 소형화되며, 의례적 성격이 강한 취락의 등장이 많고, 환호 또한 취락을감싸기보다는 좁은 면적의 공지를 이중으로 둘러싼 형태가 많다. 후기의 취락양상의 변화는 이주민 집단의 남하 과정에서 선주민과의 적응과정에서 나타난 결과물로만 설명하기에 부족한 점이 많음으로 이는향후 연구 과제라 하겠다.

새로운 문화는 수용 또는 유입으로 발생하여 발전과 소멸과정을 밟는 것이 일반적인 사실이다. 영남지역의 청동기시대문화 또는 이와 같은 맥락으로 본다면 중서부지방에서 유입된 문화가(조기), 성장하고발전하여(전기) 전성기를 누리는 시점에는 각 지역별로 지역성이 강화되고(중기), 점차 쇠퇴하여 소멸하는(후기) 과정으로 이해할 수 있을 것이다.

---

1) 취락을 구성하는 최소단위를 개별구조물이라 하며, 여기에는 주거지, 굴립주건물, 구, 목책, 담, 경작지, 매장유구 등이 있다.

2) 본고에서의 시기 구분은 조기-전기-중기-후기의 4단계로 나누는 4시기 구분을 적용한다. 조기는 요동지방의 청동기시대 토기가 유입하여 전파된 시기, 전기는 가락동·역삼동·혼암리식토기가 한반도화한 무문토기가 형성 정착된 시기, 중기는 송국리문화단계, 후기는 수석리식토기(원형점토대토기)단계로 파악한다.

3) 관산리식 주거지와 노의 채용이나 주혈의 배치 등은 동일하나 그 평면형태가 세장방형이 아닌 장방형계열의 주거지를 혼암리식이라 칭하기로 한다.

참고문헌

고민정, 2013, 「남강유역 청동기시대 후기 취락구조와 성격」『영남고고학』 54.

공민규, 2005, 「중서내륙지역 가락동유형의 전개」『송국리문화를 통해서 본 농경사회의 문화체계』.

김현식, 2013, 「남한 청동기시대 서북한양식 주거지에 대한 고찰」『영남고고학』 66.

김권구, 2012, 「청동기시대 -초기철기시대 고지성 환구(高地性 環溝)에 관한 고찰」『韓國上古史學報』第76號.

김병섭, 2011, 「南江流域 下村里型住居址에 대한 一考察」『慶南研究』 4, 경남발전연구원역사문화센터.

金榮珉, 2000, 「蔚山 蓮岩洞型 住居址의 檢討」『蔚山研究』.

金賢植, 2006, 『蔚山式 住居址 研究』, 釜山大學校 大學院 考古學科碩士學位論文.

나건주, 2006, 「Ⅳ 考察」『唐津 自開里遺蹟(Ⅰ)』, 忠淸文化財研究院.

서길덕, 2006, 『원형점토대토기의 변천과정』, 세종대학교 대학원 석사학위논문.

裵德煥, 2000, 『嶺南地方 靑銅器時代 環濠聚落研究』, 東亞大學校 碩士學位論文.

宋滿榮, 1997, 「中西部地方 無文土器文化의 全開」『崇實史學』.

송만영, 2006, 「남한지방 청동기시대 취락구조의 변화와 계층화」『계층사회와 지배자의 출현』, 韓國考古學會.

安在晧, 1996, 「無文土器時代 聚落의 變遷」『碩晤尹容鎭教授停年退任紀念論叢』.

安在晧, 2000, 「韓國農耕社會의 成立」『韓國考古學報』 43.

安在晧, 2004, 「中西部地域 無文土器時代 中期聚落의 一樣相」『韓國上古史學報』 43.

安在晧, 2006, 『靑銅器時代 聚落研究』, 부산대학교 대학원 고고학과 박사학위논문.

安在晧, 2009, 「南韓 靑銅器時代 研究의 成果와 課題」『동북아 청동기문화 조사연구의 성과와 과제』, 학연문화사.

安在晧, 2013, 「韓半島 東南海岸圈 靑銅器時代의 家屋葬」『韓日聚落研究』, 서경문화사.

유병록, 2009, 「慶尙 南海岸의 松菊里文化」『제주도 송국리문화의 수용과 전개』, 제3회 한국청동기학회학술대회 자료집.

尹容鎭 외, 2011, 「大邱 燕岩山遺蹟 出土 石斧」『考古學論叢』, 경북대학교출판부.

이상길, 2002, 「우리는 왜 남강유적에 주목하는가?」『청동기시대의 대평·대평인』, 국립진주박물관.

이상길, 2006, 「祭祀와 勸力의 發生」『계층사회와 지배자의 출현』, 사회평론.

李盛周, 1998, 「韓國의 環濠聚落」『環濠聚落과 農耕社會의 成立』, 嶺南考古學會·九州考古學會 第3回合同考古學 大會, 嶺南考古學會·九州考古學會.

李秀鴻, 2010, 「蔚山地域 靑銅器時代 周溝形 遺構에 대하여」『釜山大學校 考古學科 創立 20周年 記念論文集』, 釜山大學校 考古學科.

李秀鴻, 2012, 『靑銅器時代 檢丹里類型의 考古學的 研究』, 釜山大學校 大學院 考古學科博士學位論文.

李亨源, 2007, 「盤松里 靑銅器時代 聚落의 構造와 性格」『華城 盤松里 靑銅器時代 聚落』, 한신대학교박물관.

鄭大鳳, 2012, 『東南海岸地域 出現期 無文土器의 研究』, 釜山大學校 大學院 考古學科碩士學位論文.

鄭漢德, 1995, 「東아시아의 環濠聚落」『蔚山檢丹里마을遺蹟』, 釜山大學校博物館.

趙賢庭, 2001, 『蔚山型 住居址에 대한 研究』, 慶南大學校 大學院 碩士學位論文.

崔鍾圭, 1996, 「韓國原始의 防禦集落의 出現과 展望」『韓國古代史論叢』 8, 駕洛國史蹟開發研究院.

河眞鎬, 2010, 「Ⅴ考察」『大邱 梅川洞遺蹟』, 嶺南文化財研究院.

河眞鎬, 2013, 「洛東江中流域 靑銅器時代 聚落의 變遷」『韓日聚落研究』, 서경문화사.

황창한, 2013, 「대구지역 청동기시대 석기생산 시스템 연구」『嶺南考古學』 67.

庄田愼矢, 2009, 『青銅器時代의 生産活動과 社會』, 학연문화사.

武末純一, 2002, 『彌生の村』, 山川出版社.

Colin Renfrew · Paul Bahn(이희준 역), 2006, 『현대고고학의 이해』, 사회평론.

제3부
취락과 사회

제1장
중심취락과 주변취락

배덕환 동아세아문화재연구원

I. 머리말

청동기시대 취락의 연구에 있어 중심과 주변을 어떻게 구분할 것인가는 상당히 모호한 문제로서 양자는 반드시 공존해야 한다. 즉 주변취락으로만 구성될 경우 주변이라는 말에 어폐가 있으며 주변취락 없는 중심취락은 상정하기 어렵다. 중심취락을 일본에서는 거점취락이라고 부르는데, 일반적인 의미로는 사회적·경제적·정치적으로 중심을 이루며 장기존속한 환호취락을 의미한다(안재호 2009). 이에 비해 주변취락은 중심취락 주위에 위성적으로 분포하는 복수의 중·소규모 취락으로서 식량과 물자의 공급, 사람들의 이동 등이 일상적으로 행해지는 단기존속 취락이다. 이때 주변취락은 중심취락 내에 인구 과잉 등의 문제 발생시 그 모순을 해소하기 위해 발생한 것으로 추정하고 있다(三木 2001).

여기서 논의의 중심이 되는 것은 환호취락이 과연 중심취락인지 여부인데, 일본에서는 1990년대 후반 히로세 카즈오(廣瀨和雄 1996)가 야요이시대 거대 환호취락을 도시로 규정하면서 많은 찬반논쟁이 있었다. 현재로서는 야요이도시론은 시기상조라는 의견이 대세이지만, 여하튼 거대 환호취락은 중심취락이 분명하다고 할 수 있다. 중국에서는 '邑'자 위에 있는 '口'를 성벽으로 생각하는 사람도 있지만, 어떤 이들은 이를 환호로 해석하기도 한다(쉬롱귀 2013). 이를 통해 볼 때, 중국과 일본에서도 도시, 읍의 여부를 떠나 취락에서 환호가 가지는 의미가 상당함을 알 수 있으며, 현재 우리 학계에서도 동일한 문제인식을 가지고 접근하고 있다.

따라서 본 글에서는 문화전파 및 교류에 있어 많은 관련성을 가지고 있는 한·중·일 3국의 중심취락에 대한 연구사를 우선적으로 살펴본 후, 현재 각 지역별로 논의되고 있는 중심취락의 사례를 검토하기로 한다. 그 뒤 이들 중심취락과 주변취락과의 관계를 토대로 우리나라의 중심취락을 규정해보고자 한다.

Ⅱ. 연구사

1. 中國

중국 고대 취락에는 두 가지 이해가 있다. 하나는 '邑'이라는 도시(城市)국가가 삼국시대 이래 '村'으로 부르는 산촌으로 변화한 것으로 보는 견해이며, 다른 하나는 '邑'은 이미 先秦時代에 10여 호에서 수십 호의 규모로 대부분 산촌화하였다는 것이다. 三國時代의 '村'에 선행해서 이미 戰國時代에 '落'이라는 신흥취락이 나타나며, 漢代의 지방행정에도 이 산촌의 핵인 '父老(토호)'층이 三老制로서 지방행정에 활용되었다. 春秋戰國時代에 보이는 '落' 등의 산촌은 상부로부터의 무엇인가의 개입(종민, 둔전 등)을 받은 것이 아니라 자력으로 형성된 것에서 자연촌이라고 할 수 있다(池田 1989). 한편 '邑'은 오래된 취락형태로서 환호, 목책, 토루를 갖추기도 하는데, 仰韶文化期의 大地灣·半坡·姜寨·北首嶺유적, 大汶口文化期의 尉遲寺유적 등에서 출현하는 환호취락은 환호가 없는 취락에 비해 일종의 고급형태로 볼 수 있다. 그 후 신석기시대 말기에 환호취락을 기초로 해서 나타나는 것이 바로 담이 있는 성이다. 夏·商·周의 三代時期(B.C. 2,100~B.C. 771)에 발견된 성은 비교적 적으나 읍은 다수 존재하는데, 이는 소수의 읍이 성벽을 쌓은데 비해, 다수의 읍은 여전히 원래의 취락형태로 존재하였음을 의미한다. 殷墟·周原·豊鎬·洛邑 등 商·周의 도읍은 지금까지 성벽이 조사되지 않아 여전히 읍의 형식에 속해 있다. 특히 殷墟는 현재까지 약 80년간 발굴조사가 진행되었음에도 불구하고 성벽이 발견될 가능성은 거의 없는 것으로 예상되고 있다. 이에 따라 최근 중국학계에서는 三代時期의 읍과 성의 개념구별이 엄격하여 읍은 환호는 있되 성의 흔적은 없었던 것으로 지적하고 있다. 三代時期의 읍을 통해 볼 때, 읍은 大·小, 高·下의 구분이 있으며 大邑에는 小邑도 일부 포함되어 있다. 읍에서 성으로의 전환은 취락형태의 부단히 발전된 산물로서, 이에 따라 혈연관계는 점점 약화되는 반면 지연관계는 강화되었던 것으로 보고 있다(쉬룽궈 2013).

2. 日本

일본에서 중심취락의 논의를 본격적으로 제기한 다나카 요시아키(田中義昭 1976)는 대규모 환호 등으로 격리된 공간 안에 2~3개 이상의 소그룹의 결정체로 구성된 취락을 거점취락, 그 주변의 자기 완결적인 한 단위로 구성된 취락을 주변취락으로 규정하였다. 이후 사카이 류이치(酒井龍一 1982)는 畿內지역 야요이시대 중기의 거점취락은 직경 300m 범위를 기본적인 생활영역으로 하고, 바깥으로 직경 700m 범위는 수전과 분묘 등의 인위적인 기능공간으로 활용되었으며 다시 바깥으로 5km 범위에 집단이 관여한 관념영역인 고유의 환경체가 있는 것으로 보았다.

그리고 츠데 히로시(都出比呂志 1989·2013)는 야요이시대 중기의 거점취락은 석기, 철기, 청동기 소재와 제품의 물자유통을 총괄하는 결집점으로서 일반적인 농경취락과는 달리 거대취락에 다수의 사람이 집주하고, 환호 내부에는 목책과 해자로 둘러 싼 內廓으로도 부를 수 있는 중심구역이 있으며 그 내부에

대형건물이 배치된 것으로 보았다. 이것이 수장의 거관 및 신전과 광장으로서, 정치와 제사의 중심기능을 가진 점은 요시노가리(吉野ヶ里)유적과 이케가미소네(池上曾根)유적의 최근 성과로 추측가능하며, 환호취락 내에는 청동기의 거푸집과 금속찌꺼기, 미완성 석기 등이 출토되는 공방이 있어 이를 통해 수공업의 발달이 짐작되고, 석기와 금속기, 그 원료를 원격지와의 사이에서 교역하면서 교역활동의 중계지 역할을 담당한 것이 거점취락이라고 규정하였다.

히로세 카즈오(廣瀨和雄 1996 · 1998)는 거점이 되는 대규모 환호취락이 인구의 집중, 다채로운 직종의 주민(다양한 공인, 교역 종사자, 농민, 도래인, 사제, 수장 등), 신전의 존재, 구획된 수장거택이 존재하며, 이를 통해 정치적 · 경제적 · 종교적 센터로서의 기능을 장악하여 다양한 사람들을 한 곳에 모으고, 수장권력이 구심력을 갖는 취락을 농촌과 구별되는 야요이도시로 규정하였다. 사실 야요이도시론은 히로세 카즈오(廣瀨和雄) 이전인 1989년 요시노가리(吉野ヶ里)유적의 조사에서 32ha를 넘는 압도적인 규모와 권력의 존재를 예감시키는 복잡한 구획구조, 대규모 망루와 고상창고, 청동기 생산과 다양한 외래계문물이 출토되어 종래의 야요이농촌의 이미지를 벗어난 새로운 표현으로서 탄생되었다. 특히 타카시마 츄헤이(高島忠平 1993)는 요시노가리(吉野ヶ里)유적을 자연취락이 결합발전한 자연발생적인 도시로 규정하고, "후세의 정치적 · 정책적 도시와는 동기를 달리한 것이며, 일본열도 사회의 역사적 선택 속에서 소멸하는 운명이었다"고 위치지었다. 이후 1995년 이케가미소네(池上曾根)유적의 중심부에서 대형건물과 우물 등이 조사되어 야요이도시론이 본격적으로 전개되기 시작하였다. 이누이 테츠야(乾 哲也 1996)는 이케가미소네(池上曾根)유적의 수장거관과 제전, 공방, 일반주거, 묘역이라는 기능공간과 상징적 구조물이 있는 것을 구체적으로 검증하고, 그것들이 동심원상으로 정연하게 배치된 점을 들어 도시로 불러도 좋을 것으로 보았다. 이 외, 아사히(朝日)유적을 조사한 이시구로 타시히토(石黑立人 1999)는 동일한 환호취락에서도 다양한 구조가 있으며, 아사히(朝日)유적과 같이 복잡한 구조는 도시의 개념을 사용하는 것에서 보다 풍부한 논의가 전개될 수 있음을 주장하였다. 즉 도시라는 개념은 취락 고유의 현상을 파악할 때, 편의적으로 설정된 것으로서 개념이 실제하는 것이 아니라고 해서 도시 개념에 엄밀성을 요구하는 것은 현상과 다른 방향으로 나아가는 것이라고 논쟁에 경종을 울렸으며, 거점취락이라는 용어에 대해서는 거점이란 무엇인가에 대한 문제제기와 함께 주변에 대한 거점만으로는 유효하지 않음을 지적하였다. 이누이 테츠야(乾 哲也)와 이시구로 타시히토(石黑立人)는 도시라는 용어의 정의에 구애된 것이 아니라 종래 거점과 주변이라는 정의만으로는 부족한 취락간의 관계를 보다 질적으로 파고들어 논의하기 위한 도구로서 도시라는 용어를 사용한 것이라 할 수 있다(佐賀縣立博物館 2001).

이에 대해 츠데 히로시(都出比呂志 1997), 다케스에 순이치(武末純一 1998), 아키야마 코우지(秋山浩三 1998) 등은 대규모 취락의 생산기반과 생산체제에 대한 검토를 통해 농업생산을 기반으로 하는 이상 도시가 아니라고 반론하였다. 특히 츠데 히로시(都出比呂志)는 도시라기보다는 '성채적 취락' 또는 '성채취락'이라는 용어가 적절하다고 주장하였으며, 아키야마 코우지(秋山浩三 2007)는 농경취락의 다소 특이한 형태로 평가하였다. 그리고 다케스에 순이치(武末純一)는 야요이도시론과는 선을 긋는 '비환호도시론'으로서, 야요이 취락의 원형환호를 어디까지나 취락 구성원 전원을 위한 시설로 평가하는 입장에서 도시의 성립을 위해서는 원형환호의 소멸이 불가피한 것으로 보았다.

1990년대 후반의 야요이도시론과 그것에 대한 반론으로 현재는 야요이도시론이 주춤한 상태이나 한

번 지펴진 야요이도시론은 그 후 각종 특별전 등에서 대중의 이목을 끄는 주제로 현재까지 기획되어 오고 있다(池上曾根遺跡史跡指定20周年記念事業實行委員會編 1996; 佐賀縣立博物館 2001; 大阪府立弥生文化博物館 2001).

그 외 연구로서 와카바야시 쿠니히코(若林邦彦 2001)는 거점취락은 기초집단이 우연히 근접해서 존재했던 결과에 불과한 것으로 지적하고, 거점취락은 대환호취락이라는 도식은 성립하지 않는 것으로 보았다. 그리고 고바야시 세이쥬(小林靑樹)는 타니구치 야스히로(谷口康弘)의 죠몬시대 중기 거점취락론을 ① 취락의 구조가 다수의 주거지와 기타 시설이 계획적으로 배치, ② 거주시설 이외에 식량저장시설이나 집회시설, 제사시설, 집단묘지 등이 구비, ③ 장기간의 연속적인 거주, ④ 년간의 생업활동에 대응하는 다종의 도구 보유, ⑤ 사회적·문화적 활동에 수반한 유구·유물 보유, ⑥ 다년에 걸쳐 물자가 집적된 결과로서 유물량이 많음, ⑦ 영역 내 자원개발을 효율적으로 시행할 수 있도록 가장 유리한 지점에 위치하는 것으로 소개하고, 關東지역 서남부의 죠몬시대 중기후반의 제유적 분석을 통해, 거점취락을 ⓐ 환상취락 또는 연접한 쌍환상취락인 것, ⓑ 환상취락의 직경이 120~150m, 주거지가 구축된 주거대의 폭이 30~40m에 이르는 것, ⓒ 중앙광장에 집단 묘지를 갖춘 것, ⓓ 거주기간이 길고 계속적이며 연속하는 4시기(양식기)의 토기가 출토되는 것, ⓔ 주거지가 많고 100동 이상 누적된 것, ⓕ 주거지의 중복과 확장이 현저하고, 다년간에 걸쳐 빈번하게 개축·재건축한 것으로 규정하였다. 이에 대해 안재호(2009)는 고바야시 세이쥬(小林靑樹)의 ⓐ~ⓒ는 죠몬시대에 한정된 특수한 상황이고, 타니구치 야스히로(谷口康弘)의 자원취득에 유리한 지점의 입지는 집단의 자급자족적인 상황이나 단계에서는 타집단에 유리한 조건이겠지만, 거점취락의 출현이 취락간의 위계가 형성된 시점이라고 한다면 생산과 공급이라는 취락간의 분업을 상정할 때, 반드시 생산지의 취락이 우월한 위계에 있다고는 할 수 없는 것으로 보았으며, 이를 제외한 기준은 거점취락의 개념으로 타당한 것으로 인정하였다.(安在晧 2009) 한편 미키 히로시(三木 弘 2001)는 거점취락의 형성과 관련하여 다음과 같은 3가지 유형을 지적하였다. ① 복수의 소취락이 결합·발전하여 거점취락을 형성하는 유형으로서 환호가 없는 취락이 결합하는 경우[이케가미소네(池上曾根)·가메이(龜井)유적 등]와 환호를 두른 것도 있는 경우[요시노가리(吉野ヶ里)·카라코 카기(唐古·鍵)·아사히(朝日)유적 등]가 있으며, 이 중 후자는 후술할 ③의 발전형일 가능성도 있다. 이 유형은 인구증가에 수반한 경지의 개발과 외부에 대한 공동방위 등 취락의 문제를 해소하기 위해 집주하였을 가능성도 있다. ② 단독의 소취락이 거점취락으로 발전하는 유형[오리모토니시하라(折本西原)유적 등]으로서 이주자에 의해 취락이 확대될 가능성이 높다. ③ 출현기부터 대취락의 형성이 시작된 유형[이타츠케(板付)·하루노츠지(原の辻)유적 등]으로서 환호취락의 경우 취락의 형성과 동시에 환호가 굴삭되었으며, 취락설계를 도식화한 집단이 대거 새로운 토지를 개간하고 뉴타운을 건설하였을 가능성이 높다.

그리고 네기타 요시오(禰宜田佳男 2005)는 야요이시대의 거점취락을 ① 규모가 대형부터 초대형에 해당, ② 주위에 환호가 설치되는 것이 대부분이지만, 그렇지 않은 경우도 있음, ③ 환호 내부에 다수의 주거지, 대형 굴립주건물, 다양한 토광과 구 등이 존재, ④ 방대한 양의 유물이 출토, ⑤ 농경과 수렵·어로를 경영, ⑥ 금속기·토기·석기·목기와 같은 수공업에 종사하는 것으로 규정하였다. 한편 미조구치 코지(溝口孝司 2010)는 대규모취락에서 집주의 집약적 발달은 그것을 유지하는 질서를 필요로 하는데, 처음에는 공·협성, 평등성의 강화·제도화를 그 방식(=공동성방식)으로 하고, 그 후 커뮤니케이션의 성층화(특정인물·그룹의 이야기, 판단우위의 부여화=성층화방식)로 이행을 개시하며, 사회의 성층화는 야요이Ⅱ기의 분촌에 따라 발생한 취락환경의 차이를 초기조건으로 해서 창출된 취락의 대소 차와 취락 네트워크의 위상구조, 그것에 기초해서 대형화한 취락의 중심화를 계기로 발생한 것으로 보았다. 또한 분촌 개시기(야요이Ⅰ기 후반)부터 생겨난 거주단위간의 각종 커뮤니케이션을 통해 개개 취락의 편리성으로서의 중심성이 심화구심적 과정을 거쳐 창출·인식되고, 쌍계적, 선택거주적 출자·혼후거주시스템과 조합네트워크에 매개되어 이주·인구 이동의 집적에 따른 특정취락의 대규모화=중심적 대규모취락의 형성에 연관된 것으로 추정하였다. 또한 北部九州지역에서 야요이Ⅲ기 이후 명확화된 중심적 대규모취락에서만 나타나는 행위의 흔적 내지 시설로서 초대형 묘지, 구획묘, 대형건물을 들었다. 그리고 하마다 신스케(浜田晋介 2011)는 南關東의 구릉에 입지하는 대규모취락을 분석하여 이들의 주요 생업은 도작이 아닌 밭농사라고 주장하였으며 대규모취락이라는 것은 이동을 반복했던 결과로서, 이동할 때 희귀성이 강한 장소가 거점취락으로 인식되어 온 것으로 규정하였다.

3. 韓國

우리나라에서 중심취락과 주변취락에 대한 논의는 1990년대 후반부터 시작되었다. 권오영(1997)은 취락 규모에 따라 대규모의 모촌적 취락과 열세하고 소규모인 자촌적 취락으로 분류하고, 이들은 하나의 단위체인 읍락을 형성한 것으로 보았다. 이후 청동기시대로 대상시기를 한정하면, 처음에는 송국리유적을 비롯한 중서부지역의 분묘를 대상으로 연구가 진행되었다. 김길식(1998)은 송국리유적 52지구 돌출구릉의 비파형동검이 출토된 1호 분묘를 목책 설치기의 방형주거인들 중 정점에 달하는 인물의 묘로, 김승옥(2001)은 금강유역 송국리형 분묘군을 통해 유력자 집단 내에서도 사회적 차별화가 진행되었음을 상정하였다. 그 뒤 2000년대 중반부터는 본격적인 취락분석이 이루어졌는데, 안재호(2004)는 중서부지역 취락의 분업화에 주목하여 경작중심취락, 장의중심취락, 저장중심취락 등과 이들이 모여 있는 분업적 복합취락으로 유형화하고, 경작중심취락을 하위, 장의·저장중심취락을 중위, 분업적 복합취락을 상위취락으로 규정하였다. 김범철(2005a)은 금강하류역의 논토양분포분석을 통해 중심취락 혹은 중심공동체로의 인구집중은 도작집약화를 위한 노동력 공급을 지향한 것이 아니라 대규모취락 혹은 상위공동체 주변의 소규모 공동체(혹은 취락)에서 쌀의 생산을 담당하고, 여기서 발생하는 잉여의 쌀은 어떠한 형태로건 상위공동체(혹은 취락)로 유입되었을 가능성이 높았으나 이들 정치엘리트도 도작집약화를 위한 노동력 동원의 사회조직을 운용하는데 주목하지 않았을 것으로 추정하였다. 이홍종(2005)은 송국리문화의 취락을 단위취락-중위취락-대취락으로 규모를 통해 분류한 후 기능에 따라 중심취락과 주변취락으로 구분하였다. 중심취락은 최소 5개 이상의 단위주거군으로 형성된 대취락으로서 중심지적인 역할을 수행하며, 공급을 위한 생산과 주변취락 혹은 원거리 집단과의 교류를 주도한 것으로 정의하였다. 한편 거점취락은 중심취락적인 성격도 있지만, 특수목적에 의해 만들어진 취락으로서 교역을 위한 교통요지에 형성된 취락을 의미하며 방어목적의 취락, 특수물품을 제작하기 위한 취락으로 규정하였다.

배덕환(2005)은 남강유역과 태화강유역의 취락분석을 통해 대규모 취락 및 많은 주거지 수, 대규모 분묘군의 존재 및 수장묘의 축조, 생산용구 제작공방의 존재, 환호 및 대형건물이 존재하는 것을 중심취락으로, 중심취락의 상위에 중핵취락을 규정하였다. 또한 이들 중심취락간의 연합에 의한 공동체의 형성을 지역적 결집의 한 형태로 보고 읍락의 시원으로 상정하였다. 김권구(2005)는 마을의 규모를 대-중-소로 구분하는 기준은 시대별·지역별로 다양하고 계속 변화될 수 있음을 전제로 한 뒤, 보통 동시기에 속하는 것으로 편년된 취락들의 주거지 수에 따라 배열할 때, 마을들이 집중·분산되며, 그 군집양상에 따라 대-중-소규모 취락의 구분기준을 세울 수 있음을 언급하였다. 또한 상대적인 기준으로서 10동 이하의 주거지로 구성된 소규모취락, 10동 이상~40여 동 내외의 주거지로 구성된 중규모취락, 40여 동 내외~100여 동 내외에 이르는 대규모취락으로 편의상 분류하고, 구체적인 인원수를 산출하였으며, 중심취락이란 주변취락보다 더 많은 기능을 수행하면서 중심적 역할을 한 취락으로서 주거지의 수가 많거나 분배·방어·의례 등 복합적인 기능을 수행하고 환호 등 시설투자가 상대적으로 많이 이루어진 취락을 의미하는 것으로 정의하였다.

박양진(2006)은 취락의 크기는 일반적으로 거주 인구의 규모를 반영해 주며, 인구의 차이는 위계화 수준의 척도로 보고, 위계화가 발달한 취락일수록 한 지역 내에서 정치·사회적으로 중심적인 역할을 수행한 것으로 보았다. 그러나 취락의 단순 규모만을 가지고 위계를 논하는 것은 설득력이 약하며 청동기시대 취락 자료에서 본격적인 사회적 계층화의 근거는 확실하게 확인하기 어려운 것으로 보았다. 송만영(2006)은 취락의 규모에 따라 대형취락-중형취락-소형취락으로 분류하고 취락의 위계는 취락의 기능 내지 역할과 밀접한 관련이 있다고 보았다. 즉 위계화가 발달한 취락일수록 다양한 기능을 수행할 뿐만 아니라 정치·사회적으로 보다 중심적인 역할을 수행한 것으로 추정하고 있다. 김장석(2008)은 취락의 분화를 강조하여 소비전문유적, 저장전문유적, 일반유적으로 송국리단계 취락을 구분하였으며 송국리유적과 같이 저장시설을 갖지 않는 소비전문유적을 최상위취락으로 설정하고, 취락 외부 어딘가에 저장전문유적을 두고 여기에서 농업생산물을 공급받는 취락 네트워크를 상정하였다. 이수홍(2007)은 주거지의 수나 유적의 규모보다는 대형지상식건물, 무덤군, 위세품을 보유한 취락을 중심취락으로 규정하였다. 이형원(2009)은 단위취락의 공간구조에 주목하여 취락간 관계 또는 위계를 설정하였는데, 주거공간을 비롯하여 저장+분묘+전업적 수공업 생산+의례공간으로 이루어진 취락을 상위취락, 주거+저장+대규모 분묘공간으로 구성된 취락을 중위취락, 주거공간만으로 구성된 취락이나 주거+저장공간의 조합, 주거+소규모 분묘공간의 조합, 주거+저장+소규모 분묘공간으로 구성된 취락을 일반취락으로 규정하였으며 이들 각각의 취락 단위는 서로 직·간접적으로 연결된 네트워크를 형성하는 것으로 정의하였다.

안재호(2009)는 중심취락을 수장이 거처하는 장기존속 취락으로서 후기후반에 출현하는 것으로 보고 다음과 같이 정의하였다.

① 대규모취락 : 주거지의 수가 주변 취락에 비해 압도적으로 많은 취락

② 장기존속취락 : 3단계 이상, 3중의 중복된 주거(주거의 증·개축이나 3중 이상으로 많은 유적이 장기존속의 증거)

③ 고고학적으로 다양한 유구가 검출되는 취락 : 관창리유적(주거지 외에 각종의 수혈군-제사·토기요·저장공·불명유구-과 지상식건물군으로 구성)

④ 다종다량의 유물이 출토되는 취락

⑤ 묘지나 제사유구 등의 유구가 존재하는 취락 : 정치적 성향이 강한 거점취락에는 반드시 의례의 장이 필요

⑥ 구심적 취락구조를 보이는 취락 : 대형주거지를 중심으로 중·소형의 주거지가 둘러싼 형태 또는 대형주거지가 고소 또는 특정 장소에 위치, 상징적인 장소에 입지하는 취락 구조

⑦ 고상창고로서의 대형 지상식건물이 있는 취락 : 수혈식 저장고와는 저장이나 보관의 기능이 전혀 다른 차원의 구조물이며 취락 내에서 가시적인 구조물이기 때문에 대형의 경우는 공공적 성격이 강한 시설물 또는 기념적인 건조물이라고 할 수 있음. 특히 잉여생산물의 공동관리적(표면적으로는) 성격이 강한 사회에서 출현한 것으로 판단

⑧ 물류의 중심지로서 또는 생산지가 아닌 수요지로서 각종의 동·식물 유존체가 출토되는 취락 : 교역이나 공급을 통하여 가공품 또는 식료로서 다양한 동·식물질 자원이 집합하는 것도 거점취락의 주요한 현상

그는 상기의 요소를 모두 갖추어야만 중심취락으로 규정할 수 있는 것이 아니라 ①~③의 요소만을 가진다고 해도 그 취락 내에는 권력의 존재를 상정할 수 있기 때문에 중심취락으로 인정할 수 있으며 ⑦의 대형 고상창고의 존재는 농업생산성이 크게 신장된 단계의 것으로 보아 후기에만 나타나는 현상으로 추정하였다. 또한 환호는 거점취락의 요소에 포함시키지 않았는데, 그 이유는 대평리유적처럼 장기존속한 경우도 존재하지만, 우리나라의 환호는 대부분 단기간에 한시적으로만 사용된 것으로서 일본의 환호취락과는 성격이 다른 것이 확실하기 때문이며, 환호의 수용은 사회의 획기적인 변혁을 맞아하였다는 의미인데, 사회구조의 변혁은 생산성의 향상을 통한 내적성장이 극대화되어 자연발생적인 변화로 이어질 때에 가능한 것으로 보았다.

고민정(2010)은 남강유역 청동기시대 취락 내 주거지와 다른 취락 구성요소들과의 공간분포 형태를 통해, ① 주거+분묘공간으로 구성된 취락, ② 주거+분묘+생산공간으로 구성된 취락, ③ 주거+분묘+의례공간으로 구성된 취락, ④ 주거+분묘+의례+생산공가능로 구성된 취락으로 분류하고, 중심취락인 대평리와 주변의 중위취락, 소취락으로 나누고, 중위취락 안에서도 성격에 따라 복합형, 제사집단, 경작집단으로 세분하였다. 이를 통해 청동기시대 중기전반 남강유역은 사회분화가 덜 진전된 상황으로 이해하고, 각 취락간 초보적인 네트워크 전략이 구사되고 있으며 서서히 위계화가 진전되는 양상으로 해석하였다.

이상길(2011)은 중심취락에 반영되어 있는 도시적 요소(취락의 규모, 방어시설, 수장의 거관, 공방과 전문장인, 창고, 종교시설 또는 기념비적인 공공건물, 장거리 교역과 시장유통, 지배자층의 거대 분묘, 위성취락)를 검토한 결과, 송국리단계의 대형취락은 도시를 지향하기에 아직 부족한 점이 너무 많기 때문에 지역공동체의 중심취락으로 보는 것이 타당한 것으로 주장하였다. 최샛별(2013)은 남강유역 취락의 분석을 통해 중심취락적 요소로서 취락규모, 구획시설, 생산시설, 공공저장시설, 의례시설, 거대분묘/분묘역, 복합성 등을 검토하고, 중심취락은 ① 다수의 유구(특히 주거지)를 가지면서, ② 다양한 생산시설과 ③ 종교시설(세장방형 지상건물)이 존재하는 ④ 복합성 높은 취락으로 규정하였다.

Ⅲ. 지역별 중심취락의 설정

취락 연구는 김권구(2001)가 지적하듯이 많은 문제점과 한계를 내포하고 있지만,[1] 청동기시대의 중심취락에 대한 논의는 어느 시대보다 활발히 진행되고 있으며 시기적으로는 중기에 집중되고 있다. 그러한 이유로는 각 지역별로 대규모 유적에 대한 발굴조사가 진행되어 자료의 집적이 이루어졌으며 지역별 문화의 다양성이 간취되기 때문이다. 이에 발맞추어 한국청동기학회에서도 중심취락과 취락 네트워크에 대한 워크숍이 개최되어 지역별 양상에 대한 검토가 이루어진 바 있기 때문에(한국청동기학회 2009) 본장에서는 이러한 연구성과를 정리해보고자 한다.

먼저, 영서지역은 북한강 상류의 평탄한 충적대지에 천전리·우두동·신매리·중도·거두리유적 등이 약 1.5~5km 이격되어 분포하지만, 천전리유적을 제외하면 매우 제한적인 조사가 진행되어 취락의 양상파악에 어려움이 있다. 취락의 구성요소 중 주거지의 형식은 노지를 중심으로 소비공간과 이색점토구역, 작업공간으로 구분되는 천전리식 주거지로서 밀집도는 천전리유적과 우두동유적이 높은 편이다. 매장유구는 지석묘, 주구묘, 석관묘로서 상기 취락과 동일지역에 분포한다. 그러나 우두동석관묘를 제외하면 일반 성원과의 차이를 보이는 동검, 동촉과 같은 위세품은 출토되지 않는다. 저장유구는 수혈과 고상건물로 구분되는데, 수혈은 천전리·우두동유적을 제외하면 주거지 주변에 소수만 산재하며, 고상건물은 천전리유적에서 6기, 우두동유적에서 14기만 조사되었다. 특히 고상건물은 취락 내 외곽에 주로 분포하는데, 1×1칸~2×2칸 구조의 소형으로서 송국리식 주거지 분포권에서 나타나는 세장한 구조는 보이지 않는다. 생산유구는 밭과 논(천전리유적), 함정(천전리·거두2지구 유적) 등이 조사되었다. 김권중(2009)은 이들 유적에 대한 분석을 통해, 주거시설(大)+공방시설(大)+매장시설(大)+저장시설(中)+생산시설(大)로 구성된 천전리유적을 상위취락, 주거지(大)+매장시설(?)+저장시설로 구성된 우두동·신매리·중도유적을 중위취락, 주거지+매장시설(小)+저장시설(小)로 구성된 거두리유적을 하위취락으로 규정하였다. 이 중 천전리유적은 기본적인 구조에서 다른 취락과 동일한 요소를 가지고 있지만, 취락의 규모나 생산시설에서 타 취락에 비해 크고, 공방주거지의 비율이 높은 점에서 취락 내에 (준)전문장인집단의 존재를 추정할 수 있으며, 석기와 같은 수공업 제품의 원재료나 중간소재의 분배나 재분배의 통제를 통해 주변지역을 관할하였던 것으로 추정하였다. 그리고 취락의 규모뿐 만 아니라 묘제의 변천을 통해 전기부터 중기까지 대규모로 지속되고 있는 점에서 중심지로서의 기능이 장기간 유지되었으며 이를 유지할 수 있는 기반으로서 대규모 생산시설의 존재를 상정하였다. 한편 영서지역의 취락에서 환호나 목책과 같은 방어시설의 부재와 충적대지라는 개방적 입지를 통해 볼 때, 취락간 관계는 개방적 상호협력 또는 호혜적 관계로 추정하였다.

다음으로, 호서지역에서 중심취락으로 언급되는 유적은 관창리유적과 송국리유적을 들 수 있다. 김범철(2005·2006)은 금강유역의 취락을 상위중심지-하위중심지-일반부락의 3단계의 위계를 설정하고, 이 중 상위중심지가 잉여수집에 유리한 위치를 점하거나 수도생산에 유리한 지점에 입지하는 점에서 지역정치체의 형성배경과 과정이 일률적이지 않은 것으로 보았다. 이형원(2009b)은 취락간의 관계 또는 위계설정에서 단위취락의 공간구조에 주목하였는데, 송국리·관창리유적과 같이 주거공간+저장공간+분묘공간+전업적 수공업 생산공간+의례공간으로 이루어진 취락을 상위취락, 산의리유적과 같이 주거공간+저장공간+대규모 분묘공간으로 이루어진 취락을 중위취락, 주거공간만으로 구성된 취락이나 주거공간+저장공간 또는 주거공간+소규모 분묘공간, 주거공간+저장공간+소규모 분묘공간이 조합된 취락을 일반취락으로 규정하였다. 이에 따라 취락의 위계는 상위취락-중위취락-일반취락으로 구분되며, 이들 각각의 취락 단위는 서로 직접 또는 간접적으로 연결된 네트워크를 형성했던 것으로 이해하였다. 특히 중심취락으로 지목되는 관창리유적은 주거공간+저장공간+전업적 수공업 생산공간이 복합된 B지구가 상위취락이며, 그 외 D · E · F지구는 농경종사자를 중심으로 주거기능만을 수행하는 일반취락으로 규정하고, 이들 간에는 직접적인 상하 또는 종속관계를 가진 지역의 중심취락으로 설정하였다. 또한 송국리유적은 제한된 범위에 대한 발굴임에도 불구하고 대규모 목책을 두른 방어시설과 특정 상위계층을 위한 분묘공간+의례공간이 마련되어 있는 점, 동부용범에서 시사되는 청동기 자체 생산의 증거 등에서 관창리유적을 능가하는 최상위취락으로 상정한 후, 역시 인접한 위성취락과 상하관계를 형성한 중심취락으로 정의하였다. 한편 송국리유적에서 반경 10km 내에 분포하는 원북리 · 안영리 새터 · 산의리유적 등은 김장석(2008)이 주장하는 송국리유적의 잉여를 공급하는 저장전문유적으로 볼 근거를 찾기 어려우므로 이들 유적은 주거공간+분묘공간+저장공간+자급적인 수공업 생산을 행한 완결된 농경취락으로 보았다. 따라서 송국리유적과 이들 유적은 상위의 소비전문유적과 하위의 저장전문유적으로 대별하여 위계를 정하기보다는 중심취락과 주변취락 또는 상위취락과 중위 또는 일반취락으로 위계를 나누는 것이 타당하며, 이들 취락은 종속적인 상하관계가 형성되었다고 보기에는 무리가 있으므로 호혜적인 간접관계를 상정하였다.

영남지역은 낙동강을 경계로 이서지

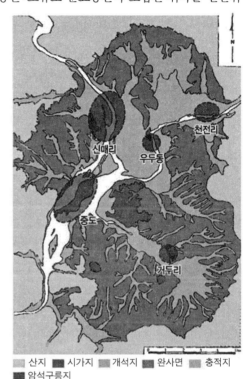

산지 ■ 시가지 ▨ 개석지 ■ 완사면 ■ 충적지
■ 암석구릉지

그림 1 _ 춘천분지의 취락 분포도 (김권중 2009)

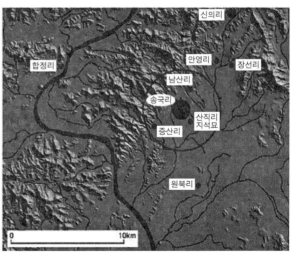

그림 2 _ 송국리유적과 주변취락 (이형원 2009)

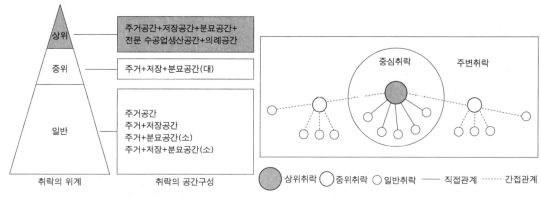

주거공간+저장공간+분묘공간+
전문 수공업생산공간+의례공간

주거+저장+분묘공간(대)

주거공간
주거+저장공간
주거+분묘공간(소)
주거+저장+분묘공간(소)

상위

중위

일반

취락의 위계   취락의 공간구성

중심취락   주변취락

● 상위취락 ◐ 중위취락 ○ 일반취락 ── 직접관계 ┈┈ 간접관계

그림 3 _ 이형원(2009)의 청동기시대 중기 취락의 위계(左)와 취락간 관계 모델의 일례(右)

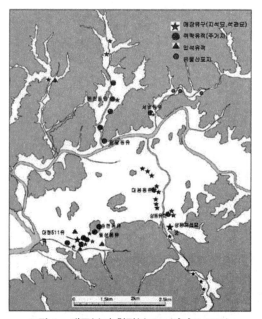

★ 매장유구(지석묘,석관묘)
◉ 취락유적(주거지)
▲ 입석유적
● 유물산포지

그림 4 _ 대구분지 취락분포도(하진호 2009)

역은 울산식 주거지, 이동지역은 송국리식 주거지의 분포권으로 대별된다. 이 중 대구지역은 하진호(2009)의 연구성과를 참조하면, 낙동강 동안의 충적대지와 금호강 및 신천하류역의 충적대지를 제외한 진천천 일대, 신천 중류 일대, 팔계천 일대, 동화천 일대의 4개 지구에 취락이 집중분포한다. 이 중 중기 전반은 다른 영남지역과는 달리 단위 취락의 양상파악이 가능한 곳은 거의 없으며 중기 후반에 집중되는 경향이 강하다. 중기 후반의 주거지는 진천천 일대와 팔계천 일대에 가장 많은 수가 분포하는데, 40여 동이 넘는 대규모취락과 매장유구의 대규모 축조 등이 간취된다. 대표적인 유적은 팔계천 일대의 동천동유적으로서 하도를 이용한 취락의 배치, 취락과 하도 사이 공지의 경작지 운영, 환호나구에 의해 구획된 취락범위의 확정, 앞 시기부터 발전해온 농업기술의 진전에 따른 가경지의 확대, 동일 가경지내의 식량생산 증대와 집약화를 통해 주변취락과 구분되는 중심취락이 등장한 것으로 추정하였으며, 동천동유적의 주변취락으로는 반경 2~3km 범위에 동호동 · 동호동477 · 동호451-3 · 매천동유적 등이 분포하는데, 모두 경작지가 조사되어 농경지 개척과 수리체계 등에 관한 정보를 동천동유적과 공유한 것으로 보았다.

경남지역은 남강유역과 태화강유역이 대표적인 취락 밀집지역이다. 이 두 지역은 주거지의 구조, 입지 등에서 완연한 차이를 보이고 있어 좋은 비교자료가 되고 있다. 이 중 대평리유적은 남강유역의 중심취락으로서 중요한 위치를 점하고 있다.

배덕환(2005a · b, 2008)은 남강유역과 태화강유역의 주거와 취락의 비교분석을 통해 유사점과 상이

점에 대해 언급하였다. 먼저 송국리식 주거지 분포권인 남강유역의 중심취락으로 대평리·옥산리·초전
동유적을 지목하였는데, 특히 대평리유적을 중심으로 한 주변취락은 반경 15km 이내에 밀집분포하며, 가
경지의 부족, 주거·인구압 등의 요인으로 분촌화가 진행된 것으로 추정하였다. 이에 비해 울산식 주거지
분포권인 태화강유역의 중심취락은 5km 범위마다 중심취락이 1개소씩 분포하여 어느 정도 지역 네트워

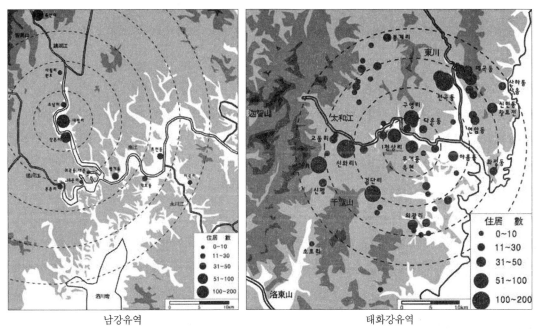

그림 5 _ 남강유역과 태화강유역 취락분포도(배덕환 2008)

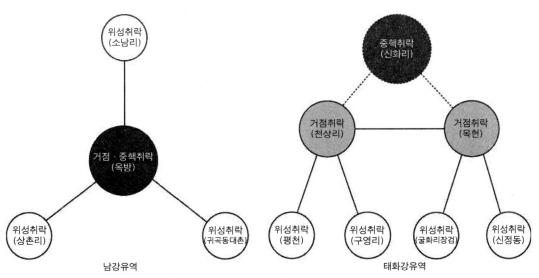

그림 6 _ 남강유역과 태화강유역의 취락간 관계 모식도(배덕환 2005)

크가 이루어진 것으로 보고 취락공동체를 상정하였다. 또한 중심취락의 상위개념으로서 중핵취락을 설정하였는데, 중핵취락은 이들 취락공동체의 구심점으로서 남강유역에서는 대평리유적, 태화강유역에서는 신화리유적이 그 기능을 하였을 가능성이 높은 것으로 보았다.

고민정(2009)은 이형원의 분류안을 기초로 남강유역의 취락을 주거공간+분묘공간으로 구성된 취락(귀곡동 대촌·본촌리·상촌리E지구 유적), 주거공간+분묘공간+생산공간으로 구성된 취락(가호동·초전동유적), 주거공간+분묘공간+의례공간으로 구성된 취락(사월리·사월리 환호유적), 주거공간+분묘공간+의례공간+생산공간으로 구성된 취락(대평리·평거3지구·이곡리유적)으로 구분한 후, 복합형의 대취락인 대평리유적을 중심취락, 중취락 중 복합형은 소남리·상촌리·가호동·초전동유적, 제사집단은 이곡리·사월리·목곡리유적, 경작집단은 평거동유적을 들었으며 주변 소취락은 귀곡동 대촌·본촌리유적으로 보았다. 특히 중심취락인 대평리유적은 집단지향적인 사회 전통에 기반을 둔 사회로서 축제나 공동의례의 중심역할을 수행하였으며, 공동행사시에는 대평리유적에서 제작한 적색마연토기, 천하석제 식옥, 농경 잉여물 등을 다른 주변취락의 특정물품(청동기, 관옥, 소금?, 꼬막과 같은 해산물?)과 선물이나 교환의 형태로 주고받은 것으로 추정하고 있다. 또한 이러한 축제나 공동의례를 주관했을 것으로 추정되는 대평리유적의 엘리트집단은 위세품의 생산에서 집중화가 이루어지면서, 의례 및 축제와 같은 공동의례를 공동전략의 한 부분으로 이용하여 권력과 특권을 모색하려 하였으며 이는 청동기시대 중기 전반에 취락 내 계층화가 서서히 진전되는 양상으로 파악하였다(고민정·Martin T. Bale 2008). 최샛별(2013)은 남강유역 17개소의 취락을 4개 권역으로 나누어 중심취락(하촌리·대평리·초전동유적), 주변취락은 복합형 취락(상촌리·평거동·가호동유적), 장의형 취락(매촌리·이곡리유적), 일반형 취락(목곡리·마쌍리·본촌리·사월리, 대촌유적), 구릉형 취락(안간리유적)으로 구분하였다.

이수홍(2008)은 울산지역 환호취락의 검토를 통해 환호는 제의공간일 가능성이 높으며 많은 취락에서 환호가 보이지 않는 점을 들어 제의공간인 환호취락과 제의공간이 가시권에 들어오는 주변취락의 복합체를 한 단위의 중심취락으로 규정하고, 이들 중심취락은 대체로 10km 범위에 하나씩 분포하는 것으로 보았다.

Ⅳ. 중심취락의 특징

본 장에서는 상기의 연구사 및 유적 사례를 참고하여 각 지역별 취락의 구성요소, 위세품의 유무 등을 통해 중심취락을 설정하고자 한다. Ⅲ장에서 살펴 본 각 지역별 중심취락은 영서지역은 천전리유적, 호서지역은 송국리·관창리유적, 영남지역은 대평리·검단리유적 등을 들 수 있다. 이들 취락은 주거지의 형태상 차이는 있지만, 시기적으로는 평행하며, 전체 유적들을 대비하기 어려운 현실에서 이들 유적의 취락 구성요소를 살펴본다면 중심취락의 특징 파악이 가능할 것으로 생각된다.

먼저 주거지의 수가 중심성 여부를 결정하는 근거가 될 수 없는 것으로 지적하는 연구자도 있는 반면,

현실적 대안으로서 참고되어야 한다는 의견이 양분되고 있는 실정이다. 필자 역시 주거지의 수만 가지고는 중심취락을 결정할 수 없음에는 동의하지만, 어느 정도 감안되어야할 필요성은 있는 것으로 보고 있다. 예를 들어 국내 최대 규모의 환호를 시설한 연암동유적은 중앙부에 주거지 1동만 조성되어 있으나 이를 중심취락으로 보는 연구자는 아무도 없다. 이에 비해 현재로서는 보고서가 완간되지 않아 정확한 양상 파악에 한계가 있지만, 신화리유적은 환호가 없음에도 불구하고 태화강유역에서는 최대 규모의 주거지가 분포하고 있어 이를 중심취락으로 규정하기도 한다. 아래의 각 지역별 중심취락의 구성요소를 나타낸 〈표 1〉을 참고할 때, 전체 94동의 주거지 중 환호기의 주거지가 17동인 검단리유적을 제외하고는 모두 50동 이상에 해당한다.

표 1 _ 지역별 중심취락의 구성요소

유적명	주거지	고상창고	환호	경작지	분묘	위세품
천전리	●	○		○	○	
관창리	●	○		○	○	
송국리	●	○	○		○	○
대평리	●	○	○	○	○	○
검단리	◎		○		○	

※ 주거지 수 - ◎ : 50동 이하, ● : 50동 이상

두 번째로서 고상창고의 유무이다. 취락 내 저장시설은 크게 저장공과 고상창고로 나눌 수 있다. 청동기시대 중기가 되면 농경기술의 발달로 인해 생산물의 저장을 위한 공간이 필요하게 된다. 저장공간은 땅속에 만든 저장공과 고상창고로 대별되며 개별 주거지에도 일정량을 확보할 수 있는 공간 또는 저장용기가 있었을 것으로 추정된다. 전기의 주거지 내에는 저장공이 특징적으로 설치되어 있으며 그 외 취침, 취사, 작업 등의 제반행위가 모두 동일공간에서 이루어지기 때문에 주거지의 규모 역시 커지는 경향이 있다. 그러나 중기에는 주거지의 규모가 축소되면서 실내에 저장공이 설치되지 않고 외부로 배치된다. 청동기시대 전기와 중기의 주거지 면적당 저장량을 계산한 결과, 전기에 비해 중기에는 저장량이 20여 배 이상 증가한다는 연구(김장석 2008)를 참고할 때, 주거지 외부의 저장시설은 필수적이라고 할 수 있다.

그러나 대평리유적은 대규모 경작지와 환호 등 발달된 모습을 보이고 있지만, 저장시설은 저장공 1기, 고상창고 7기 등 소수에 불과하다. 이는 남강유역에 대규모 경작지가 운용된 것을 고려한다면 아이러니하다고 할 수 있다. 취락민들의 생사를 좌우하는 식량문제는 대규모 경작지가 수반된다고해서 안정적인 식량확보가 가능하다는 견해는 상당히 위험한 발상이다. 단순히 경작지의 규모에 비례하는 것이 아니라 오히려 저장이 수반되어야 미래에 대한 대비 및 안정적인 취락의 발전이 도모되며, 대평리유적과 같은 대규모 취락민들은 계절적으로 풍부한 자원을 기초적인 식량으로 개발하여 이를 대량수확한 후, 저장하여 남은 기간을 대비하는 경제시스템을 가지고 있다.

이러한 저장시설은 취락 내 분산하는 경우와 일정장소에 군집하는 경우로 대별되며, 후자는 중심지 군집과 주변지 군집으로 세분할 수 있다. 먼저 취락 내 분산하는 경우는 대평리 옥방 1지구의 고상창고들이

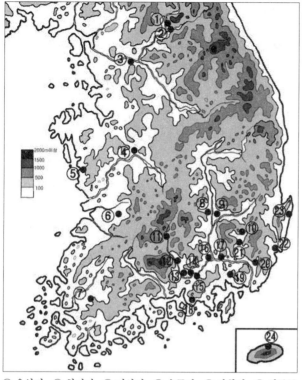

① 용암리 ② 천전리 ③ 미사리 ④ 송국리 ⑤ 관창리 ⑥ 영등동
⑦ 장천리 ⑧ 동천동 ⑨ 서변동 ⑩ 진라리 ⑪ 옥산리 ⑫ 묵곡리
⑬ 대평리 ⑭ 평거동 ⑮ 가호동 ⑯ 초전동 ⑰ 이곡리 ⑱ 이금동
⑲ 남산 ⑳ 금천리 ㉑ 소토리 ㉒ 검단리 ㉓ 산하동 ㉔ 삼양동

그림 7 _ 중요 고상건물 분포도(배덕환 2008)

外濠와 內濠 사이에 분산되어 있으며, 중심지로 추정되는 內濠 內에는 플라스크형 저장공 1기만 배치되어 있다. 대평리유적의 고상창고 분산에 대해 잉여물의 저장을 공동의례와 축제에 사용하기 위한 것으로 보는 견해도 있으나(고민정 2009) 취락의 규모에 비해 저장시설은 극소수이며 공동행사를 목적으로 한다면 분산관리보다는 집중관리하는 것이 오히려 타당하다. 또한 청동기시대는 공동의례와 축조에 상당한 비중을 둔 사회이므로 의례와 축제 같은 대형행사는 분에 넘치는 분배를 통해 부를 과시하고 자긍심과 위신을 이끌어 내어 이를 통해 사회적 지위를 더욱 강화하는 계기가 된다. 따라서 대평리유적과 같이 대규모 취락에 비해 저장시설이 소수인 경우의 공동행사는 저장시설의 저장물을 이용하기 보다는 자원이 풍부하고 일상적인 활동이 용이한 계절에서나 가능한 일이다(알랭 떼스타 지음 · 이상목 옮김 2006).

대평리 옥방 1지구의 저장시설은 환호 외가 아닌 내에 위치한다는 점을 감안한다면 취락전체의 공동관리가 이루어졌을 가능성이 크다. 취락 내 일정장소에 군집하는 경우는 묵곡리 · 이곡리 · 평거동 · 초전동 · 이금동유적 등에서 보이는데, 주거지처럼 고상창고끼리 군집하거나 취락 내 중요위치에 배치된다.

이러한 예는 최근 송국리유적에서도 확인된다. 송국리유적의 대형 고상건물은 구와 목책으로 구획된 내부 공간에 각 1기씩 2동이 배치되며, 동쪽에는 또 다른 건물 1동이 위치한다. 각 건물의 출입은 별개의 출입시설을 통해서만 가능하도록 통제하고 있으며 구획된 구와 울타리 내에 위치하는 세장방형 고상건물 2동에 대해 신전 또는 집회소로 추정하고 있다(이형원 2009a). 송국리유적과 같은 세장방형 고상건물은 영남지역에서도 다수 출현하고 있으며 이를 역시 집회소로 보는 견해도 있다(이수홍 2007). 그러나 건물이 세장방형이라고 해서 무조건 공공성원을 위한 집회소로 규정하기는 어려우며 건물의 구조적 측면 등이 다각도로 고려되어야 한다. 측면 1칸 구조의 세장방형 건물은 단축이 협소하기 때문에 많은 사람들의 운집이 필요한 집회소의 용도로는 적합하지 못하다. 집회는 취락구성원 전체를 대상으로 할 때에는 광장을 활용하고 취락의 大小事를 논하는 중요회의는 소수의 원로 또는 상위계층자들이 수장의 居處나 별도의 공간을 활용하여 회합하였을 가능성이 높다. 송국리유적의 대형건물 2동은 구로 구획되었다는 점에서 중요도가 높은 것은 분명하지만 일본 야요이시대의 예로 볼 때, 신전은 1동만 필요하지 복수를 필요로 하지 않는다. 그리고 대형건물1 주변에는 1×1칸의 고상건물이 배치되어 있는데, 목책과 근접하고 구획된 溝內에 위치한다는 점에서 망루와 같은 대형건물을 지키기 위한 시설로 추정되며, 대형건물2 서쪽에는 플라스크형 저장공 1기가 배치되어 있다. 이상과 같은 정황을 참고할 때, 송국리유적의 구획된 溝內에 위치하는 대형건물은 저장을 위한 고상창고시설일 가능성이 높으며 잉여생산물의 저장에 많은 노력을 기울였음을 짐작케 한다. 한편 관창리유적은 3구역으로 분산되어 고상창고가 배치되었는데, 수전과 가까운 곳에 5~6동, 요지가 집중된 가장 높은 곳에 15~17동이 분포한다. 고상창고는 20~23동 정도인데 비해 주거지는 100동 정도로서, 대략 5~8동의 주거지가 한 단위를 이루는 것을 감안하면 20여 개 정도의 가족 집단이 모여 하나의 취락을 형성한 것으로 추정되며 고상창고가 소가족별 공간에 위치하지 않고 독립된 공간에 집중되어 있어 가족집단별 생산·관리가 완전히 독립된 것이 아니라 전체 취락내의 조정 하에 이루어진 것으로 생각된다(이홍종 1997).

세장방형 고상건물은 경기지역의 청동기시대 전기 후반으로 편년되는 양교리 산47-1번지유적과 토진리유적에서 조사된 바 있으며, 영남지역에서는 진주 대평리·평거동·초전동·이곡리유적, 청도 진라리유적, 대구 동천동·서변동유적 등 송국리문화권의 유적에서 나타나는 점이 특징이라고 할 수 있다. 세장방형 고상건물의 구조는 1×4~1×11칸으로 단축에 비해 장축이 극대화되는 양상을 보이는데, 장축의 진행방향 및 칸의 너비가 불규칙한 점에서 처음부터 세장방형으로 축조한 것이 아니라 계속적인 증축에 의해 현재와 같은 모습을 띠게 되었을 것으로 판단된다. 또한 세장방형 고상건물이 설치된 유적은 경작유구가 부가된 대규모취락이라는 점에서 잉여축적에 따라 저장

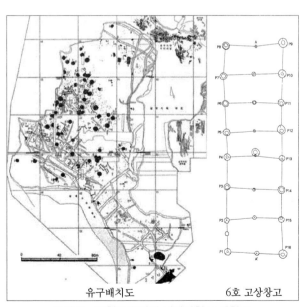

그림 8 _ 송국리유적의 고상건물(이형원 2009a)　　　　그림 9 _ 동천동유적의 세장방형 고상창고

공간을 계속적으로 확장하였으며, 이들 창고의 수와 칸의 증가는 취락의 부를 축척한 척도로 해석가능하다(배덕환 2012).

남강유역에 집중적으로 출토되는 고상창고는 저장공과는 저장대상물의 차이가 유추된다. 이 단계의 貯藏孔이 겨울철 혹한기 동안의 견과류와 근경류 등의 저장물이 동결되지 않게 보관하는 월동용 단기보관 시설(손준호 2004)이라면, 고상창고의 저장물은 인근의 농경지에서 재배에 의해 수확된 곡물류일 가능성이 높다. 따라서 저장공은 채집물, 고상건물은 재배물이 주된 저장물로 추정되며 곡물류 외에도 석기, 청동기, 옥 등의 재화와 다른 종류의 필수불가결한 자원도 저장의 대상이 된다.

호남·호서지역의 비파형동검이 잉여전용 전략으로 이용되기도 하며(김장석 2008) 남강유역은 옥을 중심으로 한 기술적 수준 및 통제력은 낮았다고 할지라도(고민정·Martin T. Bale 2008) 공동체의 분업에 의한 생산 및 분배양상이 나타난다(庄田 2007). 비파형동검과 옥은 어떤 식료보다 오랫동안 보존이 가능하며 사회적 조건과 신기술이라는 측면에서 자본축적의 중요한 의의를 가지고 있다. 이런 재화들은 실용적인 측면에서는 큰 가치가 없지만 작은 크기와 비축의 용이함으로 인해 교환을 통해서 큰 가치를 창출할 수 있는 물품이다. 교환에는 두 가지 전제조건이 필요한데, 우선 집단 내부의 다른 구성원이 식량 생산자이면서 식량이 부족한 경우, 또는 반대로 다른 집단이 식량이 아닌 다른 재화를 갖고 있을 경우이다. 즉 서로 다른 지역 사이의 일종의 사회적 분업이라고 할 수 있는데(알랭 떼스타 지음·이상목 옮김 2006), 대평리유적의 옥은 규모 대비 부가가치가 높은 생산품으로서 대평리 옥방 7지구 가-20호 석관묘의 벽옥제 관옥 7점, 옥방 1지구 1호, 옥방 4지구 13호 주거지의 꼬막 등은 타 지역과의 교환산품으로 추정할 수 있다(고민정 2009).

이상을 종합할 때, 청동기시대 중기 고상창고의 대형화 및 군집화는 기존의 저장공이 갖는 한계성을 극복해 주고 잉여생산물의 비축이 대량화되었다는 점에서 가장 큰 의의가 있으며, 이에 따른 사회적 통제를 실현할 수 있는 유력자의 출현과 중심취락의 등장을 뒷받침할 수 있는 경제적인 動因이 된 것으로 보인다.

세 번째는 환호취락이 과연 중심취락인지의 여부이다. 청동기시대 중기의 환호취락은 약 20여개소로서 송국리문화권(금강·영산강·남강·낙동강·금호강유역)이 15개소, 울산문화권(형산강·태화강·동천강유역)이 5개소로서 영남지역에서의 조사 예가 많은 편이다. 특히 영남지역은 낙동강을 경계로 서안은 송국리식 주거지, 동안은 울산식 주거지의 분포권으로 극명하게 대비되며, 이 외 취락의 입지 및 구성요소 등의 차이는 있어도 환호의 설치는 동시기에 병행하는 것으로 볼 수 있다. 이 중 대평리유적은 2.5km의 직선거리상에 옥방 1(東취락)·4지구(西취락)에 두 개소의 환호취락이 배치되어 있는데, 남강의 분절지점을 기준으로 경작지, 분묘군, 환호, 목책 등이 배치된 쌍채취락이다. 동취락의 가시권 분석 결과, 최대관측거리는 4.3km로서 상류의 소남리유적과 하류의 상촌리유적까지 상호 충분히 조망가능하며, 석기의 원산지 분석결과, 세립질사암과 화강암은 10~20km를 이동해서 채취해야 한다는 점에서 남강을 이용한 수로이동으로 각 취락간 충분한 취락네트워크 형성이 가능하다. 대평리 취락의 축조순서는 상류의 西취락에서부터 전기 주거지가 축조되어 중기 전반(휴암리식 주거지)에 병행기를 거친 후(東취락이 중심취락), 중기 후반(송국리식 주거지)에는 東취락만 조성되고 西취락은 해체된다. 이는 남강유역의 산청 사월리환호유적, 낙동강유역의 창원 남산유적과 같이 중기 후반이 되면 평지에서 고지로 이동하면서 취락의 규모가 축소되고, 방어 등으로 특화되는 현상과 관련되는 것으로 생각된다(배덕환 2013).

한편 환호취락 중 환호 내부에 주거지가 소수에 불과하고, 취락의 구성요소로서의 제시설이 빈약한 연암동 환호유적, 이곡리유적 등은 환호 내부의 구성원만으로는 환호를 굴착하고 관리하기 어렵다. 이들 환호취락은 의례적 성격이 강한 '蘇塗'와 같은 시설물로서 환호의 성격이 보다 다양해짐을 의미한다고 할 수 있다. 따라서 많은 수의 환호취락이 조사되었지만, 이 중 중심취락으로 규정할 만한 유적은 현재로서는 송국리유적과 대평리유적 뿐이라고 할 수 있으며 그 외 유적은 전모가 조사되지 않아 양상파악이 불가하거나, 조사되었다고 하더라도 주거지의 수, 취락구성요소 등에서 중심취락으로 규정할 만한 근거는 빈약하다.

다음으로 경작지의 수반여부이다. 각 지역별 중심취락 중 경작지가 조사된 유적은 천전리·관창리·대평리유적을 들 수 있다. 이 중 대평리유적은 전체 경작지의 범위가 약 40,000m², 대평리유적 하류의 평거동유적은 약 92,500m²에 달한다. 남강유역의 경작지를 수반하는 취락은 대부분 남강 중·하류역에 밀집분포하고, 주변 취락들에 비해 경작지의 규모가 대규모인 점에 착안하여 식량생산의 거점취락으로 인식하기도 한다(윤호필 2013). 한편 취락과 도시를 논할 때, 경작지를 수반하는 취락은 농민의 존재로 인해 도시로 규정하기는 어렵다. 이러한 논의는 국가단계에서나 적합한 것이지 수도작의 확산, 농경기술의 발달로 대변되는 청동기시대 중기의 현상에서는 적용하기 어려운 것이다. 이는 대평리유적 뿐만 아니라 앞서 살펴 본 각 지역의 중심취락 중 천전리유적과 관창리유적도 경작지를 통해 식량의 생산과 잉여의 저장이 보장되고, 이를 통해 취락의 규모를 확대, 재생산해나가고 있다는 점과 부합한다.

한편 최근 들어 많은 연구자들이 사용하고 있는 '~중심취락', '~전문유적', '~집단' 등은 이형원(2009)이 제기한 것처럼 근거가 미약한 상황에서 어떻게 증명할 것인지에 대한 문제의 소지가 있다. 물론 당시의 사회가 하나의 기능에 집중된 전문취락적 성격을 가지고 있었음은 충분히 유추가능하지만, 생산과 소비, 교역의 매개가 불분명한 시점에서 지나치게 발전되고, 세분화된 모습을 묘사한 것으로 생각되며, 추후 더 많은 자료가 축척되고 난 후, 보다 정밀한 분석을 통해 접근해나갈

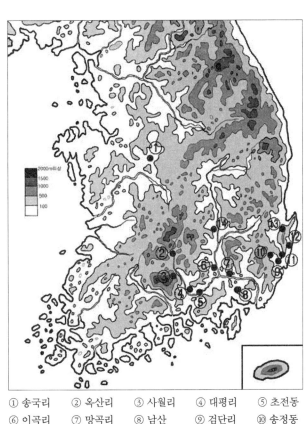

① 송국리 ② 옥산리 ③ 사월리 ④ 대평 ⑤ 초전동
⑥ 이곡리 ⑦ 망곡리 ⑧ 남산 ⑨ 검단리 ⑩ 송정동
⑪ 연암동 ⑫ 천상리 ⑬ 갑산리 ⑭ 동천동

그림 10 _ 중요 환호취락 분포도

필요성이 있다.

이상을 통해 볼 때, 청동기시대 중기의 중심취락은 환호와 고상창고, 대규모 경작지의 개간이 복합된 대규모 농경취락으로 정의내릴 수 있을 것이다.

V. 맺음말

청동기시대 중기는 취락의 구성요소가 전 시기보다 다양해지며 취락의 규모도 확대됨을 알 수 있다. 특히 각 지역 중심취락의 구성요소 중 환호, 고상창고, 경작지, 위세품의 출현은 중심취락의 지표가 된다고 할 수 있다. 이 중 주거지의 수로 대변되는 취락의 규모는 결코 무시할 수 없는 속성으로서 이들 중심취락의 환호, 경작지의 운영을 위한 필수불가결한 요소라고 할 수 있다. 그러나 환호취락이라고 해서 전부 중심취락으로 볼 수는 없으며 환호가 의례적 기능보다는 취락전원을 위한 시설로 설치된 경우가 중심취락의 지표가 될 수 있다. 또한 경작지는 취락 구성원의 생계와 직접적으로 연관되는 시설로서 식량의 자급자족, 잉여의 비축이 가능해야 미래를 위한 대비도 가능하다.

따라서 청동기시대 중기의 중심취락은 환호, 고상창고, 대규모 경작지가 운영되는 복합취락으로서 수도작의 확산과 궤를 같이한다는 점에서 대규모 농경취락으로 정의내릴 수 있을 것이나, 현재 이슈가 되고 있는 춘천 중도의 레고랜드는 섬이라는 한정된 공간에서 취락의 전모를 밝힐 수 있는 중요유적이므로 추후 순차적인 보고 및 분석이 진행된다면 보다 발전되고 정확한 취락상을 그릴 수 있을 것으로 기대된다.

---

1) 김권구는 ① 한정된 지역 및 유적에 대한 발굴조사, ② 주거지의 파괴 및 교란 등으로 인한 대표성 의문, ③ 동시기성 확보문제 및 시간 폭, ④ 주거전략과 생활습관 추적의 어려움 등을 문제점으로 지적하고, 연구진행을 위한 가정으로서 발굴된 한 취락 내 주거지의 동시기성 확보에 어려움이 있지만, 특별한 반증자료가 없는 한 동시기로 추정하였으나 세부적인 시기구분은 유보하였다.

참고문헌

고민정 · Martin T. Bale, 2008, 「청동기시대 후기 수공업 생산과 사회 분화」『韓國靑銅器學報』2, 韓國靑銅器學會.

고민정, 2009, 「남강유역의 청동기시대 후기 중심취락과 취락간 관계」『청동기시대 중심취락과 취락 네트워크』, 한국청동기학회 취락분과 제2회 워크숍 발표요지, 한국청동기학회.

金吉植, 1998, 「扶餘 松菊里 無文土器時代墓」『考古學志』9, 韓國考古美術研究所.

김권구, 2001, 「영남지방 청동기시대 마을의 특성과 지역별 전개양상」『한국 청동기시대 연구의 새로운 성과와 과제』, 충남대학교박물관.

김권구, 2005, 『청동기시대 영남지역의 농경사회』, 학연문화사.

김권중, 2009, 「춘천지역의 청동기시대 중심취락과 취락간 관계」『청동기시대 중심취락과 취락 네트워크』, 한국청동기학회 취락분과 제2회 워크숍 발표요지, 한국청동기학회.

김범철, 2005a, 「錦江下流域 松菊里型 聚落의 形成과 稻作集約化」『송국리문화를 통해 본 농경사회의 문화체계』, 고려대학교 고고환경연구소 편, 서경.

김범철, 2005b, 「錦江 중 · 하류역 청동기시대 중기 聚落分布類型 研究」『韓國考古學報』57, 韓國考古學會.

김범철, 2006a, 「錦江 중 · 하류역 松菊里型 聚落에 대한 家口考古學的 접근」『韓國上古史學報』51, 韓國上古史學會.

김범철, 2006b, 「중서부지역 靑銅器時代 水稻生産의 政治經濟」『韓國考古學報』58, 韓國考古學會.

김범철, 2006c, 「忠南地域 松菊里文化의 生計經濟와 政治經濟」『湖南考古學報』24, 湖南考古學會.

金承玉, 2001, 「錦江流域 松菊里型 墓制의 研究」『韓國考古學報』45, 韓國考古學會.

김장석, 2008, 「송국리단계 저장시설의 사회경제적 의미」『韓國考古學報』67, 韓國考古學會.

고민정, 2010, 「남강유역 청동기시대 후기 취락구조와 성격」『嶺南考古學』54, 嶺南考古學會.

권오영, 1997, 「한국 古代의 聚落과 住居」『韓國古代史研究』12.

박양진, 2006, 「韓國 支石墓社會 "族長社會論"의 批判的 檢討」『湖西考古學』14, 湖西考古學會.

배덕환, 2005, 「청동기시대 영남지역의 주거와 마을」『영남의 청동기시대 문화』, 第14回 嶺南考古學會 學術發表會, 嶺南考古學會.

배덕환, 2005, 「南江 · 太和江流域의 靑銅器時代 據點聚落」『文物研究』9, (재)동아시아문물연구학술재단.

배덕환, 2008, 『嶺南 南部地域 靑銅器時代 住居址 研究』, 東亞大學校大學院 博士學位論文.

배덕환, 2012, 「청동기시대 후기 樓子式倉庫의 등장과 파급효과」『동아시아의 문물』1권 고고학/한국, 中軒 沈奉謹先生 고희기념논선집, 중헌 심봉근선생 고희기념논선집 간행위원회.

배덕환, 2013, 「靑銅器~原三國時代 環濠聚落의 展開樣相」『韓日聚落研究』, 韓日聚落研究會, 서경문화사.

쉬룽궈(김광숙 譯), 2013, 「중국고대의 城, 邑, 里」『考古學으로 본 東亞細亞 문물』, 개원 10주년 기념 국제학술심포지움, 東亞細亞文化財研究院.

孫晙鎬, 2004, 「錦江流域 松菊里文化의 群集 貯藏孔 研究」『科技考古研究』第10號, 아주대학교박물관.

송만영, 2006, 「남한지방 청동기시대 취락구조의 변화와 계층화」『계층사회와 지배자의 출현』, 한국고고학회 창립 30주년 기념 한국고고학전국대회 발표자료집, 韓國考古學會.

안재호, 2004, 「中西部地域 無文土器時代 中期聚落의 一樣相」『韓國上古史學報』43, 韓國上古史學會.

안재호, 2009, 「南韓 靑銅器時代 研究의 成果와 課題」『동북아 청동기문화 조사연구의 성과와 과제』, 학연문화사.

알랭 떼스타 지음, 이상목 옮김, 2006, 『불평등의 기원』, 학연문화사.

이상길, 2011, 「남부지방 무문토기시대 거점취락과 그 주변 -想像의 都市와 그 實相-」『고고학에서의 중심과 주변』, 第20回 嶺南考古學會 學術發表會, 嶺南考古學會.

李秀鴻, 2007, 「大形掘立柱建物의 出現과 그 意味」『考古廣場』創刊號, 釜山考古學研究會.

李秀鴻, 2008, 「蔚山地域 青銅器時代 聚落構造의 變化」『韓國青銅器學報』2, 韓國青銅器學會.

李弘鍾, 1997, 「韓國 古代의 生業과 食生活」『韓國古代史研究』12, 한국고대사학회편, 서경문화사.

李弘鍾, 2005, 「寬倉里聚落의 景觀」『송국리문화를 통해 본 농경사회의 문화체계』, 고려대학교 고고환경연구소 편, 서경.

이형원, 2009a, 『청동기시대 취락구조와 사회조직』, 서경문화사.

이형원, 2009b, 「호서지역의 청동기시대 중심취락과 취락 네트워크」『청동기시대 중심취락과 취락 네트워크』, 한국청동기학회 취락분과 제2회 워크숍 발표요지, 한국청동기학회.

윤호필, 2013, 「경작유적을 통해 본 청동기시대의 생산과 소비 -남강유역의 경작유적을 중심으로-」『청동기시대 생산과 소비적 관점에서 바라 본 경제활동』, 제7회 한국청동기학회 학술대회 발표요지, 한국청동기학회.

庄田愼矢, 2007, 『韓國 青銅器時代의 生産活動과 社會』, 忠南大學校大學院 博士學位論文.

최샛별, 2013, 「남강유역 청동기시대 후기 취락 연구」, 부산대학교대학원 석사학위논문.

하진호, 2009, 「대구지역의 청동기시대 중심취락과 취락간 관계」『청동기시대 중심취락과 취락 네트워크』, 한국청동기학회 취락분과 제2회 워크숍 발표요지, 한국청동기학회.

한국청동기학회, 2009, 『청동기시대 중심취락과 취락 네트워크』, 한국청동기학회 취락분과 제2회 워크숍 발표요지, 한국청동기학회.

溝口孝司, 2010, 「弥生社會의 組織과 그 成層化 -コミュニケ-ション・偶發性・ネットワ-ク-」『考古學研究』第57卷 第2號.

廣瀬和雄, 1996, 「弥生時代의 首長 -政治社會의 形成과 展開-」『弥生의 環濠都市와 巨大神殿』, 池上曾根遺跡史跡指定20周年記念事業會.

廣瀬和雄, 1996, 「弥生의 防禦集落과 豪族居館」『別冊歷史讀本』71, 城郭研究最前線, 新人物往來社.

廣瀬和雄, 1998, 「弥生都市의 成立」『考古學研究』45-3, 考古學研究會.

大阪府立弥生文化博物館, 2001, 『弥生都市는 말한다 -環濠からのメッセ-ジ-』, 平成13年春季特別展.

禰宜田佳男, 2005, 「弥生時代聚落史研究」『韓日 聚落研究의 現況과 課題(Ⅰ)』, 韓日聚落研究會.

都出比呂志, 1997, 「都市의 形成과 戰爭」『考古學研究』44-2, 考古學研究會.

都出比呂志, 1989, 『日本農耕社會의 成立過程』, 岩波書店.

都出比呂志 지음・김대환 옮김, 2013, 「제6장 야요이 환호취락은 도시가 아니다」『전방후원분과 사회』, 학연문화사.

武末純一, 1991, 「倉庫의 管理主体」『古文化論叢』兒嶋陸人先生古稀記念論集.

武末純一, 1998, 「北部九州의 弥生都市論」『都市와 神殿의 誕生』, 新人物往來社.

浜田晋介, 2011, 「弥生農耕集落의 研究 -南關東을 中心에-」『弥生集落의 研究』, 雄山閣.

三木 弘, 2001, 「'據點'과 '周邊'」『弥生都市는 말한다 -環濠からのメッセ-ジ-』, 大阪府立弥生文化博物館.

池田雄一, 1989, 「中國聚落史의 諸問題」『中國聚落史의 研究』, 唐代史研究會編.

池上曾根遺跡史跡指定20周年記念事業實行委員會編, 1996, 『弥生의 環濠都市와 巨大神殿』.

酒井龍一, 1982, 「畿內大社會의 理論的樣相 -大阪灣岸における調査から-」『龜井遺跡』, (財)大阪文化財センタ-.

田中義昭, 1976, 「南關東における農耕社會의 成立을めぐる若干의 考察」『考古學研究』22-3, 考古學研究會.

佐賀縣立博物館, 2001, 『弥生都市는 있었는가 -據点環濠集落의 實像-』.

若林邦彦, 2001, 「弥生時代의 大規模集落의 評價 -大阪平野의 弥生時代中期遺跡群을 中心에-」『日本考古學』第12號, 日本考古學會.

秋山浩三, 1998, 「近畿における弥生'神殿''都市'論의 行方(1998年度大會報告要旨)」『ヒストリア』160, 大阪歷史學會.

秋山浩三, 2007, 『弥生大形農耕集落의 研究』, 青木書店.

제2장
취락과 사회구조

이형원 한신대학교 박물관

I. 취락연구의 관점

청동기시대를 비롯한 한국고고학 전반에서 사회구조에 대한 논의는 주로 묘제를 중심으로 이루어져 온 것이 사실이다. 무덤의 입지와 규모, 그리고 부장품의 질적·양적 수준을 통해서 집단 내부뿐만 아니라 집단 간의 위계 관계를 파악할 수 있다고 생각하기 때문이다. 다만, 묘제 연구를 통해 무덤에 묻힌 피장자의 사회적 지위나 사회구조를 추정하는 작업은 지속적으로 필요한 것임은 분명하지만, 무덤을 만든 산 사람들의 다양한 사회적 관계 속에서 해석을 도출해내야 하는 어려움이 있다.[1] 죽음의 영역과 달리 주거공간인 삶의 영역이 남아 있는 고고학 자료는 개인이나 집단의 사회적 정체성이 왜곡될 가능성은 비교적 낮다고 볼 수 있을 것이다. 그럼에도 불구하고 주거보다 무덤 중심으로 사회구조 연구가 활발히 진행되어 왔던 이유는 유물의 잔존 양상이 양호하지 않은 주거지를 포함한 생활 자료로는 이 문제에 접근하기 어렵다는 현실적인 제약이 많았기 때문이다.

이 글에서는 주거역을 중심으로 묘역, 생산공간 등을 포괄하는 광의의 취락고고학의 입장에서 청동기시대의 사회구조를 검토한다. 그 동안의 사회연구가 묘제 위주로 진행되어 온 측면이 많으므로, 여기에서는 최근 들어 발굴성과가 폭발적으로 늘어나고 있는 주거자료를 주요 대상으로 하고 분묘자료를 부수적으로 활용하기로 한다. 우선, 사회를 구성하는 최소 단위인 단위집단에 대해서 생산과 소비의 관점에서, 또한 이를 주거역과 묘역의 상관관계를 통해서 살펴보고자 한다. 이어서 복수의 단위집단이 모여 이루어진 단일 취락 내부의 사회구조를 검토하고, 이를 토대로 마지막에는 취락과 취락 사이의 관계를 추적해보고자 한다. 연구의 시공간적 범위는 자료가 풍부하고 선행 연구성과가 어느 정도 축적되어 있는 남한의 경기 남부 및 호서지역의 청동기시대 전기에서 중기에 걸치는 시기를 중심으로 삼고자 한다.[2] 다만 생활 공간에서 위세품이 가지는 의미를 파악하기 위해서 서북한지역의 청동기 출토 주거지를 제시하고, 단위집단의 추출 및 취락과 취락 네트워크의 사회구조를 이해하기 위해서 남한의 여타 지역 자료를 부분적으로 활용하고자 한다.

Ⅱ. 취락과 단위집단

1. 생산단위와 소비단위

한국고고학에서는 송국리식주거지를 표지로 하는 청동기시대 중기의 소형 주거 2동에서 5동 정도로 구성되는 주거 군집에 대해서 세대공동체로 이해하는 경향이 강하다. 청동기시대 전기의 대형 주거에서 중기의 소형 주거로의 변화는 공동주거형에서 독립주거형으로 바뀌는 거주 방식의 변화를 의미한다고 볼 수 있는데, 1동의 대형 주거가 몇 동의 소형 주거로 분화하는 현상을 말한다. 그런데 이 몇 동의 주거로 구성된 주거 군집을 주거군으로 부르거나 집단의 의미를 부여하여 세대군, 가구군, 또는 세대공동체(세대복합체) 등으로 명명하는 것과 상관없이, 이들의 생산, 소비단위의 상관관계는 2가지 견해가 대립하고 있다.

첫 번째는 주거군으로 대변되는 세대공동체가 공동생산과 더불어 옥외에서 공동취사를 실시함으로써 공동소비를 한다고 보는 견해이다. 이는 취락에서 확인되는 야외노의 존재에 주목하여 신석기시대부터 청동기시대까지는 야외에서 공동취사를 행했으며, 주거 내부의 노는 조명이나 난방의 역할을 했다고 보는 것이다(權五榮 1996, 64~77쪽).

두 번째는 청동기시대 전기에는 생산과 소비가 세대공동체 단위에서 행해졌지만, 중기에는 생산과 소비가 개인 단위로 편성되었다고 보는 것인데, 중기의 경우는 취락 단위의 통제된 규범이 특정 개인에 의해 강하게 작용하는 것으로 보는 생각이다(安在晧 1996 · 2006). 이홍종(2005) 역시 단위 세대, 즉 개별 주거에서 소비가 이루어진 것으로 보았다.

이와 같이 한국고고학에서 사회조직, 특히 단위취락의 기초단위에 관한 위 두 가지 해석은 일본고고학의 단위집단(近藤義郞 1959) 및 세대공동체(都出比呂志 1989)론의 영향을 받은 것으로 이해된다. 콘도요시로는 몇 동의 주거와 1~2동의 굴립주건물, 그리고 공동취사시설로 이루어진 세트관계를 단위집단으로 부르고 이를 야요이사회의 최소생활단위이자, 소비단위로 평가하였다. 콘도 요시로가 그 단위를 구성하는 수혈주거 각각의 독립성에 부정적이며, 몇 동의 주거가 하나의 단위를 이루어야만 자립한다고 본 것에 비해서, 츠데 히로시는 개개 수혈주거 각각이 하나의 생활, 소비단위로서 독립했다고 이해한다. 그 이유로 츠데 히로시는 서일본의 수혈주거 내의 노는 灰穴爐로 바닥이 붉게 소결되지 않아도 취사시설로 인정된다는 점, 그리고 출토된 토기(취사용기, 식기)의 구성이나 용량으로부터 개개 주거를 취사와 식사의 단위로 추정할 수 있다는 두 가지를 들었다. 개개의 주거를 한 쌍의 남녀와 그들의 자녀로 구성된 世帶에 해당한다고 본 것이다. 즉 이 주거 몇 동의 결집을 츠데 히로시는 서로 근친관계에 있는 복수의 세대로 구성된 세대공동체로 파악한 것이다(松木武彦 2008).

요약하면 단위집단론과 세대공동체론은 공동 생산은 동일하지만, 소비활동과 관련해서는 전자가 공동소비로 개별 세대의 자립도를 경시한 반면, 후자는 개별 소비로 개별 세대의 자립도를 중시하는 개념이 된다(李亨源 2010, 88~89쪽).

그런데 일본의 야요이문화를 대상으로 한 단위집단론이나 세대공동체론은 남한지역 청동기시대 중기의 송국리유형 시기부터 원삼국시대에 걸치는 시간적 범위에 해당하는 것이어서, 양 지역을 비교검토할 때 주의해야만 한다. 특히 청동기시대 조기나 전기와 같이 대형주거가 주체를 이루는 시기의 자료에 이를 그대로 적용하는 것은 문제가 있다. 즉 몇 동의 소형주거로 구성된 주거군집을 단위집단 또는 세대공동체로 이해하는 것인데, 대형주거는 1동만으로도 단위집단 또는 세대공동체를 형성한다고 볼 수 있기 때문에 주의를 요한다. 남한지역의 경우, 대체로 청동기시대 전기의 1동의 대형주거는 중기가 되면 몇 동의 소형주거로 분화하는 것으로 추정하고 있다(安在晧 1996; 이형원 2009 등). 다시 말해서 '공동거주형 주거방식'에서 '독립거주형 주거방식'으로 변화하게 된다(김권구 2005; 김승옥 2006). 이러한 점을 고려하면, 청동기시대 전기의 일반적인 대형주거 1동은 그 자체로서 세대공동체가 되고, 대형주거 2~3동의 조합이 의미 있는 주거군을 이룬다면 이를 세대공동체군으로 해석할 수 있을 것이다. 또한 취락에 따라 단위취락의 양상은 개별 세대 또는 세대공동체만으로 구성되거나 복수의 세대공동체에 해당하는 세대공동체군으로 이루어진 취락, 더 나아가 세대공동체군이 복수로 공존하는 취락 등 다양한 형태로 분류될 수 있다(李亨源 2013, 85~88쪽).

한편, 한반도 내에서도 시공간적으로 비교검토가 이루어져야 한다. 서북한지역의 경우는 취락의 기초단위와 관련하여 주거지 배치상에서 1동이 단독으로 존재하거나 2~3동으로 조합되는 것이 많은 점에서 볼 때, 개별세대를 비롯하여 세대공동체나 세대공동체군을 이루는 것이 일반적인 것 같다. 그런데 대형주거지의 경우도 노지가 1기 내지 2기인 것이 대부분이어서 남한지역의 가락동식주거지나 역삼동식주거지에 비해 비교적 적은 수의 노가 설치된 점이 다르다. 이는 대형주거에 복수의 세대가 거주하는 세대공동체의 존재가 인정될 경우 세대공동체 단위로 소비행위가 이루어졌다는 것을 나타낸다. 대형주거가 주체를 이루는 남한지역의 청동기시대 전기 주거도 다양한 패턴이 존재하지만, 2~3기 이상(7기 이상도 존재)의 노지가 확인되는 주거지가 많은 점에서 다르게 해석되어야만 한다. 이는 노지가 1기, 또는 2기뿐인 서북한지역의 일반적인 대형주거는 세대공동체의 가옥이면서, 세대공동체 내에서의 개별세대의 독립성이 낮았다는 것을 시사하는 것으로 생각된다. 물론 이에 대해서는 출토유물의 분석을 통해 세대 구성원의 수나 취락 내에서의 위계 관계 등을 검토하고, 민족지자료 등을 비교해 뒷받침할 필요가 있다. 이와 함께 남한지역의 송국리유형 시기의 주거면적이 20m² 이하가 많은 것에 대해서 비슷한 시기의 서북한지역은 20m² 이상이 주류를 이루는 점도 비교 대상이다(李亨源 2013, 85~88쪽).

필자는 주거군에 해당하는 세대공동체가 생산은 같이 하지만, 소비행위는 각각의 주거별로, 즉 세대별로 이루어졌다고 본다. 송국리식주거 내부에서 노의 존재가 인정되는 점도 중요한 근거 가운데 하나이며, 청동기시대 전기에서 중기에 걸치는 주거지 내부의 노지 주변에서 자비용기로 판단되는 토기의 출토 상황이 이를 적극적으로 뒷받침한다고 판단하기 때문이다. 취락내의 주거 외부에서 확인되는 일부의 야외노 역시 조리용으로도 사용되었겠지만, 이를 근거로 개별 주거가 아닌 주거군 단위로 공동소비활동이 이루어졌다고 보기는 무리가 있다고 생각된다. 향후 생산단위와 소비단위에 대한 검토는 취락연구의 중요한 토대가 되므로, 고고학적 자료 제시와 논리적인 해석을 통한 활발한 논쟁이 필요하다.

지금까지 설명한 내용을 종합해 볼 때, 취락에서의 기초단위는 생계방식에서 주거군(가구군 또는 세대군)이 생산과 소비활동을 공동으로 행한다는 입장과 함께 소비활동은 주거군이 아니라 개별 주거별로 이루어진다는 주장이 함께 제기되어 있는 상황이다. 생산과 소비에 대한 이와 같은 시각차가 존재함에도 불구하고 취락 내 2~5동의 의미 있는 주거군집을 近親的 성격이 강한 단위집단으로 보는 데에는 별다른 이견은 없는 것 같다. 물론 이를 지칭하는 용어로서, 단위집단을 비롯하여 세대공동체, 세대복합체 등이 함께 사용되고 있다는 것은 전술한 바와 같다.

2. 주거역과 묘역의 상관성과 단위집단

여기에서는 주거지와 무덤이 함께 발굴된 취락을 대상으로 하여 삶의 영역에서 확인되는 단위집단이 죽음의 영역과 어떻게 연결되는지를 살펴보고자 한다. 발굴조사가 이루어진 청동기시대 유적 가운데 전기에서 중기에 걸치는 기간의 주거역과 묘역의 관계를 비교적 선명하게 알 수 있는 것은 김천 송죽리 유적이다. 필자의 편년에 의하면, 1단계는 미사리식주거지와 미사리식토기(돌대각목문토기, 절상돌대문토기), 가락동식토기, 구순각목토기 등으로 볼 때, 전기 전반에 해당한다. 2단계는 둔산식주거지와 구순각목토기가 중심을 이루는 전기 후반이며, 3단계는 원형주거지와 유구석부 등이 확인되는 중기에 해당한다.

송죽리 1단계인 청동기시대 전기 전반은 소규모 취락으로 주거지

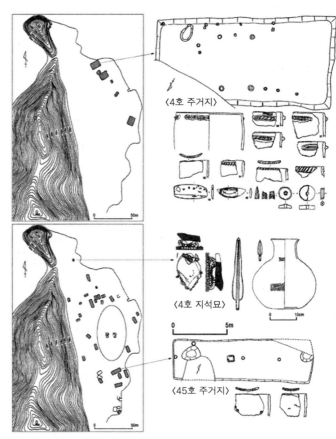

그림 1 _ 김천 송죽리 전기 전반 취락(상)과
전기후반 취락(하)의 분묘공간

몇 동만으로 이루어졌다. 청동기시대 조기와 전기 전반에는 무덤이 잘 확인되지 않는다는 것을 그대로 반영하고 있다(그림 1의 상).

송죽리 2단계인 청동기시대 전기 후반은 취락규모가 확대되었는데, 광장을 중심으로 주거지들이 환상으로 배치되어 있다. 이 시기의 분묘는 2기 분포하는데, 4호 및 18호 지석묘이며, 4호 지석묘와 바로 인접한(1m 정도 떨어진) 곳에서는 비파형동검이 바닥에 꽂힌 채 노출되었는데, 취락을 위한 의례행위가 있었던 것으로 추정된다. 전기 후반부터 취락 내의 무덤 조성이 가시화되는 양상을 잘 보여주는 사례로서, 4호 지석묘는 주거지 가운데 가장 규모가 큰 편인 45호 주거지와 관련될 가능성이 높은데, 이 지석묘는 취락 지도자의 무덤이면서 동시에 취락을 위한 기념물로도 기능했을 것으로 추정된다. 다시 말해서, 이 시기는 청동검의 의례행위에서 볼 수 있듯이 무덤은 지도자의 매장을 위한 것이기도 하지만, 집단 전체를 위해서 조성된 것으로 보인다. 이는 취락의 상징성을 갖는 4호 지석묘가 취락의 최북단에 주거공간과 일정한 거리를 두고 배치된 점에서도 뒷받침된다(그림 1의 하).

송죽리취락의 마지막 3단계는 청동기시대 중기로서, 취락 내에 주거지와 분묘가 각각 몇 기씩 군집을 이루면서 주거공간과 분묘공간을 형성하고 있다(그림 2). 전기 후반에 비해, 분묘군의 확대와 주거군별 군집성이 눈에 띈다. 그리고 주거군과 분묘군의 세트관계가 어느 정도 인정되는 것도 특징인데, 〈그림 2〉에서는 A, B, C, D의 각 주거군과 a, b, c, d의 각 분묘군의 대응이 이에 해당한다. 이는 각각의 군집이 하나의 세대공동체에 해당할 가능성이 높다. 다만, 청동기시대 중기에 속할지라도 주거 간 중복현상을 포함한 세분된 편년에 의해 共時性에 대한 문제가 제기될 수는 있다고 본다. 그렇지만 이 경우에도 주거군과 분묘군, 또는 군집 내의 수적 대응관계는 그대로 유지될 것으로 생각되기 때문에 해석에 큰 무리는 없을 것으로 판단된다. 이 가운데 취락의 중앙부에 위치하는 주거 A군의 37호 주거지는 면적이 23.9㎡로서, 여타 19동의 주거지 면적이 10㎡ 전후인 점에서 큰 차이가 있다. 또한 면적 17.5㎡로 두 번째로 규모가 큰 38호 주거지도 A군에 속해 있는 점에서 볼 때, A주거군은 취락 내에서 유력 세대공동체로 추정된다. A주거군에 대응하는 a분묘군의 1호 지석묘는 규모가 가장 크며, 여기에서 준 또는 착의 형태를 가진 청동기가 출토된 점에서도 38호 주거지와 1호 지석묘가 밀접하게 관련된 것으로 볼 수 있다. 결국 A주거군과 a분묘군은 모두 하나의 같은 세대공동체의 거주역과 분묘역으로 해석할 수 있는데,

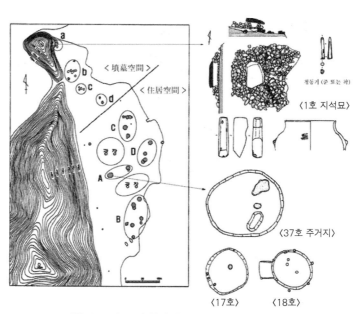

그림 2 _ 김천 송죽리 중기 취락의 분묘공간과 주거공간의 대응관계

A주거군은 취락의 중앙에 입지하면서 양 쪽의 광장을 사이에 두고 다른 주거군과 배치되어 있는 입지적 우월성과 전술한 주거 규모의 탁월성 등에서 거주영역을 대표한다고 볼 수 있으며, a분묘군 역시 입지, 규모, 부장유물 등에서 전체 분묘군을 압도하는 것으로 생각된다. 또한 a분묘군의 1호 지석묘는 취락의 최북단에 입지하는 점에서 취락 전체를 상징하는 거석기념물로도 기능했을 가능성이 높을 것이다(李亨源 2010).

그렇다면 전술한 바와 같이 청동기시대 중기의 송죽리 3단계취락은 주거역과 묘역의 상관관계를 구체적으로 어느 정도 수준까지 파악할 수 있을까. 주거는 20동이며, 무덤은 17기로 이 가운데 군집을 형성하지 않는 26호 주거지와 19호 지석묘를 제외하면, 주거 19동에 무덤 16기의 조합을 생각할 수 있으며, 각 군집별 대응 관계는 다음과 같다.

단순하게 생각하면 주거 1동에 1명 정도씩[3] 무덤에 매장된 것으로 볼 수 있을 것인데, 주거지 사이에 중복된 사례가 3군데 있는 것을 감안하면 주거 17동과 분묘 17기로 정확히 1 : 1로 대응하게 된다. 이를 있는 그대로 받아들이면 개별 세대(가족)의 구성원 가운데 한 명만 무덤에 묻힌 것으로 해석할 수도 있을 것이다. 물론 몇 가지 전제가 필요하다. 먼저, 취락의 공간적 범위에서 주거역과 묘역의 전체가 발굴되었으며, 모든 무덤은 한 사람만을 위한 것이었고, 이와 더불어 주거와 분묘가 서로 어느 정도의 시간적 선후관계를 가지면서 축조되었겠지만, 취락이 지속적으로 영위되었다는 것도 전제로 해야 한다. 이와 같은 전제는 대체로 인정할 만한 것으로 별 문제는 없다고 생각한다. 그렇지만, 모든 주거의 거주인 가운데 한 사람만이 무덤에 묻혔다고 볼만한 근거를 찾기는 쉽지 않다. 또한 생계경제와 관련하여 집단이 회귀적 이동을 한다면, 하나의 개별 세대는 유적에서 확인되는 주거지 1동만이 아니라, 2~3동의 주거지를 남겼을 가능성도 있다. 설령 회귀적 이동을 하지 않는다고 하더라도 화재를 비롯한 여러 가지 이유로 하나의 세대를 한 동의 주거에만 국한시키는 것에는 주의를 요한다. 이렇게 볼 경우, 세대당 2인 매장을 상정할 수 있다. 이 외에도 청동기시대 조기와 전기에 무덤이 잘 보이지 않는 현상은 물론이거니와 중기단계의 모든 사람들이 무덤에 매장된 것은 아니라는 점은 대체로 인정할 수 있다. 그것은 사회조직이 복잡하고 위계화된 집단이라면 더욱 그러할 것인데, 계층에 따라서 무덤에 묻히는 사람과 그렇지 않은 사람들로 구분될 수 있을 것이다. 이 관점에서 보면 주거와 분묘의 상관관계는 분묘가 주거에 비해 상대적으로 적게 나타날 것인데, 뒤에서 다룰 부여 송국리취락이나 보령 관창리취락의 분묘공간이 이를 잘 보여주고 있다.

어쨌든 김천 송죽리유적의 중기취락은 주거역과 분묘역의 관계를 검토하는 데 매우 중요한 자료임에는 틀림없으며, 현재로서는 주거군과 분묘군이 일대일로 대응하는 것으로 해석될 여지가 많다고 생각한다. 다만 송죽리유적의 사례를 일반화 할 수는 없으며, 그 내면의 구체적인 실상에 근접하기

표 1 _ 김천 송죽리3단계취락(중기)의 주거와 분묘의 대응관계

주거군 / 주거수	분묘군 / 분묘수	비고
A / 2	a / 2	대형주거와 분묘, 청동기 소유
B / 8	b / 8	주거지 중복 1례
C / 5	c / 4	주거지 중복 1례
D / 4	d / 2	주거지 중복 1례
기타 비군집 1동(26호)	기타 비군집 1기(19호)	
총 4군 20동	총 4군 17기	

위해서는 더 많은 취락 유적과 비교하면서 여기에 민족지자료를 참고하여 연구를 진전시켜야 할 것이다 (이형원 2012a).

Ⅲ. 취락 내부의 사회구조

1. 주거지 출토 위세품의 의미

취락의 생활공간을 대상으로 하여 공동체 성원 사이의 위계관계를 파악하기 위해서는 주거지의 규모, 입지, 출토유물 등을 종합적으로 검토해야만 한다. 이 때 공시성, 즉 공존관계가 전제가 되어야함은 물론이다. 청동기시대의 위세품은 청동기를 포함하여 옥제품, 그리고 마제석검 등을 들 수 있는데, 이와 같은 유물들은 대부분 무덤에서 나오는 것이 일반적이다. 다만 극히 일부의 주거지에서 위세품으로 판단할만한 출토품이 확인되고 있다. 남한에서는 후기에 해당하는 춘천 우두동유적과 춘천 현암리유적 등에서,[4] 북한에서는 전기에서 중기에 해당하는 일부 유적의 주거지에서 청동유물이 나온 바 있다. 이 가운데 북한의 청천강 및 대동강유역의 자료를 이용하여 주거와 위세품의 관계를 살펴보고자 한다. 이 지역의 청동기시대 주거지에서 청동유물이 출토된 유적으로는 덕천 남양리유적을 비롯해서 평양 표대, 평양 금탄리, 봉산 신흥동유적 등이 있다.

○ 덕천 남양리 : 16호 주거지, 76.4m²(9.73×7.85), 비파형동모1 (화재, 동물뼈, 조개껍질)
○ 덕천 남양리 : 20호 주거지, 53.1m²(10.45×5.08), 단추형 청동기5 (화재, 불탄사람이빨)
○ 평양 표대　 : 10호 주거지, 33.1m²(7.2×4.6), 비파형동모1 (화재)
○ 평양 표대　 : 46호 주거지, 12.7m²(6.35×2), 관옥형장식품1 (화재)
○ 평양 금탄리 : 8호 주거지, 60m²(10×6), 동착1 (화재)
○ 봉산 신흥동 : 7호 주거지, 5.8×(4)m, 단추형 청동기1 (화재)

위에 간략히 제시한 바와 같이 청동 유물은 대부분 대형주거지에서 출토된 점에서 청동기 소유자의 취락 내에서의 위계는 비교적 높았음을 알 수 있다. 다만 비파형동모가 출토된 표대유적 10호 주거지는 33.1m²로서, 동시기로 보고된 45호(54.5m²)나 4호(41.6m²) 주거지에 비해서 작은 규모이며, 관옥형장식품이 출토된 46호 주거지는 면적이 12.7m²로 매우 좁은 편이다. 표대취락에서는 청동기 소유와 취락 내의 위계 관계가 비례하지는 않았던 것 같다. 이러한 점에서 청동제품을 소유한 자가 취락의 집단 내에서 어떠한 위상을 가지며, 그것이 어떻게 취급되었는지에 대해서 종합적으로 검토할 필요가 있다는 것을 말해주는 좋은 예이다. 다만 유물 출토 패턴에 대한 분석, 즉 ① 유물 출토 양상이 사용 당시의 맥락을 나타내는지, 아니면 ② 사용 전 또는 사용 후의 보관 또는 관리상태를 보여주거나, ③ 폐기 이후의 퇴적 과정

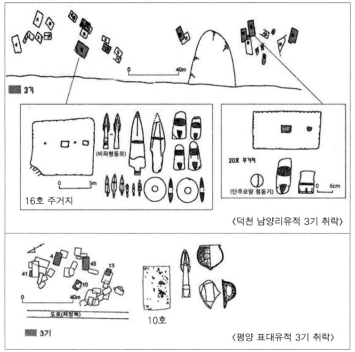

〈덕천 남양리유적 3기 취락〉

〈평양 표대유적 3기 취락〉

그림 3 _ 서북한지역의 청동기 출토 주거지와 유물

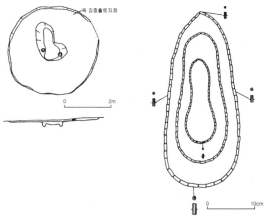

그림 4 _ 장흥 신풍 40호 주거지와 관옥

에서 무질서하게 흩어진 상태인지, 마지막으로 ④ 유물이 출토되지 않는 경우 등을 면밀하게 분석하여 해석하는 것이 중요할 것이다(이형원 · 이혜령 2014).

또한 청동기가 출토된 주거지가 모두 화재를 입었다는 점도 생각할 필요가 있는데, 취락 내에서 발생한 失火나 飛火, 또는 거주자에 의한 의도된 放火보다는 타인(집단)에 의한 방화의 결과일 가능성이 높다. 이것은 농경사회에서의 전쟁의 산물로 해석하는 쪽이 더욱 타당할 것으로 생각한다. 왜냐하면 거주 집단이 자신들의 실수 등으로 인해 화재가 발생했다면 희소품이면서 고가품으로서 매우 소중하게 여겼을 청동기를 불이 난 주거 내에 그대로 방치해 놓지는 않았을 것으로 생각되기 때문이다.

한편, 단추형 청동기가 5점 출토된 남양리 20호 주거지에서는 불탄 사람의 이빨도 확인되었는데, 이는 거주자가 전염병으로 사망한 후 집을 소각한, 소위 '가옥장'의 한 형태(俞炳琭 2010; 安在晧 2013)일 가능성과 전술한 바와 같이 외부의 적에 의한 방화와 관련될 가능성 두 가지 모두를 상정해 놓을 필요는 있을 것이다(李亨源 2013).

청동기시대 위세품으로서 청동유물 다음으로 높은 가치를 인정받고 있는 것은 옥제품이다. 장흥 신풍유적의 40호 주거지에서는 관옥 191점이 출토되었는데 매우 이례적이다. 보통 옥은 무덤 부장품으로 이용되며, 극히 일부의 주거지에서 1~2점 정도 출토되는 것이 일반적이기 때문이다. 옥의 소유 자체만을 생각한다면 취락내에서 최상위계층으로 볼 수도 있겠지만, 주거지의 면적은 23.9m²로 중형에 해당하는 규모일 뿐이다. 앞으로 검토가 필요하겠지만, 진주 대평리유적과 같은 옥 생산 취락과 주로 부장품으로 사용하는 옥 소비 취락을 연결하는 유통망 안에서 교역을 담당하던 인물 또는 집단과 관련시켜볼만한 중요한 자료로 추정된다.

이와 같이 주거지에서 출토되는 청동기나 옥은 사회구조에서 위계적 성격을 바로 나타내주기도 하지만, 주거의 규모와 위계가 비례관계를 보이지 않거나 또는 다른 성격을 갖고 있는 경우도 있으므로 그 의미 해석에 있어서 신중한 자세가 요구된다.

2. 남한지역 청동기시대 취락의 사회구조

남한지역의 청동기시대 조기나 전기에 비해 송국리유형으로 대표되는 중기단계, 그리고 이어지는 점토대토기단계의 후기에 사회적 위계화 또는 계층화가 심화되었다는 것은 취락(송만영 2006), 분묘(김승옥 2006), 위세품(裵眞晟 2006), 제사(이상길 2006) 등 여러 가지 측면에서 인정되고 있다.[5] 여기에서는 생활공간을 중심으로 하는 취락 자료가 부족한 조기와 후기를 제외한 전기와 중기단계의 사회구조, 특히 단위 취락 내에서의 조직에 대한 논의를 진행하고자 한다. 공간적으로는 경기남부와 호서지역의 자료를 검토 대상으로 삼고자 한다.

1) 전기의 사회구조

전기의 가락동유형 취락에서 사회조직의 문제를 논의할 만한 자료는 그다지 많지 않지만, 일부 유적의 예를 들어 초보적인 계층화가 진행되고 있음을 설명하고자 한다.

우선, 청원 대율리 환호취락에 대한 것이다. 구릉 정상부에 입지한 2동의 대형 주거지(1·9호)를 중심으로 소형 주거지 7동(2~8호)이 내환호를 사이에 두고 사면에 배치되어 있으며, 취락 전체를 감싸듯이 외환호가 돌아가고 있다. 취락의 공간구조상 중심적인 위치에 있는 2동의 주거지 면적이 47.9(9호)~67.6m²(1호 잔존면적)인 반면에, 나머지 8동의 주거지들은 모

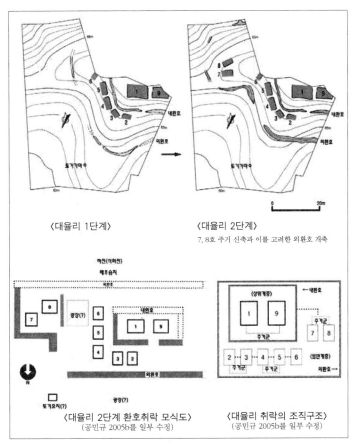

〈대율리 1단계〉 〈대율리 2단계〉

7, 8호 주거 신축과 이를 고려한 외환호 개축

〈대율리 2단계 환호취락 모식도〉 (공민규 2005b를 일부 수정)

〈대율리 취락의 조직구조〉 (공민규 2005b를 일부 수정)

그림 5 _ 청원 대율리 환호취락 및 취락모식도와 사회조직

두 30m² 이하로서 큰 차이를 보인다. 그리고 이 주거지들은 대부분 2동씩 짝을 이루어 주거군을 형성하고 있는데(孔敏奎 2005b), 이와 같은 주거단위를 세대공동체로 이해하는 것은 전술한 바와 같다. 이를 취락구조에 따른 입지적 우월성과 면적 차이를 기준으로 보면, 정상부의 1·9호 세대공동체를 상위계층으로, 사면부에 일렬로 늘어선 나머지 세대공동체(2·3호군, 4·5호군, 7·8호군) 또는 개별 세대(6호)를 일반계층으로 분류할 수 있다고 생각된다.[6] 즉 여기에서는 사회조직 원리 측면에서 2단위의 계층(상위-일반)이 존재한 것으로 이해하고자 한다(그림 5).

　　대율리 환호취락은 청동기시대 전기전반으로 편년되는 이른 시기의 유적으로 이와 같은 구조는 매우 이례적이다. 남한지역에서 전기전반에 해당하는 最古이자 유일한 환호취락일 뿐만 아니라, 위계관계에 있어서도 입지와 구획시설(내환호, 외환호), 규모 등에서 상위집단과 일반집단이 명확하게 구별되기 때문이다. 전기전반이 아니라, 전기후반이나 중기의 취락구조에서나 나타날만한 양상이다. 현재로서는 전기전반의 특징으로 일반화시킬 수 없는 독특한 유적으로 분류하고자 한다. 이러한 취락구조로 판단컨대, 아마도 인근의 미조사지역에 상위집단의 분묘공간이 존재할 가능성이 높다고 생각한다.

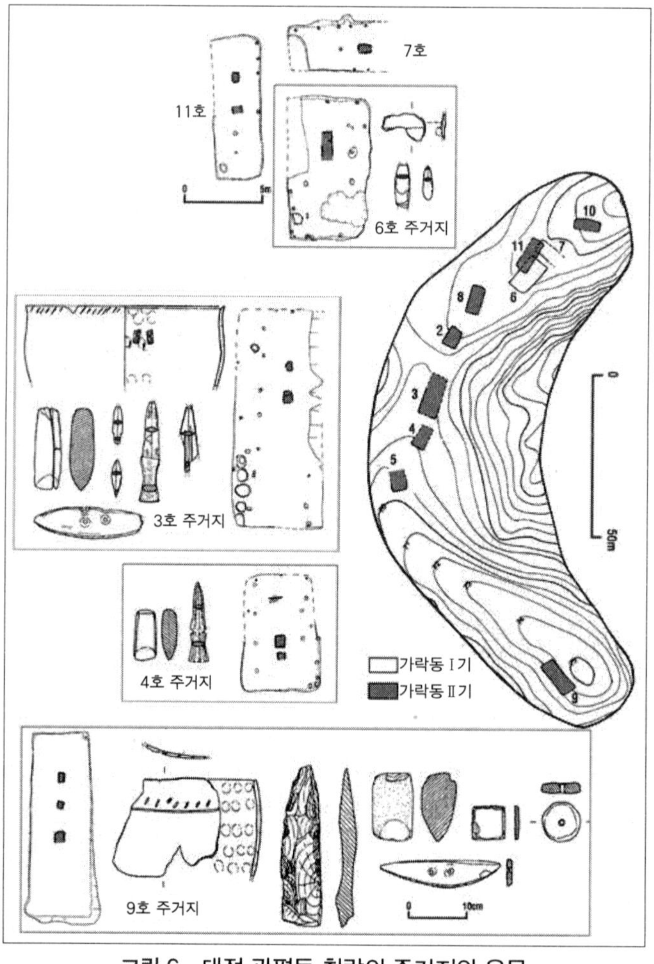

그림 6 _ 대전 관평동 취락의 주거지와 유물

　　다음으로 대전 관평동유적에서 가락동유형Ⅱ기로 분류된 주거지들은 2동으로 조합된 주거군(3호·4호, 8호·2호)과 개별 주거(5호, 9호, 10호, 11호)로 나뉘면서 취락을 형성하고 있다. 이 가운데 3호·4호 주거군이 규모가 가장 큰데, 특히 3호 주거지의 면적이 78m²인 반면, 나머지 주거지들 가운데 가장 넓은 9호가 42.8m²에 불과하다. 세대공동체 단위로 면적을 계산하면 3·4호의 면적이 112.3m²로 더 큰 차이가 난다. 유물상에서도 마제석검의 경우 3호에서 2점, 4호에서 1점이 출토되는 등 여타 주거 또는 주거군과는 차별성을 보이고 있다(그림 6). 전술한 대율리와 같이 상위계층-일반계층의 개념을 사용할 수 있을지 모르겠으나, 적어도 3호·4호 주거군이 다른 주거(군)보다 비교 우위에 있는 점은 인정할 수 있

다. 전기로 편년되는 많은
수의 유적이 관평동과 비슷
한 취락구조였을 것으로 생
각된다(李亨源 2007b).

　다음으로 전기 역삼동·
흔암리유형 취락의 사회조
직에 대해서는 화성 천천리
유적을 대상으로 살펴보고
자 한다. 천천리취락은 도
로확포장공사구간에 해당
하는 제한적인 범위만 조사
가 이루어졌기 때문에 전체
적인 공간구조를 살펴보기
에는 어려움이 많다. 다만
발굴범위에 한정해서 본다
면, 7호 주거지를 정점으로

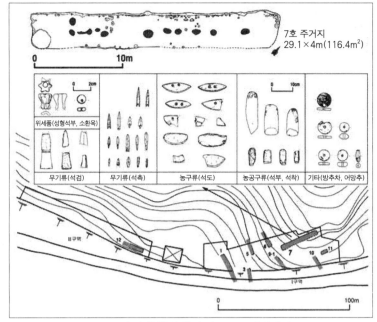

그림 7 _ 화성 천천리 취락의 7호 주거지와 유물

여타 주거지들이 어느 정도 규칙성을 가지고 배치된 듯 한 느낌을 받는다. 〈그림 7〉에서 볼 수 있듯이 주거 규모 및 유물상에서 최대인 7호 주거지가 구릉의 상부에 위치하면서 동서로 길게 자리잡고 있고, 여기에서 서쪽으로 40여 미터 떨어진 곳에 7호 주거지와 직교하는 1호 주거지가 위치한다. 그리고 이들 사이에 6호와 9-1호, 5호와 3호가 마치 7호에서 1호를 향해 존재했을 것으로 추정되는 길(道)의 양 옆으로 7호 및 1호 주거지와 직교하면서 축조되어 있다. 특히 6호와 9-1호는 7호 주거지와 5m 정도로 가까이 있으면서도 매우 정연하게 배치되어 있다. 또한 7호의 남쪽에 있는 10호와 11호 역시 7호와 일정한 거리를 두고 직교 또는 평행하게 배치되어 있다. 아마도 전체 주거지를 조망할 수 있는 곳에 입지한 7호 주거지를 중심으로 취락의 공간구조가 이루어진 것으로 생각된다. 7호 주거지 출토유물 수량은 취락내 최대일 뿐만 아니라, 이들 가운데 비교적 高價로 판단되는 소환옥(장신구)이나 권위적인 색채를 띠는 성형석부의 존재 역시 주목할 만하다. 소환옥이나 성형석부와 같이 청동기시대 전기 단계에 출토예가 많지 않은 유물은 취락 내에서의 출토 정황(context)에 따라 위세품의 기능을 하였을 것으로 추정된다.

　이와 같이 천천리의 7호 주거지는 입지, 규모,[7] 유물상 등에서 여타 주거지들과 현격한 차이를 보여주고 있어, 취락을 이끄는 지도자(리더)와 밀접히 관련되었을 것이다. 결국 이 주거지는 천천리취락 집단의 지도자와 그의 가족이 살았던 대형 가옥으로 생각된다.

　위에서 설명한 바와 같이 청동기시대 전기의 가락동유형과 역삼동·흔암리유형 취락에 대한 분석을 통해서 대개 2단위의 계층이 추출되는 것으로 이해하였다. 한편, 배진성(2006, 95쪽)의 연구에 의하면 청동기시대 전기 사회의 계층은 ① 위세품(검)을 부장할 수 있는 계층, ② 위세품은 없지만 분묘를 축조하는 계층, 그리고 ③ 분묘를 축조할 수 없는 하위계층 등 3계층으로 구분된다고 한다. 분묘와 위세품의 검토를 통한 연구로서는 설득력을 가지고 있다고 생각되나, 주거공간에서는 이러한 현상이 잘 보이지 않는다. 이후 시기에도 마찬가지로 적용될 문제지만, 계층화 논의에 있어 주거와 분묘, 그리고 위세품을 함께 검토하는 광의의 취락고고학적 측면의 종합적인 해석과 이론적인 틀이 요구된다.

정리하면, 청동기시대 전기의 취락 내부의 사회조직은 2단위로 구성된다. 즉 주거공간에서 확인되는 주거군간의 차별화는 취락을 이끄는 지도자 또는 우월자 및 그의 가족들(세대공동체)과 나머지 취락 구성원 간의 차이를 반영하는 것이다. 또한 전술한 김천 송죽리유적과 같이 일부의 전기청동기시대 유적에서 주거지와 함께 분묘가 발굴된 유적을 고려하면, 분묘에 묻힌 사람은 취락을 대표하는 상위계층, 즉 지도자와 관련이 있으며, 나머지 대부분의 일반계층은 분묘를 축조하지 못했던 것으로 이해하고자 한다. 그렇지만 이 시기의 분묘 또는 분묘군의 형성이 취락을 대표하는 지도자의 지위가 혈연을 통해서 다음 세대로 이어진다고 보기는 어렵다. 귀속지위가 아닌 획득지위로 해석해야만 할 것이다. 이동을 수반한 불안정한 정주 취락의 성격상 취락의 지도자는 항상 새로운 농경지에 대한 탐색 및 개척과 취락민들을 관리해야 하는 등 많은 지혜와 정보를 지닌 자가 담당했을 것이다. 청동기시대 전기의 무덤은 대부분 단독묘나 2기 등이 조성된 경우가 많은데, 분묘 피장자는 대부분 취락의 지도자로 생각되며 더욱이, 많은 수의 취락 가운데 분묘의 존재가 미미한 현상에 주목한다면, 지도자 가운데에서도 취락의 선조격 지도자일 가능성이 높다. 이와 같은 해석을 통해서 가락동유형과 역삼동·흔암리유형의 취락은 지도자와 그의 세대공동체에 해당하는 상위계층과 그 이외의 일반계층으로 이루어진 2단위의 계층이 존재했던 사회로 추정하고자 한다. 이 때 지도자의 사회적 위치는 집단에서의 여러 가지 공적을 통해 성취 또는 획득되는 지위로 볼 수 있으며, 이것이 주거공간과 분묘공간에서 차별화가 나타나는 이유이며, 이러한 점에서 청동기시대 전기 단계가 계층사회의 맹아적인 성격을 가지고 있었다는 것을 엿볼 수 있다. 이러한 점은 대전 비래동 1호 지석묘와 서천 오석리 오석산유적의 주구석관묘에서 청동기(비파형동검)가 부장되는 현상에서도 뒷받침된다고 볼 수 있다. 두 유적은 발굴범위에서 분묘만 확인되었지만, 인접한 곳에 존재가 예상되는 주거공간이 확인된다면, 주거와 분묘를 종합적으로 고려하는 취락고고학의 측면에서 사회조직의 양상을 파악하는 데 많은 도움이 될 것이다.

2) 중기의 사회구조

청동기시대 중기는 전기와는 달리 취락구성에서 분묘공간과 저장공간이 부각되는 것이 특징이다. 그렇지만 중기 단계 역시 전기단계와 마찬가지로 주거공간만으로 이루어진 취락도 상당수 존재한다. 중기 전반에서도 그러한 흐름을 확인 수 있는데, 화성 반송리유적을 들 수 있다.

화성 반송리취락은 노지가 확인된 A형 주거지 10동과 중심2주공 또는 타원형수혈이 설치된 B형 주거지 7동 등 총 17동의 주거지로 구성된 취락이다. A형 주거군집은 광장 1을 중심으로 弧狀 또는 環狀으로 분포하며, B형 주거군집은 광장 2의 동쪽 사면에 線狀으로 배치되어 있다(그림 8). 이와 같이 구성된 반송리 취락의 내부구조를 〈그림 9〉와 같이 정리하고자 한다.

A, B주거형식은 대부분 2동씩 짝을 이루어 세대공동체를 구성하며, 1동만 떨어져 존재하는 개별세대(단혼가족)도 일부 존재한다. 즉 A형 주거군은 기전1호+기전2호, 1호+2호, 3호+4호가 쌍을 이루고 있으며, 기전3호와 13호는 단독으로 위치하며, B형 주거군의 경우는 9호+10호, 11호+12호가 쌍을 이루고 있으며,

14호가 단독으로 자리잡고 있
다. 이와 더불어 A형과 B형이
세트관계를 이루는 예도 있는
데, 7호(A형)+8호(B형)와 6호
(A형?)+5호(B형)[8]가 그러하
다. 주거지 2동으로 이루어진
소군집은 대부분 중형과 소형
으로 결집되는 특징이 있지만,
A형 주거군의 상위계층으로
판단되는 기전1호와 기전2호
는 모두 중형이다. 이 17동의
주거군은 구릉상에 하나의 완
결된 취락을 이루고 있다. 반
면에 유적의 동북편으로 300
여 미터 떨어진 구릉에서는 2
동의 B형 주거만으로 소형 취
락을 형성하였다. 아무래도 전
자와 후자는 母村과 子村의 관
계를 상정해도 좋을 것 같다.

그리고 반송리취락내 집단
간의 계층성과 관련해서 언급
하면, 우선 A집단(주거군)과 B
집단(주거군) 사이에 우열차
는 별로 인지되지 않는다. 물
론 구릉을 먼저 점유한 A집단

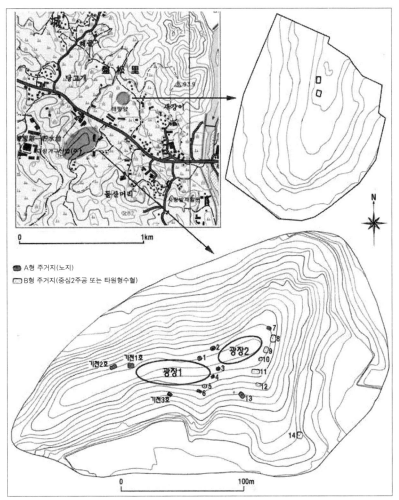

그림 8 _ 화성 반송리 취락

이 정상부 중앙의 좋은 입지를 차지한 것은 당연한 결과로 볼 수 있다. A집단의 주거군은 구릉 정상부의
광장1을 중심으로 부채꼴모양(扇狀)을 보여주고 있는데, 기전1호와 기전2호 주거가 규모나 입지면에서
볼 때, 상위계층으로 추정된다. 규모가 가장 크며 다른 주거지들이 扇狀구조의 弧線상에 나열되어 있는
반면에 이들의 반대쪽 모서리부분에 독립적으로 자리 잡고 있다. 기전1호 주거지에서만 마제석검이 출토
된 것도 의미가 있다. B집단의 주거군은 일렬로 늘어서 있는 線狀구조를 이루고 있는데, 8호와 14호가 여
타주거지에 비해 규모가 크고 유물도 풍부한 점에서 상위계층으로 보고자 한다. 마제석검이 8호 주거지
에서만 출토된 점도 이를 뒷받침한다. 즉 반송리집단은 기전1호(기전2호)를 상위계층으로 하는 A집단과
8호(14호)를 상위계층으로 하는 B집단을 중심축으로 하고, 나머지 일반계층으로 구성된 2단계의 계층구
조를 형성했던 것으로 생각된다. 특히 B집단의 상위계층으로 분석된 8호와 14호 주거지에서만 자색 셰일
제 석기가 확인된 점은 주목할 필요가 있다고 여겨진다. 반송리유적의 주변 반경 25km 내에는 자색 셰일

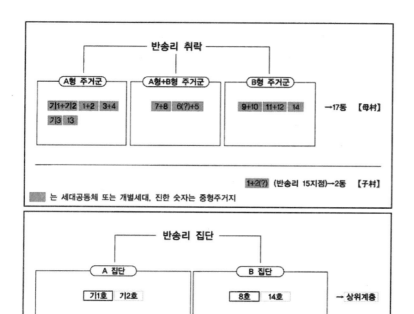

그림 9 _ 화성 반송리취락(집단)의 주거형식별 군집단위(상)와 계층구조(하)
(李亨源 2007a)

과 동일한 광물은 존재하지 않는 점에서 이 특정 재질의 석기 또는 석재는 외부로부터 반입된 것으로 볼 수 있다(李亨源 2007a, 178쪽). 이 가운데에서도 8호 주거지에서는 석창 1점, 석촉 2점, 선형석기 1점 등 자색 셰일제 석기의 대부분이 출토되었다. 자색 셰일제 석기의 출토 양상으로 보아 8호 주거의 거주자는 반송리 취락 내에서 교역 또는 유통을 담당했던 인물이었을 가능성이 높다. 그리고 8호 주거가 속해 있는 B집단은 석기제작과 밀접히 관련되었을 것으로 추정된다.

그런데 중서부지역의 청동기시대 중기는 이전 시기와는 달리 질적인 변화가 눈에 띈다. 분묘와 저장시설이 군집을 이루는 분묘공간과 저장공간이 활발하게 조성되기 때문이다. 이것은 청동기시대 사회가 좀 더 복잡화하였다는 것을 시사하는 현상으로 볼 수 있다. 집단내의 사회조직을 고찰하는 데 분묘는 유용한 자료가 된다. 특히 많은 수의 무덤이 일정한 공간에 모여 있는 분묘군의 형성은 취락의 장기지속성의 관점에서도 중요하다. 이는 청동기시대 중기 집단의 정주도를 가늠하는 척도 가운데 하나가 되기 때문이다(이형원 2012b). 아무튼, 중서부지역에서 논산 마전리, 공주 산의리, 서천 오석리유적 등은 분묘의 수가 20~40여 기로 여타 유적에 비해 분묘의 밀집도가 매우 높은 편이다.

한편, 마전리나 산의리, 오석리와는 또 다른 양상을 보여주는 취락으로는 보령 관창리와 부여 송국리유적을 들 수 있다. 우선 무덤의 수로 대변되는 분묘군의 규모가 다르다는 점이다. 전자가 25~39기(마전리 39, 산의리 36, 오석리 25)로 밀집도가 높은 반면, 후자는 7~14기(송국리 7, 관창리 14)에 불과하다. 이와 관련된 문제는 관창리유적을 분석하면서 해답을 구하고자 한다. 관창리 취락은 B지구를 핵심으로 하는 4개의 구릉이 주거공간으로 총 195동이 분포하며, B지구에 5기의 무덤이 존재하긴 하지만, 취락의 존속 폭을 고려한다면, A지구만을 분묘공간으로 보는 데 큰 문제는 없다고 생각한다. 어쨌든, 편년상 관창리유적이 청동기시대 중기전반에서 중기후반[9]까지 지속된다고 보았을 때, 전체 주거지 195동에 대비해서 전체 무덤 19기의 비율은 어울리지 않는 것처럼 생각될 수도 있다. 여기에서는 특히 특정구역에 14

기만 분포하는 A지구의 분묘공간을 주목하고자 한다(그림 10). 이 내부 공간을 분묘간의 배치관계로 볼 때, 크게 석관묘 3기와 옹관묘 1기가 분포하는 남쪽 그룹과 1기의 지석묘와 9기의 석관묘가 분포하는 북쪽 그룹으로 나뉘는 것을 알 수 있다. 특히 북쪽 그룹은 지석묘를 정점으로 나머지 무덤들이 반원형으로 에워싸고 있는 모습이다. 세부적으로는 1호 지석묘 주위에 2호, 3호, 8호, 9호 석관묘가 일차로 근접해 있고, 다시 그 뒤쪽에 2차 라인으로 4·5·6·7·10호가 배열되어 있다. 지석묘와 가장 인접한 1차 라인의 2·3·8호 석관묘에서만 마제석검이 1점씩 부장되어 있는 반면, 2차 라인의 무덤들은 부장품이 없다. 무덤의 크기도 1차 라인 쪽이 2차 라인 쪽보다 크다. 위계상으로 보면, 1호 지석묘 단독묘 → 1차 라인 석관묘군(2·3·8·9호) → 2차 라인 석관묘군(4·5·6·7·10호) 순으로 파악하고 싶다. 남쪽 그룹은 석관묘의 규모나 부장유물로 보면 1차라인 석관묘군과 비슷한 위계로 생각된다.

그런데 지석묘에서 유물이 출토되지 않은 것은 어떻게 보아야 할까? 부장품, 특히 위세품이 중요한 것인지, 아니면 규모로 대변되는 분묘축조시의 노동비용을 우선시해야 하는지를 고민해보아야 할 것이다. 필자는 상황에 따라, 즉 좁게는 취락별로 넓게는 지역별로 분석해야 한다는 입장이다. 영남지역의 창원 덕천리나 사천 이금동과 같이 분묘의 규모와 위세품, 특히 청동기의 부장이 부합하지 않는 유적도 마찬가지이다. 이것은 분묘공간 조성에 주도적인 상위계층의 의도하는 바와 그것을 용인, 또는 인정하지 않는 공동체의 여타 성원들간의 공식적인 또는 암묵적인 합의에 따라 달라질 것이기 때문이다. 물론 이 과정에서 취락의 집단을 통합하고자 하면서도, 그 이면에는 지속적으로 차별화를 시도하고자 하는 상위계층의 조직운영 원리가 중요하게 작용했을 가능성이 높다.[10] 이와 관련하여 필자는 부장품의 질적 또는 양적 수준 보다는 분묘축조에 들어간 노동력의 많고 적음의 정도가 더욱 중요하다고 본다. 왜냐하면 당시 사회에 있어서 대규모 노동력이 요구되는 일은 공동체의 구성원 대부분에게 직접적인 부담을 주는 행위이며, 이에 대한 사회적 인정은 큰 의미를 갖기 때문이다. 물론 이러한 해석은 앞서 언급한 바와 같이 하나의 집단 또는 적어도 지역별로 해석의 틀을 다양하게 적용해야 한다는 점이다. 단적인 예로 지석묘가 집중적으로 분포하는 전라도의 제집단, 또는 지석묘와 더불어 청동기의 출토빈도가 높은 여수반도의 상황은 중서부지역과는 서로 다른 사회적, 문화적 환경을 가지고 있기 때문이다.

아무튼, 위와 같은 이유에서 관창리취락 A지구의 분묘공간은 1호 지석묘의 피장자를 정점으로 하여, 나머지 석관묘나 옹관묘에 묻힌 사람들 사이에 위계적인 계층구조가 형성된 것으로 이해하고자 한다. 이 1호 지석묘의 피장자를 유력개인(安在晧 2006) 또는 수장으로 부를 수 있다고 본다. 이에 반해 공주 산의리나 서천 오석리 취락의 분묘공간은 원형분포상을 띠면서 특정 개인의 존재가 부각되지 않는데, 이것은 무덤 축조에서 집단 구성원의 평등성을 유지하고 강조하는 측면이 강했다는 것을 말해준다(김종일 2004, 73쪽).

그러면 논산 마전리나 공주 산의리, 서천 오석리 분묘군의 군집규모가 보령 관창리의 그것보다 월등히 큰 것은 무엇을 말해주는 것일까? 필자는 이러한 현상을 개별 취락이 가지고 있는 사회복합도의 정도와 조직원리에서 비롯된 것으로 보고 싶다. 전자의 분묘공간에 무덤이 많이 조성되었다는 것은 당연히 무덤에 들어갈 수 있는 사람이 많았다는 것을 말해주는 것이며, 후자인 관창리 취락의 195동 주거지에 대응하여 14기로만 구성된 분묘역이 형성되었다는 것은 특정 계층만이 취락의 공동묘지에 매장되었다는 것을 보여준다. 관창리 집단의 매장 시스템에 대한 사회조직 운영원리가 작동했다는 것을 시사한다.

이번에는 관창리의 주거공간을 검토해 보자. 주거공간은 B지구를 중심으로 모두 4개의 구릉으로 나뉘어져 있는데, 이 가운데 면적 40m² 이상의 초대형주거지[11)는 B지구와 F지구에서만 확인되었다. 구체적으로는 B지구에서 11동(방형3, 원형8), F지구에서 6동(방형3, 원형3)으로, 취락의 중심지구인 B지구와 이와 바로 인접한 구릉인 F지구가 관창리 취락 엘리트의 거주공간이었을 가능성이 높다. B지구는 주거지의 군집양상과 제시설물의 공간배치, 그리고 초대형주거지의 분포관계를 종합할 때, A~F군의 총 6개 구역으로 구분할 수 있다(그림 10). 이 가운데 A · B · E군은 방형과 원형 두 가지 형식의 초대형주거지가 같이 분포하고 있다. 이와 관련하여 관창리유적의 주거지간 중복관계를 통해서 시간에 따른 취락 내 공간구조는 방형주거지에서 원형주거지로 점차 비중이 높아져 간다. 물론 취락 전체로 볼 때, 이 두 형식간의 공존기간이 있다는 점 또한 당연히 인정된다.

초대형의 방형주거지와 원형주거지의 관계도 A군의 3호(방형)와 4호(원형), B군의 32호(방형)와 31호(원형), 그리고 E군의 78호(방형)와 79호(원형)가 너무 근접해 있어 이 방형과 원형의 초대형주거지가 동시에 공존했다고 보기에는 어려움이 있는 것 같다. 각 군별로 시기에 따라 방형 초대형주거지 → 원형 초대형주거지로 바뀐 것으로 추정된다.

표 2 _ 관창리 취락 주거지 형태와 규모별 분류(규모파악 가능 주거지만 대상)

	B지구		D지구		E지구		F지구		전체	
	방형	원형	방형	원형	방형	원형	방형	원형	방형	원형
소형	21	28	18	6	4	0	7	7	50	41
중형	10	11	6	4	2	0	4	1	22	16
대형	4	6	4	3	1	0	3	2	12	12
초대형	3	8	0	0	0	0	3	3	6	10
전체	38	53	28	13	7	0	17	13	90	79

소형: 20m² 미만, 중형: 20m² 이상~30m² 미만, 대형: 30m² 이상~40m² 미만, 초대형: 40m² 이상

6개의 그룹 가운데 C군에는 주거지와 함께 토기요지와 지상건물이 밀집 분포하는 특징이 있다. 이에 대해서 이홍종(2005a)은 토기생산 및 저장과 관련된 취락의 공동창고시설로 보고 토기제작집단과 이를 통제하는 상위집단의 존재를 상정하였으며, 안재호(2004) 역시 전업적[12) 토기생산집단의 존재를 강조하였다. 필자도 비슷한 생각을 가지고 있는데, 여기에 한 가지 더 추가할 내용이 있다. 토기생산과 관리뿐만이 아니라, 농업생산물의 보관과 관리도 이루어졌을 것으로 본다. 이 C군은 지상건물이 가장 많이 분포하는 곳이다. 물론 이 가운데 일부는 토기의 건조장 또는 생산된 토기를 보관하는 창고의 기능도 했을 것이지만, 76호 초대형주거지 주변의 KB204호를 비롯하여 토기요지와 어느 정도 떨어진 곳에 위치한 지상건물들은 곡물창고로 이용되었을 것으로 보고 싶다. 무문토기의 외면에는 식물유체, 특히 벼의 압흔이 자주 발견되는데, 이것은 벼의 탈곡이나 보관 장소와 멀지 않은 곳에서 토기생산이 이루어졌다는 것을 간접적으로 증명해 주는 것이다. 그리고 KB204호와 같은 지상건물은 고상건물로 볼 수 있으며, 특히 쌀 창고로 이용되면서 때에 따라서는 의례행위도 거행되었다고 보는 일본 고고학계의 견해도 참고할 만하다. 또한

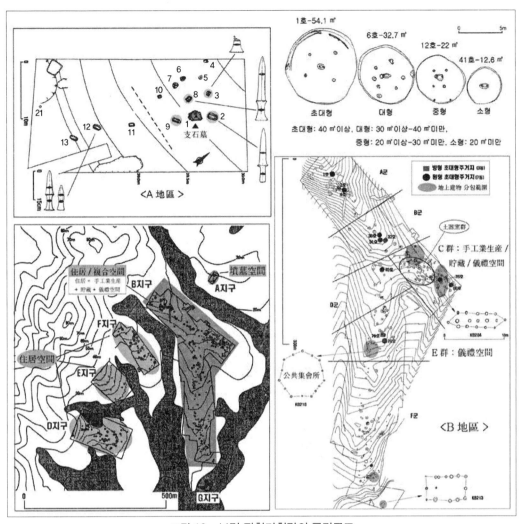

그림 10 _ 보령 관창리취락의 공간구조

중기 단계의 여러 유적에서 곡물저장공, 특히 플라스크형이나 원통형의 지하 저장공이 밀집 분포하는 저장공간이 확실한 데 반해, 관창리에서는 이에 대한 인지가 어려운 상황인데, 관창리의 많은 수혈 가운데 일부는 지하창고로 활용되었겠지만, 평지 또는 고상건물과 같은 형태의 곡물저장용 지상창고가 더욱 중요한 위치를 점했던 것으로 추정된다.

결국 관창리 B지구의 C군은 토기생산 중심구역이면서 토기와 곡식을 보관·관리하던 곳이며, 이 C군의 초대형주거지인 76호나 60호 주거에 거주했던 중심 인물이 이를 통제했던 것으로 추정한다. 이는 이홍종(2005a)이 관창리 B지구를 크게 필자의 A~E군과 F군으로 양분하여 전자를 상위계층의 주된 분포역으로 보고, 여기에서 취락의 통제, 토기·석기 등 필수품의 생산과 보관, 농업생산물의 전체적인 보관과 분배, 교역 등을 담당했다고 보는 관점과도 유사하다. F군에서는 초대형주거지가 전혀 분포하지 않는 점도 이를 뒷받침한다.

한편, B지구 취락의 중앙부에 위치하는 E군은 KB213호 7각형 지상건물과 원형점토대토기 등과 같은 외래 물품을 보유한 79호 초대형주거지의 존재가 주목된다. 지상건물의 형태적 특징이나 취락 내에서의 공간적 분포상황, 그리고 유일하게 풍부한 외래 유물이 출토된 79호 원형주거지를 중시할 때, E군은 취락 구성원 전체의 의례를 거행하는 공공 집회소 또는 외부집단과의 교류의 장소로 이용되었을 가능성이 높다(이홍종 2005a, 131~132쪽).[13] 방형의 78호 주거지도 원형의 79호 주거지와 인접해 있는데, 이는 평면적 55.8m²로 관창리 최대 규모인 점에서 이 두 주거지는 각각 방형주거지 단계와 원형주거지 단계의 수장의 거주공간이었을 것으로 추정된다.

마지막으로 관창리 B지구 전체로 볼 때, A~E군은 초대형주거가 분포하고 F군은 그렇지 않은 점, A~E군 가운데 C, E군은 특별히 중요한 역할을 담당했다는 점에서 취락 내 최상위의 구역으로 판단된다. 또한 C군이 토기생산 중심공간인 점을 고려하면, 이 밖의 나머지 각 군의 중소형주거들은 주로 농경활동에 종사한 일반계층과 관련될 것으로 추정된다. 주요 검토대상으로 삼진 않았지만, 주거지로만 구성된 D, E, F지구의 중소형 주거의 거주자들도 대부분 농경행위자들이었으며, 대형주거 거주인들은 이들을 관리하는 임무를 지녔을 것이다. 관창리취락의 위계화는 초대형주거지를 상위계층으로, 대형주거지를 중위계층으로, 중소형주거지를 일반계층으로 하는 3단계로 비정하고자 한다. 이와 관련하여 유물의 출토 정황에 대한 접근이 쉽지 않지만, 마제석검을 비롯한 석기의 출토량도 주거지간의 위계를 어느 정도 반영한다는 견해(孫晙鎬 2003)도 이를 뒷받침한다.

그리고 관창리의 B지구 취락은 나머지 D, E, F지구의 일반 취락을 통제하는 상위취락이며, 이들 간에는 재분배 경제 시스템이 형성된 것으로 이해하고자 한다.

위에서 검토한 분묘공간과 주거공간의 분석을 서로 대응시킨다면, 관창리 전체 취락내의 상위계층만이 A지구의 제한된 분묘공간에 들어갈 수 있었다고 보는 것이 타당하다. 이것은 관창리 농경취락이 농업 생산성을 높여나가면서 취락내의 분업화 현상이 심화되었고 이에 따라 사회조직의 복합도도 상당히 진전되었다는 것을 시사한다.

표 3 _ 관창리 취락의 사회조직

위계	규모	전체			B지구		D지구		E지구	F지구	
		방형+원형	방형	원형	방형	원형	방형	원형	방형	방형	원형
상위계층	초대형	16 (9.5%)	6 (6.7%)	10 (12.6%)	3	8				3	3
중위계층	대형	24 (14.2%)	12 (13.3%)	12 (15.2%)	4	6	4	3	1	3	2
일반계층	중·소형	129 (76.3%)	72 (80%)	57 (72.2%)	31	39	24	10	6	11	8

〈그림 11〉은 이홍종(2005a)에 의한 관창리 중심 취락의 역할 모델과 이를 수용하여 필자가 지금까지 분석한 관창리취락의 구조와 조직체계를 나타낸 것이다. 한편, 이홍종(2005a)은 관창리취락의 조직체계

를 상위,하위의 2단위로 나누었으며, 안재호(2004)는 4단위로, 김재호(2006)는 5단위로 세분한 바 있다.

이어서 많은 연구자들이 청동기시대의 중심취락으로 보고 있는 부여 송국리취락의 양상은 과연 어떠한지 분석해 보기로 하자.

먼저, 부여 송국리 취락의 분묘공간 역시 관창리의 예와 비슷한 관점에서 해석할 수 있을 것으로 생각된다. 관창리와 달리 취락의 전체 양상을 파악하기 어려운 것이 한계일 수밖에 없으나, 52지구의 분묘군을 특정 집단, 즉 상위계층을 위한 매장영역으로 추정하는 데에 큰 무리는 없다고 생각한다. 관창리 분묘공간과의 차이는 최상위의 무덤에 비파형동검이나 동착과 같은 청동기 2점을 비롯하여, 장신구류 19점(관옥17, 곡옥2), 그리고 석제 무기류 12점(마제석검1, 마제석촉11) 등 총 33점의 풍부한 부장품을 넣었다는 것이다. 관

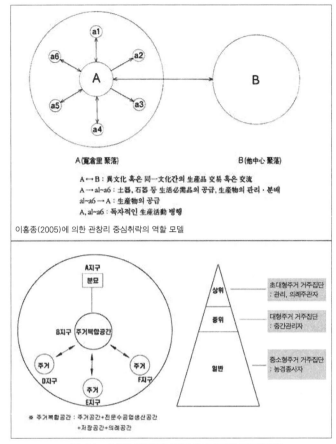

A(寬倉里 聚落)　　　　　　　　　　　B(他中心 聚落)

A↔B : 異文化 혹은 同一文化間의 生産品 交易 혹은 交流
A→a1~a6 : 土器, 石器 등 生活必需品의 供給, 生産物의 管理·分配
a1~a6→A : 生産物의 供給
A, a1~a6 : 독자적인 生産活動 병행

이홍종(2005)에 의한 관창리 중심취락의 역할 모델

A지구
분묘

B지구　주거복합공간

D지구　주거　　주거　F지구
　　　E지구

※ 주거복합공간 : 주거공간＋전문수공업생산공간
＋저장공간＋의례공간

상위 ─── 초대형주거 거주집단 : 관리, 의례주관자
중위 ─── 대형주거 거주집단 : 중간관리자
일반 ─── 중소형주거 거주집단 : 농경종사자

그림 11 _ 보령 관창리 취락의 구조와 조직체계

창리에서는 유물이 없는 최상위의 지석묘와 석검이 출토된 다른 석관묘가 공존하여 무덤의 규모와 부장품의 양과 질이 부합되지 않는 데 반해, 송국리의 최상위 무덤인 1호 석관묘는 그렇지 않은 점에서 해석에 별 무리가 없기 때문이다. 전망 좋은 남향의 돌출 구릉에 입지하는 점, 특별히 제한된 묘역의 한정된 무덤과 여기에 청동기를 부장한 개인묘의 양상에서 수장 또는 지배자의 모습을 그리는 데 별다른 문제는 없다고 여겨진다.

또한, 송국리유적 유구 밀집지역으로부터 북쪽으로 약 3km, 송국리유적 조사범위로부터 약 1km 정도 떨어져 있는 남산리 분묘군을 송국리와 동일한 취락으로 보고, 남산리를 일반 성원들의 묘역으로, 52지구 돌출구릉을 지배자의 분묘공간으로 해석하는 견해(金吉植 1998, 17쪽)를 받아들인다면, 관창리와는 다른 취락구조를 보여주는 것이다. 다만, 송국리분묘역과 남산리분묘군이 서로 멀리 떨어져 있고, 양 유적의 사이에는 몇 개의 구릉과 곡부가 형성되어 있어 서로의 직접적인 관계를 부정하는 견해(손준호 2007, 55쪽)도 있어 신중하게 접근할 필요는 있을 것이다. 송국리취락을 목책단계와 그 이후단계로 나누어서 살펴보아야 하며, 현재의 발굴조사 성과만으로는 "지배자 묘역-일반성원 묘역"을 바로 일대일로 대응시킬 수 있는 구체적인 증거는 없기 때문이다. 그럼에도 불구하고 필자는 두 유적이 어떤 식으로든 연결될 가

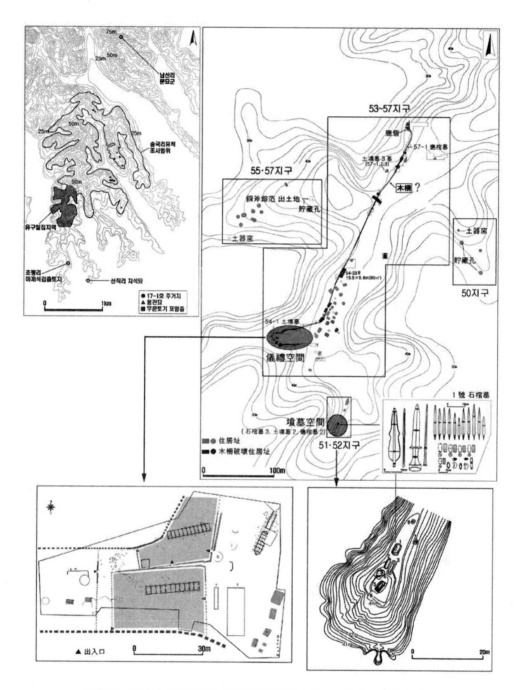

그림 12 _ 부여 송국리취락의 공간구조(孫晙鎬 2007과 이형원 2009를 수정)

능성이 높다는 인식(송국리-남산리 관계 긍정론)은 가지고 있는데 이를 해결하려면 송국리유적에 대한 후속 조사를 기다려야만 한다. 그리고 손준호(2007, 55쪽)의 지적과 같이 송국리 52지구 분묘군에서 남쪽으로 1.2km 떨어져 있는 산직리 지석묘(탁자식1기, 개석식1기)와의 관계도 앞으로 풀어야할 과제 가운데 하나이다. 목책단계가 주로 방형주거지와 52지구 분묘군과 관련된다면, 목책 폐기 단계의 원형주거지와 장방형주거지가 산직리 지석묘와 연결될 가능성 정도만 언급해 놓고자 한다.

주거지와 분묘의 관계를 상정할만한 자료를 추출하려면, 우선 주거간의 위계관계를 살펴야 하는데, 현재의 조사결과만으로는 이에 대한 추적이 쉽지는 않다. 다만, 취락의 방어목책을 파괴하고 축조된 54-23호 유구는 장변 13.5m, 단변 5.8m에 80m²의 면적을 가지고 있어, 현재까지 송국리취락에서 조사된 수혈유구 중에서 규모가 가장 크다. 출토유물로 보아 주거용일 가능성이 높은 이 54-23호 주거지는 다른 주거지들의 면적이 대부분 10~30m²인 점을 감안하면, 취락내 최상위 계층의 거주지였을 가능성이 높다고 생각한다. 이와 관련하여 여기에서 출토된 환상석부와 관옥에 주목하거나(손준호 2007), 여타 주거지들과 달리 독립적인 입지와 주거 전면에 펼쳐진 광장의 존재를 우월적 성격으로 보는 발굴보고자의 견해도 이를 뒷받침한다.

54-23호 대형주거지가 목책폐기 이후 단계의 중요한 거주지에 해당한다면, 53지구와 54지구에 대한 최근의 발굴조사는 목책단계의 특수공간의 존재를 상정하게 하는 중요한 시설물들을 확인시켜 주었다. 〈그림 13〉을 보면, 취락의 방어목책 안에 다시 溝와 나무 울타리를 이용하여 구획시설을 설치하여 새롭게 공간을 만든 후, 그 내부에 대형지상건물을 축조하였다. 그리고 그 대형지상 건물 또는 구획시설을 드나들기 위한 출입구는 1~2m 정도의 매우 좁은 폭으로 만들어져 있다. 심지어 방어목책의 외부에 인접한 서쪽 부분에서 여기로 들어가기 위해서는 두 곳의 문을 통과해야만 하는 형식을 취하고 있다. 상당히 견고한 구획시

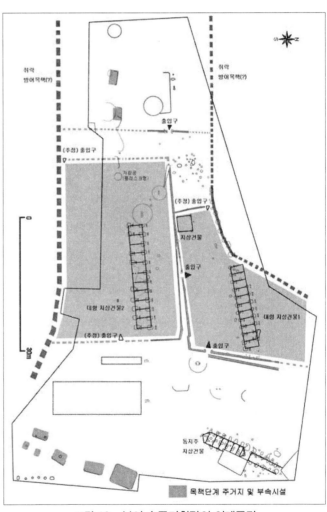

그림 13 _ 부여 송국리취락의 의례공간

설과 공간분할, 여기에 출입을 극도로 제한하고 있는 점에서 내부 시설물을 은폐 혹은 신성시하려는 의도를 엿볼 수 있다. 여기의 대형지상건물 1과 2는 출입구의 위치나 전체의 공간배치로 보면, 1이 먼저 들어서고 난 이후에 2가 축조된 것으로 보이는데, 2가 존재할 당시는 1도 같이 존재했던 것으로 추정된다.

과연 이 대형지상건물들은 어떤 성격을 지닌 건물이었을까? 이와 유사한 형태의 세장한 대규모 지상건물은 청도 진라리, 대구 동천동, 사천 이금동유적 등 주로 영남지역의 청동기시대 중기취락에서 주로 발굴되고 있다(李秀鴻 2007). 송국리 대형지상건물2는 11×1칸의 형태로, 규모는 장단축의 길이 24×3.4m에 면적은 81.6m² 에 달하는 초대형이다. 진라리나 동천동의 경우는 모든 지상건물이 35m² 이하로 송국리의 절반에도 못 미치는 규모이다. 송국리의 지상건물과 견줄 수 있는 예는 사천 이금동의 60호, 61호 건물지 2동 뿐인데, 그 규모는 60호가 174m², 61호가 130m²로 송국리의 예를 초월한다. 이금동의 60호, 61호 초대형건물은 주거공간과 분묘공간의 사이에 위치하며, 열상으로 군집 분포하는 분묘역과 주축방향이 일치하는 것으로 볼 때, 의례와 관련된 공공집회소(특히 神殿)로 추정되고 있다(李秀鴻 2007).

이금동의 예는 송국리의 대형지상건물을 이해하는 데에 있어 중요한 비교 자료로 볼 수 있다. 일단, 이금동에서는 묘역과 주거역 사이의 가까운 곳에 위치하는 것에 비해, 송국리의 특수공간은 52지구의 분묘공간에서 100여 미터 정도 떨어진 점에서 약간 차이가 있는 것처럼 보인다. 그렇지만 넓은 시야를 가지고 송국리 취락 전체의 평면을 보면, 이 특수공간은 다른 주거밀집공간보다는 상대적으로 분묘공간과 인접해 있다는 것을 알 수 있을 것이다. 이러한 점에서 두 유적의 의례공간은 주거공간과 분묘공간의 사이에 위치하는 것도 같다고 볼 수 있다.

어쨌든 이와 같은 취락 내에서의 입지적인 분포상과 더불어 송국리의 대형지상건물은 취락의 방어목책과 그 안에 다시 견고한 울타리로 공간을 구획한 곳에 초대형의 건물을 축조하였다는 사실, 더욱이 이 건물 앞에는 광장을 마련한 점이나 출입을 극도로 제한한 점 등을 토대로 추정하면, 확실히 취락 전체의 공동체 성원들을 위한 공공집회소로 활용되었을 가능성이 높다. 구체적으로는 각종 의례행위를 거행하는 의례공간의 역할을 했던 장소가 아니었을까 한다.

위와 같은 송국리단계 중심취락의 고고학적 양상은 콜린 렌프류와 폴 반이 제시한 의례의 고고학적 지표들과도 잘 부합된다. 즉 그들은 ① 주의집중, ② 현세와 내세 사이의 경계지대, ③ 신의 임재, ④ 참례와 봉헌을 의례의 증거로 언급하였는데, 실제로 들어가면 단일 고고학적 정황에서 이러한 기준들 중 단지 몇 개만이 충족되는 데 지나지 않는다고 보았다[콜린 렌프류 · 폴 반(이희준 역) 2006]. 송국리취락과 이금동취락의 의례공간은 전술한 바와 같이 ① 주의 집중의 요소로서 신성한 기능을 위해 따로 세워진 특별한 건물안을 상정할 수 있으며, ② 현세(주거공간)와 내세(분묘공간) 사이의 경계지대에 축조된 점에서도 의례공간으로 기능했다는 것을 뒷받침해주고 있다. 또한 이상길(2000)은 취락 내의 의례와 관련하여 환호나 溝에 의한 공간구획을 주목한 바 있는데, 진주 상촌리 대전보건대 조사구역이나 진주 대평리 옥방1지구, 산청 사월리에서 구가 주거공간과 분묘공간 사이에 위치하고 있어, 이를 일정한 공간을 구획하는 '경계'역할을 하면서 동시에 구의 내부가 의례행위 공간으로 기능한 것으로 파악하였다. 이 역시 특별한 입지를 갖는 행위공간이 현세와 내세의 경계 역할을 하면서 의례공간으로 활용된 예이다.

한편, 송국리의 특수 의례공간에서 이루어지는 취락의 공식행사를 참관할 수 있는 것도 구성원 간에 차이가 있었을 것으로 추정되는데, 아마도 대형건물안에 들어갈 수 있는 사람과 구획시설의 광장까지만 허용되는 사람, 혹은 그렇지 못한 집단 등으로 계층별 차별이 존재했을 것으로 생각된다. 의례행위를 구획시설과 대형건물의 안에서 시행함으로써 외부인이나 심지어 공동체의 일반성원들에게 조차 개방하지 않는 것은 그 행위와 그것의 주관자에 대한 신비함이나 경외감을 높이기 위한 의도가 내재되어 있을 것이다. 필자는 이와 같이 신성한 의례행위를 폐쇄적으로 행하는 것은 송국리 최상위계층의 공동체를 운영하는 사회조직의 운영원리가 고도로 개입된 결과로 해석하고자 한다.

지금까지 청동기시대 전기와 중기단계 취락의 주거공간과 분묘공간, 그리고 송국리와 같은 의례공간을 통해서 사회조직을 검토해 보았다. 전기에는 상위계층과 일반계층의 2단계로, 중기에는 상위계층과 중위계층, 그리고 일반계층으로 구성된 3단계의 서열화된 위계관계를 추정할 수 있었다. 물론 여기에는 시기별로 취락간의 편차가 존재한다는 전제가 깔려 있다.

전기보다 중기의 취락이 농경생산의 증대에서 기인하는 저장공간과 분묘공간이 새롭게 형성되거나 규모나 커지는 등 사회복합도가 어느 정도 진전되었을 것이지만, 상위집단과 일반집단으로 양분되는 큰 틀은 대부분의 취락이 상당부분 유사하다는 점을 확인하였다. 그렇지만, 관창리나 송국리취락과 같은 대형 또는 중심취락의 경우에는 분묘공간과 전문 수공업 생산공간, 또는 의례공간 등의 취락 내 분업화가 활발히 진행되면서 한층 다양하고 복잡한 조직관계가 형성된다. 전술한 관창리취락에서 분석했던 상위-중위-일반계층으로 삼분되는 현상을 말한다.

그런데 송국리나 관창리유적과 같이 중서부지역의 청동기시대 중기 사회에서 유력 개인, 또는 유력 집단의 존재, 그리고 경제적 측면의 재분배와 전문수공업자의 존재는 인정되지만(安在晧 2006), 사회적 계층화가 제도화된 세습적(귀속적) 지위, 즉 세습 지배자의 존재를 상정하는 것은 어려울 것 같다(朴洋震 2006). 이러한 점에서 송국리단계를 획득지위만 허용되는 '단순 계층사회'로 규정하기도 한다(이형원 2009). 이에 반해 송국리유적의 매장문화재 신고품인 옹관에서 다량의 관옥이 나온 점에 주목하여 사회 계서가 세습화되는 양상을 그리기도 하며(김권구 2012, 127~128쪽), 호남지역의 지석묘사회에 대해 세습이 인정되는 족장사회로 주장하는 견해(崔夢龍 1981, 3쪽; 金承玉 2006, 88쪽)도 있다. 청동기시대의 계층화에 대해서 단선적인 시각으로만 접근하는 것은 문제지만(김종일 2007), 당시의 사회구조와 성격을 파악하기 위해서는 다양한 차원에서 더욱 치밀한 검토와 해석이 이루어져야 한다.

Ⅳ. 취락 네트워크와 사회구조

취락과 취락 사이의 관계를 밝히기 위해서는 생산과 소비, 생산품의 분배나 재분배, 그리고 유통의 양상을 분석하여, 취락 상호간의 정치·경제적인 관계를 추적해야만 한다. 일본 고고학계에서는 수공업 제품, 특히 석기의 원료나 중간소재, 또는 완성품의 산지추정을 통해 유통망의 양상을 파악하고(이기성 2006), 농경지 개척이나 수리체계를 통해 농업 공동체적 결합 정도를 분석하며, 이를 통한 취락 간의 분업이나 기능분화를 설명하면서 취락 간의 관계를 살펴보고 있다(都出比呂志 1989; 寺澤薫 2000). 특히

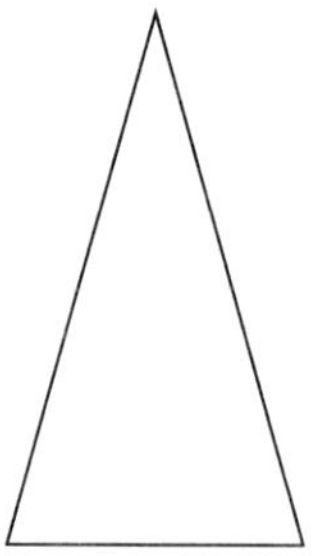

		호서	전남 남해안	경북 내륙	영남 남해안	금강 상류
	A, B a1	송국리	적량동	예전동	진동리	여 의 곡
	C, D a2, b	관창리A	봉계동, 팽러동, 월내동	진라리, 가인리, 매호동	이금농, 사월리, 대야리	
	C	관당리, 노천리, 남산리, 저석리 外	우산리, 월산리, 석봉리, 중산리 外	진천동, 욱수동, 상동, 복성리 外	산포, 오곡리, 신촌리, 석곡리 外	안자동, 구곡, 풍암 外

그림 14 _ 청동기시대 중기의 네트워크와 지역별 계층구조(裵眞晟 2007)

수공업 생산에 있어서 토기나 목기와 달리 석기나 옥기는 그것을 만들기 위한 원료 산지가 특정 지역에 한정되기 때문에 유통시스템이나 취락 간의 정치적 상하관계를 고찰하는 데 매우 유용하다. 물론 청동기와 같은 금속기는 두말할 나위 없이 더욱 중요할 것이다.

청동기시대의 취락 간 관계에 대해서는 이전 시기에 비해 사회복합도가 상당히 높아진 송국리유형 단계에 연구가 집중되고 있다. 중기의 취락 네트워크와 관련하여 배진성은 남한지역의 동검묘와 석검묘의 위계를 살핀 결과, 당시 사회는 지역별로 피라미드상의 계층구조를 형성했다는 결론을 내렸다. 즉 송국리단계의 청동기사회는 다섯 개의 권역으로 구분되고, 각 권역은 특정의 유력집단 혹은 거점집단을 정점으로 한 계층구조가 형성되었던 것으로 추정했다(그림 14). 예를 들어, 호서지역은 송국리를 정점으로 그 아래에 관창리 A구역이, 그 아래 단계는 다수의 분묘군으로 이루어진다는 것이다. 또한 이를 통해 지역별 계층구조를 '國'이라는 정치체와의 연결을 시도했다(裵眞晟 2007).

김범철은 다각적인 분석을 시도한 일련의 연구를 통해 중서부지역의 정치체의 존재를 상정했는데, 이 연구에서는 수도작을 둘러싼 토지생산성(논토양 분포분석)이나 협업적 수자원관리의 필요성(수문분석), 고대 교통로 분석을 통한 수도분배의 차이, 그리고 가구간 빈부 분석을 실시했다. 이를 통해 금강 중하류역에는 3개의 정치체가 존재하며, 일부 정치체는 3단계의 위계(상위중심지-하위중심지-일반부락)를 형성한 것으로 설명했다(그림 15). 그리고 이 지역 정치체들 가운데 상위중심지가 잉여수집에 유리한 위치를 점하거나(그림 15의 B정치체-부여 나복리, 합정리 일원), 혹은 수도 생산에 유리한 지점에 입지하는(〈그림 15〉의 C정치체-부여 송국리유적 중심) 점에서 지역 정치체의 형성배경 혹은 과정이 일률적이지 않음을 주장했다(金範哲 2005 · 2006a · 2006b). 결국 김범철의 주장에 의하면 금강 중하류역의 정치체들 가운데 송국리취락을 중심으로 하는 지역정치체의 규모는 직경 20km 범위에 달하는 것이 된다. 송만영(2006)도 김범철의 견해를 받아들여 이 시기에 광역의 지역공동체(읍락)가 출현한 것으로 이해한다.

한편, 필자는 취락 간의 관계 또는 위계설정에서 단위취락의 공간구조를 주목하였다(이형원 2009). 부여 송국리취락이나 보령 관창리취락은 주거공간을 비롯하여 저장공간, 분묘공간, 전문 수공업 생산공간,[14] 의례공간으로 이루어진 상위취락으로 볼 수 있으며, 산의리와 같이 주거와 저장, 그리고 대규모 분묘공간으로 구성된 취락은 중위취락으로 구분했다. 이 밖에 주거공간만으로 구성된 취락이나 주거+저장공간의 조합, 주거와 소규모 분묘공간의 조합, 주거 · 저장 · 소규모 분묘공간으로 이루어진 취락들은 일반취락으로 분류했다. 즉 취락의 위계는 상위취락, 중위취락, 일반취락으로 삼분되며, 이 각각의 취락 단위는 서로 직접 또는 간접적으로 연결된 네트워크를 형성했던 것으로 이해하고 있다. 또한 관창리취락에 대한 검토를 통해 주거복합공간인 B지구 취락이 주거공간이면서 (전문) 수공업생산과 저장기능, 의례행위 등을 중심적으로 수행하는 상위취락이며,

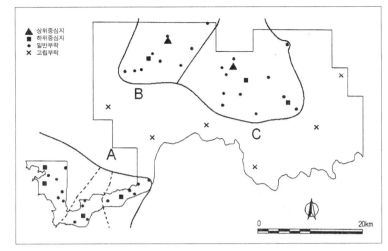

그림 15 _ 금강중하류역의 3개의 지역정치체와 등급화된 단위공동체
(金範哲 2006b)

나머지 D, E, F지구는 농경 종사자를 중심으로 주거기능만을 하고 있어, B지구 상위취락의 위성취락이자 일반취락에 해당한다고 주장했다. 또한 이 취락들 간에는 직접적인 상하 또는 종속관계를 상정했으며, 이를 통해서 관창리 전체 취락을 주변의 취락과 비교하여 중심취락으로 설정했다(그림 10 · 11). 그리고 부여 송국리유적은 제한된 범위를 발굴했음에도 불구하고, 대규모 목책으로 감싼 방어시설이 만들어져 있으며, 특정 상위계층을 위한 분묘공간과 대규모 의례공간이 마련되어 있는 점, 그리고 동부용범에서 시사되는 청동기 자체 생산의 증거 등에서 관창리를 능가하는 최상위 취락으로 상정할 수 있으며, 역시 인접한 위성취락(증산리취락 등)과 상하관계를 형성한 중심취락으로 분류하는 데 별다른 문제는 없다고 본다(그림 12 · 13).

그렇다면 이 송국리 중심취락과 주변취락 간에 직접적인 종속 혹은 상하관계를 상정할 수 있을지가 관심의 대상이다. 이와 관련하여 김장석(2008)은 송국리유적에서 반경 10km 내에 분포하는 유적 중에서 논산 원북리, 공주 안영리 새터, 산의리유적을 모두 전형적인 저장전문유적으로 분류하고, 이 저장전문유적들은 송국리유적에 잉여를 공급하는 것이 주 기능이었다고 주장했다. 즉, 송국리유적은 금강 유역의 저장전문유적을 통제하면서 잉여를 대규모로 저장했다고 본 것이다. 만약 이것이 사실이라면, 송국리 중심취락과 그 주변 취락들 간의 종속적인 상하관계는 인정될 것이다. 그렇지만, 논산 원북리유적은 주거지 13동, 분묘 12기, 저장공 16기, 소성유구 3기 등이 조사되었는데, 이와 같은 취락구성을 저장전문유적으로 볼 수 있을지 의문이다. 공주 산의리유적 역시 주거지 8동, 분묘 36기, 저장공 41기가 확인되었는데, 분묘군의 규모나 지형상 주거공간이 더욱 확대될 가능성이 높기 때문에 송국리유적에 잉여를 공급했다고 볼만한 근거는 찾아보기 어렵다. 오히려 이 유적들은 취락의 존속 폭을 고려할 때, 주거+분묘+저장공간을 이루면서 자급자족적인 수공업생산도 수행하고 있는 점에서 하나의 완결된 농경취락의 모습을 보여준다고 생각한다. 이와 같은 점에서 송국리와 이 유적들 간의 관계를 상위의 소비전문유적과 하위의 저장전문유적으로 대별하여 위계를 결정하는 것은 재검토가 필요하다. 필자의 생각에는 송국리취락을 중심

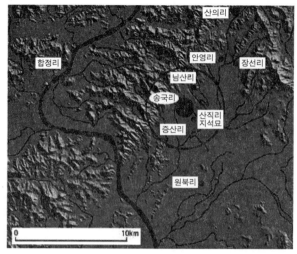

그림 16 _ 부여 송국리유적과 주변 유적

으로 반경 5km 이내에 위치하는 취락들(예를 들어, 부여 증산리취락 등)은 서로 직접적인 상하(종속)관계를 갖는 지역공동체 또는 지역정치체로 파악될 가능성이 높다고 본다(그림 16 참조). 그러나 그 이상 떨어져 있는 상술한 취락들(공주 산의리, 논산 원북리취락 등)은 송국리취락과 위계를 견줄 수는 있지만, 종속적인 상하관계가 형성되었다고 보기에는 무리가 있다. 다만, 이 취락들 간에는 긴밀한 교류 또는 교환이 이루어지는 네트워크가 존재했을 것이다. 그리고 강한 문화적 동질성에 바탕을 둔 공동의 의례행위가 송국리와 같은

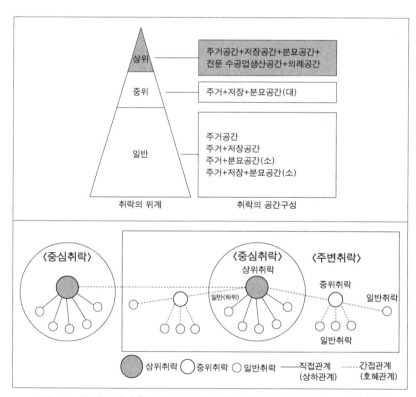

그림 17 _ 중서부지역 청동기 중기 취락의 위계와 취락간 관계 모델의 일례
(이형원 2009를 일부 수정)

중심취락에서 행해졌을 가능성도 있다고 추정한다. 문제는 이 단위취락을 넘어선 차원의 공동의례를(물론 이를 증명하는 것도 어렵지만) 어떻게 해석할 것인가 인데, 현재로서는 종속적인 상하관계가 아닌 호혜적인 간접관계로 이해하고자 한다. 지금까지 설명한 내용을 고려하여 중서부지역 청동기시대 중기 취락의 위계구조와 취락간의 관계를 모델화 한 것이 〈그림 17〉이다.

이상에서 검토한 바와 같이 청동기 중기 사회의 관계망과 구조에 대한 해석은 그것을 바라보는 시각에 따라 큰 차이를 가지고 있다. 특히 배진성은 남한지역에 피라미드 구조를 지닌 5개의 광역 지역정치체가 존재했던 것으로 이해하고 있는데, 이는 삼국시대에나 적용될 법한 정치구조를 논하는 것으로 볼 수 있다. 이에 비하면, 필자가 생각하는 중기 사회는 비교적 작은 규모에 해당하는 지역정치체의 모습을 그린 셈이 된다. 어찌되었건 간에 제한적인 고고학자료를 통해 당시의 사회조직과 취락 간 네트워크를 밝히기 위해서는 다양한 분석기법과 논리적인 설명이 요구된다고 볼 수 있으며, 취락 네트워크에 대해서는 끊임없는 논쟁이 이어질 것으로 생각된다.

※ 이 글은 필자의 기존 논고(이형원 2009 · 2010 · 2012a · 2013)를 토대로 하여 본서의 체제에 맞추면서 새로운 내용을 추가 보완한 것이다.

---

1) 이와 관련하여 살아 있는 공동체의 구성원들이 자신의 사회적 전략이나 입장에 따라 피장자의 무덤을 화려하게, 혹은 이와 반대로 간소하게 만들 가능성도 무시할 수 없기 때문이다(김종일 2007, 161쪽).

2) 한국 청동기시대의 사회구조 및 성격을 제대로 규명하기 위해서는 한반도 전역뿐만 아니라 중국 동북지역을 시야에 넣은 분석이 이루어져야 하며, 조기에서 후기에 걸치는 전 시기의 변천 양상을 파악해야만 한다. 그런 의미에서 본고는 중서부지역을 대상으로 한 지역(사례) 연구에 해당한다.

3) 수치상으로는 1(주거) : 0.84(무덤)의 비율을 갖는다.

4) 청동기 자체는 아니지만 부여 송국리유적에서 발굴된 선형동부 용범의 존재는 청동기 생산과 관련된 매우 중요한 자료이다. 또한 최근 춘천 중도유적의 발굴조사를 통해 천전리식주거지에서 비파형동검과 선형동부가 각각 1점씩 출토되어 주목되고 있다.

5) 이러한 연구경향에 대해 보다 신중한 입장을 견지하는 연구자도 있는데(김종일 2007), 이와 같이 다양하고 심도 있는 접근이 이루어지고 있는 점은 매우 고무적이다.

6) 상위계층-하위계층은 수직적인 차별성이 너무 강조되는 것 같아 부적절하다고 생각되므로, 상위계층-일반계층과 같은 표현이 적당할 것 같다.

7) 여기에서 규모란 단순히 면적이 넓다는 의미를 넘어 거주인수가 23명(1명/5m²기준), 혹은 38명(1명/3m²기준)으로 많다는 것을 의미한다.

8) 5호 주거지는 A에서 B로 개축한 이후 시점을 대상으로 하였다.

9) 원형점토대토기의 출토 양상을 감안하여 엄밀하게 구분한다면 후기전반까지로 볼 수 있다.

10) 즉 정치적 권력을 획득하기 위해서는 공동체의 구성원을 자신을 중심으로 통합해야 하고 동시에 자신이 구성원과는 차별화된 존재라는 점을 부각시켜야 한다(김승옥 2007, 92~93쪽).

11) 중서부지역에서 발굴된 40m² 이상의 초대형주거지는 매우 드물다. 서천 도삼리에서 2동(12호 : 41.9m², 28호 : 41m²), 부여 나복리에서 1동(20호 : 49m²), 부여 송국리 1동(54-23호 : 80m²) 등에 지나지 않는다. 물론 송국리나 도삼리의 경우는 취락 전체가 발굴된 것이 아니다. 이 밖에 중기단계의 여타 유적에서는 30m² 이상~40m² 미만의 대형주거지가 1-2동 있는 예도 많지 않으며, 대부분은 중형 일부와 소형 대다수로만 구성되는 것이 일반적이다.

12) 필자도 안재호의 주장을 받아들여 전업적 수공업생산의 존재를 인정한 바 있으나(이형원 2009), 석기나 옥제품을 대상으로 한 일부 연구자들의 최근의 연구 성과를 고려한다면(쇼다신야 2009; 孫晙鎬 2010; 황창한 2013), 반전업적 전문집단으로 보는 편이 더 좋을 것 같다. 다만, 반전업적 성격으로 파악하는 최근의 견해들도 초보적인 검토 수준이어서, 청동기시대의 사회 성격을 규명하기 위해서는 더 치밀하고 논리적인 설명이 필요하다.

13) 관창리의 송국리식주거지에서 원형점토대토기가 출토되는 양상은 청동기시대 중기에서 후기로 이행되는 과정을 파악하는 데 있어서도 매우 중요하다.

14) 전고에서 전업적 수공업 생산공간으로 표현한 바 있지만, 전술한 바와 같이 최근의 연구성과를 적용하여 반전업적 성격의 전문 수공업 생산공간으로 고쳐 사용하고자 한다.

참고문헌

孔敏奎, 2005a, 「中西內陸地域 可樂洞類型의 展開」『송국리문화를 통해 본 농경사회의 문화체계』, 고려대학교 고고환경연구소.

孔敏奎, 2005b, 「中部地域 無文土器文化 前期 環濠聚落의 檢討 -淸原 大栗里 環濠聚落의 性格-」『硏究論文集』創刊號, 中央文化財硏究院.

權五榮, 1996, 『三韓의 「國」에 대한 硏究』, 서울대학교대학원 국사학과 박사학위논문.

權五榮・李亨源・申誠惠・朴重國, 2007, 『華城 盤松里 靑銅器時代 聚落』, 한신대학교박물관.

김경택・정치영・이건일, 2008, 「부여 송국리유적 제12차 발굴조사」『2008 호서지역 문화유적 발굴성과』, 호서고고학회.

김권구, 2005, 『청동기시대 영남지역의 농경사회』, 학연문화사.

김권구, 2012, 「무덤을 통해 본 청동기시대 사회구조의 변천」『무덤을 통해 본 청동기시대 사회와 문화』, 학연문화사.

金吉植, 1998, 「扶餘 松菊里 無文土器時代墓」『考古學誌』9.

金範哲, 2005, 「錦江 중・하류역 청동기시대 중기 聚落分布類型 硏究」『韓國考古學報』57.

金範哲, 2006a, 「錦江 중・하류역 松菊里型 聚落에 대한 家口考古學的 접근」『韓國上古史學報』51.

金範哲, 2006b, 「중서부지역 靑銅器時代 水稻生産의 政治經濟」『한국고고학보』58.

김장석, 2007, 「청동기시대 취락과 사회복합화과정 연구에 대한 검토」『湖西考古學』17.

김장석, 2008, 「송국리단계 저장시설의 사회경제적 의미」『한국고고학보』67.

김승옥, 2006, 「청동기시대 주거지의 편년과 사회변천」『한국고고학보』60.

김승옥, 2006, 「분묘 자료를 통해 본 청동기시대 사회조직과 변천」『계층사회와 지배자의 출현』, 韓國考古學會.

金載昊, 2006, 「寬倉里遺蹟 階層性에 관한 硏究」『湖西考古學』15.

김종혁, 2003, 「표대유적 제1지점 팽이그릇 집자리 발굴보고」『마산리, 반궁리, 표대유적발굴보고』, 백산자료원.

김종일, 2007, 「"계층사회와 지배자의 출현"을 넘어서」『한국고고학보』63.

朴淳發, 2002, 「村落의 形成과 發展」『강좌한국고대사』7.

朴洋震, 2006, 「韓國 支石墓社會 "族長社會論"의 批判的 檢討」『湖西考古學』14.

裵眞晟, 2006, 「無文土器社會의 威勢品 副葬과 階層化」『계층사회와 지배자의 출현』, 韓國考古學會.

裵眞晟, 2007, 『無文土器文化의 成立과 階層社會』, 서경문화사.

서국태・지화산, 2003, 『남양리유적 발굴보고』, 백산자료원.

성정용, 1997, 「大田 新垈洞・比來洞 靑銅器時代遺蹟」『호남고고학의 제문제』(제21회 한국고고학전국대회 발표요지문), 韓國考古學會.

孫晙鎬, 2003, 「磨製石器 分析을 통한 寬倉里遺蹟 B區域의 性格 檢討」『韓國考古學報』51.

孫晙鎬, 2007, 「松菊里遺蹟 再考」『古文化』70.

손준호, 2010, 「청동기시대 석기 생산 체계에 대한 초보적 검토」『湖南考古學報』36.

송만영, 2006, 「남한지방 청동기시대 취락구조의 변화와 계층화」『계층사회와 지배자의 출현』, 韓國考古學會.

쇼다신야, 2009, 『청동기시대의 생산활동과 사회』, 학연문화사.

安在晧, 1996, 「無文土器時代 聚落의 變遷 -住居址를 통한 中期의 設定-」 『碩晤尹容鎭 教授停年退任紀念論叢』, 碩晤尹容鎭教授 停年退任紀念論叢刊行委員會.

안재호, 2004, 「中西部地域 無文土器時代 中期聚落의 一樣相」 『韓國上古史學報』 43.

安在晧, 2006, 『青銅器時代 聚落研究』, 부산대학교 대학원 고고학과 박사학위논문.

安在晧, 2013, 「韓半島 東南海岸圈 青銅器時代의 家屋葬」 『韓日聚落研究』, 서경문화사.

俞炳琭, 2010, 「竪穴建物 廢棄行爲 研究 I -家屋葬-」 『釜山大學校 考古學科 創設20周年 記念論文集』, 釜山大學校 考古學科.

이기성, 2006, 「석기 석재의 선택적 사용과 유통」 『湖西考古學』 15.

李相吉, 2000, 『青銅器時代 儀禮에 관한 考古學的 研究』, 大邱 曉星카톨릭大學校 博士學位論文.

이상길, 2006b, 「祭祀와 權力의 發生」 『계층사회와 지배자의 출현』, 韓國考古學會.

李盛周, 2007, 「청동기시대의 취락」 『한국고대사연구의 새동향』, 한국고대사학회.

李盛周, 2012, 「마을(村落)과 都市에 관한 考古學의 論議」, 『고고학』 11-2.

李秀鴻, 2007, 「大形堀立柱建物의 出現과 그 意味」 『考古廣場』 創刊號, 釜山考古學研究會.

李淸圭, 2010, 「청동기시대 사회 성격에 대한논의」 『考古學誌』 16.

李亨源, 2007a, 「盤松里 青銅器時代 聚落의 構造와 性格」 『華城 盤松里 青銅器時代聚落』, 한신대학교박물관.

李亨源, 2007b, 「湖西地域 可樂洞類型의 聚落構造와 性格」 『湖西考古學』 17.

이형원, 2009, 『청동기시대 취락구조와 사회조직』, 서경문화사.

李亨源, 2010, 「青銅器時代 住居와 聚落 研究의 爭點 檢討」 『考古學誌』 16.

이형원, 2012a, 「남한지역 청동기시대 분묘공간 조성의 다양성」 『무덤을 통해 본 청동기시대 사회와 문화』, 학연문화사.

이형원, 2012b, 「중부지역 신석기~청동기시대 취락의 공간구조와 그 의미」 『고고학』 11-2.

李亨源, 2013, 「西北韓地域의 青銅器時代 聚落에 대하여」 『韓日聚落研究』, 서경문화사.

이형원·이혜령, 2014, 「중부지역 청동기시대 전기 주거의 공간 활용」 『崇實史學』 32.

李弘鍾, 2005a, 「寬倉里聚落의 景觀」 『송국리문화를 통해 본 농경사회의 문화체계』, 서경.

이홍종, 2005b, 「松菊里文化의 文化接觸과 文化變動」 『韓國上古史學報』 48.

이홍종, 2007, 「송국리형취락의 공간배치」, 『湖西考古學』 17.

崔夢龍, 1981, 「全南地方 支石墓 社會와 階級의 發生」 『韓國史研究』 35.

콜린 렌프류·폴 반(이희준 역), 2006, 『현대 고고학의 이해』, 사회평론.

황창한, 2013, 「대구지역 청동기시대 석기생산 시스템 연구」 『嶺南考古學』 67.

近藤義郎, 1959, 「共同體と單位集團」 『考古學研究』 6-1.

都出比呂志, 1989, 『日本農耕社會의 成立過程』, 岩波書店.

寺澤薫, 2000, 『王權誕生』, 講談社.

松木武彦, 2008, 「弥生時代の集落と集團」 『弥生時代の考古學8 集落からよむ弥生社會』, 同成社.